高等学校经济与工商管理系列教材

国际贸易理论与政策

潘素昆　白小伟　马骆茹　邓　炜　编著

清华大学出版社
北京交通大学出版社
·北京·

内 容 简 介

本书共 11 章，主要内容包括：导论、古典国际贸易理论、新古典国际贸易理论（赫克歇尔—俄林理论）、当代国际贸易理论、国际要素流动与国际贸易、保护贸易政策及其理论基础、国际贸易政策工具（关税）、国际贸易政策工具（非关税贸易壁垒）、区域经济一体化与国际贸易、贸易条约与协定和世界贸易组织、中国对外贸易发展。

本书体系完整，内容精练，可广泛适用于全国经济类、管理类专业的本科教学，对从事对外经贸实践工作的人员亦具有一定的参考价值。

图书在版编目（CIP）数据

国际贸易理论与政策／潘素昆等编著. —北京：北京交通大学出版社：清华大学出版社，2019.7（2021.12 重印）

高等学校经济与工商管理系列教材

ISBN 978-7-5121-3937-4

Ⅰ. ① 国… Ⅱ. ① 潘… Ⅲ. ① 国际贸易理论-高等学校-教材 ② 国际贸易政策-高等学校-教材　Ⅳ. ① F74

中国版本图书馆 CIP 数据核字（2019）第 107442 号

国际贸易理论与政策
GUOJI MAOYI LILUN YU ZHENGCE

策划编辑：吴嫦娥　　　责任编辑：黎　丹
出版发行：清 华 大 学 出 版 社　　邮编：100084　　电话：010-62776969
　　　　　北京交通大学出版社　　　邮编：100044　　电话：010-51686414
印 刷 者：三河市华骏印务包装有限公司
经　　销：全国新华书店
开　　本：185 mm×260 mm　　印张：18　　字数：449 千字
版　　次：2019 年 7 月第 1 版　　2021 年 12 月第 2 次印刷
书　　号：ISBN 978-7-5121-3937-4/F·1881
印　　数：3 001～5 000 册　　定价：49.00 元

前 言 | PREFACE ■

国际贸易在当代世界经济中发挥着举足轻重的作用。国际贸易理论及政策的相关知识，无论是对于大学本科经济学专业、财经类专业及工商管理专业的学生，还是对于从事财经类实际工作的人员来说，都至关重要。

在写作本书的过程中，作者以实践为基础，结合国际贸易热点问题和实际的案例，以引起读者学习国际贸易知识的兴趣，并使读者更好地理解所学知识在实际中的应用。

本书每章都有导入案例，既能引起学习兴趣，也能使读者更好地理解相关的知识；为了帮助读者明确每章的学习目的，掌握每章的重点知识，本书每章开篇都给出了本章的学习目标，每章后列出了本章中英文对照的关键术语；为了帮助读者更好地消化和理解所学知识，每章后都设有一些复习思考题；为了鼓励读者应用所学的原理，并能够做到举一反三，本书每章后都设有知识拓展栏目；为了进一步拓宽读者的眼界，本书每章后都给出了补充阅读材料。

本书的主要内容有：第1章导论，主要介绍了国际贸易的产生与发展、国际贸易的概念及分类、国际贸易的地位和作用、国际贸易理论与政策的发展和演变及当前主要的国际贸易问题；第2章古典国际贸易理论，主要介绍了重商主义的贸易理论、绝对优势理论、比较优势理论；第3章新古典国际贸易理论：赫克歇尔-俄林理论，介绍了 H-O 理论的形成背景、H-O 理论的基本概念、H-O 理论的主要内容、H-O 理论的扩展、里昂惕夫悖论和新要素贸易理论；第4章当代国际贸易理论，介绍了产业内贸易理论、规模经济与国际贸易、产品生命周期理论、贸易引力模型和国际贸易理论的新发展；第5章国际要素流动与国际贸易，介绍了国际资本流动、国际资本流动的福利效应、跨国公司、国际劳动力流动、生产要素的国际流动与国际贸易的关系；第6章保护贸易政策及其理论基础，阐述了国际贸易政策概述、保护贸易政策的理论基础和国际贸易政策的政治经济学；第7章国际贸易政策工具：关税，阐述了关税概述，关税的效应：局部均衡分析和一般均衡分析及关税结构理论；第8章国际贸易政策工具：非关税壁垒，主要阐述了非关税壁垒概述、进口配额、自动出口限制、其他非关税措施及新贸易壁垒；第9章区域经济一体化与国际贸易，主要阐述了区域经济一体化概述、关税同盟理论、区域经济一体化对国际贸易的影响，以及主要的区域经济一体化组织；第10章贸易条约与协定和世界贸易组织，主要阐述了贸易条约与协定、从关税与贸易总协定到世界贸易组织、世界贸易组织的基本知识和世界贸易组织与中国；第11章中国对外贸易发展，主要阐述了中国对外贸易发展历程、中国对外贸易战略演进及当前中国对外开放重大举措。

本书体系完整，内容精练，可广泛适用于全国经济类、管理类专业的本科教学，对各类成人教育、自学考试、财经工作岗位培训，以及从事对外经贸实践工作的人员亦有积极的参考价值。

本书的第1、2、3、5章由潘素昆撰写；第4、6、10章由白小伟撰写；第7章由潘素昆、邓炜撰写；第8、9章由马骆茹、邓炜撰写；第11章由马骆茹撰写。本书的编写得到了北方工业大学经济管理学院院长赵继新、副院长陶晓波及经济系主任孙强等领导和同事的支持和鼓励。同时，本书编写过程中参考了国内外一些专家、学者的著述。在此，一并向他们表示感谢！

本书配有教学课件和相关的教学资源，有需要的读者可以从网站 http：//www.bjtup.com.cn 下载或与 cbsld@jg.bjtu.edu.cn 联系。

由于时间仓促、作者水平有限，书中难免有疏漏之处，希望广大读者不吝指正，以便及时修正和改进。

潘素昆

2019.4

目录 | CONTENTS ■

第1部分　国际贸易理论

第 2 部分　国际贸易政策

第 1 章

导论

学习目标

➢ 了解国际贸易的产生与发展历史；

➢ 了解当前主要的国际贸易问题；

➢ 理解国际贸易的基本概念及分类；

➢ 掌握国际贸易理论与政策的主要研究内容。

导入案例

国际贸易学研究什么

国际贸易学最基本的问题是解释进出口的类型（trade patterns）和数量（trade volume）。例如，为什么美国出口飞机，中国出口玩具？如何解释飞机和玩具的贸易量？这个看似简单的问题，实际上是国际贸易学的"哥德巴赫猜想"。20 世纪 80 年代，理论上的重大突破是以 Krugman 为代表的国际贸易学家建立了非完全竞争贸易理论。简单而言，传统贸易理论认为国与国之间交易的原因是它们有不同的资源和技术（专业术语称之为比较优势）。美国出口飞机是因为美国技术资源丰富，中国出口玩具是因为中国劳动力丰富。这种传统理论很难解释为什么各国之间，尤其是发达国家之间相互进出口很多同类产品。例如同一类化工产品，美国从德国进口，德国也从美国进口。非完全竞争贸易理论可以用规模经济和垄断竞争来解释这类产业内贸易（intra-industry trade）。因为这个重要的理论突破，美国经济学界许多人认为 Krugman 获得诺贝尔奖只是时间问题。理论猜想需要数据实证，近 20 年来对于贸易类型和数量的实证研究取得了重要进展。

国际贸易学另一个基本问题是解释贸易政策。20 世纪 90 年代 Grossman 和 Helpman 两位国际贸易学大师发表了一系列文章，建立了贸易政策的政治经济学理论。该理论的主旨是，贸易政策就像商品一样，由政府官员出售，由利益集团购买。这方面的实证研究也有了很大进展。值得一提的是，Branstetter 和 Feenstra 用 1984—1995 年中国 29 个省市数据做了一个中国对外贸易和外资政策的实证研究，发表在《国际经济学杂志》（2002 年 12 月）上。

上述两个基本问题当然不是国际贸易学研究的全部。最近 10 年有两个问题相当热。一个是国际贸易对经济增长的作用。这是 20 世纪 90 年代所谓内生经济增长理论在国际贸易学领域的延伸。另一个是国际贸易对收入分配的作用。因为 20 世纪 80 年代以来世界各国尤其是开放国家收入不平等水平都有不同程度的提高，引发了其主要原因是技术进步（如计算机的广泛使用）还是全球化的争论。关于这方面的实证研究结果对传统国际贸易理论提出了新的挑战，使之成为一个研究热点。

资料来源：许斌. 漫谈国际贸易学研究在美国 [J]. 经济学家茶座，2003（1）：72-76.

由导入案例可知，国际贸易学主要研究国际贸易模式、国际贸易数量、国际贸易政策，以及国际贸易对经济增长和收入分配的影响。本章阐述了国际贸易的产生和发展历史、国际贸易的基本概念和主要类型、国际贸易的地位和作用、国际贸易理论与政策的发展和演变，以及当前主要的国际贸易问题。

1.1　国际贸易的产生与发展

国际贸易是指在世界各国（或地区）之间商品和服务的交换活动。国际贸易是人类社会发展到一定阶段的产物，它是一个历史范畴。国际贸易的产生必须具备两个基本的条件：一个是要有国家的存在；另一个是产生了对国际分工的需要，而国际分工只有在社会分工和私有制的基础上才可能形成。这些条件不是人类社会一产生就有的，而是随着社会生产力的不断发展和社会分工的不断扩大而逐渐形成的。

1.1.1　原始社会的贸易

在原始社会初期，生产力水平极度低下，人们处于自然分工状态，劳动成果仅能维持群体最基本的生存需要，没有剩余产品用以交换，因此谈不上贸易。人类历史上的第一次社会大分工，即畜牧业和农业的分工，促进了原始社会生产力的发展，产品除维持自身需要以外，还有少量的剩余。为了获得本群体不生产的产品，氏族或部落之间便用剩余产品进行交换。当然，这种交换还是极其原始并偶然发生的物物交换。

随着社会生产力的继续发展，手工业从农业中分离出来成为独立的部门，形成了人类社会第二次大分工。由于手工业的出现，便产生了直接以交换为目的的生产——商品生产。当产品是专门为满足别人的需要而生产时，商品交换就逐渐成为一种经常性的活动。由于商品交换的日益频繁和交换的地域范围不断扩大，又产生了专门从事贸易的商人阶层。后来，出现了货币，于是商品交换就变成了以货币为媒介的商品流通。这样，进一步促使了私有制和阶级的形成。

第三次社会大分工使商品生产和商品流通进一步扩大。在原始社会末期和奴隶社会初期，商品生产和流通更加频繁和广泛，从而阶级和国家相继形成。随着阶级和国家的出现，商品交换超出了国界，便产生了国家之间的贸易。由此可见，在社会生产力和社会分工发展的基础上，商品生产和商品交换的扩大，以及国家的形成，是国际贸易产生的必要条件。

1.1.2 奴隶社会的国际贸易

在奴隶社会，自然经济占主导地位，其特点是自给自足，生产的目的主要是消费，而不是交换。奴隶社会虽然出现了手工业和商品生产，但在一国整个社会生产中显得微不足道，进入流通的商品数量很少。同时，由于社会生产力水平低下和生产技术落后，交通工具简陋，道路条件恶劣，严重阻碍了人与物的交流，国际贸易局限在很小的范围内，其规模和内容都受到了很大的限制。由此可见，国际贸易在奴隶社会不占有重要地位。但是，贸易促进了手工业的发展，成为奴隶主补充奴隶的重要来源。

奴隶社会是奴隶主占有生产资料和奴隶的社会，奴隶社会的贸易是为奴隶主阶级服务的。当时，奴隶主拥有财富的重要标志是其占有多少奴隶，因此奴隶社会国际贸易中的主要商品是奴隶。据记载，希腊的雅典就曾经是一个贩卖奴隶的中心。此外，粮食、酒及其他专供奴隶主阶级享用的奢侈品，如宝石、香料和各种织物等也都是当时国际贸易中的重要商品。

奴隶社会时期从事国际贸易的国家主要有希腊、罗马等，这些国家在地中海东部和黑海沿岸地区主要从事贩运贸易。我国在夏商时代进入奴隶社会，贸易集中在黄河流域沿岸地区。

1.1.3 封建社会的国际贸易

封建社会时期的国际贸易比奴隶社会时期有了较大的发展。在封建社会早期，封建地租采取劳役和实物的形式，进入流通领域的商品并不多。到了封建社会中期，随着商品生产的发展，封建地租转变为货币地租的形式，商品经济得到进一步的发展。在封建社会晚期，随着城市手工业的发展，资本主义因素已孕育生产，商品经济和对外贸易都有了较快的发展。

在封建社会，封建地主阶级占统治地位，国际贸易是为封建地主阶级服务的。奴隶贸易在国际贸易中基本消失。参加国际贸易的主要商品，除了奢侈品以外，还有日用手工业品和食品，如棉织品、地毯、瓷器、谷物和酒等。这些商品主要供国王、君主、教堂人员、封建地主和部分富裕的城市居民享用。

在封建社会，国际贸易的范围明显扩大。亚洲各国之间的贸易由近海逐渐扩展到远洋。早在西汉时期，中国就开辟了从长安经中亚通往西亚和欧洲的陆路商路——丝绸之路，把中国的丝绸、茶叶等商品输往西方各国，换回良马、种子、药材和饰品等。到了唐朝，除了陆路贸易外，还开辟了通往波斯湾及朝鲜和日本等地的海上贸易。在宋朝、元朝时期，由于造船技术的进步，海上贸易进一步发展。在明朝永乐年间，郑和曾率领商船队 7 次下"西洋"，经东南亚、印度洋到达非洲东岸，先后访问了 30 多个国家，用中国的丝绸、瓷器、茶叶、铜铁器等与所到的国家进行贸易，换回各国的香料、珠宝、象牙和药材等。

在欧洲，封建社会的早期阶段，国际贸易主要集中在地中海东部。在东罗马帝国时期，君士坦丁堡是当时最大的国际贸易中心。公元 7—8 世纪，阿拉伯人控制了地中海的贸易，通过贩运非洲的象牙、中国的丝绸、远东的香料和宝石，成为欧、亚、非三大洲的贸易中间商。11世纪以后，随着意大利北部和波罗的海沿岸城市的兴起，国际贸易的范围逐步扩大到整个地中海，以及北海、波罗的海和黑海的沿岸地区。当时，南欧的贸易中心是意大利的一些城市，如威尼斯、热那亚等，北欧的贸易中心是汉萨同盟的一些城市，如汉堡、吕贝克等。

1.1.4 资本主义时期的国际贸易

从历史上看，虽然国际贸易产生于人类社会发展的初期，但是国际贸易的迅速发展却是在资本主义生产方式确立之后。15世纪的"地理大发现"及由此产生的欧洲各国的殖民扩张大大发展了各洲之间的贸易，从而开始了真正意义上的"世界贸易"。17世纪中期，英国资产阶级革命的胜利，标志着资本主义生产方式正式确立。随后，英国夺得海上霸权，意味着它在世界贸易中占据主导地位，这就为英国向外掠夺扩张铺平了道路。17世纪中期以后，世界贸易增长率不断提高（见表1-1）。在19世纪40—70年代世界贸易增长率超过了世界工业增长率。

表1-1　1720—1948年世界工业和世界贸易年均增长率　　%

年份	世界工业增长率	世界贸易增长率
1720—1780	1.5（1705—1785）	1.10
1780—1820	2.6	1.37
1820—1840	2.9	2.81
1840—1860	3.5	4.84
1860—1870	2.9	5.53
1870—1900	3.7	3.24
1900—1913	4.2	3.75
1913—1929	2.7	0.72
1929—1938	2.0	-1.15
1938—1948	4.1	0.00

资料来源：ROSTOW W W. The world economy：history & prospect. Austin：University of Texas Press, 1978.

18世纪中期的产业革命又为国际贸易的空前发展提供了坚实而广阔的物质基础。一方面，蒸汽机的发明使用开创了机器大工业时代，生产力迅速提高，物质产品大为丰富，从而真正的国际分工开始形成。另一方面，交通运输和通信联络的技术与工具都有了突飞猛进的发展，各国之间的距离似乎骤然变短，这就使得世界市场得以真正建立。正是在这种情况下，国际贸易有了惊人的发展，并且从原先局部的、地区性的交易活动转变为全球性的国际贸易。这个时期的国际贸易，不仅贸易数量和种类有了长足增长，而且贸易方式和机构职能也有了创新与发展。

19世纪70年代后，资本主义进入垄断阶段，此时的国际贸易不可避免地带有"垄断"的特点。主要资本主义国家的对外贸易被为数不多的垄断组织所控制，由垄断组织决定着一国对外贸易的地理方向和商品构成。垄断组织输出巨额资本，用来扩大商品输出的范围和规模。

第二次世界大战后，在第三次科技革命的推动下，国际贸易得到了更大程度的发展。从表 1-2 中可以看出，除个别时期国际贸易的增长速度略慢于世界生产的平均增长速度外，其他大部分时期前者都要快于后者。这就充分说明国际贸易对经济增长所起的推动作用。近年来，随着世界经济全球化的进一步深入，不同国家和地区之间的经济联系比以往任何时候都更加紧密。国际贸易越来越成为影响世界经济发展的重要因素。国际贸易活动已遍及全球，贸易额急剧增加，贸易商品层出不穷，对各国经济和社会发展的影响也越来越重大。

表 1-2　第二次世界大战后各阶段世界生产和贸易量年均增长率　　　　%

增长率	第一阶段	第二阶段	第三阶段	
	1950—1973	1974—1982	1985—1990	1990—1995
世界生产年均增长率	5.0	2.7	3.0	1.5
世界货物出口量年均增长率	9.1	2.4	6.0	6.0

资料来源：李琼. 世界经济学新编. 北京：经济科学出版社，2000.

1.1.5　当代国际贸易发展的特点

当代国际贸易发展的特点如下。

1. 国际贸易发展迅速

20 世纪 50 年代以来，全球贸易规模获得了巨大的增长。1950—2007 年，全球贸易量从 579 亿美元上升至 171 705 亿美元，增长了 295.55%，这是人类历史上国际贸易增长最快的阶段。全球贸易的高速增长是科技进步、生产力提高和国际分工深化的共同结果，同时又促进了世界生产的发展，是世界生产发展的重要推动力量①。近年来，国际贸易的增长速度大大超过了世界产值的增长速度，如表 1-3 所示。2000—2009 年世界商品出口年均增加值为 3%，而世界 GDP 年均增长 2%，世界商品生产值年均增加值仅为 1.5%。受国际金融危机的影响，2009 年世界商品出口下降 12%，下降幅度高于世界商品生产值和世界 GDP 的下降幅度。2010 年世界商品出口恢复增长 14%，世界商品生产值增长 4.5%，世界 GDP 增长 4%。2010—2017 年，世界商品出口年均增加值为 3%，而世界 GDP 年均增长为 2.6%，仍低于商品出口增长幅度。

表 1-3　2000—2017 世界商品出口和生产增加值　　　　%

	2000—2009	2007	2008	2009	2010	2011	2012	2013	2014	2015	2016	2010—2017
世界商品出口	3.0	6.5	2.5	-12.0	14.0	5.0	2.5	3.0	2.7	2.3	1.6	3.0
农产品	3.0	5.5	2.5	-2.0	8.0	6.0	2.0	3.0	2.3	1.8	-0.9	3.0
燃料和矿业产品	2.0	3.5	1.0	-5.5	5.5	2.0	2.5	0.5	0	1.8	0.8	1.1
制造品	3.5	8.0	2.5	-15.0	18.5	7.0	2.5	2.5	4.1	2.3	0.6	3.4
世界商品生产值	1.5	0.5	1.0	-2.5	4.5	3.0	2.0	2.0	2.0	—	—	—
农业	2.0	2.5	3.5	0.5	0.0	2.0	1.5	5.5	1.5	—	—	—
采矿业	1.0	0.0	1.5	-1.5	2.0	1.5	2.5	2.0	2.5	—	—	—

---

① 国际贸易增速趋缓　服务贸易渐成焦点. 中国财经报，2009-09-17.

	2000—2009	2007	2008	2009	2010	2011	2012	2013	2014	2015	2016	2010—2017
制造业	1.0	0.0	0	−7.5	6.0	4.0	2.5	1.5	2.5	—	—	—
世界GDP	2.0	3.5	1.5	−2.5	4.0	2.5	2.0	2.0	2.7	2.8	2.3	2.6

资料来源：世界贸易组织，历年国际贸易统计。

2. 国际贸易结构走向高级化，服务贸易和技术贸易高速发展

首先，伴随着各国产业结构的优化升级，全球服务贸易发展迅猛。20世纪80年代，国际服务贸易进入快速发展期。据世界贸易组织统计，1980—2008年，全球服务贸易出口从3 650亿美元增加至37 779亿美元，累计增长9.35倍，远高于同期货物贸易出口7.26倍的增幅。服务贸易出口占全球出口的份额从1980年的15.8%上升至2008年的19.0%。2016年，全球服务贸易规模相比2015年有所增长，其中出口额为4.77万亿美元，增长0.1个百分点，进口额为4.645万亿美元，增长0.5个百分点。世界贸易组织报告（2017）显示，近两年来服务贸易发展较快，推动了全球贸易的结构转型，运输、物流、分销及数字技术等发展为货物贸易提供了必要的基础设施；跨境服务有效协调了跨境生产，成为提升制造业产品出口的重要影响因素之一。另外，服务贸易本身也在不断高级化。近年来，随着电子通信技术的极大发展，以通信、计算机和信息服务为代表的新兴服务业逐渐成为世界服务贸易的主体，以其知识和技术密集的特征为全球服务贸易的发展增添了新的动力。在行业结构上，服务贸易日益向金融、保险、电信、信息、咨询等新兴服务业倾斜，传统的运输业、旅游业所占份额持续下降；在地区分布上，发展中国家服务贸易所占份额继续扩大，东亚地区的增长尤其显著。2016年亚洲呈现出较高增长，已成为服务进口领域增长最快的地区。中国位居全球第二，占全球服务贸易进口份额的9.7%。

其次，绿色产品在国际贸易商品结构中所占比重日益增大，初级产品在国际贸易商品结构中所占比例进一步下降。由于以对自然资源掠夺性开发为代价的初级产品贸易正在受到严格限制和禁止，加之新能源、新材料、新工艺和节能技术的采用，使许多初级产品市场进一步萎缩。伴随着知识经济前进的步伐，环保新技术和新工艺将被日益广泛地采用，产品的技术知识含量不断提高，从而使国际贸易商品结构由劳动密集型、资源密集型向技术（知识）密集型绿色产品转变，绿色贸易兴起。国际贸易中纳入大量国际和国别环保法律、法规是绿色贸易浪潮的一个典型特征。自从1972年召开第一次人类环境会议以来，环境保护问题日益受到各国的高度重视，纷纷制定各种各样的环境保护法律、法规。1992年联合国环境与发展大会以后，国际社会进一步完善了环保法律、法规。绿色浪潮渗透到国际贸易的各个方面。可以说，绿色贸易代表着国际贸易未来的发展方向。

3. 国际贸易全球化与集团化并存

全球化使人类经济活动的流动性大大加快，货物、劳务、资本和技术等在全球范围内的流动更加容易，其规模不断扩大。各种现代通信手段及互联网迅速扩及全球，把各国、各地区越来越密切地联系在一起，各国经济和社会生活相互依赖关系大大加强，任何国家都免不了受其他国家和地区发生的事件与变动的影响，特别是随着关税和非关税壁垒的降低或减少，国内外市场融为一体，市场竞争已成为世界性竞争。这些都大大加快了贸易全球化的进程。

与此同时，世界贸易的集团化趋势也在进一步加强。区域贸易协定（RTA）是贸易集

团化的一个重要形式，特别是双边自由贸易协定（FTA）具有签署快、方式灵活，可以同时与多个不同对象国或地区签订等特点，发展尤为迅速。几乎所有的世界贸易组织成员都至少参加了 1 个双边自由贸易协定。据世界贸易组织统计，截至 2015 年 1 月 8 日，在世界贸易组织申报的区域贸易协定已经达到 604 个，已生效的有 398 个。

跨国公司（transnational corporation）是贸易集团化的另一种表现形式。20 世纪 90 年代以来，随着跨国公司进一步加强全球战略布局及国际分工精细化，产业内贸易取代产业间贸易成为国际贸易的主要方式。不同经济体之间的相互贸易更多地按照产业内部价值链的分工进行。产业内贸易的发展促进了生产要素在全球范围内的合理配置，降低了生产成本，扩大了国际贸易规模。

4. 国际贸易交易方式网络化

电子商务是以电子信息网络应用为前提，以系统化电子工具为基础，以商品贸易等经济活动为对象，以电子数据交换和网上交易为内容的全新商务模式，是整个商务贸易活动的电子化和网络化。电子商务改变了国际贸易市场格局，促进国际贸易飞跃发展。开展电子商务，买卖双方都可以通过网络进行交易，实现了资本、商品、技术等生产要素在全球范围内的自由流通和优化配置，打破了地域空间带来的贸易活动障碍，减少了国际贸易中存在的市场壁垒，推动了"无国界"全球化大市场的形成，促进了国际贸易市场格局的变化。另外，电子商务突破时空限制，真正实现了信息跨国传递和资源共享，推进国际贸易实现快速增长和发展。

电子商务重新界定了国际贸易运作规则，催生了国际贸易巨大变革。

（1）改变了国际贸易交易方式。传统国际贸易需要在固定场所面对面协商达成交易，而电子商务以信息网络为载体，不需见面就可达成交易。

（2）改变了国际贸易营销模式。传统营销先有产品再有顾客，买卖双方通过电话沟通达成交换协议，而电子商务通过电子或互联网手段来开展营销。

（3）改变了国际贸易管理方式。传统贸易是单向物流，电子商务则形成以物流为依托、商流为主体、资金流为形式、信息流为核心的全新贸易管理模式。

（4）改变了国际贸易监管方式。电子商务推动国际贸易向"无纸化"和"网络化"方向发展，促使创新国际贸易监管方式，实行电子化监管，提高监管效率。

（5）电子商务降低了国际贸易运营成本，提高了国际贸易交易效率。电子商务使贸易伙伴通过网络进行交流，实现无纸化办公，降低人工费用、办公费用等管理成本；材料采购通过网络将各部门采购需求整合汇集，由总部统一批量订购，最大限度地降低采购成本；销售需要大量投入资金和人力资源，而电子商务给企业带来新的销售模式和管理方法，降低了销售成本和产品营销费用；产品售后服务可以通过网络自动完成，在网上解决顾客常见问题，降低了售后服务成本。因此，电子商务简化了业务流程，提高了国际贸易交易效率。

2016 年，全球电子商务总额为 27.7 万亿美元，比 2012 年（19.3 万亿美元）增加了 8.4 亿美元。许多发达国家纷纷主张对网络贸易实行全面的自由化，一些国际性经济组织，如世界贸易组织，也开始就网络贸易进行政策对话和信息交流。网络贸易突破了传统贸易活动中物质、时间、空间对交易双方的限制，它的产生与发展必将对世界经济和国际贸易发展产生巨大的推动作用。[①] E 国际贸易将成为下一代主要贸易方式（见专栏1-1）。

---

① 电子商务催生国际贸易巨变．中国石化报．2018-06-20．

专栏 1-1

E 国际贸易将成为下一代主要贸易方式

20世纪80年代以来，全球贸易流动呈现全新的跨国界、多边化、多元化、多样化和网络化的链接状态，由于互联网、物联网、大数据、云服务、云计算和智能技术加快发展，开启了一个崭新的时代，全面引发了经济社会综合性、渗透性、泛在性的革命。这种渐进式演化积累到一定时点，便引发了消费方式与传统业态的深刻变革，使国际贸易方式正在并即将产生颠覆性形态变化，形成下一代贸易方式——E 国际贸易。

作为一种建立在现代互联网技术、云计算技术和大数据应用基础上的新型贸易方式，E 国际贸易是跨国界的，是没有行政边界的，是国际贸易的"未来时"，将成为新型经济全球化中的最主要贸易方式。

E 国际贸易大大丰富了规模经济的概念。在 E 国际贸易和 E 国际贸易平台经济下，消费者流量和消费者评价等信息会随着商品市场规模的不断扩大而集聚，而且这种随机游走的信息会使消费者个人行为聚合成一种贸易流量，并由此产生消费者集成形成的经济规模和贸易规模。这就为国际贸易中的产品差异化和个性化服务等内部规模经济提供了更多可能性，可以有效协调规模经济与个性化需求的矛盾，实现生产与消费更具个性的经营，扩大了规模经济理论的作用范围。在 E 国际贸易发展中，大量虚拟企业、中小企业乃至个人都可以通过网络和平台共享信息、资源，进行生产经营合作，分散的贸易流量通过平台汇集成一个整体，产生集聚效应和规模效应。而在传统经济和国际贸易下，规模经济仅适用于单一的实体大型企业或行业，规模经济只与生产者有关。

E 国际贸易还对传统贸易保护主义带来了冲击。作为一种新型贸易方式，E 国际贸易推动全球市场从原来的有形空间延伸到无形虚拟空间，打破了传统时空地理限制，依托全球 E 国际贸易平台，全球亿万消费者、中小企业可以真正实现全球连接、全球联动。特别是对于广大发展中国家而言，通过加强软硬基础设施建设，大力发展 E 国际贸易，可以为这些国家平等参与国际市场竞争，实现经济跳跃式发展提供新契机。同时，在 E 国际贸易和 E 国际贸易平台经济条件下，以"互联网+"为技术支撑，以满足单个消费需求为切入点的 E 国际贸易，将全球分散的消费需求变成一种市场集成，一定程度上可以避免贸易保护主义的影响。

中国正成为新型全球化的倡导者和引领者，中国的 E 国际贸易正在以井喷之势发生、发展和发酵，已经并将继续创造 E 国际贸易发展的先发优势，将逐步与一般贸易、加工贸易、小额边境贸易和采购贸易等方式交互融合，有可能在下一代贸易方式——E 国际贸易发展中占领制高点，重塑贸易规则与治理体系，这对中国是重大战略机遇。

节选自：陈文玲. E 国际贸易将成为下一代主要贸易方式 [N]. 经济日报，2018-01-04 (016).

1.2 国际贸易的概念及分类

1.2.1 国际贸易的基本概念

1. 国际贸易与对外贸易

（1）国际贸易。国际贸易（international trade）是指世界各国（或地区）之间商品和服务的交换活动，它是各个国家（或地区）在国际分工的基础上相互联系的主要形式。国际贸易的规模在一定程度上反映了经济国际化、全球化的发展趋势。国际贸易有时也泛指世界所有国家和地区的贸易活动，并在这个意义上与世界贸易（world trade）是同一个意思。但是，当人们说到国际贸易时，一般是指各个国家（或地区）之间的商品与服务的交换关系，而世界贸易则通常是指世界各国（或地区）之间商品和服务的交换活动的整体。

（2）对外贸易。对外贸易（foreign trade）是指一个特定国家（或地区）同其他国家（或地区）之间所进行的商品和服务的交换活动。此外，对外贸易又称国外贸易（external trade）、进出口贸易（import and export trade）或输出入贸易。

由此可见，国际贸易与对外贸易是一般与个别的关系，两者既有联系又有区别。如果从国际范围考察，国际贸易是一种世界性的商品与服务的交换活动，是各国（或地区）对外贸易的总和。但国际贸易作为一个客观存在的整体，有其独特的矛盾与独特的运动规律。有些国际范围内的综合性问题，如国际分工、商品的国际价值、国际市场等问题，则不能从单个国家（或地区）的角度得到说明。一般而言，国际贸易多用于理论研究的场合，而对外贸易则通常用于有关政策和实务研究的场合。因此，两者在某些场合具有不同的含义，不能相互替代，混为一谈。

2. 贸易值与贸易量

贸易值（value of trade）又称贸易额，是以货币表示的贸易金额。国际贸易值是用货币表示的一定时期内世界各国和地区的对外贸易总值。国际贸易值一般都用美元来表示，这是因为美元是当代国际贸易中的主要结算货币，也是国际储备货币。同时，以美元为单位，也有利于在世界范围内进行统计归总和国际比较。因此，联合国（UN）及世界贸易组织（WTO）编制与发表的世界各国和地区对外贸易值的资料，一般均以美元表示。

就一个国家（或地区）而言，出口值与进口值之和就是该国（或地区）的对外贸易值或对外贸易额。但是，当要计算世界的国际贸易总值时，却不能简单地采用前述加总的方法。这是因为一国的出口就是另一国的进口，两者相加无疑是重复计算。由于各国在进行贸易统计时，货物贸易的出口值一般以离岸价格（FOB 价）进行统计，而货物贸易的进口值则按到岸价格（CIF 价）进行统计。由此可见，进口值的统计中包括了运输及保险方面的服务费用。为此，在统计国际贸易总值（这里仅指国际货物贸易总值）时，通常采用的方法是将各国的出口值汇总起来。因此，国际贸易总值是一定时期内世界各国和地区的出口值之和。例如，2009 年世界各国和地区的货物贸易出口值之和为 123 180 亿美元，进口值之和为 125 770 亿美元，但通常只将前者 123 180 亿美元看做是 2009 年的国际（货物）贸易总值。2016 年，美国货物贸易总额位列全球第一，中国排第二，其次为德国和日本。

由于以货币表示的贸易值经常受到商品价格变动的影响，因此国际贸易值往往不能准确地反映国际贸易的实际规模及其变化趋势。如果能以国际贸易的商品数量来表示，则可以避免上述矛盾。但是，参加国际贸易的商品种类繁多，计量标准各异，如粮食、棉花等要按吨计算，小汽车等要按辆计算，服装等要按件计算等，因而无法将它们直接相加。所以，只能选定某一时点的不变价格为标准，来计算各个时期的国际贸易量（quantum of trade），以反映国际贸易实际规模的变动。具体来说，就是以某一固定年份为基期计算的出口价格指数去除国际贸易值，这样经修正后的国际贸易值就可以剔除价格因素的影响，能够比较准确地反映不同时期国际贸易规模的实际变动情况。由此可见，国际贸易量是以不变价格计算的国际贸易值。同理，一国（或地区）的对外贸易量是以不变价格计算的该国进、出口值之和。

3. 贸易差额、顺差与逆差

在一定时期内（通常为一年），一个国家的出口总值与进口总值之间的差额，称为贸易差额（balance of trade）。如果出口值大于进口值，就是存在贸易出超（excess of export over import），或者称为贸易顺差（trade surplus）、贸易盈余；反之，如果进口值大于出口值，称为贸易入超（excess of import over export），或者称为贸易逆差（trade deficit）、贸易赤字。简而言之，出超意味着一国在对外贸易中收入大于支出，而入超则意味着对外贸易的支出大于收入。此外，当一国的进口额与出口额相等时，则称为贸易平衡。

贸易差额是衡量一国对外贸易状况的重要指标。一般来说，贸易顺差表明一国在对外贸易收支上处于有利地位，而贸易逆差则表明一国在对外贸易收支上处于不利境地。单纯从国际收支的角度来看，当然是顺差比逆差好。但是，长期保持顺差也不一定是件好事。首先，长期顺差则意味着大量的资源通过出口输往了外国，得到的只是资金积压；其次，巨额顺差往往会使本币升值，从而不利于扩大出口，还会影响与其他国家的贸易关系，引起贸易摩擦。

因此，除了留意一国与世界其余国家之间的总贸易差额外，还应重视双边贸易差额（bilateral trade balance），它是指发生在两国之间的出口与进口间的差额。例如，从2005年到2012年，中美之间的双边贸易中，美国对中国的贸易赤字每年都超过2 000亿美元。但是中美之间的双边贸易差额，与传统贸易统计方法不合理有密切关系。例如，2010年，苹果手机iPhone 3GS从中国运到美国之后成本是179美元，在美国的售价是大约500美元。但是在这179美元的成本中，只有6.5美元的组装成本属于中国。剩余的172.5美元实际上来自其他国家：闪存、显示模块和触屏来自日本的东芝，价值60美元；处理器芯片和内存卡来自韩国三星，价值23美元；摄像头、传送和接收装置来自德国的英飞凌公司，价值29美元等。然而，179美元全部计入了美国从中国的进口额中。这个例子说明贸易赤字或盈余难以准确地反映现实状况。[1]

中国对外货物贸易近年来一直保持顺差，而服务贸易却成逆差状态。2017年，我国货物贸易进出口总值为27.79万亿元人民币，比2016年增长14.2%。其中，出口15.33万亿元，增长10.8%；进口12.46万亿元，增长18.7%；货物贸易顺差2.87万亿元，收窄14.2%。2017年，中国服务进出口总额46 991.1亿元人民币，比2016年增长6.8%。其中，

---

① 芬斯特拉，泰勒. 国际贸易［M］. 3版. 张友仁，译. 北京：中国人民大学出版社，2017.

服务出口 15 406.8 亿元，增长 10.6%；服务进口 31 584.3 亿元，增长 5.1%。2017 年中国服务贸易占对外贸易总额（货物和服务进出口之和）的比重为 14.5%，比 2016 年下降 0.7个百分点。服务贸易逆差 16 177.4 亿元，比 2016 年减少 5.3%。

4. 国际贸易商品结构

国际贸易商品结构（commodities structure of international trade）是指各类商品在国际贸易中所处的地位，通常以它们在世界出口总额中的比重来表示。

随着世界生产力的发展和科学技术的进步，国际贸易商品结构也在不断地发生变化，其基本趋势是初级产品的比重大大下降，工业制成品的比重不断上升，特别是工程产品、化学产品等资本货物及技术密集型产品的比重显著增加。据世界贸易组织统计，2008 年世界农产品出口在世界商品出口总额中的占比仅为 8.5%，而工业制成品占比为 66.5%。2017 年，工业制成品出口在世界出口总额中占比达 70%，农产品、燃料及矿产品占比分别为 10%和 15%。

就某一个国家或地区来说，对外贸易商品结构（foreign trade by commodities）是指一定时期内一国进出口贸易中各类商品的构成情况，通常以各种商品在进口总额或出口总额中所占的比重来表示。一国的对外贸易商品结构可以反映该国的经济和科技发展水平及资源禀赋等状况。例如，发达国家的出口中机器设备等制成品占较大比重，而发展中国家的出口则以初级产品和劳动密集型制成品为主。

5. 国际贸易地理方向

国际贸易地理方向（direction of international trade）又称国际贸易地区分布（international trade by regions），它用来表明世界各个地区或各个国家在国际贸易中所占的地位，通常是用它们的出口贸易额或进口贸易额占世界出口贸易总额或世界进口贸易总额的比重来表示。由于国际政治经济形势在不断变化，各国的经济实力对比经常变动，国际贸易地理方向也在不断发生变化。如表 1-4 所示，2017 年中国、美国和德国为世界最大的三个出口国，占世界出口总额的比例分别为 12.8%、8.7% 和 8.2%。2017 年美国、中国和德国为世界最大的三个进口国，占世界进口总额的比例分别为 13.4%、10.2% 和 6.5%。从全球范围看，当前全球贸易格局可以划分为北美、欧洲与亚洲三大价值链板块，每个地区都已形成了区域内贸易和区域价值链，各区域之间又形成了密切的洲际价值链关系。其中，亚太价值链（尤其是东亚价值链）是全球贸易循环中最为关键的链条之一，也是全球贸易增长的最重要驱动力。中国作为全球最大的中间品贸易大国，在全球价值链和贸易循环中发挥了枢纽和节点的作用，对全球贸易启动新一轮复苏影响深远。根据联合国亚太经济和社会委员会发布的《将贸易和投资引向可持续发展》报告，亚洲地区对本轮全球贸易回升的贡献最大，在 2017 年上半年全球贸易进口同比增长 9.6% 中，亚洲地区拉动了 5.4%，远高于欧洲和北美地区的 1.9% 和 1.5%。

表 1-4 2017 年商品贸易出口和进口情况

排名	国家/地区	出口额/十亿美元	份额/%	年度变化百分比/%	排名	国家/地区	进口额/十亿美元	份额/%	年度变化百分比/%
1	中国	2 263	12.8	8	1	美国	2 410	13.4	7
2	美国	1 547	8.7	7	2	中国	1 842	10.2	16
3	德国	1 448	8.2	9	3	德国	1 167	6.5	11

排名	国家/地区	出口额/十亿美元	份额/%	年度变化百分比/%	排名	国家/地区	进口额/十亿美元	份额/%	年度变化百分比/%
4	日本	698	3.9	8	4	日本	672	3.7	11
5	荷兰	652	3.7	14	5	英国	644	3.6	1
6	韩国	574	3.2	16	6	法国	625	3.5	9
7	中国香港	550	3.1	6	7	中国香港	590	3.3	8
8	法国	535	3.0	7	8	荷兰	574	3.2	14
9	意大利	506	2.9	10	9	韩国	478	2.7	18
10	英国	445	2.5	9	10	意大利	453	2.5	11

数据来源：世界贸易组织，2018 国际贸易统计。

就某一个国家（或地区）来说，对外贸易地理方向或地区分布是指一国（或地区）进口商品的来源和出口商品的去向，用来反映该国（或地区）与其他国家（或地区）之间的经济贸易联系程度。如表 1-5 所示，2016 年我国的货物进出口主要集中在亚洲地区。对亚洲的出口占中国出口总额的 49.63%，其次为北美洲和欧洲；对亚洲的进口占我国进口总额的 57.04%，其次为欧洲和北美洲。如表 1-6 所示，2016 年我国对美国的出口最多，占到我国出口总额的 18.37%，而从韩国的进口最多，占到我国进口总额的 10.01%。

表 1-5　2016 年我国同世界各大洲海关货物进出口情况

	出口		进口	
	出口额/万美元	份额/%	进口额/万美元	份额/%
亚洲	104 111 685	49.63	90 579 344	57.04
非洲	9 227 200	4.4	5 668 990	3.57
欧洲	38 991 655	18.59	28 784 681	18.13
拉丁美洲	11 393 614	5.43	10 307 123	6.49
北美洲	41 284 094	19.68	15 288 329	9.63
大洋洲及太平洋群岛	4 754 871	2.27	8 061 357	5.08

数据来源：2017 中国统计年鉴。

表 1-6　2016 年我国同主要国家和地区海关货物进出口情况

国家/地区	进出口		出口		进口	
	进出口总额/万美元	份额/%	出口总额/万美元	份额/%	进口总额/万美元	份额/%
美国	51 971 615	14.10	38 527 101	18.37	13 444 514	8.47
中国香港	30 395 369	8.25	28 725 302	13.69	1 670 067	1.05
日本	27 508 069	7.46	12 941 000	6.17	14 567 069	9.17
韩国	25 270 349	6.86	9 372 895	4.47	15 897 453	10.01
中国台湾	17 908 843	4.86	4 024 120	1.92	13 884 723	8.74
德国	15 136 808	4.11	6 525 905	3.11	8 610 903	5.42
澳大利亚	10 822 241	2.94	3 732 740	1.78	7 089 501	4.46

国家/地区	进出口		出口		进口	
	进出口总额/万美元	份额/%	出口总额/万美元	份额/%	进口总额/万美元	份额/%
越南	9 827 573	2.67	6 110 413	2.91	3 717 160	2.34
马来西亚	8 694 141	2.36	3 767 178	1.80	4 926 964	3.10
泰国	7 572 743	2.05	3 719 508	1.77	3 853 234	2.43
英国	7 440 224	2.02	5 572 079	2.66	1 868 145	1.18
新加坡	7 052 592	1.91	4 451 167	2.12	2 601 425	1.64
印度	7 017 947	1.90	5 841 534	2.78	1 176 413	0.74
俄罗斯	6 961 592	1.89	3 735 577	1.78	3 226 015	2.03
巴西	6 783 432	1.84	2 197 927	1.05	4 585 505	2.89
荷兰	6 726 917	1.83	5 745 937	2.74	980 980	0.62
印度尼西亚	5 354 016	1.45	3 212 613	1.53	2 141 404	1.35
菲律宾	4 723 856	1.28	2 984 267	1.42	1 739 589	1.10
法国	4 718 948	1.28	2 468 616	1.18	2 250 332	1.42
加拿大	4 567 568	1.24	2 733 885	1.30	1 833 683	1.15

数据来源：2017 中国统计年鉴。

6. 贸易条件

贸易条件（terms of trade）是指一个国家或地区以出口交换进口的条件，即出口与进口的交换比例。贸易条件是用来衡量在一定时期内一个国家出口相对于进口的盈利能力和贸易利益的指标。一般而言，贸易条件的提高对一国是好事，因为它可以从出口赚取更多或为进口支付更少，由此使其改善福利。贸易条件可以衡量一国参与国际贸易时的福利水平，贸易条件改善意味着一国的福利水平因贸易而上升，同时贸易条件恶化则意味着其福利水平因为贸易而下降。

1）贸易条件的表示方法

贸易条件有以下两种表示方法。

① 用物物交换表示，即用实物形态来表示的贸易条件，它不涉及货币因素和物价水平的变动。当出口产品能交换到更多的进口产品时，贸易条件改善了；反之，如果出口产品只能交换到较少的进口产品，则贸易条件恶化了。

② 用价格或价格指数来表示的贸易条件，通常是用一定时期内一国（或地区）出口商品价格指数与进口商品价格指数之比，即贸易条件指数（或系数）来表示。如果该指数大于 1，表明贸易条件改善了；反之，若该指数小于 1，则表明贸易条件恶化了；如果该指数等于 1，则表明贸易条件不变。

2）贸易条件指数的形式

贸易条件有 3 种不同的形式：价格贸易条件、收入贸易条件和要素贸易条件，它们从不同的角度衡量一国的贸易所得。其中价格贸易条件最有意义，也最容易根据现有数据进行计算。要素贸易条件又分为单要素贸易条件和双要素贸易条件。

（1）价格贸易条件。价格贸易条件（net barter terms of trade，NBTT）是指商品的出口价格指数与进口价格指数之比，它衡量的是出口对进口的单位购买力，这也是贸易条件最初的含义。价格贸易条件指数的计算公式如下。

$$NBTT = (P_X/P_M) \times 100\%$$

其中，P_X 为出口价格指数，P_M 为进口价格指数。价格贸易条件，即随着出口商品相对于进口商品价格的变化，出口每单位商品所能换回的进口商品的数量。如果在报告期出口一单位商品所能换回的进口商品比基期增加或减少了，则认为价格贸易条件改善或恶化了。

在一个两国两种商品的世界里，一国的出口正是另一国的进口，因此一国的贸易条件就是另一国贸易条件的倒数。例如，A 国出口商品 X、进口商品 Y，而 B 国出口商品 Y、进口商品 X，所以 A 国的贸易条件表示为 P_X/P_Y，而 B 国的贸易条件则为 P_Y/P_X。如果 A 国的贸易条件从 100 上升至 130，这说明 A 国的出口商品价格相对于进口商品价格上升了 30%。同时，这也意味着 B 国的贸易条件恶化了，从 100 下降到了 77 左右，下降了 23%。

（2）收入贸易条件。收入贸易条件（income terms of trade，ITT）衡量的是一国在出口基础上的总进口能力，相当于价格贸易条件与出口量的乘积，被认为是出口商品的购买力。相对于价格贸易条件，收入贸易条件对一国的贸易利益和经济福利的反映要准确得多。收入贸易条件指数的计算公式如下。

$$ITT = (P_X/P_M) \times Q_X \times 100\% = NBTT \times Q_X$$

其中，Q_X 为出口量指数。如果价格贸易条件下降导致出口收入更大幅度的增加，则收入贸易条件就是上升的；反之，如果价格贸易条件下降导致出口量的增加而未带来相应的收入增加，则收入贸易条件就是下降的。

（3）单要素贸易条件。单要素贸易条件（single factor terms of trade，SFTT）指的是一定时期内一国消耗一单位国内生产要素用于出口后能获得进口的单位数量，它等于价格贸易条件与该要素生产率的乘积。单要素贸易条件上升，反映一国国内生产要素的利用效率提高。单要素贸易条件指数的计算公式如下。

$$SFTT = (P_X/P_M) \times Z_X \times 100\% = NBTT \times Z_X$$

其中，Z_X 为一国出口商品生产部门要素生产率指数。

（4）双要素贸易条件。双要素贸易条件（double factor terms of trade，DFTT）是指不仅考虑出口商品要素生产率的变化，而且考虑进口商品要素生产率变化的要素贸易条件。它反映了一国生产要素利用效率相对于另外一国生产要素利用效率的变化，可以反映贸易利益在不同国家之间的分配情况。双要素贸易条件指数的计算公式如下。

$$DFTT = (P_X/P_M) \times (Z_X/Z_M) \times 100\% = NBTT \times (Z_X/Z_M)$$

其中，Z_M 为一国进口商品生产部门要素生产率指数。

贸易条件指数的变化只反映贸易条件是改善了还是恶化了，它不能说明目前的贸易条件是否合理，如果要判断贸易条件是否合理，还要结合其他因素进行分析。

3）贸易条件的影响因素

贸易条件的影响因素很多，这里只分析贸易条件的几个主要影响因素。

（1）进出口商品的需求情况。进出口商品的需求变化通过影响进出口商品的价格来影响贸易条件。当本国对外国进口商品需求上升时，进口商品价格就会上升。如果同时发生了外国对本国出口商品需求下降的情况，则本国出口商品价格会下降。本国的贸易条件恶化，外国的贸易条件改善。

（2）进出口商品的市场组织情况。进出口商品的市场组织情况通过影响进出口商品的供给情况来影响贸易条件。当进出口商品的国际市场组织情况发生变化时，如某种商品的供给厂商减少时，会增加现有厂商的垄断力量，从而在其他情况不变的情况下，会带来进口商品价格上升的可能，从而带来贸易条件下降的可能。

（3）汇率。汇率对贸易条件的影响主要有两个途径：一是通过影响进出口商品的成本从而影响进出口商品的价格来影响贸易条件；二是通过影响进出口商品的名义价格从而影响贸易条件。汇率本身是由进出口贸易和国际资本流动来决定的，并且汇率的波动从短期来看会影响进出口商品价格，但从长期来看汇率是要回归的，一国的汇率不可能长期偏离其均衡位置。因此，从长期来看汇率对贸易条件的影响是近似中性的。

（4）进出口商品的构成情况。由于决定贸易条件的是出口商品的加权平均价格和进口商品的加权平均价格，因此当进口商品或出口商品的构成情况发生变化时，即使各种商品本身的价格不发生变化也会改变进口商品或出口商品的加权平均价格，从而改变一国的贸易条件。贸易条件恶化论观点的一个重要依据就是发展中国家主要出口初级产品而发达国家出口工业品。

 专栏 1-2

初级产品的贸易条件

随着时间的推移，贸易条件有何变化？在 20 世纪 50 年代的著作中，拉丁美洲经济学家劳尔·普雷维什（Raul Prebisch）和英国经济学家汉斯·辛格（Hans Singer）各自提出了这样的假设，即初级产品（即农产品和矿产品）相对于制造品的价格会随着时间的推移而下降。由于初级产品通常是由发展中国家出口的，这就意味着发展中国家的贸易条件从长期来看会下降。

认为普雷维什-辛格假设可能是正确的理由有几个。首先，随着人民或国家的富裕，他们花费在食物上的支出占收入的份额会越来越小。这意味着随着世界收入的增长，对食物的需求相对于对制造品的需求会下降。因此，人们预期农产品的价格相对于制造品会下降。其次，对于矿产品，工业化国家可能会不断地发现替代品以替代在生产中使用的矿产品。例如，由于汽车制造商倾向于在车身和车架制造中使用塑料和铝，今天在汽车中所使用的钢铁就少多了。我们可以认为对矿产品的替代是一种技术进步，并且随着其进一步深化，会导致原生矿产品价格的下降。

然而，认为普雷维什-辛格假设可能是错的理由也有几个。首先，制造品的技术进步肯定会导致这些产品的价格下降，因为它们变得更容易生产了。这是工业化国家的贸易条件下降了而不是发展中国家的贸易条件下降了。其次，至少在石油输出的例子中，石油输出国组织（OPEC）通过限制在世界市场的供给来设法维持高油价，这导致了石油输出国（包括发展中国家和工业化国家）贸易条件的提高。

资料来源：芬斯特拉，泰勒. 国际贸易［M］. 3 版. 张友仁，译. 北京：中国人民大学出版社，2017.

7. 对外贸易依存度

对外贸易依存度（degree of dependence on foreign trade）简称外贸依存度，又称外贸系数、外贸率、外贸贡献度和经济开放度，是指用一国对外贸易额在其国民生产总值（GNP）或国内生产总值（GDP）中所占的比重来表示一国国民经济对进出口贸易的依赖程度，或者国际贸易对经济增长的贡献度。对外贸易依存度的变化意味着对外贸易在国民经济中所处地位的变化。一般而言，从横向比较，一国外贸依存度越高，则对外贸易在国民经济中的作用越大，与外部的经贸联系越多，经济开放度也越高；从纵向比较，如果一国外贸依存度提高，则不仅表明其外贸增长率高于国民生产总值（或国内生产总值）增长率，还意味着对外贸易对经济增长的作用加大，经济开放度提高。

外贸依存度还可以分为出口依存度（degree of dependence on export）和进口依存度（degree of dependence on import），前者是指一国出口额在其国民生产总值（或国内生产总值）中所占的比重；后者是指一国进口额在其国民生产总值（或国内生产总值）中所占的比重。值得注意的是，许多欧美学者将出口依存度定义为外贸依存度，不仅如此，用出口额占国内生产总值的比重来计算外贸依存度的方法，在很大程度上已成为某种国际惯例。

第二次世界大战后，世界出口总额占世界 GDP 的比重不断提高。世界商品和服务出口占世界 GDP 的比重，1980 年为 18.8%，2008 年曾达到 30.7%，2016 年为 28.5%。[1] 这反映了世界各国之间的经济贸易联系越来越密切，对外贸易在各国国民经济中的地位也越来越重要。

改革开放以后，我国出口依存度大幅度提高，已由 1978 年的 4.6% 上升到 2009 年的 24.5%。据测算，改革开放以来，对外贸易对我国经济增长的贡献在 15%～20% 之间，拉动经济年均增长在 1.5%～2% 之间。[2] 由此可见，我国的对外贸易在国民经济中的地位日益提高，国内经济与世界经济的联系也日益密切。

由表 1-7 可见，出口贸易依存度较高的国家往往经济规模较小，如卢森堡、马来西亚。外贸依存度较低的国家往往是经济规模较大的国家，如美国和日本，或者是因贸易壁垒、与其他国家距离远等缘故而导致贸易开放度不高的国家或地区。

---

① 数据来自世界银行网站：https：//data. worldbank. org.
② 张国庆. 贸易增长与贸易平衡问题［J］. 国际贸易，2010（7）：4-10.

表 1-7 部分国家出口贸易依存度与 GDP %

国家	1960 年出口贸易/GDP	2017 年出口贸易/GDP	2017 年 GDP/十亿美元
美国	4.97	11.89	19 390.60
中国	4.31	19.76	12 237.70
日本	10.72	16.11	4 872.10
德国	—	47.24	3 677.40
英国	20.21	30.53	2 622.40
印度	4.51	18.87	2 597.50
法国	14.4	30.88	2 582.50
巴西	7.06	12.57	2 055.50
意大利	12.5	31.3	1 934.80
加拿大	16.97	30.89	1 653.00
俄罗斯联邦	—	26.04	1 577.50
韩国	2.62	43.09	1 530.80
澳大利亚	12.99	21.27	1 323.40
西班牙	8.37	34.09	1 311.30
墨西哥	8.51	37.88	1 149.90
印度尼西亚	11.53	20.37	1 015.50
土耳其	2.06	24.84	851.1
瑞士	27.77	64.98	678.9
阿根廷	7.6	11.18	637.6
瑞典	23.01	45.32	538
奥地利	23.25	53.94	416.6
南非	29.55	29.77	349.4
丹麦	32.31	55.21	324.9
马来西亚	64.45	71.47	314.5
菲律宾	11.95	30.55	313.6
智利	13.06	28.7	277.1
芬兰	21.11	38.59	251.9
葡萄牙	14.3	43.11	217.6
希腊	8.51	33.22	200.3
匈牙利	—	90.09	139.1
卢森堡	88.71	230.02	62.4

注：美国和日本第二栏的数据为 2016 年数据。出口贸易含商品和服务贸易出口。

数据来源：世界银行网站。

1.2.2 国际贸易的分类

国际贸易按照不同的标准可以分为不同的种类。

1. 按商品流向分类

按商品流向，国际贸易可以分为出口贸易、进口贸易和过境贸易。

一国（或地区）的对外贸易包括出口与进口两个组成部分：一个国家（或地区）向其他国家（或地区）输出商品与服务的贸易活动称为出口贸易（export trade）；反之，当一个国家（或地区）从其他国家（或地区）购进商品与服务用于国内（或地区内）生产或消费时，由此而产生的全部贸易活动称为进口贸易（import trade）。一笔贸易，对卖方是出口贸易，而对买方则是进口贸易。

同时，人们通常将输入一国（或地区）境内的货物再输出时，称为"复出口"（re-export trade）；反之，输往境外的货物再输入境内时，则称为"复进口"（re-import trade）。复出口往往是在购买时本想用于境内销售与消费，但因国际市场价格上涨而出口以赚取利润的情形；而复进口则主要是因为出口退货的情形。

一国（或地区）在同类产品上通常是既有出口又有进口。在一定时期（通常为1年）内，将某种商品的出口量与进口量加以比较，如果出口量大于进口量，则称为"净出口"（net export）；反之，如果出口量小于进口量，则称为"净进口"（net import）。净出口与净进口是以数量来反映的一国（或地区）某种商品在国际贸易中所处的地位。

某些国家由于特殊的地理位置，或者为了节约运输费用和时间，在从商品生产国购货之后，需要通过第三国的境界才能进入本国的市场。对于第三国来说，这就是过境贸易（transit trade）。过境贸易又可分为两种：一种是间接的过境贸易，即外国商品进入国境之后，先暂时存放在海关仓库内，然后再提出运走；另一种是直接的过境贸易，即运输外国商品的船只、火车、飞机等，在进入本国境界后并不卸货，而在海关等部门的监督之下继续输往国外。

2. 按商品形态分类

按商品形态，国际贸易可以分为货物贸易和服务贸易。

（1）货物贸易。货物贸易（commodity trade）是指物质商品的进出口。由于物质商品是有形的，可以看得见、摸得着，因此货物贸易通常又称作有形贸易（visible/tangible trade）。世界市场上的物质商品种类很多，为了统计和其他业务的方便，联合国曾于1950年编制了《国际贸易标准分类》（SITC），并于1960年、1974年和1985年先后修订3次，它一度为世界绝大多数国家和地区所采用。2006年制定《国际贸易标准分类》第4版时与另一贸易商品分类制度——《商品名称及编码协调制度的国际公约》（2007版）相配合，于2007年1月1日起施行。

在《国际贸易标准分类》第4版中，国际贸易商品分为10大类、67章、262组、1 023个分组和2 970个基本项目。这10大类商品分别为：

0——食品及主要供食用的活动物；

1——饮料及烟类；

2——燃料以外的非食用粗原料；

3——矿物燃料、润滑油及有关原料；

4——动植物油脂、油脂和蜡；

5——化学品及有关产品；

6——主要按原料分类的制成品；

7——机械及运输设备；

8——杂项制成品；

9——没有分类的其他商品。

为了简便，人们一般把《国际贸易标准分类》的 0～4 类商品称为初级产品，把 5～8 类商品称为制成品。但需要注意的是，这种初级产品和制成品的分类是一种粗略的分法，严格的区分还需作细类的调整。

（2）服务贸易。服务贸易（service trade）是指服务商品的进出口，它是以提供活劳动的形式满足他人需要并获取报酬的。由于服务商品是无形的，看不见、摸不着，因此服务贸易通常又称为无形贸易（invisible/intangible trade）。按照《服务贸易总协定》（GATS）的定义，国际服务贸易是指服务贸易提供者从一国境内、通过商业现场或自然人的商业现场向服务消费者提供服务，并获取收入的过程。

国际服务贸易通常又分为要素服务贸易（factor service trade）和非要素服务贸易（non-factor service trade）。要素服务贸易是一国向他国提供劳动、资本、技术及土地等生产要素的服务，而从国外得到报酬的活动。它包括对外直接投资和间接投资的收益、侨民汇款及技术贸易的收入；非要素服务贸易是狭义的服务贸易，是指提供严格符合"服务"定义的服务而获取外汇收入的交易，如国际运输、旅游、教育、卫星发射、咨询和会计等。在实际活动中，按照世界贸易组织的分类，国际服务贸易分为商业、通信、建筑及工程、销售、教育、环境、金融、健康与社会、旅游、文化与体育、运输业及其他 12 大类、155 个项目。

3. 按国境和关境分类

按国境和关境，国际贸易可以分为总贸易和专门贸易。

对于什么是进口和出口，各国的统计标准略有不同。现在世界上通行的体制有以下两种。

一种是以国境作为统计对外贸易的标准。凡是进入该国境界的商品一律列为进口，称为总进口（general import）；凡是离开该国境界的商品均列为出口，称为总出口（general export）。总进口额加上总出口额就是一国的总贸易（general trade）额。英国、加拿大、日本、澳大利亚、美国等 90 多个国家和地区采用这个统计标准。

另一种是以关境作为统计对外贸易的标准。关境是一个国家海关法则全部生效的领域。当今世界上关境与国境不一致是相当普遍的现象。根据这个标准，外国商品进入关境之后才列为进口，称为专门进口（special import）。如外国商品虽已进入国境，但仍暂放于海关的保税仓库之内，或者只是在免税的自由经济区流通，则不被统计为进口。另外，凡是离开关境的商品都要列为出口，称为专门出口（special export），但从关境外国境内输往他国的商品，则不被统计为出口。专门出口额加上专门进口额，即是一个国家的专门贸易（special trade）额。德国、意大利、瑞士等 80 多个国家采用这种划分办法。

总贸易和专门贸易反映的问题各不相同。前者包括所有进出入该国的商品，反映一国在国际商品流通中所处的地位；后者只包括那些进口是用于该国生产和消费，出口是由该国生产和制造的商品，反映一国作为生产者和消费者在国际贸易中所起的作用。

总贸易与专门贸易的数额是不相同的。这是因为：①关境和国境往往不一致，如经济特区、关税同盟等已经广泛存在；②对某些特殊形式的贸易，两者的处理不同，如过境贸易会计入总贸易额，但不会计入专门贸易额。因此，联合国在公布各国对外贸易统计数字时，一般都注明该国是总贸易体制还是专门贸易体制。我国采用的是总贸易体制。

4. 按贸易关系或贸易活动有无第三方参加分类

按贸易关系或贸易活动有无第三方参加,国际贸易可以分为直接贸易、间接贸易和转口贸易。

(1) 直接贸易 (direct trade)。在国际贸易中,商品的生产国一般是直接到商品的消费国去销售商品,后者也愿意从前者购买,这种交易称为直接贸易。此时,出口国即是生产国,进口国就是消费国。

(2) 间接贸易 (indirect trade)。由于政治、地理等方面的原因,有时商品的生产国和消费国不能直接进行交易,而只能通过第三国商人转手间接地进行买卖。这种形式的国际贸易称为间接贸易。

(3) 转口贸易 (entrepot trade)。从商品的生产国进口商品,但不是为了本国生产或消费,而是再向第三国出口,这种形式的贸易称为转口贸易。如上述间接贸易中的第三国所从事的就是转口贸易。转口贸易的经营方式大体上可以分为两种:①间接转口,即转口商将商品从生产国输入进来,然后再销往商品的消费国;②直接转口,即转口商仅参与商品的交易过程,商品是从生产地直接运往消费地。从事转口贸易的大多是运输便利的国家 (或地区) 的港口城市,如伦敦、鹿特丹、新加坡和香港等。由于这些港口城市的地理位置优越,便于货物集散,因而转口贸易相当发达。

转口贸易与过境贸易的主要区别是:①转口贸易必须由转口国或地区的商人来完成交易手续,而过境贸易中第三国不直接参与商品的交易过程;②转口贸易以营利为目的,要有一个正常的商业加价,而过境贸易通常只收取少量的手续费或印花税等。

5. 按清偿方式不同分类

按清偿方式不同,国际贸易可以分为现汇贸易、记账贸易和易货贸易。

(1) 现汇贸易 (spot exchange trade)。现汇贸易又称自由结汇贸易,是指买卖双方以现汇 (通常是国际上通用的可兑换货币,如美元、欧元、日元等) 来进行结算或收付的贸易。由于现汇具有运用上的灵活性和广泛性,可自由地兑换成其他货币,所以该方式是当前国际贸易活动中运用最普遍的一种。其特点是银行逐笔支付款项以结清债权、债务;结算方式以信用证为主,辅以托收、汇付和银行保函等方式。

(2) 记账贸易 (clearing account trade)。记账贸易是由两国或地区政府间签订贸易协定或支付协定,按照一定的记账方法进行结算的贸易。其特点是在一定时期内 (多为 1 年) 两国或地区间贸易往来不需要用现汇逐笔结算,而是到期一次性结清。通过记账贸易所获得的外汇称为记账外汇,一般仅用于协定国或地区之间,不能用于同第三国或地区的结算。

(3) 易货贸易 (barter trade)。易货贸易又称换货贸易,是指商品交易的双方依据相互间签订的易货协定或易货合同,在经过计价的基础上互相交换货物的一种交易方式。此种方式比较适用于那些由于外汇不足,或者汇率波动剧烈,或者其他各种原因无法以自由结汇方式进行相互交易的国家及有关贸易商之间。

除了上述划分以外,国际贸易还可以按参与贸易活动的国家或地区的多少,分为双边贸易 (bilateral trade)、三角贸易 (triangular trade) 和多边贸易 (multilateral trade);按货物运送方式,分为陆运贸易 (trade by roadway)、海运贸易 (trade by seaway)、空运贸易 (trade by airway)、邮购贸易 (trade by mail order)、管道运输贸易 (trade by pipe) 和多式联运贸易 (trade by multi-modal transportation);按贸易双方经济发展水平,分为水平贸易 (horizontal trade）和垂直贸易（vertical trade）；按贸易政策，分为自由贸易（free trade）、保护贸易（protective trade）、统制贸易（control trade）和管理贸易（management trade）等。

1.3 国际贸易的地位和作用

当今世界，当一国的生产和流通超出了国家范围的限制时，就必然要参与国际分工和利用国际市场，这时该国的生产与流通就构成了世界各国再生产过程的一个组成部分。因此，开展国家间相互贸易对一国经济乃至世界经济的发展都有十分重要的作用。具体表现在以下4个方面。

1. 对外贸易是拉动世界经济增长的助推动力

世界银行分析了 41 个发展中国家和地区对外贸易与经济增长的关系，得出如下统计数据：1963—1973 年 10 年间，内向型国家人均 GDP 增长是 2.7%，外向型国家是 5.2%；1973—1985 年 12 年间，内向型国家是 1%，外向型国家是 2.5%。这一数据表明，无论是经济增长时期，还是经济滞胀时期，外向型国家经济增长一般是内向型国家的一倍左右。21世纪以来，国际贸易在各国经济发展中的作用越来越重要。2000—2008 年，世界货物贸易年均增长率保持在 10% 以上，两倍于同期世界产出的增长，比同期世界 GDP 年均增速 3.5%要高出两倍左右。受 2009 年国际金融危机的影响，全球贸易增速曾一度放缓至与世界经济增速相仿的水平。但是，2016 年世界商品和服务出口占世界 GDP 的比重仍达到 28.5%。根据《2018 世界贸易统计报告》，2017 年全球商品贸易量增长 4.7%，为 6 年来最高，商品贸易额增长 11%。由图 1-1 可见，在 1981—2017 年期间，除个别年份外，世界商品贸易增长均高于世界 GDP 增长。由此可见，对外贸易在世界经济发展中扮演着重要的角色。

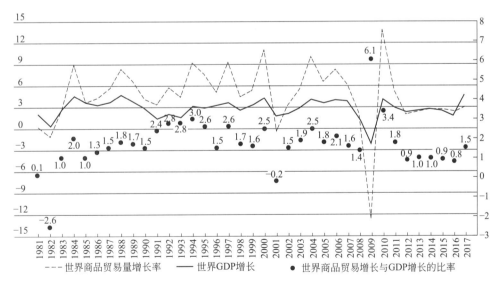

图 1-1　1981—2017 年世界商品贸易增长与世界 GDP 增长年度变化百分比及其比值

资料来源：世界贸易组织，2018 世界贸易统计报告。

2. 国际贸易是世界各国参与国际分工，顺利实现社会再生产的重要手段

在国际经济联系日益紧密的今天，由于各国的自然条件、生产力水平、经济结构、科学技术水平和管理水平等方面的差异，以及历史和社会等多方面的原因，使得有些国家对某些商品的生产有利，劳动耗费较少；对某些商品的生产条件不利，劳动耗费较多。此外，任何一个国家也不可能生产自己所需要的一切物品，同时也不可能完全消费掉自己所生产的一切物品。这些矛盾只能通过参与国际分工、实现相互间的商品交换加以解决。通过参与国际分工，使各国可以更充分地利用本国的生产力优势、科学技术优势、资金优势和资源优势，发展那些本国条件相对优越的产业部门，从而节约社会劳动时间，促进本国经济的增长。

国际贸易作为世界各国连接社会生产和社会消费的桥梁与纽带，尤其是在连贯国内生产与国外消费、国外生产与国内消费方面处于特殊的中介地位。通过积极开展对外贸易，输出那些本国可以生产的、多余和闲置的物资，购入不能生产的、欠缺和急需的物资，可以解决社会生产与社会消费需求上的供求矛盾，使本国的资源得到充分的利用，使本国的各类需求得到满足，保证本国的社会生产得以顺利进行。

3. 国际贸易是各国增加财政收入和劳动就业的重要渠道

国际贸易可以提高一国的财政收入，表现在以下两个方面。一方面，通过国际分工和国际商品交换，可以使各国节约一定的社会劳动耗费，也可以让各国利用引进的技术、设备发展本国的工农业生产，提高社会劳动生产率，节约原材料耗费，创造更多的产值，从而间接地增加一国的财政收入；另一方面，通过对外贸易，各国从事进出口业务的企业上缴国家的各种税收和国家征收的关税，能直接增加一国的财政收入，尤其是能增加国家经济建设与发展过程中急需的外汇收入。2008年，我国仅涉及外贸的有关税收就达9161亿元人民币，约占全国税收总额的16.9%，成为我国税收的第二大来源。

许多国家把发展对外贸易作为解决劳动就业的一个重要渠道。由于从事对外贸易业务的人员需要较高的素质，目前直接解决就业问题尚受到一定的限制。但是，一个国家通过发展对外贸易间接地提供的就业机会是相当多的。根据2012年商务部发布的《全球价值链与我国贸易增加值核算报告》披露，当年我国出口贸易总额为20 487.8亿美元，而出口贸易产生的就业岗位高达1.2亿个。换句话说，每出口17 073美元，就能带动国内1个就业岗位。据商务部统计，2017年中国对美国出口2.91万亿元人民币，约合4 620亿美元。按2012年贸易就业系数测算，那么中美贸易战将有可能影响到中国的2 706万个就业岗位。[①] 可见，对外贸易对劳动就业的影响是相当显著的。

4. 国际贸易是各国进行政治、外交斗争的重要工具

当今世界，许多国家都把对外贸易纳入本国对外政策之中，使其成为本国进行政治与外交斗争的重要工具，这主要表现在以下方面。

（1）通过对外贸易维护本国的国家利益及本国统治集团的利益，以及维护本国的社会经济制度。

（2）通过对外贸易建立国际或地区间的经济贸易集团，以增强在国际政治斗争和国际经济斗争中的抗衡力量。

（3）通过对外贸易制裁那些违背国际法规、违背联合国宪章和实行民族歧视的国家。

---

① 李长安. 中美贸易摩擦对就业的影响及对策［J］. 中国劳动关系学院学报，2018，32（3）：5-8.

（4）通过对外贸易改善国家间的政治、外交关系，改善国际经济环境，为本国经济发展创造良好的外部条件。

1.4 国际贸易理论与政策的发展和演变

国际贸易自产生以来，在理论上一直围绕着国际贸易动因、国际贸易格局和贸易利益的分配等方面在不断地演变。之所以会产生这些分析框架，是因为只有解决了上述 3 个问题，才能揭示出国际贸易的一般规律和方法。

1.4.1 国际贸易理论的发展和演变

国家间为什么要进行国际贸易，一国为什么会进口自己也能生产的产品，显然是因为可以从贸易中获利，如果不能获利谁也不会从事贸易。那么，哪些商品在国际贸易中被用来交易，各个国家都出口和进口何种商品，贸易所得有多大，又如何在国家间进行分配，这就是国际贸易理论试图研究和解释的问题。由此可见，国际贸易理论是站在世界贸易总体的角度，试图从国际贸易活动的实践中提炼出进行贸易的真实原因，主要研究国家间为什么要进行国际贸易、国际贸易的模式、贸易利益如何分配这 3 个问题。

国际贸易理论的发展大致可分为 4 个阶段：古典国际贸易理论、新古典国际贸易理论、新国际贸易理论和新新国际贸易理论。这一发展过程是伴随着现实经济的发展和经济学理论的发展而不断向前推进的。

1. 古典国际贸易理论

古典国际贸易理论主要是指亚当·斯密和大卫·李嘉图提出的绝对优势理论和比较优势理论。其中，绝对优势理论是国际贸易理论产生的标志，比较优势理论是国际贸易理论的核心。在斯密看来，人们天生的差别并不大，但是由于后来选择了不同的专业，因而生产不同产品的效率不同，形成了不同的绝对优势。这种由劳动分工产生和发展起来的绝对优势，是贸易促进经济发展的本源。斯密因此大胆主张，单方面地实行贸易自由化，也是值得一国采取的获益政策，而不管别国采取什么样的贸易政策。李嘉图则认为，这种由既定劳动分工形成的绝对优势并不是产生贸易好处的必要条件。只有比较优势，没有绝对优势的国家，也可以从贸易中获利。其实，不管是绝对优势学说还是比较优势学说，都包含着一个核心的古典经济学思想：专业化分工和贸易交换是经济增长的源泉。

比较优势理论揭示了国际贸易产生的基本原因是各国劳动生产率的比较差异，从而扩宽了国际贸易的范围，为各国参加国际分工和国际贸易的必要性进行了理论上的论证。但是，这一理论也存在很多缺陷。首先，"经济人假设"是经济学存在和发展的一个重要前提。然而，斯密的绝对优势理论和李嘉图的比较优势理论没有把"经济人假设"作为研究前提，即没有把生产者利润最大化作为基本假设，而是把一国与另一国的成本比较作为研究国际问题的出发点，从而得出的结论只能在特殊情形下成立，不具有一般性。而且，在古典国际贸易理论模型中劳动是唯一的生产要素，劳动生产率的差异是国际贸易产生的唯一原因，这也不符合现实经济状况（如技术水平对生产率的影响）。

2. 新古典国际贸易理论

古典国际贸易理论在西方经济学界占支配地位达一个世纪之久。到了 20 世纪 30 年代，才受到赫克歇尔和俄林的挑战，俄林批判地继承了大卫·李嘉图的比较优势理论。他在 1933 年出版的《区间贸易和国际贸易论》一书中系统地提出了自己的贸易学说，标志着要素禀赋说（也称为赫-俄模式，即 H-O 理论）的诞生。该模式是现代国际贸易理论的新开端，与李嘉图的比较优势理论并列为国际贸易理论的两大基本模式。H-O 理论从供给的角度重新探讨了国际贸易产生的原因。但是 1953 年之后，这一理论的不足被逐渐发现，其中最著名的是"里昂惕夫悖论"（在后面的章节详细讲述）。众多的学者和专家从不同的角度对"里昂惕夫悖论"做了大量解释，但是这些解释都没有完全否定 H-O 理论，而是成为对第二次世界大战后国际贸易理论的补充和发展。

3. 新国际贸易理论

新国际贸易理论是指 20 世纪 80 年代初以来，以保罗·克鲁格曼（Paul Krugman）为代表的一批经济学家提出的一系列关于国际贸易的原因、国际分工的决定因素、贸易保护主义的效果，以及最优贸易政策的思想和观点。传统国际贸易理论没有对单独企业的研究，主要研究的是产业间贸易。在新古典国际贸易理论中，大多数研究都假定规模报酬不变，其一般均衡模型只是限定了企业所在产业部门的规模，企业的规模则是模糊的。新国际贸易理论主要研究的是规模报酬递增和不完全竞争条件下的产业内贸易。起初新国际贸易理论旨在用实证的方法解释贸易格局，添补传统贸易理论的逻辑空白，后来发展成为以规模经济和非完全竞争市场为两大支柱的完整的经济理论体系。新国际贸易理论比传统的贸易理论更符合国际贸易现实，并提出了一些重要的理论创新，从而丰富和完善了国际贸易理论的内容。

4. 新新国际贸易理论

新新国际贸易理论是近 10 年来贸易理论研究的前沿，有两个分支：一支是以 Melitz 为代表，将企业的异质性纳入新国际贸易理论，提出了异质企业贸易模型；另一支是以 Antras 为代表，将不完全契约纳入新国际贸易理论，提出了企业内生边界模型。传统的国际贸易理论研究的贸易现象是不同产品之间的贸易，即产业间贸易。新国际贸易理论研究的贸易现象则是同一产业内同类产品之间的双向贸易，即产业内贸易。而新新国际贸易理论研究的贸易现象是中间产品贸易，包括企业间外包贸易和以中间产品为载体的企业内贸易。据统计，20 世纪 70 年代，跨国公司内部贸易仅占世界贸易的 20%，20 世纪 80—90 年代升至 40%，而目前世界贸易总量的近 80% 为跨国公司内部贸易。对于企业间外包贸易和企业内贸易，传统的国际贸易理论不能解释这种现象。新新国际贸易理论解释了贸易的新现象，即企业间外包贸易和以中间产品为载体的企业内贸易，其研究视角从传统的国家和产业层面转向了企业和产品层面，集中研究单个企业的选择行为，研究的中心主要有企业的国际进入决策和国际化决策，理论的核心是异质企业理论和不完全契约理论，提出了比较优势的新源泉，即企业的异质性（生产规模、生产率、工资和要素密集度的差异）和契约体系的质量，和新国际贸易理论一样侧重于应用产业组织理论。因此，新新国际贸易理论补充和发展了传统国际贸易理论和新国际贸易理论。

1.4.2　国际贸易政策的发展和演变

国际贸易政策是保护一国贸易利益的。显然，这是站在一个主权国家或单独关税区的角度来考虑问题的。世界范围内国际贸易政策演变一般分为以下 4 个阶段。

（1）资本主义原始积累时期。这一时期，国际贸易政策的主导思想是重商主义。重商主义国际贸易政策主张限制商品进口，鼓励商品出口，实行国家保护主义，认为商业是国家活动的基础，国家应对本国商人的利益进行保护，还应保护工业，扶持工场手工业的发展，以增加生产，扩大出口。

（2）自由竞争资本主义时期。这一时期，自由贸易政策占主导地位，但是同一时期后起的德国和美国，基于其特定的对外竞争条件，主张运用贸易政策保护国内的幼稚产业，特别是制造业的发展。

（3）垄断资本主义时期。这一时期，发达国家为了保住自身原有优势，在凯恩斯的有效需求理论和投资乘数理论的基础上，发展出了超保护贸易理论，认为出口就如同国内投资一样，对国民经济具有"注入"效果，会增加有效需求，还会对国民收入有倍增效应。

（4）新保护主义时期。这一时期，各主要资本主义国家不强调全面的贸易自由，也不完全排斥贸易保护政策。1973 年的能源危机、货币危机、债务危机等，使各国贸易政策开始脱离过去自由放任的思潮，转向以管理为主要手段的贸易保护主义，引发了全球性的贸易保护浪潮。

从历史上国际贸易政策演变的几个阶段不难看出，无论是发达国家还是发展中国家，其国际贸易政策的本质都是保护性的。

1.5 当前主要的国际贸易问题

研究国际贸易理论与政策，不可避免地要涉及国际贸易中的各种现实问题。从另一个角度说，研究国际贸易理论与政策的主要目的是更好地解决国际贸易发展中遇到的各种现实问题。当前主要的国际贸易问题如下。

1. 多边贸易体制面临新的挑战

在世界贸易组织成立之前，其前身《关税与贸易总协定》已经进行了八轮多边贸易谈判，这些谈判为推动全球贸易自由化进程发挥了重要作用。世界贸易组织从成立起，就把启动新一轮谈判，进一步完善多边贸易体制作为重要使命。经过各方的不懈努力，终于于 2001 年 11 月在卡塔尔多哈举行的第四届世界贸易组织部长级会议上，决定正式启动谈判，因而此轮谈判被称为"多哈回合"。与以往的多边谈判相比，这是包括议题范围最广、参加成员最多的一轮谈判。但是谈判自启动以来进展缓慢，2003 年坎昆会议失败后，谈判一度陷入停滞状态。2004 年 8 月 1 日，世界贸易组织 147 个成员就新一轮多边贸易谈判框架达成了协议，但协议的内容较为原则和笼统，各成员在农业、非农业市场准入等问题上仍存在很大分歧。由于发达国家和发展中国家在农业政策问题上陷入僵局，多哈回合历经多次谈判后均未有更多进展。

2015 年 12 月 15—19 日，世界贸易组织第十届部长会议在肯尼亚的内罗毕召开，农业议题取得重大突破。世界贸易组织成员同意取消农产品出口补贴，其中发达国家承诺立即取消出口补贴，发展中国家则在 2018 年前取消补贴，这被世界贸易组织秘书长 Robert Azevedo 誉为世界贸易组织 20 年来"在农业上最显著的成果"。但是，就整体而言，诸方就是否继续多哈回合谈判仍无法达成共识，两大阵营更加明显，一是美国、欧盟和日本等发达国家呼吁应结束多哈回合谈判，认为多哈发展议程（Doha development agreements，DDA）已经无法产生任何实质成果，应该以新谈判机制取代停滞不前的多哈回合谈判；二是印度、中国等发展中国家支持继续就多哈发展议程所有议题进行谈判，这些国家认为如果将发达国家所提出的新兴议题，如电子商务、投资等纳入多哈回合谈判架构中，则将降低原多哈发展议程议题的重要性。内罗毕部长宣言内容也承认，世界贸易组织成员对多哈回合谈判的前景走向存在分歧，尽管部长们对多哈发展议程进展感到欣慰，但仍无法在所有协商领域中达成共识，包括农业和非农业市场连接、服务及渔业补贴等规定。可见，多哈回合前景并不乐观。①

在世界贸易组织框架下多边贸易谈判裹足不前的大背景下，全球范围内的区域性自贸协定安排如雨后春笋般涌现。在世界贸易组织成立初期，全球区域贸易安排只有34个，但到2015年已经达到255个，美国、欧盟更是签订了10个和37个自贸协定，涉及14个和63个国家或地区。② 由于各种区域贸易协定纷繁多样、成员交叉重叠，一些贸易协定已超出传统的降低贸易和投资壁垒的范围，对多边贸易体系带来了较大的冲击。

2. 贸易投资一体化趋势明显，跨国公司对全球贸易的主导作用日益增强

在经济全球化的推动下，生产要素特别是资本在全球范围内更加自由地流动，跨国公司通过在全球范围内建立生产和营销网络，推动了贸易投资日益一体化，并对国际经济贸易格局产生了深刻影响。

（1）跨国公司已成为全球范围内资源配置的核心力量。2010年，跨国公司的全球生产带来约16万亿美元的增值，约占全球GDP的四分之一。跨国公司外国子公司的产值占全球GDP的10%以上和世界出口总额的三分之一。③ 2016年，跨国公司外国子公司的销售额和增加值分别上升了4.2%和3.6%。

（2）国际贸易基础已由比较优势转变为以跨国公司数量和在国际范围内整合资源的能力为主的竞争优势。这就意味着，一个国家具备国际竞争优势的企业越多，就越可以在国际分工中更多地整合别国资源。

（3）国际贸易格局由产业间贸易转向产业内贸易、公司内贸易。主要表现为中间产品、零部件贸易在国际贸易中的比重增加。据统计，20世纪70年代，跨国公司内部贸易仅占世界贸易的20%，20世纪90年代升至40%，而目前世界贸易总量的近80%为跨国公司内部贸易。

（4）跨国公司产业转移不断加快，加工贸易在整个国际贸易中的比重持续提高，已成为发展中国家对外贸易的增长点。改革开放后，我国适时抓住国际产业结构调整和转移的机遇，利用自身丰富的自然资源禀赋、廉价的劳动力资源和国家各项优惠政策等比较优势，大力发展加工贸易，使其得到了超常规、高速度、跨越式发展。2015年我国加工贸易总额达4 132.259亿美元，是1980年的16.67亿美元的247.9倍。④

---

① 郑学党. 多边贸易谈判走向与中国对策. http://www.ccpitecc.com. 2017-03-15.

② 中国"一带一路"倡议的政治经济学分析. 经济研究参考，2017-02-16.

③ 联合国贸发会议. 2011年世界投资报告.

④ 王彦芳，陈淑梅. 全球价值链视角下中国制造业出口贸易网络格局分析［J］. 当代财经，2017（7）：92-102.

3. 国际贸易规则难以适应以中间品贸易为主导的全球贸易发展格局

中间产品贸易对世界各经济体的重要性已显著增加，占到全球商品货物贸易的三分之二。然而，与此相悖的是，目前的国际贸易规则一般与最终产品有关，不太兼容以中间品贸易为特征的价值链贸易。此外，较高的贸易摩擦成本和贸易投资保护主义对全球价值链贸易也构成了极大的损害。在全球价值链下，中间产品贸易壁垒会产生累积和放大效应，显著提高贸易保护成本。中间产品要进行多次跨境交易，即使关税和非关税措施水平很低，保护程度也会被多次累积，进而会更大程度地影响最终产品的成本与价格。

4. 贸易保护主义升级

在经济全球化的推动下，世界各国经济交往愈加频繁，贸易自由化已是不可逆转的潮流。但是随着国际贸易规模不断扩大，贸易摩擦产生的可能性也就越大。金融危机使世界各国调整对外贸易政策，贸易保护主义呈现抬头之势，贸易争端不断增加。贸易保护主义不断升级，主要体现在以下方面。

（1）贸易保护强度有所升级。根据全球贸易预警报告（global trade alert report）统计，G20（20国集团）经济体在2016年共采用了659种新的贸易限制措施。自国际金融危机开始以来，各国已采用7027种歧视性干预措施。其中，金属、机械和化工等部门最易受到贸易限制措施的影响；农业部门也会受到影响，殃及高度依赖农业生产和出口的那些低收入国家。在所有的保护主义措施中，提高进口关税是最常用的。2009—2017年，共有总价值高达6.84亿美元的进口商品受到关税提高的影响。其他主要措施包括反倾销条例、原产地规则、进口配额制、出口配额制、进口许可证制、财政补贴、政府采购等。

（2）贸易保护从传统商品贸易领域向投资领域扩散。联合国贸发组织的《2017年世界投资报告》指出，国际社会应对各种形式的投资保护主义保持警惕，并呼吁各国政府在国家安全审查的政策空间与审查程序的透明度及公正性方面做出恰当的平衡。2016年，约60个国家和地区有将近五分之一新出台的政策引入了投资限制，滥用国家安全审查可能助推全球保护主义升级，其中欧盟和美国的投资审查制度更为趋紧。美国外资投资委员会（CFIUS）的国家安全审查报告显示，美国对外国投资国家的安全审查空前严苛，审查案件数量也创下历史纪录。[1]

（3）全球范围内爆发贸易战的风险日趋增大。2008年全球金融危机之后，发达经济体转向贸易保护主义的态势表现得更为显著。全球贸易预警组织经济政策研究中心的统计数据显示，2016年前三个季度，采取贸易救济措施最多的国家分别为美国、德国、法国、英国、意大利等发达经济体。[2] 特朗普就任以来，美国先后退出跨太平洋伙伴关系协定（TPP），并提出与加拿大和墨西哥重谈北美自贸协定（NAFTA），对钢铝产品进口开展"232调查"，对中国开展"301调查"，对中国价值500亿美元的输美产品征收25%的关税，并威胁退出世界贸易组织，从而使美国贸易政策呈现出较强的贸易保护主义色彩。美国的单边主义、贸易保护主义对多边贸易体制提出了严峻挑战。欧洲一些国家内部也出现了日益强烈的反经济全球化情绪。

2018年2月28日，美国贸易代表办公室发布了《2018贸易政策议程和2017年度报

---

① 张茉楠. 全球贸易发展或步入"结构性冲突期"［N］. 上海证券报，2018-03-24（005）.

② 崔绍忠. 当前多边贸易体制面临的困境与应对之策［J］. 国家治理，2018（29）：3-9.

告》，该报告坚持"美国优先"，维护美国国家利益政策取向。同时，强调了支持国家安全、促进美国经济增长、重新协定贸易协议、强化执行美国国内贸易法案及改变现有的WTO多边贸易体制五大政策支柱。随着特朗普推进新的关税，欧盟贸易委员会表示，欧盟将考虑对铝和钢材进口征收"保障性"关税，并对美国商品实施对等的报复性措施。鉴于全球贸易自由化的边际效应递减，新一轮产业竞争日趋激烈，化解全球过剩产能及一些大国转向内向型或激进型的贸易战略等，都可能加速全球贸易战风险上升。

➡ 本章关键术语（中英文对照）

中　　文	英　　文
国际贸易	international trade
对外贸易	foreign trade
贸易差额	balance of trade
贸易顺差	trade surplus
贸易逆差	trade deficit
国际贸易量	quantum of international trade
国际贸易商品结构	commodities structure of international trade
国际贸易地理方向	direction of international trade
贸易条件	terms of trade
对外贸易依存度	degree of dependence on foreign trade
出口贸易	export trade
进口贸易	import trade
复出口	re-export trade
复进口	re-import trade
净出口	net export
净进口	net import
直接贸易	direct trade
间接贸易	indirect trade
转口贸易	entrepot trade
过境贸易	transit trade
总贸易	general trade
专门贸易	special trade
货物贸易	goods trade
服务贸易	service trade
要素服务贸易	factor service trade
非要素服务贸易	non-factor service trade
国际贸易政策	international trade policy
国际贸易理论	international trade theory

复习思考题

一、单项选择题

1. 2017 年某国 GDP 总值为 2 万亿美元，出口总额为 0.6 万亿美元，进口总额为 0.4 万亿美元，则 2017 年该国对外贸易依存度为（　　）。

　A. 20%　　　　　　　B. 40%　　　　　　　C. 50%　　　　　　　D. 60%

2. 假定 A 国 2017 年的出口价格指数为 120，进口价格指数为 90，则 A 国 2017 年的贸易条件为（　　）。

　A. 7.5　　　　　　　B. 8.5　　　　　　　C. 1.23　　　　　　　D. 1.33

3. 在中国把贸易顺差又称为（　　）。

　A. 出超　　　　　　B. 正超　　　　　　C. 入超　　　　　　D. 反超

4. 表明一国和地区与其他国家和地区之间经济贸易联系程度的指标是（　　）。

　A. 对外贸易差额　　　　　　　　　　B. 对外贸易依存度

　C. 对外贸易地理方向　　　　　　　　D. 对外贸易总额

5. 表明各类商品在国际贸易中所处地位的是（　　）。

　A. 国际贸易地理方向　　　　　　　　B. 国际贸易商品结构

　C. 国际贸易条件　　　　　　　　　　D. 国际贸易依存度

6. 在国际贸易中，商品生产国与消费国通过第三国买卖商品的行为，对第三国来说是（　　）。

　A. 直接贸易　　　　B. 间接贸易　　　　C. 转口贸易　　　　D. 依运输方式确定

7. 以货物通过国境作为统计进出口标准的是（　　）。

　A. 有形贸易　　　　B. 无形贸易　　　　C. 总贸易体系　　　　D. 专门贸易体系

8. 以金额表示一国的对外贸易，称为（　　）。

　A. 对外贸易额　　　B. 对外贸易量　　　C. 贸易差额　　　　D. 无形贸易

9. 一定时期内一国出口总额与进口总额之间的差额称为（　　）。

　A. 贸易差额　　　　B. 出超　　　　　　C. 入超　　　　　　D. 净出口或净进口

二、简述题

1. 简述国际贸易与对外贸易的区别。

2. 简述国际贸易的地位和作用。

三、论述题

论述当前主要的国际贸易问题。

知识拓展

贸易条件的计算及应注意的问题

　　一个国家的出口量和进口量，以及在贸易中获利的多少，受到国际价格比率的影响，这一比率通常称为贸易条件。一个国家的贸易条件是改善了还是恶化了，这里存在一个比较问题。即现在与过去某一个时期的比较，判断是向好的方面变化，还是向坏的方向变化。因此，在分析贸易条件变化时，需要选择一年作为基年，这一年的国际价格比率比较正常。然后，按照商品在贸易中的重要性进行加权，计算出这个国家在这一年中的出口产品和进口产品的平均价格。按照同样的方法计算现在的平均价格，将这两年的价格进行比较，可以计算出贸易条件的变化。假定以 1980 年为基年，A 国的出口和进口平均价格均为 100，2002 年，该国出口价格指数为 126，进口价格指数为 168，则该国新的贸易条件为：

$$国际贸易条件 = \frac{出口商品价格指数}{进口商品价格指数} \times 100 = \frac{126}{168} \times 100 = 75$$

从上述计算中可以看到，2002 年和 1980 年相比，A 国的出口商品的价格只上升了 26%。然而，进口价格上升了 68%。2002 年和 1980 年相比，贸易条件恶化了 25%。第二次世界大战以后，初级产品出口国的贸易条件普遍恶化。当然，在计算贸易条件时应注意以下几个方面。

（1）进出口商品的平均价格指数常常无法反映商品质量的变化，特别是制成品质量变化比较大。例如，20 世纪 50 年代和 60 年代的小轿车与 21 世纪的小轿车在质量上的变化相当大。当然，初级产品的质量也会有所变化，但是这种变化相对比较小和比较缓慢。

（2）贸易条件的恶化，表明 2002 年和 1980 年的出口量相同，可是所换回的进口商品的数量减少了。如果在此期间该国出口的数量增加了，其贸易收入还是会增加的。假定 A 国的贸易条件从 100 降至 75，但是其出口量从 100 上升至 160，即该国在 2002 年进口的商品不仅没有减少，还比 1980 年增加了 20%。

（3）贸易条件的变化还会受到国内劳动生产率的变化影响。如果 A 国的进口产品价格不变，由于国内劳动生产率的提高，出口产品的成本下降，贸易条件的指数也会发生变化。劳动生产率的提高，成本的下降，也会导致产品价格的下降。例如，半导体芯片，1964 年每个为 30 美元，而到 1974 年仅为 50 美分。在这方面，发达国家的制成品的变化比较大。在讨论发展中国家的贸易条件恶化时，一些经济学家往往仅强调产品的质量发生了很大的变化。他们认为，不能简单地拿今天的价格和 20 世纪 50 年代或 70 年代的价格进行比较，然而他们常常忽视了劳动生产率的变化对于价格的影响。

资料来源：王俊宜，李权. 国际贸易 [M]. 北京：中国发展出版社，2003.

⮑ 补充阅读材料

[1] 张幼文. 我国外贸依存度提高的影响与对策 [J]. 国际贸易问题，2004（8）：5-11.

[2] 赵静敏. 我国国际贸易结构的竞争性与互补性研究 [J]. 云南财经大学学报，2017，33（3）：64-71.

[3] 张睿. 我国外贸依存度的现状及影响因素分析 [J]. 全国流通经济，2017（17）：23-25.

[4] 王丹丹. 电子商务时代我国国际贸易结构优化与重塑 [J]. 商业经济研究，2016（4）：155-157.

[5] 成卓，王旭刚. 国际贸易结构及对经济贡献的跨国比较：基于 OECD 非竞争型投入产出表的分析. 技术经济与管理研究 [J]，2010（3）：75-81.

[6] 吴浜源，王亮. 发展中国家贸易条件对经济增长影响的实证研究 [J]. 国际贸易问题，2014（3）：63-71.

[7] 穆学英，任建兰，刘凯. 中国外贸依存度演变趋势与影响因素研究 [J]. 工业经济论坛，2016，3（4）：389-396.

［8］孔欣，宋桂琴．国际贸易理论新进展：新新贸易理论述评［J］．税务与经济，2011
（5）：16-21．

［9］易行健，左雅莉．外贸依存度的国际比较与决定因素分析：基于跨国面板数据的实证检
验［J］．国际经贸探索，2016，32（9）：25-39．

［10］颜少君．下一代贸易：E国际贸易发展趋势特点［J］．中国经贸导刊（理论版），2018
（2）：19-22．

［11］颜少君．跨境电子商务引领国际贸易革命：E国际贸易及引发的重大变革［J］．中国
经贸导刊（理论版），2018（8）：4-9．

第1部分

国际贸易理论

第2章

古典国际贸易理论

学习目标

> 了解重商主义的贸易思想；

> 理解贸易的基础，贸易利得的来源，以及贸易模式的决定；

> 掌握绝对优势理论和比较优势理论的基本概念、基本观点，能够运用古典贸易理论分析现实贸易问题。

导入案例

都铎王朝的对外贸易政策

都铎王朝（1485—1603年）处于英国从封建社会向资本主义社会转型的关键时期，其实施的各项政策也因此极具时代特色，特别是重商主义政策。

英国是一个偏离欧洲大陆的岛国。在都铎王朝以前，英国仍然是一个经济落后、工商业不发达的"农业附庸国"。在整个国民经济中，羊毛和粮食的输出占有重要的地位。毛纺织业作为英国的支柱工业，虽然有所发展，但也远远落后于欧洲其他先进国家。都铎王朝的统治者意识到要"使国家富强，使自己显赫的必要条件"就是迅速发展工商业，因此都铎王朝的历代君主都实行重商主义政策。

首先，都铎王朝扶植、鼓励发展呢绒制造业，以出口呢绒换取货币。都铎王朝的建立者亨利七世（1485—1509年）三番五次通过国家法令，禁止羊毛特别是优质羊毛的出口，甚至还禁止半成品的呢绒出口。亨利七世与尼德兰（即今荷兰）缔结了"大通商"条约，恢复了英国与尼德兰正常的贸易关系，将英国廉价的呢绒等工业品倾销至尼德兰，从而加速了尼德兰呢绒业的衰落，推动了英国呢绒业的大发展，促进了以伦敦—安特卫普为中心的对外贸易的加强与扩大。正是基于这一点，亨利七世赢得了"商人的国王"的称号。此后，其继任者继续推行这一政策。到16世纪末，呢绒业已成为英国普及城乡的"全国性行业"。据统计，全国从事呢绒工业的人口达 200 万，占当时全国人口的 50%。到 17 世纪上半叶，英国每年平均出口呢绒达 25 万匹，呢绒出口已占全国商品出口总额的 90%。英国呢绒不仅销往意大利、西班牙、德国、法兰西、尼德兰，而且远销到波罗的海沿岸国家，以及俄罗斯和亚洲、非洲等国家。

其次，大力发展海外商业，鼓励发展造船业。15 世纪以前，英国建造的船只很少有百吨以上的。亨利七世为了扩大远洋贸易，奖励船主建造大船，规定凡是建造出百吨以上的新船者，每吨奖给五先令的津贴。这一规定刺激了英国造船业的发展，到第五代君主伊丽莎白女王统治时期（1558—1603 年），英国海军终于战胜了西班牙的"无敌舰队"，确立了海上霸权，为英国从事海外贸易和殖民掠夺提供了强有力的保障。在纺织业、造船业等行业的带动下，各种金属制造、制革、制皂、染料等行业也以前所未有的速度发展，国内市场急剧扩大。海外贸易、殖民掠杀、走私等活动所积累的财富一部分也转入工业，加强了工业资本实力和地位。"圈地运动"又把大量的廉价劳动力抛向工业市场。所有这些都使英国的民族工业获得了惊人的发展，并为 18 世纪的工业革命创造了资本的、技术的、劳动力的前提。

从 15 世纪的最后 30 年开始，英国发生了圈地运动，这是英国农村土地所有权的重大变革，随之而来的还有经营方式和耕作方法的变革，这就是英国农业资本主义革命的主要内容。而这一切自始至终都与都铎王朝的重商主义政策密切相关。

资料来源：刘义程. 浅析都铎王朝的重商主义政策的影响［J］. 井冈山师范学院学报（哲学社会科学版），2001（4）.

由导入案例可知，早期的重商主义贸易政策极大地促进了经济的发展。重商主义经济学家提出了其贸易观点。但是，随着经济的发展，其观点不断遭到后来的经济学家的批评。对重商主义的挑战集中在大卫·李嘉图的著作中，时至今日他的研究仍然是国际贸易理论的核心。本章介绍重商主义者的贸易观点，并在此基础上介绍亚当·斯密的绝对优势理论和大卫·李嘉图的比较优势理论。

2.1 重商主义的贸易理论

2.1.1 重商主义的产生与发展

重商主义（mercantilism）产生于 15 世纪，到 17 世纪后其影响力逐渐衰落。重商主义最初出现在意大利，后来流行到西班牙、葡萄牙、英国和法国等国家。重商主义是在资本主义发展最初阶段反映商业资本利益和要求的经济理论。它的产生和发展，代表了原始积累阶段为加速资本主义发展，资产阶级渴望积累大量货币资本的需要。

15—17 世纪是欧洲资本主义原始资本积累时期，大规模海外掠夺和国际贸易是早期西欧国家进行资本原始积累的重要手段。当时，货币财富（尤其是黄金白银）是主要的积累对象。重商主义的贸易思想正是在这样的背景下产生的。

重商主义的发展可以分为两个阶段：早期重商主义（15世纪）和晚期重商主义（16—17世纪）。在早期重商主义时期，由于工场手工业不发达，封建国家不可能指望依靠大量出口而换回国内所必需的货币。于是，政府采取各种行政措施来补救，以防止本国货币外流，并尽可能地吸收外国货币。早期重商主义的贸易观点后来发展为货币差额论。货币差额论认为，所有的购买都会减少货币，所有的售卖都会增加货币。因此，一国在对外贸易中，必须坚持扩大出口、减少进口甚至不进口的原则。因为只有这样，贵金属或货币才能流入国内，增加一国的财富量。

晚期重商主义着重在开源方面，重点奖励出口，扶植手工制造业。晚期重商主义时期，对外贸易已有很大发展，商业和工场手工业已很发达，资本原始积累时期也已经开始。晚期重商主义者对金银的态度已完全改变，已经开始用资本家的眼光来看待货币，认为货币搁置不用是不会产生货币的，只有将货币投入流通，使其成为资本，才能增值。货币充作资本的职能已完全显现出来。晚期重商主义认为，少买多卖是相对的，可以大量买，只需在对外贸易总额中出售量大于购买量就行。这种思想后来发展为贸易差额论。

贸易差额论是晚期重商主义的贸易观点。贸易差额论主张国家不应该禁止而是应该允许将货币输出国外，以便扩大对于外国商品的购买。但是，贸易差额论依然坚持在对外贸易中必须保持顺差的原则，强调用于购买外国商品的货币总额，必须少于出售本国商品所得的货币总额，即在总体上依然保证货币的流入和国家财富的增加。为了保证对外贸易的持续顺差，贸易差额论还主张国内的制造业要有一个大发展，以生产更多更好的产品输出海外，由于输出产品比输出原料能够获得更多的货币财富，振兴国内制造业便成为必然的政策选择。与此相联系，晚期重商主义提出要通过税收政策对国内制造业进行保护。晚期重商主义者托马斯·孟（T. Mun）说道："必须时时谨守这一原则：在价值上，每年卖给外国人的货物，必须比我们消费它们的为多。"[①]晚期重商主义已经放弃了早期重商主义的反贸易偏向，将对外贸易的重要性进一步提高。

 专栏 2-1

托马斯·孟小传

托马斯·孟（Thomas Mun，1571—1641）是最有影响力的重商主义者。他出身于一个英国纺织品商人家庭。和大多数重商主义者一样，他并不是以研究经济学为生的专业学者，而是一位成功的商人，他对经济问题的认识更多地来自实践，而不是书本。他在1630年前后写的《英国得自对外贸易的财富》是重商主义的经典之作，在他死后由他的儿子于1664年出版。该书产生了巨大的影响，多次再版。亚当·斯密说："孟的书的题目不但在英国而且在其他商业国家的政治经济学中成了一个基本公理。"该书完全表达了那个时代的精神，那个时代被要求经济扩张和政治权力的迫切愿望占据着，并且经常两者合一。托马斯·孟所倡导的贸易差额论不仅在当时家喻户晓，而且对后人产生了深远的影响。比如，凯恩斯就非常钦佩重商主义的思想，他的理论主张也被称为新重商主义。

资料来源：赵春明，魏浩，蔡宏波. 国际贸易［M］.3版. 北京：高等教育出版社，2013.

[①] 托马斯·孟. 英国得自对外贸易的财富［M］. 北京：商务印书馆，1965.

2.1.2 重商主义贸易理论的主要观点

重商主义的经济哲学和贸易观点如下。

（1）金银货币是财富的唯一形态，一切经济活动都是为了获取金银。国家力量的基础在于它所获取的金银货币的数量。国内商业活动只是一种货币转手活动，并不能增加一个国家的财富。除了开采金银矿藏外，一国获取金银的另一个途径是与他国或地区进行国际贸易。

（2）主张政府干预经济活动。为了使一切经济活动围绕着增加本国金银数量的目的展开，一国政府应大力干预经济活动，用法律手段保护国内工商业，尤其应提供各种便利条件，刺激其发展，扩大对外贸易。

（3）实行"奖出限入"的贸易保护政策，以保持贸易顺差，增加国家财富和增强国力。重商主义认为，国际贸易是"零和博弈"，即一国所得必然是他国所失，两者之和为零。因此，在对外贸易中主张多出口、少进口，通过关税保护政策实现顺差，以使金银货币不断流入国内。

（4）商业是致富之源。重商主义以流通领域为研究对象，认为利润或利益来自流通过程，而不是生产过程。

2.1.3 重商主义贸易理论的历史作用

就本质而言，重商主义的贸易观点是典型的贸易保护理论与政策，体现了经济民族主义的理念。

1. 重商主义积极的历史作用

在理论上，重商主义打破了封建宗教伦理的束缚，把经济现象作为一种独立的研究对象，带来了一次以人为中心的人文主义的发展，是一种积极意义的意识形态的转变。此外，重商主义明确地指出了资本主义生产的使命是赚钱，将"世俗利益"呈现在世人面前。

在实践上，受重商主义的影响所实行的一系列经济政策，大大增加了国家货币财富的积累，促进了商品货币关系和资本主义工场手工业的发展，从而为其资本主义生产方式的建立积累了必要的原始资本，为其以后的经济霸主地位奠定了坚实的基础。

重商主义虽然衰落了但没有消亡。至今，各国的贸易政策仍然受到重商主义的影响。因此，了解重商主义理论关于国际贸易的观点，可以帮助人们更好地理解古典国际贸易理论为什么反对重商主义理论的贸易观点，也有助于人们更深刻地认清当今世界经济发展中出现的新重商主义（相关内容见本章知识拓展）的本质。

2. 重商主义消极的历史作用

首先，资本家过于贪婪地追求利润的直接结果之一，就是劳动阶级受到了越来越严重的剥削，生活条件一度恶化，而作为特定利益集团代表的国家又没有拿出有效的政策来保护劳动者的利益，底层劳动者成为重商主义政策的牺牲品，这必然会引起社会各阶层的冲突，至少埋下了动乱的祸根。国家的强盛并没有带来人民福利的改善，财富仍集中于少数的资本家手中。

其次，据统计，16世纪欧洲不同地区和国家价格上涨 150%～400%，重商主义带来了严重的通货膨胀，而且生产品的价格以高于租金和工资上涨的速度上涨，人民的收入低于支出。

再次，由于各国均追求本国财富的增加，追求民族主义的经济发展，以牺牲别国的利益来满足自己经济的发展，必然会带来战争，使劳动人民的生活更加艰难。

最后，从实践上看，虽然英国通过实行重商主义最终崛起成为不争的事实，但是并不是所有采用重商主义的国家都顺利地进入了资本主义加速发展的阶段。16、17 世纪，法国的资本主义也随着国内外贸易的发展而逐渐发展起来，同时将对殖民地的掠夺作为扩大财源的手段。但是，在封建专制的统治下，绝大多数农民仍遭受着严重的剥削。法国重商主义代表柯尔贝尔却盲目发展对外贸易，采取极端的重商主义政策，面向欧洲提供"皇家手工制品"从而赚取金银，由于扭曲生产关系，用降税和压低谷物价格等方式鼓励奢侈品制造业发展，过度压抑农业和工业发展，最终导致法国农业的衰落和国民经济濒临崩溃。

法国的经验说明，重商主义理论是有其弊端并且具有过渡性的，它产生于一定的历史时期，它的运用必然也会受到历史条件的限制。一旦适应重商主义的环境改变了，国家干预的贸易政策就会阻碍产业的升级和经济的发展。

2.2　绝对优势理论

亚当·斯密（Adam Smith，1723—1790），是现代经济学之父，也是古典贸易理论的创始人。在斯密所处的时代，国内外贸易受到中世纪遗留下来的社会制度的限制和重商主义经济政策的束缚。新兴资产阶级为了扩大海外市场并从中获取廉价原材料，迫切要求从重商主义的桎梏中解放出来。斯密的绝对优势理论正是因应资本主义对外扩张需要的时代产物。

 专栏 2-2

经济学巨匠：亚当·斯密

虽然这位苏格兰的社会哲学家已经逝世 200 多年了，但他有关经济组织与经济体制的观点仍在世界范围内流行，尤其是当今市场体制在中欧、东欧逐步推行的时期。斯密于 1723 年出生在苏格兰 Kirkcaldy 的 Fife 镇，这是一个有 1 500 人的小镇。在当时，有些居民仍将香烟当货币来使用。斯密在其少年时代就显示出聪明的天分，他接受了正统的苏格兰式教育。他 17 岁时，便进入了牛津大学，学习了 6 年。斯密回到爱丁堡后，讲授政治经济学，其中的许多观点后来被写入《国富论》中。1751 年，斯密接受了 Glasgow 大学的逻辑学教授职位，两年后获得道德哲学教授职位，直至 1764 年。在这段时期，斯密写了他的第一本著作《道德情操论》（1759），对道德标准的本源进行了探究，并提出了质疑，这在英国和欧洲大陆立即引起了强烈的反响。

《国富论》的写作始于 18 世纪 60 年代末，当时在法国，斯密担任年轻的 Buccleuch 公爵的家庭教师。虽然，这部杰作的初稿于 1770 年就基本完成了，但斯密继续花费了 6 年

时间对其进行雕琢，最终于 1776 年出版。斯密根本没有预计到他的书在未来几年内所产生的影响。后来，这本书被誉为现有经济学著作中最有影响力的一部。

这位研究道德哲学的作者能够想象出某种与他每天面对的社会形成鲜明对照的社会秩序与道德目标，这是很不平凡的。对比一下有闲阶级的富裕生活与大多数人所面临的贫穷、残酷与充满危险的生活，在这样的社会中几乎看不出哪里存在道德目标，斯密对此表示悲痛。这位洞察到这个敌对世界的一些主要的道德目标的伟人是"象牙塔"教授的典型。众所周知，他不仅心不在焉，而且一生中都在忍受神经紊乱的病痛，这经常使得他的头不停地摇动，并造成了他古怪的演讲方式与走路姿态。作为一个真正的知识分子，斯密的一生都在著书立说，以及给他的学生们演讲，和同时代的思想家们，如大卫·休谟、本杰明·富兰克林、弗朗斯瓦·魁奈和塞缪尔·约翰逊对话交流。斯密终生未娶，在爱丁堡度过了他的余生。在那儿斯密就职于海关税务局，并照顾他的母亲。斯密死于 1790 年 7 月 17 日，享年 67 岁。

资料来源：阿普尔亚德，菲尔德，柯布. 国际经济学（国际贸易分册）[M]. 6 版. 赵英军，译. 北京：机械工业出版社，2009.

2.2.1 绝对优势理论

自 18 世纪中期后，西方新兴产业资产阶级要求开拓对外贸易，以便从海外获得廉价原料和销售商品市场，因而内在地要求实行自由贸易，废除依据重商主义理论建立起来的对外贸易管制政策，为新兴产业资本的扩张扫清障碍。反映这一时代要求的经济理论是亚当·斯密的经济自由主义思想。作为古典经济自由主义的奠基者，斯密主张在国内实行经济上的自由放任政策，对外实行自由贸易政策。亚当·斯密在《国富论》一书中提出的绝对成本说，奠定了自由贸易政策主张的理论基础。亚当·斯密认为，绝对优势是国际贸易和国际分工的基础。他认为，每个国家都在某种商品的生产上拥有自己的绝对优势（absolute advantage），即所耗费的劳动绝对地低于其他国家。所耗费劳动的差异来自一个国家所拥有的自然优势（natural advantages）或获得性优势（acquired advantages）。自然优势是超乎人为力量之外的物质生产的优势条件，如气候、土壤、矿产等；获得性优势是指生产者后天具有的技能、技巧方面的优势。两国通过专门生产自己具有绝对优势的产品，并用部分产品交换其具有绝对劣势的产品，那么两国就可以通过交换而获得贸易利益。例如，由于气候条件的差异，加拿大种植小麦的效率高于智利，但智利种植玫瑰花的效率却高于加拿大。这样，加拿大在小麦的生产上就具有绝对优势，而在玫瑰花的生产上就具有绝对劣势。智利则完全相反。在这种情况下，加拿大专门生产其具有绝对优势的小麦，智利专门生产其具有绝对优势的玫瑰花，则两国两种产品的产出都会增加。然后，两国通过贸易换取所需要的另一种产品，结果是两国都会获利。因此，亚当·斯密力主解除国家对贸易的管制，包括关税征收和发放补贴。

2.2.2 绝对优势理论解析

假设在封闭的经济条件下，美国和英国都生产小麦和布匹，美国每小时生产 6 单位小麦

（6W），英国每小时生产 1 单位小麦（1W）；美国每小时生产 4 单位布匹（4C），英国每小时生产 5 单位布匹（5C）（见表 2-1）。因此，美国在小麦生产上具有绝对优势，英国则在布匹生产上具有绝对优势。美、英两国进行国际分工后，美国可以专门生产小麦，通过贸易换取所需要的布匹。英国则专门生产布匹，通过贸易换取所需要的小麦。

表 2-1　绝对优势

产　品	美　国	英　国
小麦/（单位/时）	6	1
布匹/（单位/时）	4	5

假设 1 单位小麦可以换 1 单位布匹，美国用 6 单位小麦（6W）换取英国的 6 单位布匹（6C），美国获利 2 单位布匹或节约 0.5 小时（美国生产 2C 需耗费 0.5 小时）。同样，英国从美国换取的 6 单位小麦（6W）在本国生产需 6 小时，6 小时在英国可生产 30 单位布匹。由于用 6 单位布匹（6C）（需要 1.2 小时）换取美国的 6 单位小麦（6W），英国获利 24 单位布匹，或者节约 4.8 小时。由此可见，通过专业化生产和贸易，两国都获得了利益。

2.2.3　绝对优势理论的评价

1. 绝对优势理论的意义及主要贡献

亚当·斯密的绝对优势学说是他的经济自由主义理论的一部分，是反对重商主义限制对外贸易的思想武器。它主张自由贸易，反映了当时英国资产阶级希望通过对外贸易进行经济扩张的要求，对发展和巩固资本主义生产方式起到了积极的推动作用。这一学说的意义及主要贡献如下。

（1）该理论系统论证了参与贸易的国家都可以从贸易中获得利益，而不是重商主义所说的一方利益的增加是另一方利益的损失。

（2）该理论明确阐述了国家取得的利益是指在劳动总量不变情况下的商品增加，而不是重商主义所追求的贵金属积累。

（3）该理论清晰地分析了国家取得利益的原因是生产商品的劳动生产率比贸易伙伴国的要高，劳动生产率的提高主要取决于分工，而不是重商主义所强调的出口大于进口。

（4）该理论强调了各种经济行为的调节主要依靠市场，而不是重商主义所提倡的国家严格控制。在对外贸易方面应该实行自由贸易，而不是重商主义采取的奖励出口、限制进口的政策。

2. 绝对优势理论的局限性

尽管亚当·斯密的观点有许多贡献，由于其绝对成本理论只限于说明国际贸易中一种局部的特殊现象，即贸易各国只投入一种生产要素（即劳动），并且在进行完全专业化分工的基础上，生产要素部门间转移的机会成本保持不变，因而不具有普遍意义。而且，斯密的理论仅论述了在生产上具有绝对优势地位的国家参加国际分工和国际贸易，并从中获利的过程，对于不具备这种条件的国家如何参与国际贸易，以及参与国际贸易后能否获利的问题缺乏论证。如果一些国家生产力先进，有可能在各种产品的生产上都具有绝对优势，而另一些国家可能在任何产品的生产上都不具有优势。根据绝对优势理论，两国间的贸易将不会发生。而从现实经济生活来看，两国间仍然会发生贸易，如发达国家与发展中国家间存在广泛的贸易交换。现实世界中的大部分国际贸易，尤其是发达国家间的贸易，也难以由绝对优势理论来解释。事实上，绝对优势理论只是更为一般化的比较优势理论的一种特例。

2.3　比较优势理论

大卫·李嘉图（David Ricardo，1772—1823）是一个经济学天才，其比较优势理论是在亚当·斯密绝对优势理论基础上发展起来的。李嘉图在其 1817 年出版的《政治经济学及赋税原理》一书中，运用两国两产品模型论证了国际贸易的基础是比较优势而非绝对优势。

➡ 专栏 2-3

经济学天才：大卫·李嘉图

大卫·李嘉图（1772—1823）是英国古典经济学体系的完成者。他生于犹太人家庭，父亲为证券交易所经纪人，12 岁到荷兰商业学校学习。在 14 岁之前，李嘉图只接受过初等教育，之后开始跟随父亲在交易所参与实际工作。

1793 年，李嘉图独立开展证券交易活动，因为他熟悉关于金融方面的业务，善于把握时机和经营，在 25 岁时就拥有了 200 万英镑财产，成为英国金融界的有钱人。之后，他开始进行科学研究，对数学、物理、化学和地质学都很感兴趣。没多久，他又对政治经济学产生了十分浓厚的兴趣，钻研了《国富论》，并且结识了亚当·斯密，最终在经济学研究方面做出了非常大的贡献。

经济自由主义是李嘉图理论的基本思想。他指出，国家干预经济生活是不明智的，主张给予经济以更大的自由，国家的职责仅仅是保证与保障经济的正常运行。李嘉图认为，实行自由对外贸易可以使个人利益与社会利益密切结合，有利于社会全体成员。李嘉图把亚当·斯密的自由对外贸易思想发展为系统的国际自由贸易学说。在对外自由贸易理论上，李嘉图的一个贡献是提出了比较优势原理，即每个国家都应专门生产自己在生产上占相对优势的产品，生产那种成本相对低的商品，用以同别国交换。

劳动价值理论是李嘉图全部经济学说的基础和出发点。李嘉图继承和发展了亚当·斯密的耗费劳动决定商品价值的理论，并始终不渝地坚持这一原理。以劳动价值论为基础，李嘉图发展了地租理论，研究了地租的性质、产生及变动等规律。他指出，地租是为了使用土地原有的无法摧毁的生产力而付给地主的那部分土地产品，它存在的原因就是土地的有限性与土地的肥沃程度及地理位置的差异。

李嘉图的地租理论成为当时实行自由贸易、要求废除谷物法的有力武器。李嘉图还发展了亚当·斯密的国际分工与自由贸易学说，提出了独创性的国际贸易学说，分析论证了自由贸易对提高利润率的作用，后人将这一理论叫作比较成本学说。

历代经济学大家都给予了李嘉图很高的评价。马克思曾表示："李嘉图的学说严肃地总括了作为现代资产阶级典型的英国资产阶级的观点，是英国古典政治经济学的'最后的伟大代表'。"亨利·威廉·斯皮格尔的评价更高："李嘉图的一生是短暂的，并且充满了追随他的人，而他所受到的正规教育是一个伟大的经济学家中最贫乏的，这样，他作为一个经济思想家的成就必须归之于天才。"凯恩斯说："李嘉图彻底征服了英国，就如同异端裁判征服西班牙一样。"

资料来源：唐华山．经济学天才李嘉图［J］．理财，2010（1）．

所谓比较优势（comparative advantage），是指一国（数种产品中）生产一种产品的生产成本相对较低的优势。如果一个国家在本国生产一种产品的机会成本（用其他产品来衡量）低于在其他国家生产该产品的机会成本，则这个国家在该产品的生产上就拥有比较优势。李嘉图把比较优势学说作为国际分工的理论基础，其国际分工的核心思想是"两优相权取其重，两劣相权取其轻"。他认为，只要不同产品生产的绝对劣势的程度不同，互利贸易仍有可能发生。一国可以专门生产并出口其绝对劣势相对较小的产品（即具有比较优势的产品），同时进口其绝对劣势相对较大的产品（即具有比较劣势的产品），这样进行的国际贸易仍然可以为双方带来利益。在一个两个国家、两种产品的贸易模式中，如果一国在一种产品的生产上具有比较优势，则另一国在另一种产品的生产上必定具有比较优势。

2.3.1 李嘉图模型的假设

进行经济分析常常需要通过一些假设条件使问题简化，李嘉图及其追随者们关于比较优势的分析基于以下假设。

（1）两国两产品模型。即假定世界上只有两个国家，生产两种产品。

（2）只有劳动一种要素，所有的劳动是同质的（homogeneous）。

（3）生产成本不变。单位产品成本不因产量增加而增加，总是和生产单位产品所使用的劳动量成比例。

（4）运输成本为零。即不考虑运输、进入市场的费用。

（5）没有技术进步。这意味着技术水平是给定的、不变的，从而经济是静态的。

（6）物物交换。其目的是排除货币和汇率因素的影响。

（7）完全竞争市场。生产要素在国内自由流动，在国际上不能自由移动。

（8）充分就业。即没有闲置的资源，劳动力作为唯一生产要素得到充分利用。

（9）国民收入分配不变。即贸易不影响一国国民的相对收入水平，这样有助于说明贸易对整个世界和对每一个个人都是有利的，可以直接衡量贸易利益。

2.3.2 比较优势理论解析

根据比较优势原理，如果各国具有各自的比较优势，互利贸易就有可能发生。具体格局是，每个国家都集中生产并出口其具有比较优势的产品，进口其具有比较劣势的产品。仍以前面的例子来说明，如表2-2所示，现在假设英国每小时只能生产2单位布匹（2C）。这样，英国在小麦和布匹的生产上都处于绝对劣势。美国生产 1 单位小麦（1W）的机会成本是 2/3 单位布匹［（2/3）C］，而英国生产 1 单位小麦（1W）的机会成本则是 2 单位布匹（2C）。因此，美国在小麦生产上具有比较优势，英国则在布匹的生产上具有比较优势。

表 2-2　比较优势

产品	美　国	英　国
小麦/（单位/时）	6	1
布匹/（单位/时）	4	2

1. 贸易所得的解析

仍假设 1 单位小麦可以换 1 单位布匹，美国用 6 单位小麦（6W）换取英国的 6 单位布匹（6C），则美国可获利 2 单位布匹（2C），或者节约 1/2 小时（美国国内 6 单位小麦只能换取 4 单位布匹）；英国从美国换取的 6 单位小麦（6W）在英国生产需要 6 小时，而 6 小时在英国可生产 12 单位布匹（12C）。通过国际贸易，英国用 6C 换取了 6W，因此英国获利 6C，或者节约了 3 小时。英国和美国都从基于比较优势的国际分工和贸易中获利。

在上述例子中，英国和美国都从基于比较优势的国际分工和贸易中获利。对交换价格的假设是 1 单位小麦换 1 单位布匹，然而这不是互惠贸易的唯一交换价格。由于在美国国内，6 单位小麦可以换取 4 单位布匹，如果美国用 6 单位小麦从英国换取的布匹多于 4 单位，美国就可以获利。另外，英国国内 6 单位小麦可以换取 12 单位布匹，如果英国用少于 12 单位的布匹从美国换取 6 单位小麦，则英国也可以获利。因此，互惠贸易的交换价格范围为：

$$4C<6W<12C$$

在 6W＝6C 的贸易中，英国获得的贸易利得大于美国。事实上，贸易双方从贸易中获利的程度与交换价格有关。如果交换价格为 6W＝4C，英国获得全部贸易所得，而美国则一无所获；如果交换价格为 6W＝12C，则美国获得全部贸易所得，英国一无所获；如果交换价格为 6W＝8C，两国均可获利 4 单位布匹。

由此可见，一个国家在封闭经济条件下的相对价格水平越接近于发生国际贸易时的交换价格，则该国从贸易中获取的贸易所得越少。

2. 贸易所得的图示分析

一国生产一种产品的机会成本的高低，决定了该国在该产品生产上是否具有比较优势。机会成本可用生产可能性边界（production possibility frontier，PPF）来说明。生产可能性边界是指一国在最有效使用其所有资源的情况下，所生产的各种产品数量的组合，如图 2-1 所示。生产可能性边界内（线左侧）的点，表示的是一国未能充分利用现有资源或现阶段的最佳技术得到的产品组合，也可以说是低效率的产出组合；生产可能性边界以外（线右侧）的产品组合点，表示的是在现有资源和技术条件下无法实现的产品组合。

在图 2-1 中，美、英两国的生产可能性边界向右下方倾斜，表明如果两国想生产更多的小麦，必须放弃一些布匹的生产，因为资源是稀缺的。两条生产可能性边界为直线意味着生产两种产品的机会成本是固定不变的，不会因为生产规模的变化而改变。

图 2-1 给出了美、英两国在机会成本不变条件下的生产可能性边界。生产可能性边界上每一点代表该国可能生产的小麦和布匹的组合。从图 2-1（a）中可以看出，美国可以生

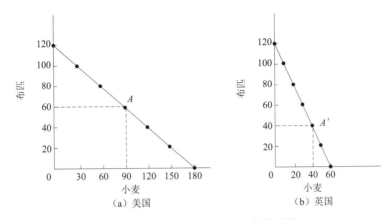

图 2-1　美国和英国的生产可能性边界

产 180 单位小麦和 0 单位布匹，或者 120 单位布匹和 0 单位小麦。美国要多生产 30 单位小麦就必须放弃 20 单位布匹，因此在美国 1 单位小麦的机会成本是 2/3 单位布匹，且保持不变。另外，从图 2-1（b）中可以看出，英国可生产 60 单位小麦和 0 单位布匹，或者 120 单位布匹和 0 单位小麦。英国多生产 20 单位小麦就必须放弃 40 单位布匹。因此，英国 1 单位小麦的机会成本为 2 单位布匹，且保持不变。

假设价格等于成本，以及每个国家都生产两种产品，小麦的机会成本等于小麦与布匹的相对价格（P_w/P_c）。在美国 $P_w/P_c = 2/3$，$P_c/P_w = 3/2$；在英国 $P_w/P_c = 2$，$P_c/P_w = 1/2$。美国的 P_w/P_c 低于英国的 P_w/P_c，这表明美国在小麦生产上有比较优势。同样，英国的 P_c/P_w 低于美国，表明英国在布匹的生产上有比较优势。两国相对产品价格的不同是其比较优势的反映，为两国间的互利贸易提供了基础。

在没有国际贸易的情况下，一国的生产可能性边界就是一国的消费可能性边界。人们的偏好决定了该国实际选择的生产和消费的产品组合。假设在没有贸易时，美国生产和消费的产品组合是 90W 和 60C（图 2-2 中的 A 点），英国的组合为 40W 和 40C（图 2-2 中的 A′ 点）。

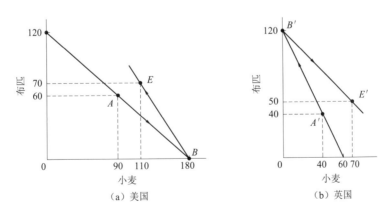

图 2-2　贸易所得

贸易开放后，美国专门生产具有比较优势的小麦，在生产可能性边界的 B 点（180W 和 0C）。同样，英国会专门生产布匹，在生产可能性边界的 B′ 点（0W 和 120C）。如果美国用

70 单位小麦交换 70 单位布匹，其消费组合点由 *A* 点（90W，60C）移动到 *E* 点（110W（180－70＝110），70C），英国的消费组合点由 *A'* 点（40W，40C）移动到 *E'* 点（70W，50C（120－70＝50））。因此，美国通过贸易的获利为 20 单位小麦和 10 单位布匹，英国的获利为 30 单位小麦和 10 单位布匹。

两国之所以能消费更多的小麦和布匹，是因为两国专门生产其具有比较优势的产品增加了两种产品的产量。具体地说，没有贸易时，两国一共生产 130 单位小麦（其中，美国生产 90 单位小麦，英国生产 40 单位小麦），通过专门化的生产和贸易，两国一共生产 180 单位小麦（全部由美国生产）。同样，没有贸易时，两国一共生产 100 单位布匹（其中，美国生产 60 单位，英国生产 40 单位），通过专门化生产和贸易，两国一共生产 120 单位布匹（全部由英国生产）。通过专门化生产而增加的 50 单位小麦和 20 单位布匹，是英、美两国可以共享的贸易所得。

 专栏 2-4

最佳投手做了击球员

巴比·鲁斯是一个优秀的棒球投手，1918 年，他在世界职业棒球大赛上创下了连续最多的无得分局的投球纪录，直到 1961 年这个纪录才被打破。他可以很容易地成为他这一代人中的最佳投手之一，但他最终没有成为一个投手。因为他既是团队中最好的投手，也是团队中最好的击球员。

从实用的观点来看，他无法既做投手又做击球员（投球需要耗费太多能量），所以球队经理米勒·哈金斯不得不做出选择。

尽管鲁斯在两个位置上都有绝对优势，但他在击球上有比较优势。鲁斯做投手的机会成本是如果让他击球的话球队将赢得的比赛数量。哈金斯认为鲁斯投球的机会成本高于他击球的机会成本。鲁斯成了最伟大的击球员之一。

1920 年，他打出了 54 个本垒打。那一年，只有另一个团队集体打出的本垒打数和鲁斯一人打出的本垒打数一样。

一个好的管理者应该像米勒·哈金斯一样，根据球员的比较优势去分配球员的位置。问题不是在一个特定的位置上哪个球员最好，而是该队更能承受起在任何其他位置上失去该球员。

当为一个球员在球场上寻找一个特定的位置时，正确的建议也许不是他在这个位置上是最好的，而是他在其他任何位置上的价值都更小。

资料来源：三个小故事理解经济学的比较优势. https://www.sohu.com/a/158407824_ 475951.

2.3.3 李嘉图模型的检验

比较优势模型是一个理论模型，是否成立还需要得到验证。下面来看一下对比较优势模型的经验检验结果。

麦克道格尔（D. MacDougall）于1951年12月①和1952年9月②分两个部分发表了题为《英国和美国的出口商品：比较成本理论引发的研究》一文，试图验证比较优势说。麦克道格尔根据1937年英、美两国的统计资料，选取了美国的人均产值高于英国的25个产业部门作为样本，然后又将这25个产业部门分为两组：一组产业部门中，美国的人均产值相当于英国的2倍或超过2倍；另一组产业部门中，美国的人均产值不足英国人均产值的2倍。按照比较优势理论，前一组产业部门中美国的劳动生产率较高，美国应该具有生产并出口这些产业部门产品的比较优势；后一组产业部门中英国的劳动生产率较高，英国应该具有生产并出口这些产业部门产品的比较优势。

麦克道格尔发现，在他所考察的25种产品中，有20种产品同一般的规律相吻合，如表2-3所示。不符合比较优势规律的有5种产品，它们是电灯、橡胶轮胎、肥皂、饼干和手表。在生产率和出口比率之间大体存在线性关系，美国的工资率比英国高两倍，生产率比英国高出两倍还多，美国的出口市场占有率也比英国高。这表明，在某一商品的生产中，具有较高劳动生产率的国家将倾向于出口该商品。

表2-3　1937年英国和美国的工人人均产出及向第三国出口

美国工人人均产出多于 英国两倍的产品	美国出口量与英国 出口量的比/比率	美国工人人均产出少于 英国两倍的产品	美国出口量与英国 出口量的比/比率
无线设备/阀门	8：1	烟卷	1：2
生铁	5：1	油毡	1：3
汽车	4：1	针织品	1：3
玻璃容器	3.5：1	皮鞋	1：3
罐	3：1	可乐	1：5
机械	1.5：1	人造纤维织物	1：5
纸张	1：1	棉制品	1：9
		水泥	1：11
		人造丝	1：11
		啤酒	1：18
		男式外套	1：23
		人造奶油	1：32
		羊毛和毛线	1：250

资料来源：International Economics, 6th ed. South-Western College Publishing, 1998.

1962年，斯特恩（R. Stern）通过一篇文章比较了1950、1959两个年份美国和英国的劳动生产率与出口绩效之间的关系，确认了麦克道格尔的结论。其分析表明，在1950年所观察的39个部门中有33个部门的数据支持假设检验，1959年的数据则这一关系有所削弱。

1963年，巴拉萨（B. Balassa）的一篇论文根据1951年的资料也进行了验证。巴拉萨的验证在26个制造业行业中对比了美国对英国的出口比率和美国对英国的劳动生产率比率。根据李嘉图的比较优势理论，美国某个产业的相对劳动生产率越高，美国就比英国越有可能

① MACDOUGALL G D A. British and American exports: a study suggested by the theory of comparative costs. Part I [J]. Economic journal, 61 (244): 697-724.

② MACDOUGALL G D A. British and American exports: a study suggested by the theory of comparative costs. Part I [J]. Economic journal, 62 (247).

出口那项产品。巴拉萨验证的结果同样支持李嘉图模型。

1964 年，巴格瓦蒂（J. N. Bhagwati）对上述研究结果提出疑问，发现美、英之间的出口价格比率同劳动生产率比率的线性相关分析，不产生任何有意义的回归系数。他认为，两国间单位劳动成本与出口价格比率的相关分析也同样不表示任何有意义的结果。但应注意，当时及现代的研究已经成功地证明了劳动成本对贸易形式的影响。现在的研究是侧重于如何获得准确的劳动生产率资料，以及检验这种影响的大小。

1996 年，格鲁伯（S. Golub）利用 1990 年的数据，通过衡量相对单位劳动成本（工资与生产率的比率），研究了美国同英国、日本、德国、加拿大和澳大利亚的贸易关系。他发现，相对单位劳动生产成本有助于解释这些国家的贸易模式，特别是美国和日本的贸易情况很好地支持了李嘉图模型。例如，在食品行业中，日本的劳动生产率大约比美国低 60%，但在汽车行业却高于美国 20%，在钢铁行业高于美国 70%；在贸易方面，美国在食品行业与日本存在贸易顺差，在汽车、钢铁行业中与日本存在贸易逆差。与其他国家做类似比较时，也得到相似结论。由此看来，相对生产率、单位劳动成本和双边贸易模式的确与李嘉图模型相一致。

围绕李嘉图模型是否符合实际的争论说明，由于李嘉图模型太简单，假设条件太苛刻，李嘉图模型所忽略掉的因素，如要素禀赋、需求等因素可能在贸易中发挥了不可忽略的作用。2001 年，Davis 和 Weinstein 的实证研究，在考虑了技术差异、要素禀赋差异、要素价格差异、需求等因素后，发现理论与实际数据的拟合度达到 90%。所以，仅仅用技术差异来解释国际贸易发生的原因是不充分的。因此，李嘉图模型的预测难免与实际不符。

2.3.4　比较优势理论简评

李嘉图比较优势理论的缺陷是把劳动生产率差异作为比较优势的唯一来源，忽略了要素（包括劳动要素和非劳动要素）价格对于产品价格（成本）的作用，这是受劳动价值论分析框架局限所致。尽管如此，李嘉图把比较优势看做同质产品在不同地区间的机会成本差异，则是对斯密理论中包含的比较优势即同质产品的价格（成本）优势这一朴素思想的进一步发展。它告诉人们，每一个国家或地区都只能在某些商品领域具有比较优势，不同产品的比较优势将为不同国家和地区分享。这是李嘉图比较优势理论中需要继承的合理内核。

比较优势理论揭示出国际贸易因比较利益而发生，并具有互利性，这是该理论的主要贡献。但是该理论的假设前提过于苛刻，并不符合国际贸易的实际情况。按照该理论，贸易产生的原因是一国之内的比较优势差异，即不同国家间比较优势差异越大，则贸易发生的可能性越大。但现实情况却是，今天的贸易主要发生在比较优势差距较小的发达国家之间。按照该理论，在自由贸易条件下，参加贸易的双方都可获利，为获得贸易的利益，所有贸易参加国都应该积极实行自由贸易而非保护主义的贸易政策，但在实际中，各国政府却都在不同程度上实行贸易保护主义的政策。

20 世纪 50 年代，中国的学者与苏联的学者共同批判该理论，认为它没有坚持劳动价值论，掩盖了交换中存在的不等价交换与国际剥削。20 世纪 60 年代初，我国学者在研究文献中认为，该理论具有合理内核，应该批判地吸收，但这一观点在后来的政治运动中遭到了批判。改革开放以来，对于比较优势理论的看法，开始形成一分为二的对立情况，相当多的人认为，中国的对外开放在一定程度上是遵循比较优势理论进行的，甚至认为这一理论是我国对外开放的指导思想之一。但是，也有的学者持有不同的看法，认为比较优势理论尽管有合理内核，但绝对不能作为中国对外开放的指导思想。

⇨ 本章关键术语（中英文对照）

中　　文	英　　文
重商主义	mercantilism
绝对优势	absolute advantage
比较优势	comparative advantage
机会成本	opportunity cost
贸易模式	pattern of trade
贸易所得	gains from trade
贸易基础	basis for trade
生产可能性边界	production possibility frontier，PPF

⇨ 复习思考题

一、选择题

1. 晚期重商主义学说的重要代表人物是（　　）。

A. 托马斯·孟　　　B. 大卫·李嘉图　　　C. 李斯特　　　　　D. 凯恩斯

2. 为英国工业资产阶级推行自由贸易政策提供了理论基础的是（　　）。

A. 比较优势理论　　　　　　　　B. 生产要素禀赋理论

C. 产业内贸易理论　　　　　　　D. 国家竞争优势理论

3. 下列著作中，系统提出比较优势理论的是（　　）。

A. 《就业、利息和货币通论》　　　B. 《地区间贸易和国际贸易》

C. 《政治经济学及赋税原理》　　　D. 《国民财富的性质和原因的研究》

4. 绝对优势理论是在批判（　　）的基础上提出的。

A. 重商主义理论　　B. 比较优势理论　　C. 要素禀赋理论　　D. 协议分工理论

二、简述题

1. 简述重商主义贸易观的主要论点及其现实意义。

2. 表2-4表明了不同情况下A、B两国生产商品X和商品Y的数量，在情况1和2下，指出两国具有绝对优势或比较优势的商品。

表2-4　A、B两国生产商品X和商品Y的数量　　　　　　　　单位：件/h

	情况1		情况2	
	A国	B国	A国	B国
X	4	1	4	2
Y	2	3	15	3

3. 假设在第 2 题情况 1 中，A 国用 4X 与 B 国交换 4Y。

（1）A 国获利多少？

（2）B 国获利多少？

（3）互利贸易的价格范围是多少？

三、论述题

1. 论述大卫·李嘉图比较优势理论的主要内容、贡献与不足。

2. 试述亚当·斯密绝对优势理论的主要内容、贡献与不足。

3. 运用比较优势理论论述全球化背景下发展中国家如何参与国际分工。

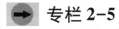 **知识拓展**

新重商主义的主要思想及其特点

新重商主义是指美国出现的一种主张国家干预对外贸易以减少逆差的思想。从 20 世纪 80 年代以来，美国在对外贸易中逆差额不断扩大，于是美国国内一些人将经济衰退、就业下降等社会敏感问题都归结于贸易逆差，鼓动政府出台政策、干预贸易，希望在经济上以各种理由减少进口，在政治上利用贸易逆差迫使对方国家货币升值，从而实现国家干预下减少逆差、扩大出口的目的。

新重商主义的核心思想与重商主义是相似的：①重视贸易带来的货币流向而忽视财物归属；②放弃自由经济转向国家干预；③试图干预对外贸易，以解决就业、增长等问题。其基本假设是充分贸易与资源流动不如国家干预效率高。

与传统的重商主义相比，美国的新重商主义有下列的特点。

（1）贸易追求的目标由贸易盈余转向追求贸易逆差的削减。

（2）前者作为一种经济主张对外没有明显的针对性，而后者主要针对的是美国贸易逆差的主要来源国和美国在政治上与经济上要制裁或制约的国家。

（3）前者所处的时代没有统一的国际贸易和国际经济规则，而后者处于一个已经建立规范的国际贸易和国际经济规则的时代，但新重商主义主要是运用美国国内法律干预对外贸易。

➡ 专栏 2-5

美国新重商主义或诱发严重经济衰退

新重商主义源自重商主义，同时又具有新的特征，主要表现在四个方面：一是违背市场经济基本原则，即自由贸易或自由交易原则，人为干扰国际贸易发展，不利于国际贸易新秩序的建立；二是违背新时代全球化发展的历史潮流，采取逆自由贸易原则，利用关税壁垒等手段限制国际贸易发展；三是继承重商主义零和博弈的思想，利用自身包括科技优势在内的国际贸易优势，谋求以损失在科技方面相对弱势国的利益，达到保护本国相关产业、获取本国贸易优势的目的；四是不能正确认识贸易逆差产生的原因，过度夸大贸易逆差的缺点，不能辩证看待贸易逆差问题。

重商主义的理论早已受到斯密的批评，从理论上是不符合市场经济发展基本原则的，从实践经验看，也被证明不利于经济社会长期发展。新重商主义滋生于重商主义，在新时代同样不能适应新的经济情况、新的社会情况要求。美国新重商主义的兴起，源于"单极思维"，不符合世界多极化发展的必然趋势。美国之所以有今天的发展成就，与长期以来推行自由贸易原则密不可分，美国从中获得巨大财富，也由此获得了快速的发展。长期以来，美国也是自由贸易原则的推崇者、引领者。但是，自2018年3月以来美国却谋求通过设置贸易壁垒减少其贸易赤字，这种做法背离了自由贸易法则，也有悖于美国自己推崇的经济发展理念。

资料来源：任寿根. 美国新重商主义或诱发严重经济衰退［N］. 证券时报，2018-05-08（A03）.

比较优势陷阱

按照比较优势理论，各国应当充分利用其现有资源，以便从国际贸易中获利。各国生产要素的状况对其能否建立贸易竞争优势起着关键的作用，但是通过什么样的机制实现这些生产要素的有效结合同样十分重要。发达国家是通过市场经济体制来实现生产要素的有效结合的。市场经济体制在生产要素的配置方面具有灵活和有效的特点，但是发展中国家要通过市场的自发作用来建立贸易的优势，显然是十分困难的。发达国家在技术和技能方面对发展中国家已经具有巨大的优势，在双方都采用同样机制的条件下，发展中国家难以超越发达国家。对于发展中国家来说，其在国际贸易中处于竞争劣势的地位。当发达国家已经进入技术驱动阶段的中期或后期，大多数发展中国家还处于资本驱动阶段的初期或中期。因此，发展中国家更需要通过政府的作用，即使在相当长的时间里不可能在整体上取得贸易竞争的优势，也力争在某个产业集中资本或技能，取得局部的贸易竞争的优势。

我国劳动力资源丰富，根据大卫·李嘉图的比较优势理论，应生产出口劳动密集型产品来获利创汇。事实上，我国也就是这样做的。但是，从目前情况来看，发达国家牢牢把握研发、营销环节，控制核心技术和市场资源，而把加工制造环节转移到我国，使我国成为"世界工厂"。我国虽然参加了全球水平型分工，但在分工层次结构上仍处于较低位置。我国对外贸易结构整体的发展水平并不高，出口商品的技术水平和附加值比较低，生产过程对环境的压力很大，产业和出口商品结构的升级换代也比较缓慢。出口商品的要素禀赋并没有实质性改变。长期以来，指导国际分工与贸易的比较优势理论强调自然资源和劳动力资源相对丰富的比较优势。但是，在当今的国际市场上，劳动密集型产品的比较优势并不一定能转变为竞争优势。劳动密集型产品的需求弹性小、附加价值低，容易出现出口的"贫困化增长"。另外，我国以劳动密集型产品为主的出口贸易在国际分工中处于从属的和被动的不利地位，极易陷入"比较优势陷阱"。

资料来源：谢鑫，李谱. 李嘉图比较优势理论对我国的指导意义［J］. 合作经济与科技，2008（17）：35-36.

显性比较优势指数

显性比较优势指数是分析一个国家或地区某种产品是否具有比较优势时经常使用的一个测度指标。显性比较优势指数（index of revealed comparative advantage, RCA）的含义是：一个国家某种出口商品占其出口总值的比重与世界该类出口商品占世界出口总值的比重二者之间的比率。RCA>1，表示该国此种商品具有显性比较优势；RCA<1，则说明该国商品没有显性比较优势。其计算公式为：

$$RCA = (X_i/X_t) / (W_i/W_t)$$

式中，X_i 表示一国某商品出口值；X_t 表示一国商品出口总值；W_i 表示世界某商品出口值；W_t 表示世界商品出口总值。

显性比较优势是动态变化的。动态显性比较优势可以用动态比较优势指数（Cr）来衡量。它是指一个时段内的 RCA 指数与前一时段 RCA 指数之比，它能较好地反映出地区显性比较优势的调整与变迁。如果 Cr 值大于 1，表明该地区在该类商品上的显性比较优势在提升；如果 Cr 值小于 1，表明其比较优势在弱化。横向比较，如果同一时期某一产业的 Cr 值大于另一产业的 Cr 值，表明这一产业的优势增长速度快于另一产业，这一产业可能迅速成长为新的优势产业。显性比较优势指数和动态比较优势指数被广泛运用于国际贸易研究。

资料来源：http://baike.baidu.com.

🖒 补充阅读材料

[1] 谢鑫，李谱. 李嘉图比较优势理论对我国的指导意义 [J]. 合作经济与科技，2008（9）：35-36.

[2] 王威. 美国的新重商主义贸易政策与中美贸易摩擦发展趋势分析 [J]. 东北亚论坛，2011，20（5）：3-11.

[3] 李石凯. 当代美国"新重商主义"述评 [J]. 世界经济研究，2006（10）：39-46.

[4] 李新宽. 重商主义概念辨析 [J]. 东北师大学报（哲学社会科学版），2009（4）：137-141.

[5] 彭安兴，冷月. 基于比较优势理论的生产最优化问题研究 [J]. 当代经济，2017（14）：136-139.

[6] 梁莉. 李嘉图贸易理论的新发展 [J]. 中国经贸导刊，2010（9）：81.

[7] 罗淑媚. 从轮胎特保案论述美国当前的新重商主义 [J]. 现代商贸工业，2010（5）：103-104.

[8] 石占星. 对李嘉图比较优势理论的新思考 [J]. 商业经济，2009（4）：23-24.

[9] 赵云川. 新重商主义在美日的表现及对我国的影响 [J]. 企业改革与管理，2017（1）：112-113.

[10] 于彩凤. 国际贸易理论的发展及其阶段划分 [J]. 时代金融，2017（6）：22-23.

[11] 郭界秀. 比较优势理论研究新进展 [J]. 国际贸易问题，2013（3）：156-166.

第3章

新古典国际贸易理论：
赫克歇尔-俄林理论

学习目标

➢ 理解要素密集度和要素禀赋的基本含义和概念；

➢ 掌握 H-O 理论和要素价格均等化定理的主要内容；

➢ 了解斯托伯-萨缪尔森定理和雷布津斯基定理的主要内容；

➢ 了解实证检验结果与要素禀赋理论的矛盾；

➢ 了解里昂惕夫悖论的基本内容。

导入案例

中国出口增长面临的禀赋压力

廉价劳动力是中国出口增长的重要因素，人口结构是维持以加工贸易为主的出口增长的关键。但是从 2000 年以后，中国的劳动年龄人口增长率迅速减缓，一直维持在 1% 左右。在出生率下降及死亡率基本不变的情况下，人口自然增长率从 1978 年的 12‰下降到 4.92‰，人口结构也不断向老龄化迈进，65 岁及以上的人口比例从 1982 年的 4.91% 增加到 2012 年的 9.4%。人口增长率下降带来的是劳动力成本的不断上升，以江苏省为例，制造业年薪 2006 年为 19 647 元，2012 年增长到 42 641 元，翻了一番还多。"用工荒"现象不断在沿海地区出现，企业发展面临劳动力成本上升的挑战。自 1995 年以来，我国主要行业的实际平均工资水平出现了大幅上升，尤其是外商企业一直处于最高工资水平。1995 年全国合计年平均实际工资为 4 590.94 元，国有企业年平均实际工资为 4 746.15 元，外商企业为 7 531.62 元，外商企业是全国平均水平的 1.64 倍，是国有企业的 1.59 倍；2012 年合计年平均实际工资为 45 583.82 元，国有企业为 47 131.58 元，外商企业为 54 471.73 元，外商企业是全国平均水平的 1.19 倍，是国有企业的 1.16 倍。以上数据说明外商企业的工资吸引力在下降，出口加工的劳动力优势在减弱。加工贸易企业面临转型，但出口加工企业迁移到安徽、河南、山西等内陆地区也面临着困难：①在全国人均收入水平提高的同时，内地的生活成本也在上升，低工资在内地并没有太大的吸引力。②内地远离港口和国内主要市场，加上运输成本使内迁丧失了价格优势。③内地的青壮年劳动力很大一部分流到了沿海城市，内地实际可利用劳动力有限。所以，加工贸易内迁不具有现实性。而类似富士康这样的企业进行内迁更多还是考虑土地、税收等方面的政策优惠，因此我国传统的依靠劳动力优势发展的出口加工贸易面临着劳动力成本上升的压力，加工贸易面临着向外转移的趋势，比如耐克、三星等都将部分产品的生产向印度、越南、柬埔寨等低劳动力成本的国家转移。

资料来源：薛安伟. 中国出口大国转型的要素禀赋分析 [J]. 世界经济研究，2015 (2)：61-68.

在现实世界中，李嘉图比较优势理论中各国之间的劳动力生产率不同是引起国际贸易的唯一原因这一假设已经不能解释复杂的贸易。加拿大向美国出口林木产品，并非由于相对于美国的林木业，加拿大的林木业劳动生产率较高，而是因为在人口稀少的加拿大，人均森林占有量较高。因此，在本章中，将讨论资源差异是如何影响国际贸易的，并说明资源差异引发国际贸易的机制和结果。

3.1 H-O 理论的形成背景

1929 年，资本主义世界爆发了历史上最严重、持续时间最长的一次经济危机。危机使当时的英国放弃自由贸易，各国对市场的争夺加剧，超保护贸易主义兴起。瑞典是一个经济发达的小国，国内市场狭小，对国外市场依赖很大，因而人们对超保护贸易主义深感不安。正是在这种背景下，1933 年，瑞典经济学家贝蒂·俄林（Bertil Ohlin）出版了《区间贸易和国际贸易论》一书，提出了生产要素禀赋理论。该理论指出了要素禀赋在国际贸易中的作用，他们认为一国的要素禀赋是导致国与国之间产品相对价格差异的主要原因。俄林的生产要素禀赋理论师承赫克歇尔（E. F. Heckscher，1879—1952）。1919 年，赫克歇尔发表了题为《对外贸易对收入分配的影响》的文章。他在文中提出了如何解释李嘉图比较成本学说中两个国家两种商品之间的成本差异问题。他认为，如果两个国家生产要素（土地、资本、劳动）的拥有和分布量相同，各生产部门的技术水平一样，当不考虑运输成本的时候国际贸易既不会给其中一个国家带来利益，也不会给另一个国家造成损失。因此，比较成本差异存在的前提条件是：两个国家存在不同的生产要素拥有量和分布量；两个国家生产的不同商品所使用的生产要素比例不一样。因此，俄林的生产要素禀赋理论又被称为"赫克歇尔-俄林理论"（Heckscher-Ohlin theorem），或简称赫-俄理论（H-O 理论）。

3.2 H-O理论的基本概念

 专栏 3-1

经济学巨匠：赫克歇尔和俄林

伊·菲·赫克歇尔（1879—1952）是瑞典人，生于斯德哥尔摩的一个犹太人家庭。赫克歇尔是著名的经济学家，新古典贸易理论最重要的部分——要素禀赋论就是他和他的学生贝蒂·俄林最早提出来的，并命名为赫克歇尔-俄林理论。

1897年起，赫克歇尔在乌普萨拉大学跟从耶夫纳学习历史，跟从戴维森学习经济，并于1907年获得博士学位。毕业后，他曾任斯德哥尔摩大学商学院的临时讲师，1909—1929年任经济学和统计学教授。此后，因在科研方面的过人天赋，学校任命赫克歇尔为新成立的经济史研究所所长，他成功地使经济史成为瑞典各大学的一门研究生课程。

在经济理论方面，赫克歇尔最主要的贡献可以概括为著名的两篇文章。1919年发表的《国际贸易对收入分配的影响》是现代赫克歇尔-俄林理论的起源。他集中探讨了各国资源要素禀赋构成与商品贸易模式之间的关系，并且一开始就运用了一般均衡的分析方法。他认为，要素绝对价格的平均化是国际贸易的必然结果，他的论文具有开拓性的意义。其后，这个理论由他的学生俄林进一步加以发展，《间歇性免费商品》（1924）一文提出的不完全竞争理论，比琼·罗宾逊和爱德华·张伯伦的早了9年，文章中还探讨了非市场决定价格的集体财富（即所谓的公共财物）的问题。

贝蒂·俄林（1899—1979）是瑞典著名经济学家，师从于赫克歇尔，与赫克歇尔一起最早提出了要素禀赋理论，他们的理论被命名为赫克歇尔-俄林理论（简称H-O理论）。

贝蒂·俄林早年就读于隆德大学和斯德哥尔摩大学，后来又赴英国剑桥大学和美国哈佛大学留学。1924年任丹麦哥本哈根大学经济学教授，5年后回瑞典任斯德哥尔摩大学商学院教授，曾在美国弗吉尼亚大学和加利福尼亚大学任客座教授。俄林因对国际贸易理论的现代化处理，1977年获得诺贝尔经济学奖。1979年8月3日俄林于书桌前逝世。

俄林的研究成果主要表现在国际贸易理论方面：1924年出版《国际贸易理论》，1933年出版其名著，即美国哈佛大学出版的《区间贸易和国际贸易论》（揭示了区间贸易和国际贸易形成的原因，指出国际贸易中生产要素禀赋的差异），1936年出版《国际经济的复兴》，1941年出版《资本市场和利率政策》等。俄林的理论受他的老师赫克歇尔关于生产要素比例的国际贸易理论的影响，并在美国哈佛大学教授威廉的指导下，结合瓦尔拉斯和卡塞尔的一般均衡理论进行分析论证，在《区间贸易和国际贸易论》中最终形成。因此，俄林的国际贸易理论又被称为赫克歇尔-俄林理论。

资料来源：伊特韦尔. 新帕尔格雷夫经济学大辞典：第2卷［M］. 北京：经济科学出版社，1996.

为了使分析更为方便，先来了解一下要素禀赋理论的基本概念。

3.2.1 要素禀赋

要素禀赋也称要素丰裕度（factor abundance），是指一国所拥有的生产要素（如劳动、资本、技术、土地等）的相对状况。要素禀赋是一个相对概念，与其所拥有的生产要素绝对数量无关。要素禀赋常用要素的实物单位进行衡量。例如，如果一国的资本劳动比大于其他国家，$(K/L)_A > (K/L)_B$，则称 A 国为资本相对充裕的国家，同时也为劳动稀缺的国家；B 国为劳动充裕、资本稀缺的国家。

要素禀赋可以用图 3-1 表示，图 3-1 中的横轴表示劳动 L，纵轴表示资本 K，E_A、E_B 分别表示 A、B 两国的要素总量比例。在 E_A 点，A 国拥有的资本和劳动总量分别为 K_A、L_A；在 E_B 点，B 国拥有的资本和劳动总量分别为 K_B、L_B。根据要素禀赋的定义可知，在图 3-1 中，E_A、E_B 两点与原点的连线的斜率 β_A、β_B 分别表示 A、B 两国的要素禀赋情况。由图 3-1 可知，$\beta_A > \beta_B$，意味着 A 国为资本充裕的国家，同时也为劳动稀缺的国家；B 国正好相反，为劳动充裕和资本稀缺的国家。

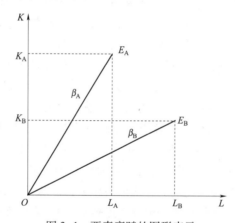

图 3-1 要素禀赋的图形表示

3.2.2 要素密集度

要素密集度（factor intensity）是要素禀赋理论最为基础的概念。要素密集度衡量的是商品生产过程中不同生产要素被密集使用的程度，是指在生产各种产品的过程中所需要投入的生产要素的比例。需要指出的是，这是一个相对的概念，与所投入的生产要素的绝对量无关。

如果一个国家在产品 X 的生产中所投入的劳动对资本的比率都大于该国在产品 Y 的生产过程中所投入的劳动对资本的比率，那么就说产品 X 为劳动密集型产品，同时产品 Y 为资本密集型产品。

要素密集度可以用图 3-2 解释说明。图 3-2 中横轴表示劳动 L，纵轴表示资本 K。如果为了生产 1 单位的 X 产品需要 4 单位的 K 和 4 单位的 L，则 X 的资本劳动投入比率为 1；如果为了生产 1 单位的 Y 产品需要 2 单位的 K 和 8 单位的 L，则 Y 的资本劳动投入比率为 1/4。由于 1>1/4，所以 X 产品为资本密集型产品，Y 产品为劳动密集型产品。

此外，不同的国家生产同一种商品的要素投入可能不同。图 3-2（a）代表 A 国情况，

图 3-2（b）代表 B 国情况。从图 3-2 中可以看出，无论是在 A 国还是 B 国，产品 X 的 K/L 均大于产品 Y 的 K/L。所以，在 A 和 B 两个国家中，X 均为资本密集型产品，Y 均为劳动密集型产品。

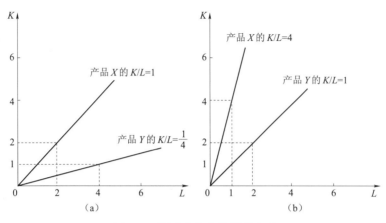

图 3-2　要素密集度的图形表示

3.2.3　要素禀赋与生产可能性边界

一国的生产可能性边界体现了一国的生产能力，它的形状与该国的要素禀赋有关。如图 3-3 所示，假设 A 国是劳动充裕国，X 产品是劳动密集型产品；B 国是资本充裕国，Y 产品是资本密集型产品。反映在两国的生产可能性曲线上，A 国的生产可能性曲线相对偏向于 X 轴，B 国的生产可能性曲线相对偏向于 Y 轴。

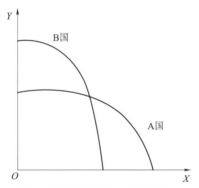

图 3-3　两国的要素充裕度和生产可能性边界的形状

3.3　H-O 理论的主要内容

3.3.1　H-O 理论的逻辑框架

H-O 理论可以用图 3-4 形象地概括。

在图 3-4 中，从右下方出发，生产要素的所有权分配和需求偏好共同决定了一国对最

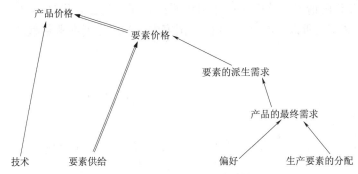

图 3-4 H-O 理论的逻辑结构

资料来源：SALVATORE D. 国际经济学 ［M］. 北京：清华大学出版社，2005.

终产品的需求，而对最终产品的需求又派生出了对生产该产品的生产要素的需求，这种生产要素的派生需求与该国的生产要素的供给共同决定了生产要素的价格。生产要素的价格与该国的生产技术水平共同决定了产品的生产成本，进而决定了产品的价格。不同国家间的相对商品价格的差异又最终决定了该国的比较优势。

在这一逻辑框架中，H-O 理论假设各国的需求偏好、收入分配相同，这就排除了需求方面因素对产品价格的影响。因此，不同国家对各种生产要素的供给的不同就成为导致各国相对要素价格和产品价格不同的唯一原因，进而引起不同国家具有不同的比较优势，并导致了贸易的发生。

3.3.2　H-O 理论

从以上逻辑框架可以推导出 H-O 理论。其基本内容是在国际贸易中，一国将出口在生产上密集地使用本国充裕要素的产品，同时进口在生产上密集使用本国稀缺要素的产品。例如，劳动充裕的国家将出口劳动密集型产品，同时进口资本密集型产品；而资本充裕的国家将出口资本密集型产品，同时进口劳动密集型产品。这是因为，如果一种产品更多地使用了本国充裕的资源，本国的生产成本相对较低，从而本国在该产品的生产上拥有比较优势；相反，如果一种产品更多地使用了本国稀缺的资源，本国的生产成本则相对较高，从而本国在该产品的生产上就不拥有比较优势。

可以用图 3-5 来说明 H-O 理论。图 3-5（a）是与图 3-3 相同的 A 国和 B 国的生产可能性曲线。假设两个国家均使用相同的技术，并且两国的需求偏好相同，从而具有相同的无差异曲线。无差异曲线 I 与 A 国的生产可能性曲线切于 A 点，与 B 国的生产可能性曲线切于 A' 点。无差异曲线 I 是在无国际贸易情况下，A 国和 B 国所能达到的最高无差异曲线，A 点和 A' 点反映了两国在无贸易发生情况下各国生产和消费的均衡点，这两个切点确定了两国孤立均衡的相对产品价格。A 国的产品相对价格为 P_A，B 国的产品相对价格为 $P_{A'}$，由于 $P_A < P_{A'}$，A 国在产品 X 的生产上拥有比较优势，B 国在产品 Y 的生产上拥有比较优势。

A 国和 B 国进行国际贸易之后，如图 3-5（b）所示，A 国更多生产产品 X，B 国更多生产产品 Y。两国的分工将直到 A 国的生产达到 B 点，B 国的生产达到 B' 点为止。A 国在 B 点组织生产，能够用产品 X 交换产品 Y，最终达到 E 点的消费组合，贸易三角形为 BCE；B 国在 B' 点组织生产，能够用产品 Y 交换产品 X，最终达到 E 点的消费组合，贸易三角形为 $B'C'E$。两国都在贸易中获利，同时到达无差异曲线 II，很明显无差异曲线 II 所代表的福利水平高于无差异曲线Ⅰ所代表的福利水平。

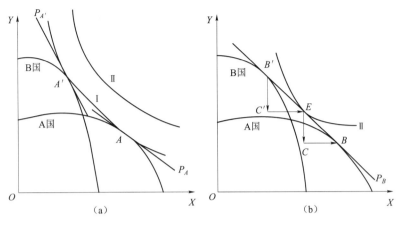

图 3-5 H-O 理论模型

根据 H-O 理论，一国的要素禀赋形成是其比较优势的决定因素。

 专栏 3-2

中国农产品出口有优势吗？

中国的人均可耕地面积是全世界最少的国家之一。根据 H-O 理论，中国的农产品出口应该是处于劣势，农产品对外贸易方面应该主要是以进口为主。但是，事实却不是这样，中国的农产品出口每年都以两位数的速度增长。以加入 WTO 前后几年为例，中国 1999 年的农产品进出口总额为 216.3 亿美元，其中出口为 134.7 亿美元；而 2006 年中国农产品进出口总额为 634.7 亿美元，其中出口为 314.0 亿美元，进口为 320.7 亿美元。

实际上，考察一个国家对外贸易的比较优势不是从某一方面来考虑的，而应该全面地把各种生产要素综合考虑。例如，中国的农产品出口，如果按人均可耕地面积的因素考虑，中国是处于劣势；但是，如果按劳动力的因素来考虑，中国是处于比较优势。根据 H-O 理论，产品的价格是由要素的成本决定的，中国具有劳动力成本低的优势。所以，准确地说，中国在土地密集型或资源密集型的农产品上有比较劣势，而在劳动密集型的农产品上具有比较优势。中国可以选择劳动密集型的农产品出口，而进口一些土地密集型或资源密集型的农产品。所以，中国的农产品对外贸易额每年都以较大的速度增长就不奇怪了。

资料来源：周成名，吴汉嵩. 国际贸易学［M］. 长沙：国防科技大学出版社，2008.

3.4　H-O 理论的扩展

H-O 理论揭示了要素禀赋对一国贸易模式的影响。那么，按照这种贸易模式进行贸易，会产生哪些相应的结果，在本节中将对贸易的结果进行讨论，内容包括贸易之后两国之间的要素价格将会如何变化、要素价格的变化会对哪些要素的所有者有利、要素禀赋的变化对要素的价格会产生什么样的影响等。

3.4.1　要素价格均等化定理

要素价格均等化定理（factor price equalization theorem）由赫克歇尔和俄林提出，后由保罗·萨缪尔森（Paul Samuelson）予以发展并证明，因此又被称作赫克歇尔-俄林-萨缪尔森定理（即 H-O-S 定理）。该定理认为，在 H-O 理论框架下，随着国际贸易的进行，贸易参加国之间的生产要素价格将实现相对和绝对意义上的均等。

要素价格均等化定理是俄林研究国际贸易对要素价格的影响而得出的著名结论。俄林认为，在开放经济中，国际上因生产要素自然禀赋不同而引起的生产要素价格差异将通过两条途径而逐步缩小，即要素价格将趋于均等。第一条途径是生产要素的国际移动，它导致要素价格的直接均等化；第二条途径是商品的国际移动，它导致要素价格的间接均等化。国际贸易最终会使所有生产要素在所有地区都趋于相等。同时，俄林认为生产要素价格完全相同几乎是不可能的，这只是一种趋势。

但是萨缪尔森用数学的方法证明了：在特定的条件下，生产要素价格均等不仅仅是一种趋势，国际贸易将使不同国家间同质生产要素的相对和绝对收益必然相等。这通常被称为是要素价格均等化定理。

要素价格均等化定理有两点的寓意：第一，它证明了在各国要素价格存在差异，以及生产要素不能通过在国际自由流动来直接实现最佳配置的情况下，国际贸易可替代要素国际流动，"间接"实现世界范围内资源的最佳配置；第二，它说明了贸易利益在一国内部的分配问题，即说明国际贸易如何影响贸易国的收入分配格局。

我们已经知道，各国要素禀赋的不同将导致各国要素价格的差异，而这种差异又将进一步导致各国的商品价格差异，而商品价格差异又是引起国际贸易的直接原因。然而，贸易的结果会对贸易的原因形成反作用，在进行贸易之后，如果没有任何贸易障碍，各国的商品价格将会趋于一致。这就会产生一个问题，两国的商品价格一致是否会导致两国要素价格趋于一致？

经济学家的研究发现，即使生产要素在国家之间不能流动，仅仅是贸易也将推动各国的要素价格趋于均等。国际贸易将使得不同国家之间的同质生产要素的相对收益和绝对收益均等化。在国际贸易领域中，这一推论被称为要素价格均等化定理。也就是说，在 H-O 模型框架下，国际的自由贸易将导致要素价格在贸易国之间的均等化，即用同种货币衡量的工资、租金、利息在各国相等。

3.4.2 贸易对收入分配的影响

贸易的另一个结果是会对不同生产要素所有者的收入形成影响。H-O 模型中有劳动和资本两种生产要素，劳动所有者获得工资，资本所有者获得资本报酬。对于贸易的开展将如何影响劳动和资本所有者之间的收入分配，美国经济学家斯托伯（Wolfgang Stolper）和萨缪尔森在 1941 年经过研究发现，自由贸易中的商品价格的变化，将会使在生产中使用的要素报酬及不同要素所有者的收入情况发生改变。

具体而言，在"2×2×2"结构的 H-O 理论中，贸易的开展必定提高一个国家的充裕要素所有者的实际收入，同时必将降低一个国家的稀缺要素所有者的实际收入。也就是说，在劳动充裕的国家，贸易后劳动所有者的实际收入将会提高，而资本所有者的实际收入将会下降。相反，在资本充裕的国家，贸易后资本所有者的实际收入将会提高，而劳动所有者的实际收入将会下降。这一结论被称为斯托伯-萨缪尔森定理（Stolper-Samuelson theorem）。

斯托伯-萨缪尔森定理说明的是商品价格的变化与要素价格、收入分配之间的关系。在国际贸易带给一个国家贸易收益的同时，该定理揭示了贸易对收入分配会形成影响，贸易收益不仅不会平均分配到这个国家的每个人手中，而且它的分配是相当不均匀的，以至于必定有一部分人在国际贸易发生之后变得更富，而另一部分人因贸易而变得更穷。

然而，在现实世界中，个人或家庭的收入分配不仅反映了生产要素之间的收入分配，而且反映了生产要素所有者之间的收入分配。由于个人或家庭往往拥有几种生产要素，因此贸易对于个人收入分配的最终影响并不十分明确。

3.4.3 要素禀赋变动的影响

在 H-O 理论的模型中，生产要素的总量是给定的，由此导致了各国具有固定的比较优势和国际贸易模式。然而，现实中各国的资源往往会发生变化，资源一旦发生变化将会对各国产出和贸易形成影响。例如，一国人口的增加、新矿藏的发现确实实会改变一个国家的资源总量，那么这种资源发生变化将会对各国的产出和贸易形成什么影响？

经济学家通过研究发现，各国的要素禀赋如果发生变化，有的生产要素增长得更快一些，有的生产要素增长得相对慢一些，这种生产要素禀赋增长差异对于国家间的贸易会产生很大的影响。具体来说，在给定世界价格水平时，如果一个国家某种资源供给量增加，则该国将会增加该要素密集度高的产品的生产，减少另一种产品的生产。这一结论被称为雷布津斯基定理（Rybczynski theorem）。

雷布津斯基定理的逻辑是：当一个国家的某种生产要素禀赋增加时，它不会令该国的所有产业都得以扩张，而是必然会导致其中一个产业趋于萎缩。在 H-O 模型中，各个行业的生产要素密集度是固定不变的。当两个行业的生产要素密集度固定时，要使增加的一种生产要素得到充分的利用，就会使密集使用该生产要素的行业得以扩张，而该行业的扩张会需要吸引另一种生产要素的匹配，这样会令两种生产要素均从另一产业中转移出来，从而导致了另一行业的产量下降。

专栏 3-3

南北贸易及收入不均

在 20 世纪 70 年代末至 90 年代初这一期间，美国工人工资收入不均的现象急剧增长。举例来说，1970—1989 年，工资收入在 90% 的人之上、10% 的人之下的男性工人的实际工资增长了 15%，而与此同时，工资收入处于 10% 的人之上、90% 的人之下的工人的工资下降了 25%。许多人认为，美国的这种工资收入增长不均的现象恶化了这个国家的社会问题：低收入者工资的降低使这些家庭更加难以脱离贫困，许多家庭收入停滞不前，同社会上层收入迅速增长的鲜明对比，很可能造成对社会及政治的不满。

工资不均的现象为什么会增多，许多观察家将原因归之于世界贸易的增长，尤其是新兴工业化经济（NIES）中制造出口的增长，如韩国和中国。到 20 世纪 70 年代为止，发达工业国家同不发达国家之间的贸易绝大部分是北方加工产品同南方原材料和农产品进行交换，如原油和咖啡。不过从 1970 年开始，以前的原材料出口国也日益开始向高收入国家如美国出售加工产品。新兴工业化经济的制造品出口量由 1970 年不重要的地位增长到 20 世纪 90 年代初占发达国家收入的将近 2%。同时，新兴工业化经济也向高收入国家的产品出口提供了迅速发展的市场。当然，这些新兴工业化经济的出口产品在要素密集度上大大有别于它们的进口产品。新兴工业化经济向发达国家出口包括服装、鞋类和其他技术相对简单的产品，这些产品均属于非技术劳动密集型产品。而发达国家出口到新兴工业化经济的产品主要是资本密集型或技术密集型产品，如化学药品、航空航天产品等。

对许多观察家来说，似乎能直接得出这样一个结论：正在发生的一切正是向要素价格均等化的移动，发达国家富有资本和技术，新兴工业化经济则有充裕的非技术劳动力。正如要素比例模型所预示的那样，它们之间的贸易会提高资本和技术充裕国家中高技术工人的工资，而降低非技术工人的工资，从而导致发达国家出现贫富不均。

资料来源：克鲁格曼. 国际经济学 [M]. 8 版. 北京：中国人民大学出版社，2011.

3.5 里昂惕夫悖论

H-O 理论的逻辑非常清晰，那么它的结论是否正确地预言了现实中的国际贸易模式？经济学家们运用现实中的数据对 H-O 理论进行了实证检验。检验的结果得出了令人吃惊的结论。

3.5.1 里昂惕夫悖论的产生与含义

对 H-O 模型的第一次实证检验是在 1951 年，由美籍俄罗斯经济学家瓦西里·里昂惕夫利用美国 1947 年数据进行的。由于美国是世界上资本最充裕的国家之一，因此按照 H-O 理论，美国的贸易模式应该是出口资本密集型商品，同时进口劳动密集型商品。里昂惕夫运用美国经济的投入产出表来计算并比较了美国在 1947 年每 100 美元进口商品和出口商品中的劳动与资本的比率。如果 H-O 理论成立，人们将会看到美国进口商品的资本密集程度将大大低于美国的出口商品。

然而，里昂惕夫的检验结果令人震惊。美国进口商品的资本密集程度不仅不低于其出口商品，反而高出大约30%。这意味着，美国进口的是资本密集型商品，出口的反而是劳动密集型商品。检验结果与H-O理论的预测完全相反，这就是著名的里昂惕夫悖论。

 专栏 3-4

经济学巨匠：里昂惕夫

瓦西里·里昂惕夫1906年8月5日生于圣彼得堡，是一个知识分子家庭的独子。最初他在列宁格勒大学学习，1925年获该校的"优秀经济学家"称号。以后又求学于柏林大学，并于1928年获哲学博士。在攻读博士学位期间，他曾担任基尔大学的经济研究人员。他在基尔工作了约3年，其中有一年曾出任南京国民政府铁道部的顾问。

1913年他前往美国，成为美国经济研究所的工作人员。但仅几个月之后，他便接受了哈佛大学的任命。从此他在哈佛大学度过了44个春秋。在此期间，他发明了投入-产出分析法，这种方法的发明和应用使他赢得了世界性声誉。他在这些年内曾获得多种荣誉：1970年当选为美国经济协会会长；1973年获得诺贝尔经济学奖；1975年他接受了纽约大学的教授职位，不久又出任该校经济分析学院院长，并担任这些职务至1986年。

里昂惕夫的主要成就即投入-产出分析法的发明、发展和应用中凝结着两个特点，其一是数学表达和数学分析法十分巧妙；其二是各个理论概念相互补充，十分协调。当里昂惕夫于1933年左右开始研究投入-产出分析法时，这种方法作为一种纯理论结构已有很长的历史。18世纪弗朗斯瓦·魁奈（Francois Quesnay）用他的"经济表"来说明农业与其他经济部分之间的关系。100年后，马克思用十分相似的两大部类表来论证一个经济系统中生产资料和消费资料两大部类之间的关系。然而，最重要的贡献是瓦尔拉斯（Walras）的一般均衡理论，其中使用了与里昂惕夫的投入-产出系数非常相似的概念。另外，在投入-产出分析法为人熟知之后，里昂惕夫发现，布雷（H.E.Bray）早在1922年就发表了基本相同的方程，而雷马克（R.Remak）则于1929年再次发现了这些方程。

1948年，里昂惕夫创建了"哈佛经济研究计划"，作为应用和推广投入-产出分析法的中心。他担任该计划的主席，并领导此项计划达25年之久。他积极发展地区间投入-产出分析法，并引进资本系数矩阵，借此导出最终需求的变化对投资的意义，因而用投入-产出分析法形成了经济系统的增长途径和静态平衡。

此项工作所产生的结果，便是里昂惕夫先后于1951年和1953年出版的两部著作，即《1919—1939年美国经济结构》和《美国经济结构的研究》，以及几次国际会议和20篇论文。也许这一时期里昂惕夫最惊人的发现是"里昂惕夫悖论"，即虽然美国拥有丰裕的资本和很高的实际工资水平，但考虑所需要间接和直接投入时发现，美国出口商品的劳动密集度高于进口商品，而资本密集度低于进口商品。

资料来源：伊特韦尔. 新帕尔格雷夫经济学大辞典：第3卷［M］. 北京：经济科学出版社，1996.

3.5.2　里昂惕夫悖论的解释

至今为止，对里昂惕夫悖论的解释还没有得到一致公认的结论。具有代表性的解释主要有以下几种。

1. 劳动力不同质论

根据里昂惕夫本人的解释，他认为悖论与 H-O 理论是一致的。他对 H-O 理论中的劳动同质论的假定前提进行修正。H-O 理论假定各国的劳动同质即劳动生产率相同，里昂惕夫认为各国的劳动不同质、劳动生产率不同，并用它来解释悖论产生的原因。他认为，各国的劳动生产率是不同的，美国工人的生产率大约是其他国家的 3 倍。在计算美国工人的人数时必须把实际人数乘以 3。这样一来，按生产效率计算的美国工人数同美国拥有的资本量之比，与其他国家相比，美国就成为劳动力丰富而资本相对短缺的国家，所以它出口劳动密集型产品、进口资本密集型产品。至于美国工人生产率高的原因，他解释说，是由于美国科学的管理、高水平的教育、优良的培训、可贵的进取精神等。

2. 人力资本论

人力资本论是对 H-O 理论的两要素理论模式的修正。在劳动不同质论的基础上把科学技术、熟练劳动从其他生产要素中分离出来，引入人力资本等概念对悖论进行解释。费希尔、凯南、基辛、肯林等经济学家把资本分为物质资本和人力资本。他们把熟练劳动资本化，并把它称为第三种生产要素。把人力资本加到实物资本上，就会使美国出口商品的资本密集度高于进口替代品。例如，肯林（P. B. Knene）把熟练劳动的收入高出简单劳动的部分算作资本并同有形资本相加，作为资本和劳动力比例的分子（里昂惕夫是把实际工人人数乘以 3 作为分母）。经过肯林这样处理，也可以解释里昂惕夫悖论。

3. 贸易壁垒的存在

贸易壁垒的存在是对 H-O 理论的自由竞争市场的假定前提进行修正。由于市场不完全，存在贸易壁垒使商品在世界市场上不能自由流动，因此影响了不同要素密集型产品在进出口中的比重，是产生里昂惕夫悖论的重要原因之一。这种解释认为，里昂惕夫悖论产生的原因是由于市场不完全引起的。国际的商品流动，要受贸易参加国的关税和非关税壁垒等贸易保护主义政策的限制，使 H-O 理论揭示的规律不能实现。有人认为，为了解决就业问题，美国政府的贸易政策有严重地保护本国非熟练劳动的倾向。因此，如果实行自由贸易或美国不实行这种限制政策，美国进口品的劳动密集度比实际的要高。鲍德温的计算结果表明，如果美国的进口商不受限制，其进口品中资本与劳动力的比率将比实际的要低 5%。因此，贸易壁垒的存在是产生里昂惕夫悖论的重要原因之一。

4. 要素论

要素论是把自然资源包括在土地这个要素里面的。H-O 理论两要素模式是三要素的简化，在计算时应把土地也算在资本中，在解释悖论的原因时，自然资源这个因素就要被区别出来。里昂惕夫在后来对美国的贸易结构进行验证时，考虑了自然资源这个因素，在计算时进行调整，在投入-产出的矩阵中减去 19 种资源密集型产品，结果取得了与 H-O 理论相一致的结果。这个原因也可以用来解释其他国家贸易结构中谜的存在。加拿大 20 世纪 50 年代出口的是资本密集型产品，进口的是劳动密集型产品，原因是加拿大是自然资源非常丰富的国家，几乎拥有除热带资源以外的所有的自然资源。其出口品的资本密集度高于进口品，主要是因为大部分是对美国的贸易，而对美国的出口品中，自然资源密集型产品占的比重很大，这些产品都是资本密集型的，所以资源富裕是美国和加拿大贸易中产生谜的原因。①

3.5.3 里昂惕夫悖论的简评

里昂惕夫对传统的 H-O 理论的验证具有重大的理论意义，在国际经济学领域引起的影响已远远超出他本人的预料。里昂惕夫建立了检验国际贸易理论的工具，他的投入-产出分析方法用于美国贸易结构的计算和分析，开创了用统计数据全面验证贸易理论的道路。里昂惕夫的验证及其他经济学家对世界其他国家贸易结构的检验都证明里昂惕夫悖论的存在是具有普遍性的，证明了传统的 H-O 理论已不能很好地解释战后国际贸易的实际。因此，原因何在，就成为西方国际贸易理论界回答几十年的问题。

西方经济学家对里昂惕夫悖论作了很多解释。从对里昂惕夫悖论的解释中可见，里昂惕夫悖论和 H-O 理论的不一致，不是理论原则上的，而是 H-O 理论怎样经过修正更好地与实际结合的问题。H-O 理论与里昂惕夫悖论有各自的理论背景。实际上，在 20 世纪二三十年代以前，生产中投入的要素主要是土地、劳动力、资本，科学技术，以及科学家、工程师和科学管理人员。这些熟练劳动在生产中的作用还不甚明显，这时 H-O 理论的基础仍然是建立在庸俗学派三要素理论基础之上的，所以在这个经济现实和经济理论背景下，H-O 理论基本上能够对当时的国际贸易现实进行解释。战后科学技术、熟练劳动在生产中的作用日益加强，已构成一个非常重要的生产要素，理论学家对传统的三要素理论进行修正，里昂惕夫悖论正是这个经济理论和经济现实在国际贸易方面的反映。国际经济学界这场著名争论是以对 H-O 理论的理论前提的修正结束的。当今西方国际贸易理论中居主导地位的仍然是以比较优势为理论核心、经过修正的 H-O 理论。

3.6 新要素贸易理论

新要素贸易理论是强调商品新要素的国际贸易理论。该理论认为在国际贸易的比较优势中，应赋予生产要素以新的含义，扩展生产要素的范围，除了传统的资本、劳动和土地三要素以外，其他要素如人力资本、技能、技术、信息、研究与开发等也起着重要作用。② 主要学说包括人力资本理论、人力技能理论和技术进展理论（即技术差距理论）等。该理论赋予生产要素新的内涵，是要素禀赋理论的进一步拓展。

新要素理论（theory of new factors）的诞生一方面得益于里昂惕夫悖论的刺激，另一方面也得益于英国经济学家哈罗德在 20 世纪 40 年代对国际贸易中特殊要素的研究。它实际是将生产要素的范围不断扩大，从有形的物质资本扩大到无形的资金，更进一步扩大到无形的技术、工艺和信息。这些无形要素成为贸易的对象，拓宽了交易的范围，促进了国际贸易的新发展。

1. 人力资本说

以舒尔茨、基兴为代表的美国经济学家提出所谓人力资本的概念，指资本与劳动力结合

---

① 王永昆. 里昂惕夫之谜：西方国际贸易理论分评第七讲 [J]. 国际贸易，1987（7）.
② 陆雄文. 管理学大辞典 [M]. 上海：上海辞书出版社，2013.

而形成的一种新的生产要素。通过对劳动力进行投资，可提高原有劳动力的素质和技能，使劳动生产率得到提升，从而对一国参加国际分工的比较优势产生影响。该学说认为新时代人力资本的结构与物质资本同样重要，引入了一种新的生产要素，即在人身上的投资，从这点出发否定了 H-O 理论的劳动同质性假说。该学说认为，新时代一国要想在新的比较优势方面有所作为，就应重视教育、培训、卫生、保健，提高人的综合素质，通过长期积累最终形成新优势，在国际贸易中获得更好的效益。

2. 研究与开发学说

这种学说认为研究与开发也是一种生产要素。不同国家的研究与开发能力的大小，可以改变它在国际分工中的比较优势，而充裕的资金、丰富的自然资源、高质量的人是从事研发的条件，市场对新产品的需求是研发产业化的基础。在实际研究中以一国开发经费占产品销售额的比重来间接考察一个国家的研发水平。该学说强调了科技发展在国际贸易优势形成中的作用，符合目前社会经济发展的大趋势，因此被广泛接受。

在当代国际贸易中，西方发达国家在技术密集型产品方面拥有比较优势，与它们重视研发投入是密不可分的。2010 年以来，美国研发经费投入强度基本维持在 2.7% 以上，日本维持在 3.1% 以上，韩国在 4% 以上。2016 年我国研发经费投入强度达到 2.12%，较 2010 年提高了 0.41 个百分点，但与发达国家仍然存在差距。

3. 信息要素说

该理论认为信息是能够创造价值并进行交换的一种无形资源，是现代生产要素的组成部分。信息本身同时又是可以交换的商品，是一种软件要素，而且是一种无限的资源，占据信息意味着比较优势的改变，可以促进一国贸易格局的变化。因此，信息也是一种可以产生比较利益的软件要素，占有信息便会产生贸易。这种理论目前并不很完善，但却代表着一个重要的发展方向。

随着新科学技术革命的深入发展和人们对事物认识的深化，人们对于决定贸易分工基础和格局的生产要素的认识也在不断加深，新要素的范围在不断扩大。例如，随着信息技术的发展，电子商务的运用能力正逐步影响一国在国际贸易中的竞争力。一些贸易专家经过测算，运用电子商务相对于传统贸易方式可使交易的成本降低 70% ~ 80%。另外，适合市场经济发展的先进制度对国际贸易分工的影响也日益重要。在当今的国际竞争中，通过制度竞争形成制度优势，减少本国在国际竞争中的不确定因素，加强对全球可流动资源的吸引和利用，促进内部比较优势与外部资源的有效结合，正成为各国的重要举措。综合来看，新要素贸易理论实际上是将生产要素的范围不断扩大，从有形的物质资本扩大至无形的技术、工艺、信息等，这些无形的要素成了贸易的新对象，从而拓宽了国际贸易的交易范围，促进了国际贸易的新发展。

4. 技术进展论

该理论认为技术是过去对研究与开发进行投资的结果，也可以作为一个独立的生产要素。技术进展同人力技能、研究与发展等要素一样，也决定着一国生产要素禀赋状况及其在国际贸易中的比较利益。由于该理论是在上述理论的基础上发展起来的，所以强调技术进展对国际贸易比较优势的决定作用，实际上也是强调研究与开发要素的作用。

在此基础上，后人进一步提出了技术差距论，认为由于各国技术投资和技术革新的进展不一致，因而存在一定的技术差距。这样就使得技术资源相对丰裕或技术领先的国家，具有较强开发新产品和新工艺的能力，从而有可能暂时享有生产和出口某类高技术产品的比较优势。该理论补充了要素禀赋论，并根据创新活动的连续性使要素禀赋论动态化。

技术差距论（technological gap theory）是指将技术作为独立于劳动和资本的第三种生产要素，探讨技术差距或技术变动对国际贸易影响的理论。1961 年，美国学者波斯纳（Michael V. Posner）在《国际贸易与技术变化》一文中，提出了国际贸易的技术差距模型，并首次提出模仿时滞（imitation lag）的概念，以此解释国家之间发生贸易的可能性。所谓模仿时滞，是指技术差距产生到技术差距引起的国际贸易终止的时间差距。1963 年，道格拉斯（Gordon Douglas）运用模仿时滞的概念，解释了美国电影业的出口模式，即一旦某个国家在给定产品上处于技术领先的优势，则该国将在相关产品上继续保持这种技术领先的优势。1966 年，盖·瑞·胡佛鲍尔（G. C. Hufbauer）利用模仿时滞的概念，解释了合成材料产业的贸易模式，即一个国家在合成材料出口市场的份额，可以用该国的模仿时滞和市场规模来解释。

（1）技术差距论的主要观点。

国际贸易与技术差距是相联系的。技术领先的国家，具有较强开发新产品和新工艺的能力，在技术上处于领先优势，于是出口某类高技术领先产品，导致了该技术产品的国际贸易。随着贸易的扩大，技术可能通过专利权转让、技术合作、对外投资等多种途径和方式传播，被其他国家引进和模仿，于是与其他国家技术差距缩小，贸易量下降。当技术引进国能生产出满足国内需求数量的产品时，两国间的国际贸易就会终止，技术差距最终消失。

该理论的核心思想在于：持续的创造发明进程会导致贸易的产生，即使是那些要素禀赋相似，在一个静态的 H–O 世界里不会展开贸易的国家之间，技术进步也会导致贸易。

（2）技术差距论模型（见图 3–6）。

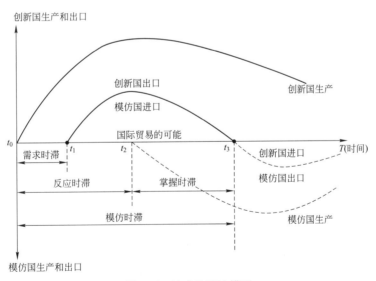

图 3–6　技术差距论模型

波斯纳认为，技术变动是一个持续的进程，在某国创造新技术及这种技术在其他国家被采用之间有时间上的滞后，这是模仿时滞。模仿时滞是技术差距产生到技术差距引起的国际贸易终止的时间差距，它包含需求时滞、反应时滞和掌握时滞。需求时滞是从创新国开始生产新产品到模仿国开始进口这种新产品的时间间隔，它是由两国收入水平差距和市场容量差距造成的。反应时滞是从创新国开始生产新产品，到模仿国开始模仿其技术、生产这种新产品的时间间隔。反应时滞受到模仿国企业家创新、企业家风险意识、规模经济、运输成本、关税等因素的影响。掌握时滞是从模仿国开始生产创新国创新的新产品，到生产能满足国内需求，并开始出口这种新产品的时间间隔，它由模仿国吸收新技术能力的大小决定。从图3-6可以看出，可能发生国际贸易的阶段是需求时滞结束至掌握时滞完成这一时期。

本章关键术语（中英文对照）

中　文	英　文
要素禀赋	factor abundance
要素密集度	factor intensity
H-O 理论	Heckscher-Ohlin theorem
要素价格均等化定理	factor price equalization theorem
斯托伯-萨缪尔森定理	Stolper-Samuelson theorem
雷布津斯基定理	Rybczynski theorem
技术差距论	technological gap theory
新要素理论	theory of new factors

复习思考题

一、选择题

1. H-O 理论认为，在国与国之间劳动生产率相同的条件下，形成各国间的比较成本差异的原因是各国的（　　）。

A. 要素禀赋差异　　　　　　　　B. 规模经济差异

C. 要素组合比例不同　　　　　　D. 贸易政策不同

2. H-O 理论认为，进行贸易的结果是各国之间的要素价格的差别将（　　）。

A. 扩大　　　　　B. 不变　　　　　C. 消失　　　　　D. 皆有可能

3. 一国拥有充裕的资本要素，该国应该专门生产资本密集型产品进行对外交换。这种说法的依据是（　　）。

A. 比较成本理论　　　　　　　　B. 生产要素禀赋理论

C. 绝对优势理论　　　　　　　　D. 需求偏好相似理论

4. 国际分工与国际贸易理论中的要素禀赋说的提出者是（　　）。

A. 亚当·斯密　　　　　　　　　B. 大卫·李嘉图

C. 赫克歇尔与俄林　　　　　　　D. 里昂惕夫

二、简述题

1. 简述要素价格均等化定理的主要内容。

2. 简述里昂惕夫悖论的内容及其解释。

三、论述题

试述 H-O 理论的主要内容并予以评价。

⇨ 知识拓展

Ricardo 模型与 H-O 模型的结合

世界范围的生产模式表现出很大的异质性和专业化特征，但是关于国家和产业间生产模式不同的原因，Ricardo 模型与 H-O 模型都没有提供一个统一的理论。技术比较优势是一国生产要素和人口特征的反映，一国供给方面的比较优势依赖于该国的生产要素禀赋（Ruffin，1988）。因此，Ricardo 模型与 H-O 模型的结合，成为比较优势理论自然延伸的一个方向。在要素禀赋理论的基础上，通过引入 Ricardo 关于生产率因素的考虑，可以极大地增强传统贸易理论的解释力。Ruffin（1988）在 Ricardo 模型和 H-O 模型之间建立了一个中间情形的模型，他把 Ricardo 模型视作 H-O 模型的特例，从而可以更简单有效地分析贸易模式、贸易和要素价格均等化问题，并且能够得到 H-O 国际贸易模型的所有主要特征：贸易反映要素禀赋；要素价格均等化趋势；贸易有利于丰裕要素有损于稀缺要素。

Morrow（2010）认为任何一个模型在独立的情况下，都无法对国家和产业间生产模式差异提供统一的理论解释，每个模型在实证检验中，会因为忽略另一个相关变量而得到有偏的结果。他以 Romalis（2004）的准 H-O 市场结构为基础，引入 Ricardo 全要素生产率（TFP）差异进行了扩展分析，在垄断竞争和规模报酬递增的情况下，导出并检验了一个基于要素禀赋和相对生产率差异的比较优势模型。模型检验发现：Ricardo 模型和 H-O 模型在决定国际生产模型上都具有很强的解释力；在分析的数据中，Ricardo 比较优势差异不会导致 H-O 模型的检验偏误，但忽略 H-O 模型的影响会使 Ricardo 模型的实证检验结果有偏；要素禀赋差异在决定专业化模式中的作用，似乎要强于 Ricardo 生产率的影响。

资料来源：郭界秀. 比较优势理论研究新进展 [J]. 国际贸易问题，2013（3）：156-166.

⇨ 补充阅读材料

[1] 杨朝继. 劳动力成本上升与出口企业转型升级研究 [J]. 河南社会科学，2018，26（10）：113-116.

[2] 铁瑛，黄建忠，高翔. 劳动力成本上升、加工贸易转移与企业出口附加值率攀升 [J]. 统计研究，2018，35（6）：43-55.

[3] 程中海，张伟俊. 要素禀赋、对外直接投资与出口贸易：理论模型及实证 [J]. 世界经济研究，2017（10）：78-92+136-137.

[4] 綦建红，孟珊珊. 要素禀赋、贸易成本与中国出口产品多元化的目标国差异：以"一带一路"沿线国家为例 [J]. 南方经济，2016（8）：42-59.

[5] 阮文婧，韩玉军. 生产率、要素禀赋与中国企业出口行为选择：理论与经验研究 [J]. 国际经贸探索，2016，32（3）：46-63.

[6] 林玲，陈妹，赵素萍. 产品内分工、要素禀赋与出口技术复杂度 [J]. 经济问题探索，2015（10）：117-124.

[7] 薛安伟. 中国出口大国转型的要素禀赋分析 [J]. 世界经济研究，2015（2）：61-68+128.

［8］冯梅. 中国制造业比较优势演化与要素禀赋特征分析［J］. 统计与决策，2012（10）：120-123.

［9］林毅夫，李永军. 比较优势、竞争优势与发展中国家的经济发展［J］. 管理世界，2003（7）：21-28.

［10］周燕. FDI、货物贸易和生产者服务：基于 H-O 模型的理论解读［J］. 经济问题探索，2017（2）：97-101+127.

［11］林大燕，朱晶，吴国松. 季节因素是否影响了我国大豆进口市场格局：基于拓展 H-O 模型的理论分析与实证检验［J］. 国际贸易问题，2014（03）：44-51.

［12］许晓军，袁辉. 里昂惕夫之谜的弹性解释及其测度研究［J］. 国际经贸探索，2012，28（8）：48-59.

［13］曹慧平，陈清萍. 环境要素约束下 H-O 模型的理论与实证检验［J］. 国际贸易问题，2011（11）：148-156.

第4章

当代国际贸易理论

学习目标

> 了解产品生命周期理论、引力模型、新新国际贸易理论；

> 理解规模经济与国际贸易的关系，理解国际贸易与环境的关系；

> 掌握产业内贸易的含义、特点和相关理论，能够运用理论分析现实贸易问题。

导入案例

　　1965 年以前，加拿大和美国的关税保护使加拿大成为一个汽车基本自给自足的国家，进口不多，出口也少得可怜。加拿大的汽车工业被美国汽车工业的几个大厂商所控制。这些厂商发现，在加拿大建立大量分散的生产体系比支付关税要划算。因此，加拿大的汽车工业实质上是美国汽车工业的缩版，大约为其规模的 1/10。

　　但是，这些美国厂商在加拿大的子公司也发现小规模带来的种种不利。一部分原因是加拿大的分厂比美国的分厂小。但重要的原因可能是美国的工厂更加"专一"——集中精力生产单一型号的汽车或配件；而加拿大的工厂则不得不生产各种各样不同的产品，以至于工厂必须经常停产，以实现从一个产品项目向另一个产品项目的转换，必须保持较多的库存和采用专业化的机器设备等。这样，加拿大汽车工业的劳动生产率比美国的劳动生产率要低大约 30%。

　　为了消除这些问题，美国和加拿大 1964 年建立了一个汽车自由贸易区（附有一些限制条件）。这一举措使汽车厂商得以重组生产，这些厂商在加拿大各子公司大力削减其产品种类。但是，加拿大的总体生产及就业水平并没有改变。加拿大一方面从美国进口自己不再生产的汽车型号，另一方面向美国出口加拿大仍生产的型号。在自由贸易前的 1962 年，加拿大在出口价值 1 600 万美元的汽车产品的同时，进口了 5.19 亿美元的汽车产品，但到 1968 年，这两个数字已分别成为 24 亿美元和 29 亿美元。换言之，加拿大的进口和出口均大幅度增长，贸易所得是惊人的。到 20 世纪 70 年代初，加拿大汽车工业的生产效率已经可以与美国同行相媲美。

> 这是一个特别明显的产业内贸易的例子，它清晰地展现了规模经济在促进国际贸易、提高双方利益中的作用。
>
> 资料来源：克鲁格曼，奥伯斯法尔德. 国际经济学：理论与政策上册国际贸易部分［M］. 8版. 海闻，译. 北京：中国人民大学出版社，2011.

20 世纪 50 年代，"里昂惕夫悖论"的提出，引发了理论界对 H-O 理论的重新思考。与此同时，在国际贸易中也出现了一系列新倾向。首先，发达的工业化国家之间的贸易量大大增加：20 世纪 50 年代，工业化国家之间的贸易额占总贸易额的 40% 左右；到 60 年代上升到 60%；到 80 年代，则占 78%。其次，同类产品之间的贸易量大大增加：工业化国家不再只是进口初级产品，出口工业产品。最后，工业化国家一方面大量出口工业品，另一方面又大量进口类似的工业产品。例如，美国、日本和西欧国家，既是小轿车的出口国，又是小轿车的进口国。

国际贸易中出现的这些新现象难以用以往的贸易理论进行解释，经济学家们分别从产品差异、规模经济和不完全竞争等角度打破古典贸易理论的假设，提出了一系列新的贸易理论。

4.1 产业内贸易理论

对产业内贸易的研究始于 20 世纪 60 年代初欧洲经济共同体建立后的内部贸易研究。例如，格鲁贝尔（Grubel）和劳埃德（Loyd）估计，欧洲经济共同体成员之间 1959—1967 年的贸易增长中有 71% 是产业内贸易。

4.1.1 产业内贸易的含义与特点

产业内贸易（inter-industry trade）是相对于产业间贸易（intra-industry trade）而言的，又被称为双向贸易或重叠贸易，是指发生在同一产业部门内相同或类似产品的贸易，即一国在同一产业部门内既有出口也有进口。与传统的产业间贸易相比，产业内贸易有以下 3 个主要特点。

（1）进出口商品有很高的相互替代性，即在使用价值方面没有太大差异。

（2）商品的进口国与出口国在该商品的生产能力方面没有太大差别。

（3）产业内贸易往往发生在生产力发展程度、人均国民收入等条件接近的国家之间。

4.1.2 产业内贸易的衡量

衡量产业内贸易水平常用的是格鲁贝尔-劳埃德指数（GL 指数或 IIT 指数）：

$$\text{IIT} = 1 - |X-M|/(X+M) \tag{4-1}$$

IIT 为一国某产业的产业内贸易指数（$0 \leqslant \text{IIT} \leqslant 1$），$X$ 表示该产业的产品出口额，M 表示该产业的进口额。当一国某产业或某类产品只有进口或只有出口时，即不存在产业内贸易，$\text{IIT}=0$。当一国某产业或某类产品的进口等于出口时，即产业内贸易指数最大，$\text{ITT}=1$。

IIT 越接近 1，说明产业内贸易程度越高；IIT 越接近 0，说明产业内贸易程度越低。1993年，美国无机化学产业内贸易指数达到 0.99，而鞋类只有大量的出口而没有进口，因此其产业内贸易指数为 0。

4.1.3 产业内贸易的主要理论

对于产业内贸易有一些非常简单的解释，可以纳入前面讨论的产业间贸易的模型中。例如，中国和俄罗斯有很长的边界线，中国可能会在边界的西端向俄罗斯出口某一产品，在边界的东端从俄罗斯进口相同的产品，而不是在国内将此产品从西部运往东部，因为运输成本太高，不如进出口合算。对于俄罗斯来说也是一样。又如，季节的差别也会起到一定的作用。一个南半球国家可能会在它的收获期之前从北半球进口粮食，而在收获期之后向北半球国家出口粮食。然而，这些简单的解释只能概括人们观察到的产业内贸易的很小一部分。

有关产业内贸易的理论一般涉及产品的差异性、规模经济、技术差距和跨国公司的活动等。本节仅从产品差异、需求相似、中间品贸易 3 个角度进行分析，后面将对规模经济理论单独介绍。

1. 产品差异论（theory of differentiated products）

在 H-O 理论中，贸易品被划分为劳动密集型产品和资本密集型产品，并没有考虑这两类产品的内部还有千差万别。产品差异论则将贸易品分为两类：同质产品（homogeneous products）和差别产品（differentiated products）。同质产品是指消费者偏好完全一样，从而相互之间存在完全替代性的产品，如同样的水果、砖等。这类商品在一般情况下大多属于产业间贸易的对象，但由于市场区位不同、市场时间差异等，也存在一定程度的产业内贸易。差别产品又被称为异质产品，是指要素投入具有相似性，用途也基本相同，存在替代性却不能完全替代。大多数的产业内贸易发生在差别产品之间。

产品差异性是产业内贸易发生的基础，主要体现在产品的水平差异、技术差异和垂直差异 3 个方面。

（1）水平差异。水平差异是指产品特征组合方式的差异。在一组产品中，所有的产品都具有某些共同的本质性特征，即核心特征。这些特征的不同组合方式决定了产品的差异性，从一系列不同规格的产品中可以看出水平差异的存在。例如，烟草、香水、化妆品、服装等。这类产品的产业内贸易大多与消费者偏好的差异有关。

（2）技术差异。技术差异是指新产品出现带来的差异，处于产品生命周期不同阶段的同类产品（如不同档次的家用电器）在不同类型国家进行生产，继而进行进出口贸易，便会产生产业内贸易。

（3）垂直差异。垂直差异是指产品质量方面的差异。为了占领市场，人们需要不断提高产品质量，而一个国家的消费者，不可能全都追求昂贵的高质量产品。因此，一些国家在出口高质量产品的同时，往往也会从其他国家进口一些中低质量的同类产品，从而发生产业内贸易。在下文提到的需求相似理论中，一国厂商会生产国内具有代表性需求的产品，而处于该国国内需求结构两端的产品就可能需要通过进口来解决。

2. 需求相似理论（theory of demand similarity）

古典国际贸易理论主要从生产成本的比较优势出发分析国际贸易的原因，并没有考虑贸易各国的需求差异。瑞典经济学家林德尔（B. Linder）在 1961 年发表的《论贸易和转变》一书中提出需求相似理论，指出了 H-O 理论的不足。他认为，H-O 理论适用于解释初级产品，尤其是资源密集型产品的贸易方式，但并不适合解释制成品，尤其是资本密集型产品的贸易方式。而对于后者的贸易方式的解释则应借助于需求相似性理论。

林德尔认为，现实中国家间的贸易可能性取决于潜在出口与潜在进口相吻合的程度。潜在出口（potential export）是一个国家或地区可能的出口，由国内代表性需求决定。产品被本国生产和消费是其成为出口产品的必要条件，其原因如下。

首先，国内需求是产品发明与创新的最初动力；其次，当国内需求强大时，该产品才会具备批量生产的规模经济，进而降低成本，取得出口的国际竞争力——国内市场的支持是生产商发展出口的关键因素。潜在进口（potential imports）是一个国家或地区的可能进口，由该国国内的非代表性需求决定。如果一个国家同另外一个国家有相同的收入水平（可用单位资本收入率表示），并处于相同的经济发展阶段，那么两国之间需求结构的相似度越高，发生潜在贸易（potential trade）的可能性越大，即潜在出口同潜在进口相一致的可能性越大。

尽管需求结构是由传统偏好、商品价格、收入水平等多种因素决定的，但收入水平是其中最重要的决定因素。林德尔认为，商品的需求类型同单位资本收入率之间存在高度的相关性。单位资本收入水平越高，对高品质的消费品的需求越大。由于发达国家的单位资本收入率相似，因此发达国家的需求偏好与需求结构越接近，进行制成品贸易的可能性就越高。由于同种制成品存在广泛的品质差异性，因此各国之间的贸易大多表现为产业内贸易——同种商品的互相出口与进口。

由于发展中国家与发达国家之间人均收入不同，国家之间的需求也不相同，因此相互的重合商品数目也较低，因此发展中国家与发达国家之间实际发生贸易的机会也较低。

3. 中间品贸易模型（theory of intermediate goods trade）

当代国际分工中的一个重要特征就是产品生产过程包含的不同工序被拆散分布到不同国家进行，进而形成以工序、区段、环节为对象的分工体系，极大地改变了全球经济运行的方式。这一分工体系的形成使得中间品的国际贸易量在世界各国进出口贸易中占据越来越大的份额。

中间品贸易指的是特定产品生产过程中的不同工序、不同区段、不同零部件在空间上分布到不同国家，每个国家在价值链的特定环节进行专业化生产，然后进行贸易。

中间品的分工和贸易是国际分工的进一步深化，是同一产品的不同生产环节之间的国际分工，既可以在跨国公司内部实现，也可以通过市场在不同国家间的非关联企业间完成。既可以通过横向扩展方式实现，表现为发达国家之间的中间产品贸易，又可以通过纵向延伸方式来构建，表现为处于不同发展阶段的国家之间的中间产品贸易。

中间品贸易扩展了国际贸易的空间，影响了传统意义上的比较优势、贸易条件和贸易方式，提高了全球范围资源配置的效率，促进了技术进步，推动了经济全球化的进程。

4.1.4 产业内贸易与产业间贸易

通过上述分析可以看出，产业内贸易和产业间贸易有很大的不同。

① 产业间贸易反映出比较优势，产业内贸易不反映比较优势。即使两国具有完全相同的资本—劳动比率，两国的厂商仍会生产有差异的产品。同时，消费者对不同产品的需求会

继续促使两国进行产业内贸易。规模经济使各国不再独立生产所有的产品。因此，规模经济本身可以成为国际贸易的独立动因。

② 产业内贸易的模式是不可预测的。通过模型无法决定哪些国家的制造业将生产哪些产品，历史因素或偶然事件决定了贸易模式的细节。但是，这种不可预测性主要存在于产业内贸易，产业之间的贸易模式仍然由国家之间的内在差别所决定。

③ 产业内贸易与产业间贸易的相对重要性取决于国家之间的相似性。如果本国和外国的资本—劳动比率非常相似，那么产业间贸易会很少，而产业内贸易则相对较多；相反，如果两国的资本—劳动比率截然不同，则贸易全部建立在比较优势的基础上。

4.2 规模经济与国际贸易

经济学家对规模经济与贸易关系的关注始自对规模经济所引发的贸易收益问题的讨论。马歇尔（Marshall）认为，具有规模经济的国家可通过扩大进口需求而改善贸易条件。20 世纪 30 年代，张伯伦（Chamberlin）的《垄断竞争理论》与罗宾逊（Robinson）的《不完全竞争经济学》为基于内部规模经济的垄断竞争建立了系统分析。但是，作为古典国际贸易理论核心的比较优势理论与要素禀赋理论仅以完全竞争为基础。实际上，很多行业具有生产规模越大、生产效率越高的规模经济特征。在这些行业中，投入增加 1 倍，产出的扩张超过 1 倍。

20 世纪 60—70 年代，产业内贸易替代产业间贸易成为主导性的贸易形式，产业内贸易与规模经济之间的关系再次成为贸易理论家关注的核心问题。迪克西特与斯蒂格利茨（Dixit and Stiglitz）建立了能够对内部规模经济和垄断竞争的市场结构进行严格分析的方法——迪克西特-斯蒂格利茨模型（Dixit-Stiglitz Model，D–S 模型）。之后，保罗·克鲁格曼将规模经济的思想模型化，建立了新国际贸易理论，将国际贸易理论向前推进了一大步。

 专栏 4-1

迪克西特-斯蒂格利茨模型

阿温纳什·迪克西特（Avinash Dixit）1944 年出生于印度孟买，早年研究数学和运筹学，1963 年在孟买大学获理学学士学位，两年后又获得剑桥大学数学学士学位。此后，他到美国麻省理工学院继续学习深造。1968 年，迪克西特在麻省理工学院获得经济学博士学位。迪克西特杰出的理论成就是市场均衡特征的刻画和政策设计。他最有影响力的贡献包括独立发表的论文《税收与价格变化的福利影响》和与约瑟夫·斯蒂格利茨合著的论文《垄断竞争与最优产品多样化》。另外，迪克西特与维克托·诺曼于 1980 年合著的《国际贸易理论》，以及与罗伯特·平狄克于 1994 年合著的《不确定条件下的投资》均是贸易与投资领域的世界名著。

约瑟夫·斯蒂格利茨（Joseph Stiglitz）出生于美国印第安纳州的加利，与萨缪尔森是同乡。他少年早慧，年仅24岁便在麻省理工学院获得经济学博士学位。他特立独行，总是辗转于美国各著名大学，但执教时间都不长，曾任世界银行的首席经济学家。他的主要贡献集中在不完全竞争与信息经济学，并因此获得2001年诺贝尔经济学奖。此外，他最有影响的贡献是与阿温纳什·迪克西特合著的论文《垄断竞争与最优产品多样化》，该文为现代贸易理论发展奠定了基础。

《垄断竞争与最优产品多样化》建立了规模经济和多样化消费之间的两难选择模型（D-S模型）。按照他们的假设，生产具有规模经济，而消费者具有多样化偏好。生产者希望生产的产品种类越少越好，而消费者偏好的产品种类则多多益善，由此产生了一个两难冲突。但由于规模经济的作用，市场竞争能够对该两难冲突进行权衡，并达到某种垄断竞争均衡。因此，合理的结局是一个规模扩大的统一市场更能发挥规模经济优势，从而更有利于解决生产和消费之间的两难冲突。由于贸易可以使市场规模扩大到全世界，并使更多的人有更多机会消费更多样化和更物美价廉的产品，因此均衡就更容易达到。按照这一逻辑，即使不存在技术和要素禀赋方面的比较优势，对规模经济的追求也会导致国际贸易的发生。

资料来源：温思美. 规模经济、垄断竞争与经济活动的空间集聚——2008年诺贝尔经济学奖评介[J]. 学术研究，2009（1）.

4.2.1 规模经济的含义

规模经济（economies of scale）是指由生产规模的扩大而产生单个企业的生产效率的显著改进或生产成本的大幅节约，是规模报酬递增结果的货币表现。

如果假设企业的 X 产品的生产函数为齐次生产函数，并用劳动和资本生产一种产品。该产品的生产函数为 $X=f(L,K)$。现在 L 与 K 的投入数量均扩大 t（t>1）倍，即生产规模扩大 t 倍，X 产品的生产函数为：

$$X^* =f(tL,tK)= t^k f(L,K) \tag{4-2}$$

由公式（4-2）可知，k 决定规模经济是否存在，如果 1>k>0，k = 1 或 k>1，则表明厂商的生产函数是规模报酬递减的、不变的或递增的。依据规模经济的来源，规模经济又分为外部规模经济与内部规模经济。

1. 外部规模经济（external economies of scale）

外部规模经济是由英国经济学家马歇尔首先提出的经济概念，是规模经济的一种表现形式，即单个厂商由于相关产业内生产相同产品的其他企业的生产规模扩大所获得的生产成本的节约或生产效率的提高。在现实中，生产相同产品或提供相同服务的企业，如地处同一工业园区的工业企业或属于同一个金融贸易区的金融机构，因地理上的邻近性会为对方带来有益的影响。此外，公用部门，如运输业、电信业和电力业，其发展也会给单个企业带来交易成本的巨大节约和生产效率的显著提高。

2. 内部规模经济（internal economies of scale）

内部规模经济也称垄断竞争，是规模经济的另一种表现形式。这是经济学家张伯伦首先提出的一个经济概念，即生产差异化产品的单个厂商由自身生产规模的扩大所获得的生产成本的显著节约或生产效率的大幅提高。

外部规模经济和内部规模经济对市场结构具有不同的影响。一个只存在外部规模经济的行业一般由许多较小的厂商构成，且处于完全竞争的状态；而对于存在内部规模经济的行业，大厂商比小厂商更具有成本优势，于是形成不完全竞争的市场结构，导致市场失灵。外部规模经济和内部规模经济都是国际贸易的重要原因，但是由于它们对市场结构的不同影响，很难在同一个贸易模型中讨论这两种不同形态的规模经济。因此，下面将分别进行讨论。

4.2.2 外部规模经济与国际贸易

1. 贸易原因

假设参与贸易的国家除在外部经济方面存在差异外，其他方面均相同。当一个贸易参与国具备了发达的通信体系、畅通的交通体系、完善的营销网络和完备的知识创造基地时，该国的厂商便会获得由外部经济获益的机会。单个厂商对本国的通信体系、交通体系、营销网络和知识基础利用得越充分，其所获得的外部经济利益越多。当两国厂商在其他方面均相同时，由于在利用外部经济方面的差异，两国的国际竞争力或比较优势不同，即存在外部经济，并且能利用外部经济的厂商会获得该产品生产的比较优势或国际竞争力；缺少外部经济或不能利用外部经济的厂商，则无法获得该产品生产的比较优势或失去国际竞争力。

2. 贸易方式

传统贸易理论认为，决定贸易方式的因素是供给、劳动生产率或资源禀赋。而外部经济理论则表明，决定贸易方式的因素是需求，即在存在外部经济的行业里，外部经济是一种生产的可能优势，若要将这种可能的生产优势转化为现实的生产优势，关键是寻求市场需求和发掘销售途径，即需求是决定对外部经济的利用程度的重要因素，因而也是贸易方式的核心决定力量。由于需求不确定，在外部经济条件下的国际贸易方式也不确定。假设本国与外国均使用一种生产要素——劳动，生产两种产品——食品与计算机，前者为传统商品，后者为现代高科技产品，并在外部经济的条件下生产。两国间有关这两种产品的贸易方式有以下3种可能。

① 一国同时生产两种产品，另一国专业化生产传统商品。即一国生产部分食品，但主要生产与出口计算机，并进口食物；而另一国完全专业化生产与出口食品，并进口计算机。

② 一国同时生产两种产品，另一国专业化生产高科技产品。即一国主要生产食品，部分生产计算机，出口食品并进口计算机；而另一国完全专业化生产并出口计算机，并进口食品。

③ 两国各自完全专业化生产一种产品。即一国完全专业化生产与出口食品，并进口计算机；而另一国完全专业化生产与出口计算机，并进口食品。

在现实中，以上3种贸易方式会出现哪种，关键在于本国与外国对高科技产品市场的开拓与利用能力。

 专栏 4-2

好莱坞经济学

美国最重要的出口部门是什么？答案取决于定义的尺度。有的人会告诉你是农业，有的人则会说是航空业。但无论采取什么标准，美国最大的出口部门之中一定有娱乐业。娱乐业在1994年为美国在国外取得了超过80亿美元的收入，美国制作的影片和电视节目在世界各地上映，国外市场已成为好莱坞收入的支柱之一，尤其是动作片，在国外的收入经常比在美国本土高。

美国何以能成为世界上的头号娱乐业输出国，其中一个重要的优势来自其巨大的市场规模。一部主要针对法国或意大利市场的影片，由于法国和意大利的市场规模比美国的要小很多，因此制片中不可能达到大部分美国影片那样的预算要求。因而来自这些国家的影片主要是戏剧和喜剧，但又常常无法负担配音和字幕的费用。然而，美国影片却能凭借其恢宏的制作和壮观的特技效果而超越了语言的障碍。

但美国在娱乐业中霸主地位的形成还有另一个重要原因，即娱乐业公司在好莱坞的大量集中。好莱坞显然产生了马歇尔所说的两种外部经济：专业化的供应商和劳动力市场基础。虽然，最终产品是由电影制片厂和电视网所提供的，但它实际上是由独立制片人、演员挑选及演员的代理人、法律公司和特技效果专家等诸多方面构成的复杂网络共同努力的结果。影片结尾通常列出电影制片人员的名单，看过这些名单的人都会明白电影制作对劳动力市场共享的需求。每部影片都需要一支巨大但临时性的工作队伍，它不仅包括摄影师、化妆师，还包括音乐家、特技人员和一些神秘的职业，如领班和包工头（当然还有男、女演员）。至于娱乐业是否能产生第三种类型的外部经济，这一点尚无定论，但毕竟如作家纳森尼尔·韦斯特所说，理解电影行业的关键是认识到"没人知道所有的事"这一点。另外，如果确实存在知识外溢，其在好莱坞的效果也会比其他任何地方要好。

好莱坞一直以其能吸引世界各地的天才人物作为外部经济在好莱坞发挥巨大作用的象征。从嘉宝和冯·斯坦伯格到阿诺德·施瓦辛格和保罗·霍夫曼，"美国"影片实际上经常是由移居好莱坞的有野心的外国人所制作并最终赢得更多的观众。

好莱坞是独一无二的吗？非也。相似的力量已经促成其他几个娱乐综合体的出现。在印度，由于政府的政策保护和文化上的差异，印度的电影市场得以摆脱美国的统治并在孟买出现了一个叫做"宝莱坞"的电影制片基地。而在新西兰，拍摄和制作《指环王》三部曲期间，大约2 000人全职为剧组工作，这个数字还不包括所有的"临时演员"（一共有15 000人，包括几百名穿着铠甲，在《指环王》中扮演战争背景的新西兰军人）。《指环王》三部曲对新西兰经济产生了巨大的影响，制作电影花费了6.5亿美元，多数都留在了新西兰，也给旅游业带来了长期的积极效应。惠灵顿得到一个新的别名：惠莱坞（Wellwood）。

资料来源：克鲁格曼，奥伯斯法尔德. 国际经济学：理论与政策下册国际金融部分 [M] . 8版. 黄卫平，等译. 北京：中国人民大学出版社，2011.

4.2.3 内部规模经济与国际贸易

规模经济的第二种存在形式是内部经济，它一般来自垄断竞争生产厂商，或者说垄断竞争的生产厂商拥有或创造内部经济。

在垄断竞争的市场条件下，厂商的数目是有限的，即同完全竞争相比，每个厂商出售的产品是有差异的，产品质量的竞争是厂商竞争的一种重要方式；同完全竞争相比，市场的进出自由受到一定程度的限制，厂商不具备充分自由的市场进入或退出，但同完全垄断相比，厂商进出市场的自由度虽受限制但还是相当高的；厂商由完全竞争条件下的价格接受者，变为价格操纵者——通过产量增减对市场价格施加一定程度的影响。此外，每个厂商所拥有的市场信息是不完全的——拥有的信息在数量上不等、在质量上有异。

在其他条件相同的情况下，垄断竞争的汽车厂商的比较优势或国际竞争力源自其所创造和利用的内部经济，即使其拥有领先于其他同业生产者的比较成本优势和产品品质优势。而在贸易实践中，厂商内部经济优势的充分利用和实现则又取决于其开拓与利用国内与国际市场的能力。

贸易的结果是出口国与进口国的消费者均因消费该产品而增加消费者剩余。垄断竞争厂商也因产品出口获得暂时的垄断超额利润，直至同业竞争者进入市场将垄断超额利润瓜分完。此外，因各垄断竞争者提供的出口产品均是有差异的，同一种产品有无数个品种，这使消费者可能挑选的产品品种增加、品质提高，因而其获得价廉物美的双重收益。这是在完全竞争的市场条件下所不可能获得的利益。

基于垄断竞争的国际贸易，不仅包括部门间贸易，如食物换衣服的贸易，而且也接纳部门内贸易，如汽车换汽车的贸易。这是因为同一部门的不同品质和品种的产品贸易可以满足贸易各国不同层次、不同偏好的消费者需求。

克鲁格曼引入迪克西特-斯蒂格利茨的垄断竞争模型，分析了差异化产品贸易给两国消费者带来的福利变化。结果表明，消费者的总效用水平因产品品种的多样化而提高。

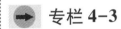 **专栏 4-3**

神奇预言家：保罗·克鲁格曼

保罗·克鲁格曼的主要经济学成就在国际贸易和经济全球化领域，而他最引人关注之处是他的汇率理论，以及依据这一理论对东亚金融危机与美国金融危机的预言。

1929 年，美国出现了大萧条，全球经济随之震荡，进而出现社会制度的大分野，罗斯福新政成为挽救之策，而在经济学领域，凯恩斯主义大行其道。20 世纪 70 年后的世纪之交，席卷全球的金融风暴爆发，于是新凯恩斯主义粉墨登场。克鲁格曼固守立场，得到了回报。

美国金融危机大爆发，导致克鲁格曼所推崇的凯恩斯主义的货币政策与政府干预发挥到极致，欧美越来越多的银行国有化，美联储与英国等央行宣布无限额救市制度，让第一次世界大战后的凯恩斯在 100 年后找到了同道。这是一个巨大的讽刺，最激进的保守主义政府正在向政府干预经济的路上疾驶。

在对亚洲经济模式的抨击中，克鲁格曼否定了亚洲奇迹。他认为，亚洲没有奇迹，靠资源大量投放推动经济增长一定会导致边际效用递减，无法持续。1994 年，克鲁格曼发表《亚洲奇迹的神话》，挑破了亚洲经济增长模式的痛处，即依靠投资增长而不是效率增长，发展的是一种汗水经济，而不是智慧经济。东亚金融危机之后，克鲁格曼出版《萧条经济学的回归》，对亚洲货币基金紧缩货币、行动迟缓的救市提出严厉的批评，再次提出全要素生产率。

全球金融危机之际，中国经济处于转型时期，从以投资和出口主导的中国制造向创新与内需经济转型，距离克鲁格曼所说的全要素生产率更近了一步。而欧美各国果断地不限额注资，一脚踢开了政府不干预市场的框框。东亚金融危机时，为对冲基金辩解的调调消失无踪，无怪乎克鲁格曼在获得诺贝尔奖与美联储无限额注资之后，对于市场竟然一反悲观论调地看多。对于胸怀经世济民之心的学者来说，没有什么比自己的建议变成全球经济政策更令人欣喜的了。从这个角度，克鲁格曼是个公共知识分子，而不只是个经济学者。

2006年年底，克鲁格曼发表《经济风暴的征兆》，提前预测了美国次贷危机。"目前，基于历史上利率和经济景气低迷之间的相关联度建立的统计模型表明，基本上有50%的机会我们将要经历一次真正的经济衰退。经济放缓甚至都不能算是真正衰退，真正的衰退将导致失业人口剧增。如此，2007年将是十分严峻的一年。"也许人们该给克鲁格曼"神奇预言家"的封号，但不管如何，这些与全球经济大势息息相关的预言，使克鲁格曼的社会名声如日中天。

资料来源：叶檀. 克鲁格曼：为何诺贝尔经济学奖是他的 [J]. 南方人物周刊，2008（29）.

4.3 产品生命周期理论

技术差距论解释了技术因素对国际贸易的影响，但仍然不能解释以下两个现象：①技术创新倾向于集中在较富、较发达的国家；②在产品生命的早期，生产倾向于在进行创新的国家发生，尽管进行创新的厂商完全可以在另一个资源禀赋更适合生产该商品的国家进行生产，而到了产品生命的较晚阶段，生产就会从创新国家转移出去。

产品生命周期理论（theory of the product life cycle）由美国经济学家弗农（Raymond Vernon）于1966年在他的《产品周期中的国际投资与国际贸易》一文中首先提出。他认为，在产品的整个生命期间，生产所需要的要素是会发生变化的，因此在新产品的生产中可以观察到一个周期，即产品创新阶段、产品成熟阶段和产品标准化阶段构成的产品生命周期。

4.3.1 产品生命周期理论的内容

弗农假设参与贸易的国家分为3类：第一类，发明与出口新产品的工业发达国，如美国等技术、知识与资本充裕型国家；第二类，较小的工业发达国，如西欧和日本等资本与技术充裕型国家；第三类，发展中国家，即劳动充裕型国家。

弗农认为，从技术创新角度来说，产品有3个发生、发展乃至衰落的生命周期，并且这种生命周期对国际贸易的流向产生显著的影响。一般可假设一个产品的生命周期由以下3个阶段构成。

1. 新产品的导入期（the phase of the introduction）

新产品的导入期是新产品被技术领先国发明，并在国内市场批量生产与销售的时期。

一个新产品被技术领先国首先发明并销售的理由如下。从供给角度来说，发达国家良好的教育条件与雄厚的科技力量可以为企业提供创造发明所需的人才资源和科研条件。同时，有效而完备的知识产权保护体系和以鼓励创造发明为目的的税收结构与产权制度为产品的研究与开发提供了宽松的外部环境。从需求角度来说，只有创新国的国内消费者才有能力购买该产品。因为，新产品最初投入市场时，其需求的价格弹性较低，收入弹性较高，属于高档或奢侈产品，需要高收入的消费者来购买。

在这一时期，从技术特性看，创新国企业发明并垄断着制造新产品的技术，但技术尚需改进、工艺流程尚未定型；从生产地特性看，由于新产品的设计和设计的改进要求靠近市场和供应者，因此新产品生产地确定在创新国；从产品要素特性看，这一阶段产品设计尚需逐步改进，工艺流程尚未定型，需要科学家、工程师和其他技术熟练工人的大量劳动，因此产品是技术密集型的；从产品的价格特性看，这一阶段生产厂商数目很少，产品没有相近的替代品，因此产品价格比较高；从产品的进出口特性看，制造新产品的企业垄断着世界市场，国外的富有者和在创新国的外国人开始购买这种产品，出口量从涓涓细流开始。

2. 产品的成熟期（the phase of maturation）

新产品获得了稳定的国内市场支持，达到了一定程度的标准化，并被厂商开始出口到国外市场时，产品便进入了成熟期。在这个时期，厂商开始寻求服务国外消费者的最佳途径。一方面，继续在本国生产新产品并出口销售给国外消费者；另一方面，为国外生产者提供出售生产许可证，或者在国外设分厂生产并销售新产品。在弗农看来，因国际专利技术交易市场的不完善，采用许可证贸易较为无效；而采用跨国公司的直接投资更为有效，即当单位产品中，国内出口生产的边际成本加上运输成本和关税的总额超过国外子公司的边际生产成本时，新产品的发明国选择跨国公司直接投资的方式，而此时发达国家为其首选。随着分公司的设立，创新国对发达国家的直接出口下降，乃至消失，但仍对发展中国家保持出口。

在这一时期，从技术特性看，生产技术已经定型且到达优势极限，由于出口增大，技术扩散到国外，仿制开始，技术垄断的优势开始丧失；从生产地特性看，创新国从事新产品制造的公司，开始在东道国设立子公司进行生产；从产品要素特性看，由于产品大致已定型，转入正常生产，这时只需扩大生产规模，使用半熟练劳动力即可，因此生产的产品由技术密集型转变为资本密集型；从价格特性看，由于这一阶段是产品增长时期，产品有了广泛的市场，参加竞争的厂商数量很多，消费需求的价格弹性加大，厂商只有降低价格才能扩大自己的销路；从进出口特性看，东道国的厂商在本国生产新产品的成本虽然能够和创新国进口产品相竞争，但在第三国的市场上就不一定能和创新国企业的产品相竞争，因为这些厂商和创新国企业一样要支付国际运费和关税，而在开始生产中，却无法获得创新国企业所获得的规模经济效益。因此，在成熟阶段，创新国虽然可能对东道国的出口有所下降，但对其他绝大多数市场的出口仍可继续，当然出口增长率要减慢。

3. 产品标准化阶段（the phase of the advanced standardization）

标准化阶段是产品进入生命周期的第三个阶段。处于该阶段的产品品质差异逐渐消失，发明国初始的比较优势减弱，乃至消失。此时，生产成本对企业盈利能力产生显著影响。因此，产品在标准化初期，由资本充裕型国家主要生产并出口，在标准化晚期——产品完全标准化时，则由劳动充裕的欠发达国生产并出口。

在这一时期，从技术特性看，产品已完全标准化，不仅一般发达国家已掌握产品生产技术，就是一些发展中国家也开始掌握这种产品技术；从产品生产地特性看，产品生产地已开始逐渐向一般发达国家，甚至发展中国家转移，范围在不断扩大；从产品要素特性看，这时的产品要素特性，由于劳动熟练程度已经不是重要因素，因而更具有非熟练劳动密集型的特点；从成本特性看，由于其他国家的厂商产量不断增加，生产经验不断积累，加之工资水平也低，所以产品成本开始下降；从产品进出口特性看，其他国家的产品开始在一些第三国市场上和创新国产品竞争，并逐渐替代了创新国而占领了这些市场，当这些国家成本下降的程度抵补了向创新国出口所需的运费和关税外，还能与创新国的产品在创新国市场上竞争，则创新国的产品开始从出口转变为进口。

4.3.2　产品生命周期的几何图示

图 4-1 详细描绘了产品的创新国、其他发达国家和发展中国家在产品生命周期的不同阶段的生产、消费和贸易情况。$0 \sim t_2$ 时期为产品导入期，其中 $0 \sim t_1$ 时期，产品主要在创新国生产和消费，没有出口也没有进口；$t_1 \sim t_2$ 时期，创新国开始出口产品，并呈现增长的态势，进口国是消费水平与创新国类似的其他发达国家。$t_2 \sim t_4$ 为产品成熟期，从 t_2 开始，其他发达国家开始模仿生产该产品以满足国内消费需要，其进口量减少，这时创新国或其他发达国家逐步将产品向发展中国家出口；到 t_3 时，其他发达国家的生产已经能够完全满足本国所需并扩大出口，成为该产品的净出口国，其产品主要销往发展中国家。从 t_4 开始，产品进入标准化时期，发展中国家的模仿生产已经开始并不断扩大，创新国变成该产品的净进口国（同时开始研发和创新其他产品），其他发达国家的生产和出口同样经历先升后降的过程，直到发展中国家成为该产品的净出口国。

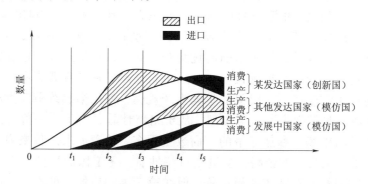

图 4-1　产品生命周期不同阶段的贸易情况

4.4 贸易引力模型

传统的国际贸易理论均侧重于解释贸易产生的原因、模式和福利效果，而忽视了贸易流量的决定问题。自20世纪60年代发展起来的引力模型为诠释双边贸易流量提供了有力的分析工具。

引力模型起源于牛顿的万有引力公式，即两个物体之间的引力与它们各自的质量成正比，同它们之间的距离成反比。在国际贸易问题研究上，经济学家丁伯根（Jinbergen）和波贺农（Poyhonen）分别独立地建立了贸易引力模型。他们指出，两国或地区之间的双边贸易额与双方的经济总量成正比，与双方间的空间距离成反比。贸易引力模型为解释双边的贸易流量提供了有力的分析工具，从而突破了传统国际贸易理论的局限。20世纪80年代之后，经济学家开始用类似的贸易引力模型（trade gravity model）说明部门内贸易的流量与流向的决定问题。

为了更好地理解贸易引力模型，首先介绍牛顿万有引力公式：

$$F_{ij} = k \frac{m_i m_j}{(d_{ij})^2} \tag{4-3}$$

在公式（4-3）中，F_{ij} 为物体 i 与 j 之间的引力；m_i、m_j 分别是物体 i 与 j 的质量；d_{ij} 为物体 i 与 j 之间的距离；k 为常数，可依据具体情况来确定。该公式表明，引力的大小与物体 i 与 j 的质量成正比，与距离的平方成反比。

丁伯根采用的双边贸易流量研究模型为：

$$X_{ij} = \alpha_0 Y_i^{\alpha_1} Y_j^{\alpha_2} D_{ij}^{\alpha_3} P_{ij}^{\alpha_4} \tag{4-4}$$

公式（4-4）中：X_{ij} 为 i 国向 j 国的出口；Y_i 和 Y_j 分别为 i 国和 j 国的国民生产总值；D_{ij} 为 i 国与 j 国之间的距离；P_{ij} 为国家间优惠贸易关系的样本变量；α_0、α_1、α_2、α_3、α_4 为常数。

丁伯根对15个发达国家和3个最不发达国家共18个国家1959年的贸易数据进行了分析，结果发现 α_3 在95%的概率水平上显著地不等于零，这说明国家间的距离对于贸易的扩张效用具有很强的作用。

波贺农的贸易引力模型为：

$$X_{ij} = K \frac{(Y_i)^a (Y_j)^b}{(1 + e D_{ij})^f} \tag{4-5}$$

在公式（4-5）中，X_{ij} 是 i 国向 j 国的总出口；Y_i 与 Y_j 分别为 i 国与 j 国的国民生产总值；D_{ij} 为 i 国与 j 国之间的距离；K、e 为常数；a、b 分别为进出口国的国民收入弹性。该公式表明，i 国向 j 国出口总量或 i 国和 j 国之间的贸易量和 i 国和 j 国的国民收入的总量成正比，与两国之间的距离成反比。

贸易引力模型自20世纪60年代初提出后，许多学者对该模型进行了深入的研究，这使贸易引力模型在原始形式基础上不断得到丰富和发展。这些研究主要集中在对贸易引力模型的解释变量进行扩展和对模型进行实证检验两个方面。在20世纪60—70年代，对该模型的大量研究集中于对模型进行扩展，这些扩展使贸易引力模型的形式逐渐趋于成熟，而20世纪80年代以后，对该模型的研究逐渐趋向于实证检验。对于贸易引力模型的扩展，经济学家主要通过引入新的解释变量来对原始模型进行修正。这些新的变量分为两类：一类是影响贸易额的内生变量，如人口、人均 GDP 等；另一类是诸如优惠贸易协定、一体化组织等虚拟变量。

4.5 国际贸易理论的新发展

4.5.1 国际贸易与环境

20 世纪 90 年代开始，经济全球化的加速推进使得世界范围内的气候变化、物种灭绝、环境污染问题呈加剧之势，各界对贸易与环境间关系关注的热度进一步上升。贸易发展是否导致了环境的恶化？环境保护是否将阻碍国际贸易的发展？在日益受关注的环境保护进程中，国际贸易能否发挥积极的作用？如何利用贸易手段促进国际环境合作？诸多学者对于此类问题的关注使得贸易与环境间关系的研究成为重要的前沿热点问题。

1. 经济增长的环境效应：环境库兹涅茨曲线

库兹涅茨曲线（Kuznets curve，KC）源于库兹涅茨 1955 年对于经济发展与收入不平等关系的研究。他指出，随着经济的发展，收入不平等会出现先扩大，然后逐渐缩小的过程，以曲线表现出来，收入不平等与经济增长之间呈现一种倒 U 形曲线关系。随后，格鲁斯曼（Grossman）和克鲁格（Kruger）研究污染物浓度与人均收入间的关系，发现污染物浓度与人均收入之间也存在类似于库兹涅茨曲线的倒 U 形关系，在经济增长的初期污染物浓度随收入增长而上升，人均收入达到一定水平后，污染物浓度随收入增长而下降。经济增长（用人均收入水平衡量）与环境污染间的这一关系被称为环境库兹涅茨曲线。

环境库兹涅茨曲线的贡献体现在两个方面：一是它提出了一个增长与贸易如何影响环境的问题，开启了重要的研究日程；二是它有力地证明了经济增长对环境改善产生的正向收入效应。

2. 国际贸易的环境效应

与经济增长对环境的影响相似，贸易也可以通过多种机制对环境变化产生影响。格鲁斯曼和克鲁格最早将贸易自由化引入环境效应中。他们认为贸易自由化通过扩大经济活动的规模、改变经济活动的结构、引起生产技术的变化来影响环境。因此，贸易自由化影响环境变化的机制可以分解为规模效应、结构效应和技术效应，三者的综合是贸易影响环境的净效应。

1）规模效应

规模效应是指贸易自由化导致经济规模的扩大，国内生产总值相应提高，产生了更多的生产与消费，进而自然资源的使用量和污染物的排放量相应增加，在经济结构和生产技术水平不变的情况下，如果缺乏环境政策法规的有效监管，环境质量就会趋于恶化，此时，贸易的环境规模效应是负的。必须注意的是，经济规模的扩大同样可以产生缓解环境压力的间接效应。一方面，经济增长能够带来居民收入的相应提高，而环境质量一般具有收入弹性，也就意味着对清洁环境需求的相应增加，有助于制定有利于环境保护的更为严格的环境政策法规；另一方面，经济增长还意味着国家满足环境保护资金需要的能力相应提高，能够通过加大对清洁环境的技术投入，适应更为严格的环境政策法规。意愿与能力的协同使经济规模的扩大并不必然导致环境质量的恶化。

2）结构效应

结构效应产生于贸易自由化下的专业化分工，是指由贸易促进经济增长后的产业结构重新布局对环境的影响。贸易壁垒的拆除会使相关产品的价格相应变动，这种产品相对价格的变化会导致生产要素在产业间重新配置，使具有比较优势的出口部门的生产相应扩张，而其他部门的生产相应收缩，其对环境的影响就取决于扩张的出口部门与收缩的其他部门所产生的污染变化量。如果这种专业化生产的改变是倾向于污染密集型或资源消耗型，那么对环境的影响就是负面的；反之则是正向的。一般而言，在一国经济发展的初期或起飞阶段，贸易自由化会导致产业结构向污染加重的方向转移，而随着经济发展水平的逐步提高，贸易自由化则使产业结构日益向污染降低的方向转移；在经济规模和技术水平不变的情况下，结构效应使污染先上升后下降，环境质量相应呈现出"先恶化、后改善"的趋势。

3）技术效应

技术效应是指由贸易所带来的生产技术的变化对环境的影响程度，主要通过两种途径实现：一是贸易自由化有助于形成规模经济，促进生产技术的改进与创新，"投入-产出"率相应提高，环境资源的损耗相对减少；二是贸易自由化促使清洁生产技术的引进和技术溢出效应的产生，从而改变生产过程中的技术应用，提高生产的技术水平，使单位产出的环境损害减少。因此，贸易对环境的技术效应是正向的。

从理论上分析，贸易的环境效应具有一定的不确定性，取决于贸易自由化对环境影响的正反两方面效应的综合，即净效应。研究表明，当收入达到某一水平后，结构效应和技术效应的积极影响会超过规模效应的消极影响。从长期来看，贸易自由化促使环境质量得到改善。

4.5.2 新新国际贸易理论

20 世纪 90 年代，国际贸易实践的发展使人们再次反思新国际贸易理论对现实的解释力，大量的经验证明，并非所有的企业都选择对外贸易。美国 1999 年在对 30 多万家企业的普查中发现，仅有不到 5% 的企业存在出口业务，而在出口企业中排在前 10% 的企业其出口总额占到全国出口总额的 96%。与此同时，对众多国家企业的研究发现，同一产业内部，出口企业和非出口企业在劳动生产率、资本技术密集度和工资水平上存在显著差异。通常是从事出口业务的企业有着较大的生产规模和较高的劳动生产率，工资水平也较高。对此，无论是传统国际贸易理论还是新国际贸易理论都无法提供令人信服的解释，新新国际贸易理论应运而生。

区别在于传统国际贸易理论和新国际贸易理论将产业作为研究单位，新新国际贸易理论将分析变量进一步细化到企业层面，研究企业层面变量，从而开拓了国际贸易理论和实证研究新的前沿。新新国际贸易理论有两个分支，一是以梅里兹（Melitz）为代表的异质企业模型，另一个是以 Antras 为代表的企业内生边界模型。异质企业模型主要解释为什么某个行业内有的企业会从事出口贸易而有的企业不从事出口贸易；企业内生边界模型主要解释什么因素决定一个企业选择公司内贸易、市场交易或者外包形式进行资源配置。

1. 异质企业模型（heterogeneous firms model）

梅里兹首次将企业生产率的差异引入到垄断竞争模型中，形成了新新国际贸易理论的基本理论框架。由于企业异质性的存在，贸易会导致市场份额在企业间的重新配置，并倾向于流向生产率高的企业，那些生产率低的企业可能被迫退出，结果提高了行业一般生产率水平。如果把生产率分为关门生产率和企业生产率（ϕ），且关门生产率包括：封闭经济下的关门生产率（ϕ_d）、开放经济下的关门生产率（ϕ_a）和国际市场关门生产率（ϕ_x）。封闭经济下的关门生产率最低，而国际市场的关门生产率最高，开放经济下的关门生产率介于两者之间。

当 $\phi < \phi_d$ 时，企业将退出所在行业。当 $\phi_d < \phi < \phi_a$ 时，在封闭情况下企业可以在国内市场生产，但在有国际贸易的情况下企业将被迫退出市场。当 $\phi_a < \phi < \phi_x$ 时，可以分为两种情况，如果企业国际市场损失能够通过国内市场利润来弥补，在考虑其他动机情况下，这部分企业可以进入国际市场；如果企业国际市场损失不能够通过国内市场利润来弥补，企业出现总体亏损，这部分企业是会退出国际市场的。当 $\phi_x < \phi$ 时，企业可以从事国际业务。

梅里兹模型的企业异质性主要表现为企业生产率、专用性技术、产品质量的差异，尤其是企业生产率的差异。梅里兹的异质企业模型就是探讨异质企业是如何从事国际贸易、贸易对企业的生产率增长和福利究竟会产生哪些影响等问题，他将竞争性技术、国际贸易成本和具备异质性技术水平的工人归结为企业异质性的主要原因。模型指出：生产率最高的企业才会选择出口，中等生产率水平企业服务国内市场，而低生产率企业则会退出市场。国际贸易进一步使得资源重新配置，并流向生产率较高的企业。产业的总体生产率由于资源的重新配置获得了提高，这种类型的福利是以前的国际贸易理论没有解释过的贸易利得。当削减关税、降低运输成本或增加出口市场规模时，整个产业的生产率也会得到相应提高，这些贸易措施都将提高本土和出口市场销售的平均生产率。尽管贸易导致国内企业数量降低，进而导致国内产品的种类减少，但是贸易使更多的国外高生产率企业向国内销售产品，自由贸易的净福利仍然是可观的。

2. 企业内生边界模型（endogenous boundary model）

企业在国际化过程中面临着两个关键选择：一是是否进入国际市场，是继续做一个本土企业还是选择进入国际市场；二是以何种方式进入国际市场，是选择出口还是选择对外直接投资（FDI）的形式。原有的国际贸易模型只能解释为什么本土企业有在外国进行生产的激励，但是却无法解释为什么这些国外生产会发生在企业边界之内，而不是通过常见的市场交易、分包或许可的形式进行国外生产。Antras 的企业内生边界模型从单个企业的组织选择问题入手，将国际贸易理论和企业理论结合在一个统一框架下。该模型考虑一个南北两国贸易的情况，并假定企业会选择不同的组织形式、不同的产权结构和不同的生产地，这些差异反映了企业异质性的存在，新的企业内生边界模型发现生产率差异影响了企业进入国际市场的决策。

因此，对于企业来说，它们的最优化行为是选择一种组织形式和一个生产地使企业利润最大化。和梅里兹模型一样，对于任何一个行业来说，必然存在一个停止营业的生产率水平，使得利润恰好为零。在自由进入的情况下，新进入企业必须保证进入后的利润能弥补初始投资。当生产率高于停业点时，企业会获得利润，它们会通过组织形式的选择使得利润最大化。企业内生边界模型显示，高生产率的企业选择在外国生产中间产品，而低生产率企业只能在本国生产产品；在一国内部企业的组织形式选择上，低生产率企业倾向于外包形式，而高生产率企业倾向于垂直 FDI 形式；在跨国外包地选择上，低生产率企业选择本国，而高生产率企业选择外国；在总部密集度较低的行业，企业一般不会进行垂直 FDI，而只会选择外包。同时，模型还发现行业特征依赖于生产率分散程度，生产率越分散的行业，越依赖进口中间产品，并且行业内部服务密集程度越高，行业也越倾向于一体化。

→ 专栏 4-4

企业的国际化选择

根据新新国际贸易理论，由于企业在生产率上存在差异，企业在国际化过程中可以选择一体化和外包两种形式安排生产。

（1）一体化可以分为国内一体化和国际一体化。国内一体化又称为国内内包（insource at home），是指企业只在国内生产，企业所需原材料和零配件等均在国内市场采购。国际一体化又称国际内包（offshore insource）或垂直对外直接投资（vertical FDI），是指企业通过在国外设立分公司生产部分中间产品和零部件，再通过公司内部贸易出口到国内母公司组装成为最终产品。

（2）外包可以分为国内外包和国际外包。国内外包（outsource at home）是指企业将产品的部分生产环节委托给国内企业，尤其是将一些非核心业务委托给外部的专业公司。国际外包（offshore outsource）是指企业将部门中间产品和零部件通过在国外市场外包，交由国外生产商生产，再通过贸易进口到国内来组织生产。

资料来源：崔日明，王厚双，徐春祥. 国际贸易［M］. 2 版. 北京：机械工业出版社，2016.

根据新新国际贸易理论，贸易可以提高行业生产率水平和社会福利，所以落后的国家和地区应该积极参与到国际、国内分工中去，提高其对外开放水平，鼓励发展对外贸易。政府推动出口导向和对外开放政策将有利于本地经济的发展和福利水平的提高。

贸易在提高行业生产率水平和社会福利的同时，也可能给落后地区带来负面冲击：一方面，一些技术含量高但对地区未来经济发展却颇为关键的产业，可能由于外部高效率企业的进入而衰退，所以在引进外部企业的同时，还应考虑这些企业对本地区相关产业的带动效应。另一方面，贸易会引起资源的重新配置，使利润和市场份额向高生产率企业转移，这可能导致资源过度垄断而造成整体市场效率的损失。除此之外，如果贸易仅发生在部分地区，这可能会拉大地区内部的差距，固化地区分工。例如我国的沿海和内地，由于受区位等因素的影响，沿海企业更易获得贸易带来的好处，而内地企业则更倾向满足国内市场，这也是地区差距形成的重要原因。

3. 新新国际贸易理论与以往国际贸易理论的比较

相对于传统国际贸易理论，新国际贸易理论在方法和理论假定上有了新的突破，放弃了完全竞争市场结构和规模报酬递减的假设，引入规模报酬递增和垄断竞争，解释了第二次世界大战后日益增加的产业内贸易的现象，将国际贸易理论推向了一个新阶段。但新国际贸易理论和传统贸易理论的分析视角是从国家或产业层面入手的，其模型中的企业是同质的、无差异的，无法解释国际贸易中微观层面上的诸多现象，比如同一产业内为什么有的企业从事出口，而其他企业却仅仅涉足于国内市场。新新国际贸易理论关注了国际贸易与微观企业生产率之间的关系，基本结论是出口企业比不出口企业有更高的生产率，它使国际贸易理论对现实的贸易实践具有更强的解释力，也拉近了理论与现实的距离。国际贸易理论的比较如表4-1所示。

表4-1　国际贸易理论的比较

	传统国际贸易理论	新国际贸易理论	新新国际贸易理论
基本假设	同质企业、同质产品、完全竞争市场、无规模经济	同质企业、产品差异化、不完全竞争市场、规模经济	企业异质性、产品差异、不完全竞争市场、规模经济
主要结论	贸易是按照比较优势和资源禀赋差异进行的；解释了产业间贸易的情况	市场结构差异和规模经济存在及产品差异化扩大了贸易；解释了产业间贸易的情况	企业的异质性导致企业的不同贸易决策选择；主要解释公司内贸易和产业间贸易，也解释了产品间贸易

资料来源：朱廷珺，李宏兵. 异质企业假定下的新新贸易理论：研究进展与评论［J］. 国际经济与合作，2010（4）.

⇨ 本章关键术语（中英文对照）

中　文	英　文
规模经济	economies of scale
外部规模经济	external economies of scale
内部规模经济	internal economies of scale
产业内贸易	inter-industry trade
产品生命周期	product life cycle
贸易引力模型	trade gravity model
库兹涅茨曲线	Kuznets curve
异质企业模型	heterogeneous firms model
企业内生边界模型	endogenous boundary model

⇨ 复习思考题

一、单选题

1. 首先提出产品生命周期说的是（　　　）。

   A. 威尔士　　　　　B. 弗农　　　　　　C. 波斯纳　　　　　D. 格鲁伯

2. 按照产品的生命周期理论，新产品通常是（　　　）。

   A. 劳动密集型产品　　　　　　　　B. 资本密集型产品

   C. 技术密集型产品　　　　　　　　D. 资源密集型产品

3. 需求偏好相似理论是由（　　　）提出的。

A. 俄林　　　　　　B. 弗农　　　　　　C. 梅里兹　　　　　　D. 林德尔

二、简述题

1. 简述产业内贸易与产业间贸易的本质区别。

2. 决定下列贸易模式的主要是规模经济还是要素禀赋与比较优势？简要说明原因。

（1）加拿大是主要的新闻纸出口国；

（2）Intel 公司生产了世界上半数以上的 CPU；

（3）美国和日本相互出口复印机；

（4）东南亚国家大量出口运动服装和鞋；

（5）世界上最好的葡萄酒由法国出口。

3. 下述例子中，主要显示的是外部规模经济还是内部规模经济？简要说明原因。

（1）云南省昆明市郊斗南镇的鲜花市场；

（2）天津的食街；

（3）微软公司；

（4）香港作为亚洲的金融中心；

（5）美国的大型家庭农场。

4. 什么是产品生命周期？

5. 什么是贸易的环境效应？贸易的环境效应可以分解为几种效应？

三、论述题

试述新新国际贸易理论、新国际贸易理论与传统国际贸易理论的异同。

⮕ **知识拓展**

蛙 跳 模 型

1. 蛙跳模型概述

1993 年，伯利兹（Brezis）、保罗·克鲁格曼（Paul Krugman）、齐东（D. Tsiddon）在总结发展中国家成功发展经验的基础上，提出了基于后发优势的技术发展的"蛙跳模型"（leapfrogging model），又称"蛙跳模式"。该模型研究国与国之间为什么会发生技术领导权的转移，它解释了落后国家超常规的发展和赶超先进国家的现象。例如，18 世纪英国超过荷兰，19 世纪末美国和德国超过英国。

克鲁格曼认为，后起国家可以通过学习迅速赶上原来的领先国家。领先国家在旧技术上有学习效应，旧技术的生产率比新技术初始时高，因此会选择继续沿用旧技术。而后起国家由于劳动力成本较低，会选择新技术，从而在未来取得技术优势。后起国家很可能在获得这样的技术优势后，像青蛙跳跃一样超过领先国家。

蛙跳模式认为，国家兴衰的原因是技术变迁的特点，发展中国家具有后发优势，先进国家的技术水平可能会因为技术惯性而被锁定在某一范围内小幅度变化。在这种情况下，后进国家就可能超过原来的先进国家，这就是"蛙跳"过程。因为，巨大的技术突破会从根本上改变原有技术的性质，而这种技术突破往往发生在后进国家。企业追求短期利益会导致国家技术发展的"短视效应"，长期来看是不利的。因此，国家鼓励技术进步的产业政策是极为重要的。

2. 蛙跳模型的 2×2×1 框架

两个国家：领先国和后起国。

两种产品：食品（技术上稳定不变、规模报酬不变）和工业制成品（不断发生技术进步，存在规模经济和明显的学习效应）。

一种投入：劳动力。

3. 蛙跳模型的 4 个前提

（1）领先国与后起国之间工资成本差异够大。

（2）相比老技术而言，新技术在起初时效率较低。

（3）旧技术的经验对新技术并不重要。

（4）新技术最终比旧技术有显著的生产率增进。

4. 蛙跳模型的结论

领先国在旧技术上有学习效应，其生产率比新技术初始生产率高，故其会选择继续沿用旧技术；而后起国由于劳动力成本较低，其可以一开始就选择新技术，从而在未来取得技术优势。技术领导权的转移使后起国逐渐赶超先进国。

⇨ 补充阅读材料

［1］王晶，郭翔宇. 我国服务贸易产业内贸易现状分析［J］. 经济问题探索，2012（3）.

［2］盛斌，王岚. 多样性偏好、规模经济和运输成本：保罗·克鲁格曼的世界——新贸易理论与新经济地理学评述［J］. 经济科学，2009（3）.

［3］何光辉，庄雪峰，杨咸月. 新国际贸易与经济地理理论及其发展：2008 年诺贝尔经济学奖得主的理论贡献［J］. 经济理论与经济管理，2009（2）.

［4］丁凯. 国际贸易理论发展综述［J］. 经济纵横，2004（9）.

［5］戴海容，董仕华. 引力模型在国际贸易中的应用综述［J］. 生产力研究，2012（11）.

［6］刘红梅. 中美农业部门产业内贸易水平的变迁：2000—2010 年［J］. 经济体制改革，2012（3）.

［7］樊瑛. 新新贸易理论及其进展［J］. 国际经贸探索，2007（12）.

［8］崔凡，邓兴华. 异质性企业理论的发展综述［J］. 世界经济，2014（6）.

［9］MELITZ M J. The impact of trade on intra-industry reallocations and aggregate industry productivity. Econometrica，2003，71（6）.

第5章

国际要素流动与国际贸易

学习目标

➤ 了解国际资本流动的影响因素及特征；

➤ 理解国际资本流动与国际贸易的关系；

➤ 掌握国际要素流动的产出和福利效应。

导入案例

沃尔玛中国简介

1. 沃尔玛全球概况

沃尔玛由美国零售业的传奇人物山姆·沃尔顿先生于1962年在阿肯色州建立。经过五十多年的发展，沃尔玛已经成为世界最大的连锁零售商，多次荣登《财富》杂志世界500强榜首及当选最具价值品牌。

沃尔玛致力于通过实体零售店、在线电子商店、移动设备等不同平台、不同方式来帮助世界各地的人们随时随地节省开支，并生活得更好。每周超过2.7亿名顾客和会员光顾沃尔玛在28个国家的11 700多家分店及电子商务网站。沃尔玛2018财年（2017年2月—2018年1月）全球营业收入达到5 003亿美元，全球员工总数约230万名。一直以来，沃尔玛坚持创新思维和服务领导力，一直在零售业界担任领军者的角色；更重要的是，沃尔玛始终履行"为顾客省钱，从而让他们生活得更好"的这一企业重要使命。

与在世界其他地方一样，沃尔玛在中国始终坚持"服务顾客、尊重个人、追求卓越、诚信行事"的四大核心价值观及行为，专注于开好每一家店，服务好每一位顾客。

2. 沃尔玛中国概况

沃尔玛对中国经济和市场充满信心，并致力于在中国的长期投资与发展。沃尔玛于1996年进入中国，在深圳开设了第一家沃尔玛购物广场和山姆会员商店。经过

20 多年的发展，已拥有约 10 万名员工。

目前沃尔玛在中国经营多种业态和品牌，包括购物广场、山姆会员商店、沃尔玛惠选超市等。沃尔玛目前已经在全国 180 多个城市开设了 400 多家商场、8 家干仓配送中心和 11 家鲜食配送中心。

沃尔玛在中国的经营始终坚持本地采购。目前，沃尔玛中国与超过 7 000 家供应商建立了合作关系，销售的产品中本地产品超过 95%。

沃尔玛中国注重人才本土化，鼓励人才多元化，特别是培养和发展女性员工及管理层。目前沃尔玛中国超过 99.9% 的员工来自中国本土，商场总经理全部由中国本土人士担任，女性员工占比约 66%。2009 年公司成立了"沃尔玛中国女性领导力发展委员会"，以加速推动女性的职业发展。2013 年年初，公司又成立了沃尔玛女性领导力学院，更好地推动了女性领导者在公司的成长与发展。

秉持着目前良好的发展势头，沃尔玛将持续扩大在中国的投资，未来线上线下齐头并进，给顾客提供更好的服务。同时，沃尔玛将继续升级现有门店、加强食品安全，与本土供应商共赢发展。沃尔玛希望能更好地适应中国经济新常态，创造更多就业岗位，在与中国经济共同发展的同时成为消费者信赖的优秀企业公民。

资料来源：沃尔玛中国官方网站。

前面各章论述的商品贸易是在没有国际要素流动的假定下进行的，然而事实上，国际要素流动在当今国际经济中非常频繁。国际要素流动在世界经济发展中起到了重要作用。国际要素流动主要体现在国际资本流动和国际劳动力流动。跨国公司在国际资本流动中发挥着重要作用，直接投资主要是通过跨国公司对外直接投资实现的。由于跨国公司对世界经济的影响越来越重要，世界经济发展中的重要问题都需要跨国公司参与解决。跨国公司的生产经营也会对东道国的经济发展产生重要影响。由导入案例可见，沃尔玛重视在中国的本土化经营，在中国具有良好的发展势头，也承担了一定的社会责任。国际贸易和国际生产要素的流动在有些情况下是可以相互替代的，有时又是相互促进的。但是，国际贸易与国际生产要素的流动对所涉及的国家会有不同的经济影响。本章将阐述国际资本流动、跨国公司、国际劳动力流动及生产要素的国际流动与国际贸易的关系。

5.1 国际资本流动

国际资本流动（international capital movement）是指资本在国际范围内的不同国家或地区之间的流动。从单个国家的角度看，国际资本流动表现为资本的流入或流出，并直接影响该国的国际收支状况。在当今世界各国，资本流入和流出往往同时存在，两者在一定时期内所形成的差额称为资本流入（出）净额，集中反映在一国的国际收支平衡表中。

国际资本能对各国的实体经济和金融市场变动做出迅速反应，以最快的速度从低效率的地方流向高效率的地方，实现全球范围内的资源配置。国际资本流动反映了各国宏观经济形势、综合竞争力、财政和货币政策、汇率变动等各方面的变化。

5.1.1 国际资本流动的类型

根据资本流动期限的不同，可以将国际资本流动划分为两种类型：长期资本流动和短期资本流动。

1. 长期资本流动（long-term capital flow）

长期资本流动一般是指期限在一年以上的资本流动。按照资本流动方式的不同，长期资本流动包括外国直接投资、证券投资和国际借贷3种形式。

1) 外国直接投资（foreign direct investment，FDI）

经济合作与发展组织（OECD）关于外国直接投资的定义是：外国直接投资是一个国家的居民（直接投资者）与投资者所在国之外的另一个国家的居民（直接投资企业）进行的以获得持久利益为目的的活动。持久利益的含义是直接投资者和企业之间存在一种长期的关系，直接投资者对企业的管理有重大影响。由此可见，外国直接投资是一国投资者为取得国外企业经营管理上的有效控制权而输出资本、设备、技术和管理技能等无形资产的经济行为。因此，外国直接投资的实质是参与国外子公司的经营，这也是区别于以证券投资为主的对外间接投资的主要特征。美国政府的规定是购买一家公司的股票超过10%就视为直接投资。

2) 证券投资（portfolio investment）

证券投资又称国际间接投资，是指在国际证券市场上发行和买卖中长期外币有价证券所形成的国际资本流动，即间接投资是以股票、债券等证券方式进行的投资。购买证券是资本流出，发行证券是资本流入。

一些重要的证券投资渠道包括以下4个方面。

（1）欧洲债券。欧洲债券是指一国筹资者在本国以外的国际债券市场上发行的、以欧洲货币为面值，并由一国或几国的金融机构组成辛迪加承销的债券。

（2）全球债券。全球债券是指在全世界各主要资本市场同时大量发行，并且可以在这些市场内部和市场之间自由交易的一种国际债券。

（3）外国债券。外国债券是指一国筹资者在某一国家债券市场上发行，以该国货币为面值并由该国金融机构承销的债券。典型的外国债券有外国筹资人在美国债券市场上发行的"扬基债券"、在日本债券市场上发行的"武士债券"和在英国债券市场上发行的"猛犬债券"。

（4）国际股票。国际股票是指由股票市场所在地的非居民股份公司发行的股票。例如，公司在国外证券交易所发行的股票。

3) 国际借贷（international borrowing）

国际借贷是指各国政府、金融机构和个人在国际金融市场上的信贷活动。其具体形式主要包括政府贷款、国际金融机构贷款、国际银行贷款、出口信贷和项目贷款等，以下主要介绍前4种。

（1）政府贷款。政府贷款是指一个国家政府向另一个国家政府提供的贷款，目的是促进本国商品劳务的出口及企业对外投资等。政府贷款通常是政府间出面签约，接受贷款项目的企业参加，包括：①双边贷款，即两国政府之间的资金借贷；②混合贷款，是指政府、银行共同给他国政府贷款；③多边贷款，即多国政府向一个国家提供贷款。

（2）国际金融机构贷款。国际金融机构贷款是指国际金融机构向其成员提供的贷款。

这种贷款通常具有援助性质，不以直接营利为目的；利率不定，视贷款国而定，比私人金融机构低、期限长；属专项贷款，手续严格；款项逐步提取，具体使用由国际金融机构派人专门监督。

（3）国际银行贷款。国际银行贷款是指由国际商业银行提供的贷款。其中，包括辛迪加贷款，又称银团贷款，一般由一家或几家银行牵头，牵头银行接受借款人的委托，负责组织贷款，并同借款人商定贷款协议；其他参加银行参与贷款银团并提供一部分贷款。辛迪加贷款可规避贷款风险，提供数额大、期限长的资金。

（4）出口信贷。出口信贷是指商业银行对本国出口商或外国进口商及其银行提供的贷款，包括卖方信贷和买方信贷两种类型。卖方信贷，即出口商的联系银行向出口商提供的信贷，外国进口商可以分期付款；买方信贷，即出口方银行直接将贷款提供给进口商或进口商的联系银行，用于支付出口商货款。

2. 短期资本流动（short-term capital flow）

短期资本流动是指期限在一年以内的国际资本流动。其具体可划分为以下4种形式。

（1）国际贸易融资。国际贸易融资是指由国际贸易引起的货币资金在国际的流动，这是最传统的短期国际资本流动方式，包括信用放款、抵押放款和票据贴现等。

（2）保值性资本流动。保值性资本流动又称资本外逃（capital flight），是指金融资产的持有者为了资金的安全或保持其价值不下降，而在国与国之间进行资金调拨转移所形成的短期资本流动。

（3）银行资本流动。银行资本流动是指各国外汇专业银行之间由于调拨资金而引起的资本国际转移。

（4）投机性资本流动。投机性资本流动是指投机者利用国际金融市场上利率差别或汇率差别来牟取利润所引起的资本国际流动。

5.1.2　国际资本流动的影响因素

国际资本流动受以下具体因素的影响。

1. 投资报酬率的高低

国际资本流动的基本动机是在国外可以获得更高的报酬。由于经济条件和政治环境等存在很大差异，同样的资本投入在不同的国家和地区所产生的回报并不相同，这就造成了资本由报酬率低的国家和地区向报酬率高的国家和地区流动的趋势。除了贸易支付、政府间贷款和国际金融组织贷款外，大多数资本的国际流动都是为了追逐高额报酬，长期资本的流动更是如此。在追逐利润这一点上，国际资本流动与一国内部不同地区（部门）之间的资本流动没有本质上的差别。

2. 国际风险因素

国际风险是指从事跨国信贷、投资和金融交易可能蒙受损失的风险。投资者不仅对报酬率的高低感兴趣，而且会密切注意与每项具体投资相联系的风险大小。一般情况下，投资者在收益率相同时，愿意持有风险较小的资产；而在风险相同时，则追求收益率更高的资产。资产组合理论说明，在不存在系统性风险的情况下，通过投资于收益负相关的数种资产，在给定收益水平时仅有较小的风险，而在给定风险水平时可以获得更大的收益。如果资本投入的国家潜在有政局动荡或经济形势恶化的趋势，有可能造成投资资本的损失，即使当前的报酬率很高，也应该把资本转移到其他安全的国家和地区。

3. 利率和汇率因素

利率和汇率对国际资本流动的方向和规模有着重要的影响。利率的高低在很大程度上决定了金融资产的收益水平，汇率的高低与变动会改变资本的相对价值。在短期内，一国货币利率上升，使得该种货币相对于外币升值，从而导致资本流入；而一国货币利率下降，使得该种货币相对于外币贬值，从而导致资本流出。此外，国际收支的状况也会通过汇率对资本的国际流动产生影响。如果一国国际收支存在顺差，外币的供给大于需求，则外币相对于本币贬值，外国对本币的需求增加，从而导致资本流出；如果一国国际收支持续逆差，外币的需求大于供给，则外币相对于本币升值，本国对外币的需求增加，从而导致资本流入。

4. 政治环境与经济政策

一国的政治环境表现为政治的稳定性，它可以用一定时期内政府更迭的次数来衡量。政府变更的次数越少，就意味着政局越稳定，对待外国投资者的政策就不会频繁发生变化，因而有利于国际资本流入。此外，一国的社会经济发展计划及宏观经济政策也会对国际资本流动产生影响。

由于世界经济还处在不断调整的发展进程中，国际资本流动受其影响也会不断地出现新变化和新特点。2008年次贷危机以来，全球国际资本流动呈现出与此前不同的一些新趋势。

 专栏 5-1

次贷危机后全球国际资本流动的新趋势

次贷危机后全球国际资本流动的新趋势主要有以下6个特征。

1. 全球国际资本流动的活跃度远未恢复到危机之前的水平

根据麦肯锡的有关统计，次贷危机之前，全球国际资本流动的规模达到历史高点，为12.4万亿美元。在次贷危机的冲击之下，全球国际资本流动规模从高位大幅回落。2009年全球资本流动规模达到低点，略超2万亿美元。此后在2010年虽低位反弹至6.4万亿美元，但其后在欧债危机的负面影响下再次一蹶不振，直到2016年，全球国际资本流动的规模仅为4.3万亿美元，是2007年高点水平的三分之一。

2. 债务性质的国际资本流动大起大落

从过去的历史经验看，股权性质资本流动的波动性较低，稳定性较强；而债务性质资本的流动波动性高，大起大落，稳定性差。2000—2007年，债务性质的国际资本流动在资本流动总规模中的占比平均高达64%。次贷危机后，其规模显著下降，从2007年高点时的近8万亿美元下降到2015年低点时的1万亿美元。次贷危机以来，债务性质在国际资本流动总额中的占比下降至31%，仅为危机前的一半不到。从结构上来看，债务性质国际资本流动的大幅显著回落是次贷危机后全球国际资本流动活跃度远低于次贷危机前的重要原因。

3. 欧洲商业银行是国际资本撤回的最主要源头

由于受到美国次贷危机和欧洲主权债务危机的双重打击，又由于欧洲的商业银行传统上就在国际信贷市场非常活跃，所以危机后当这些银行不得不收回大量国际银行信贷时，就成为全球国际资本撤回的主要"宗主国"或来源地。根据国际清算银行的统计，欧洲商业银行对外发放的信贷余额由 2007 年的 23.4 万亿美元下降到 2016 年的 13.9 万亿美元，下降了 9.4 万亿美元。而同期，日本商业银行发放的国际信贷余额由 2.3 万亿上升到 3.9 万亿美元，增加了 1.6 万亿美元；美国商业银行发放的国际信贷余额一直在 3 万亿美元，保持不变。因此，可以说欧洲的商业银行是国际债务性资本流动规模显著下降的主要源头。

4. 部分新兴经济体出现国际资本净流出

次贷危机之后，发达国家之间的国际资本流动规模出现下降。同时，新兴经济体受到的冲击更为明显。根据国际货币基金组织对 45 个样本新兴经济体的统计，其中 76% 的经济体在最近数年出现国际资本净流入规模的显著下降。这一比例事实上超过了 20 世纪 80 年代拉美债务危机和 90 年代亚洲金融危机时期。特别是 2014 年以来，部分新兴经济体从过去的国际资本净流入国转为国际资本净流出国。其中比较突出的几个国家是：部分东欧国家（如波兰、捷克等）、俄罗斯和中国。以中国为例，2007 年非储备性质的金融账户顺差规模为 911 亿美元，与 GDP 之比为 2.7%；该项目的顺差规模在 2010 年达到 2 822 亿美元，与 GDP 之比高达 4.7%；该项目差额从 2014 年连续 3 年转为持续逆差，逆差与 GDP 之比分别为 0.5%、4.4% 和 3.7%，逆差规模在 2015 年曾高达 4 856 亿美元。

5. 新兴经济体增加持有国外资产的规模呈上升趋势

国际资本流入定义为非居民投资者增加购买某国的资产，资本流出定义为居民增加购买国外资产。近年来新兴经济体国际资本净流入规模的下降乃至由顺差转为逆差，一方面是由于国际资本流入规模的下降，另一方面是因为国际资本流出规模的上升。新兴经济体的国际资本净流出基本上是国际资本流入规模下降所致。而次贷危机之后，新兴经济体居民部门增加对国外资产的购买和持有是一个新现象。同样以中国为例，2015 年 4 856 亿美元非储备性质金融账户逆差中，增持对外资产带来的资本流出 3 920 亿美元，贡献度达 81%。而 2016 年中国的国际资本流入由负转正为 2 441 亿美元，非储备性质金融账户出现 4 170 亿美元的逆差，完全是因为国际资本流出大增 6 611 亿美元所致。

6. 新兴经济体所受冲击不小但危机不多

次贷危机之后新兴经济体所受到的冲击不小。如前所述，大多数新兴经济体出现了国际资本净流入规模的下降，有些经济体甚至出现较大规模的资本净流出。与此相伴生，多数新兴经济体货币汇率出现显著的波动，2014 年以后部分货币的贬值幅度和波动幅度巨大。以新兴市场货币指数为例，受次贷危机的冲击，该指数从 2008 年 9 月 112.5 的高位快速回落至 2009 年 3 月初的 83.9，跌幅超过 25%；此后反弹到 2011 年 4 月底的 108.6 之后，开始一路下跌，到 2016 年 1 月底最低时为 62.9，下降幅度超过 42%；目前该指数虽已回升到 71 左右，但仍较 2011 年下降近 35%。虽然不论是从国际资本流动规模下降的幅度还是从汇率贬值的幅度来看，新兴经济体在次贷危机后所经受的外部冲击都不能算小，但是爆发危机的次数却较 20 世纪 90 年代显著下降。根据国际货币基金组织的统计，2008 年以来新兴市场仅出现了 13 次外部危机；而在 1990—2003 年，新兴市场出现外部危机的次数高达 20 次。

资料来源：谢亚轩. 次贷危机后全球国际资本流动的新趋势［J］. 中国外汇, 2017（19）.

5.2 国际资本流动的福利效应

对于国际资本流动，多数分析仅仅限于对资本要素国的供给量对价格（即资本报酬）的影响。如图 5-1 所示，假定在一个 A、B 两国构成的世界中，世界资本存量为既定的 OO'，但两国拥有的资本不一样：A 国拥有 OA 量的资本，B 国拥有 $O'A$ 量的资本。

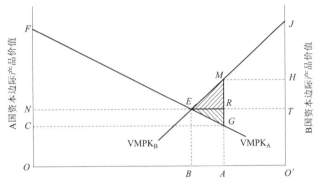

图 5-1 国际资本流动的福利效应

在没有资本流动的条件下，A 国资本收益率为 OC 时，在国内投入的全部资本总量为 OA，因此总产量可用边际产品价值曲线下的面积测算，为 $OFGA$。其中，$OCGA$ 由 A 国资本所有者创造，剩下的 CFG 由其他合作要素所有者，如劳动力和土地所有者创造。同样，在禁止资本流动条件下，B 国资本收益率为 $O'H$ 时，投入国内的全部资本存量为 $O'A$，总产量是 $O'JMA$。其中，$O'HMA$ 由 B 国资本所有者创造，剩下的 HJM 由其他合作要素所有者创造。

现在假设允许国际资本自由流动，由于 B 国资本收益率（$O'H$）比 A 国（OC）高，BA 量的资本从 A 国流入 B 国，直至达到 BE 的水平（$BE=ON=O'T$），两国的资本收益率相等。A 国国内总产量现在是 $OFEB$，加上对外投资的总收益 $ABER$，得出国民收入总量为 $OFERA$，增加了 ERG。随着国际资本的自由流动，A 国资本总收益增加到 $ONRA$，而其他合作要素总收益减少到 NFE。

随着外国资本 AB 量流入 B 国，B 国的资本收益率从 $O'H$ 降低到 $O'T$。从表面上看，B 国国内总产量从 $O'JMA$ 增长到 $O'JEB$。在所增加的总产量 $ABEM$ 中，$ABER$ 由外国投资者创造。在总产量增加部分中仍有 ERM 留给 B 国作为净收益。国内资本所有者总收益从 $O'HMA$ 下降到 $O'TRA$，而其他合作要素所有者总收益从 HJM 上升到 TJE。

从整个世界范围看，总产量从（$OFGA+O'JMA$）增加到（$OFEB+O'JEB$），增加了 EGM。因此，国际资本流动提高了国际资源配置的效率，提高了生产力，从而增加了国民收入。VMPK$_A$和VMPK$_B$曲线越陡，则从国际资本流动中获得的总收益越大。

在上述假定条件下，资本流动对于流出国和流入国的经济影响具体体现在以下3个方面。

1. 劳动与就业效应

假设资本和劳动两种生产要素在资本流动前后被充分利用，从图5-1中能够看到，投资国资本总收益和平均收益均增加，而劳动总收益和平均收益均下降。因此，当投资国作为一个整体从对外投资中获益时，还有一个国内收入从劳动力到资本再分配的问题。另外，当东道国从接受外国投资中获得利益时，也引起国内收入从资本到劳动的重新分配。如果考虑到没有充分就业这一前提，对外投资趋向于降低投资国的就业水平并提高东道国的就业水平，这样会使投资国劳动者受损，而使东道国的劳动者受益。

2. 国际收支效应

国际资本流动也影响投资国和东道国的国际收支平衡。如果发生了对外投资，则投资国对外支出增加并引起国际收支逆差；相反，东道国却因当年吸引外资而改善了国际收支。因此，对外直接投资对投资国国际收支短期的影响是消极的，长期的影响则要考虑它是否会导致东道国的出口替代，使投资国进口原先出口的商品。与此相反，对外投资对东道国短期的影响是积极的，但长期的影响是不确定的。由于大多数发达国家的对外投资是双向的，对国际收支的长期影响和短期影响大部分相互抵消。

3. 其他效应

由于受对外投资国和东道国双方的产出和贸易量的影响，对外投资也可能影响其贸易条件。对外投资也会影响投资国的技术领先地位和东道国对经济的控制及实施独立经济政策的能力。这些又与国际贸易和国际投资主体——跨国公司的活动密切相关。

5.3 跨国公司

国际资本流动一般可采取证券投资和直接投资两种形式。与证券投资相比，直接投资最明显的特点是投资者在以资本流动方式转移资源的同时，还获取了对投资对象的控制权。直接投资的行为主体是跨国公司，即当一个跨国公司在国外建立子公司后，子公司不仅对母公司承担财务上的义务，而且其本身也成为母公司的一个组成部分。从整个意义上说，国际直接投资不只是一个资本流动的问题，同时也是一个企业组织的问题。因此，要对直接投资进行分析，首先就要理解跨国公司的定义。所谓跨国公司，一般是指在一个以上国家拥有全部或部分控制与管理权，并且能产生收益的企业。由此可见，跨国公司内部可以有不同的管理模式，也可以在不同的领域内进行活动。跨国公司（transnational corporation）又称多国公司（multinational corporation）、国际公司（international corporation）、全球公司（global corporation）和跨国企业（multinational enterprise）等。1974年，联合国经济及社会理事会做出了统一采用"跨国公司"这一名称的决议。之后，国际社会开始普遍采用这一名称。1986年，联合国在《跨国公司行为守则》中对跨国公司做出了界定：由在两个以上国家的实体所组成的公营、私营或混合所有制形式的企业；该企业在一个决策体系中运营，通过一个或一个以上的决策中心实现企业内部协调一致的政策和共同战略；该企业中各实体通过所有权或其他方式相联结，使各实体之间得以分享知识、资源和分担责任。在当代世界经济发展中，跨国公司已成为一支不容忽视的重要经济力量。

跨国公司也时常进行证券投资，但跨国公司的基本目的是扩大公司的控制权和管理权。与直接投资相比，证券投资的不足之处主要表现为：首先，证券投资很难充分发挥跨国公司的技术与产品优势；其次，证券投资仅涉及对所有权的控制，但对企业的管理问题却很少涉及，这就妨碍了跨国公司把其所持有的国外资产结合起来以达到有效使用的基本目的。因此，对于跨国公司来说，直接投资形式更为重要。

5.3.1 跨国公司对世界经济的影响

跨国公司的发展，对世界经济格局和人类生活方式的变化产生了很大的影响。但是，跨国公司的发展既对世界经济发展产生了积极的影响，同时也给世界经济发展带来了一些消极影响。

1. 跨国公司对世界经济的积极影响

1）跨国公司成为最重要的国际生产的组织者

近几十年来，跨国公司的生产经营活动在数量和规模上取得了前所未有的飞速发展，跨国公司在国际贸易中的作用也在日益加强。1971 年用于贸易并在生产国以外消耗的石油的国际贸易有 90% 的份额是由约 15 家大跨国公司所控制。1986 年日本来自亚洲的进口物品有 75% 左右由日本的海外公司所提供。1988 年美国进口货物的 53% 是通过其跨国公司的附属公司进行的。进入 20 世纪 90 年代，跨国公司在世界贸易中所占的份额已经超过了 70%[①]。2000 年，跨国公司的生产总值已经占世界生产总值的 40%。2006 年，跨国公司占全世界国内生产总值的 10% 和全世界出口额的 1/3。跨国公司外国子公司的雇员数量自 1990 年以来已经增长了近 3 倍[②]。2009 年，外国子公司的资产增加了 7.5%，达到 770 570 万美元，外国子公司的销售额达 292 980 亿美元。由此可见，当今时代跨国公司已经成为国际生产的最重要的组织者。

2009 年金融危机后，国际直接投资受到较大影响。近年来，国际生产仍在增长，但速度正在减缓，跨境交易及商品、服务和生产要素交换的方式正在转变。由表 5-1 可见，2017 年外国直接投资的流出量低于 2005—2007 年危机前的平均值。根据《2018 世界投资报告》，过去五年，外国分公司销售额、增加值和就业的年均增长率（分别为 1.5%、1.5%、2.5%）均低于 2010 年前的同期水平（分别为 9.7%、10.7% 和 7.6%）。

表 5-1　2017 年及部分年份外国直接投资和国际生产指标

项目	现行价格值（单位：10 亿美元）				
	1990	2005—2007 （危机前平均值）	2015	2016	2017
外国直接投资流入量	205	1 415	1 921	1 868	1 430
外国直接投资流出量	244	1 452	1 622	1 473	1 430
内向外国直接投资存量	2 196	14 487	25 665	27 663	31 524
外向外国直接投资存量	2 255	15 188	25 514	26 826	30 838

---

① 刘研．跨国公司与中国企业国际化［M］．北京：中信出版社，1992.

② 联合国贸易发展会议．2007 世界投资报告．

项目	现行价格值（单位：10亿美元）				
	1990	2005—2007（危机前平均值）	2015	2016	2017
内向外国直接投资收入	82	1 027	1 461	1 564	1 581
内向外国直接投资收益率	5.4	9.2	6.8	7.0	6.7
外向外国直接投资收入	128	1 101	1 394	1 387	1 553
外向外国直接投资收益率	7.8	9.5	6.1	5.8	6.2
跨境并购	98	729	735	887	694
外国分公司销售额	6 755	24 217	27 559	29 057	30 823
外国分公司增加值（产品）	1 264	5 264	6 457	6 950	7 317
外国分公司总资产	5 871	54 791	94 781	98 758	103 429
外国分公司的就业人数（千人）	27 034	57 392	69 683	71 157	73 209
备注					
国内生产总值	23 433	52 383	74 407	75 463	79 841
固定资本形成总值	5 812	12 426	18 561	18 616	19 764
专利和许可证收费	31	174	299	312	333
商品和服务出口	4 414	14 957	20 953	20 555	22 558

资料来源：联合国贸发会议.2018世界投资报告。

2）跨国公司成为最重要的国际技术转让的提供者

跨国公司需要应对激烈的国际竞争，因而必须把持续不断的创新作为立身之本。当代跨国公司拥有强大的技术实力和非常强大的技术创新能力。据统计，全球最大的500家企业的科研支出占所在国科研总支出的比重，在美国为85%，在英国为76%，在法国为82%，在意大利和荷兰则达到了93%，大部分新的技术创新成果都由跨国公司拥有。从技术转让角度来看，跨国公司控制着发达国家70%的技术转让、80%的研究与开发项目，是世界技术创新和技术扩散特别是发展中国家获得新技术的主要来源。跨国公司通过其体系内部对分支机构的技术转让、非股权安排、在东道国的技术溢出效应等途径，大大促进了技术和工艺成果在世界范围内的流动、交易和吸收。

3）跨国公司的发展促进了世界范围内的产业结构调整

近年来，跨国公司对外投资急剧增加。这些投资不仅有力地促进了国际金融市场的繁荣，而且推动了一些发展中国家的经济发展。对于发展中国家来说，跨国公司的对外投资和技术转让，通常能够促进当地的经济发展和产业升级。跨国公司的大发展，大大促进了国际分工的发展，产品的零部件国际分工已成为一个显著的发展趋势，带来了诸如"国际综合性产品"和"国际经营网络"之类的重大变化，促进了产业结构全球布局的新的调整。20世纪80年代以来，跨国公司在20世纪60—70年代竞相发展混合多样化经营的基础上，本着固守本业、适度扩张的战略方针，进行了以"瘦身"为特征的普遍的经营结构调整，在企业层次上把全球产业结构调整落到了实处。为寻求低成本的要素、保持产品的国际竞争力、腾出新产业发展所需的空间和资源，跨国公司开展了持续大规模的产业跨国转移，以致在一些国家出现了所谓的"产业空心化"。跨国公司竞相向高新技术行业和第三产业投资扩张，是在产业的层次上把全球产业结构调整落到了实处。

4）跨国公司的发展加速了经济全球化的进程

首先，跨国公司通过控制全球电报电话网、卫星通信网、计算机联网、交通运输网、广告媒介网等，建立了全球传播与联系的信息网络。由于全球信息的广泛传播，使世界各个不同的角落更紧密地联合在一起。其次，跨国公司凭借强大的经济和技术力量，打破了国家对国内经济主体的严密控制与对国际经济活动的垄断，在全球范围内大规模组织企业的生产经营，用超国家的全球观念来指导和规范自己的市场行为，加速了经济全球化的进程。再次，跨国公司实行的全球经营战略，是加快经济全球化进程的重要基础。在实施全球经营战略过程中，跨国公司积极推进国外公司本地化，以赢得所在国政府和公众的认可与支持，提高企业的知名度和竞争力，推进经营资源国际化，促进经营管理知识、技术专利、营销方法、融资渠道、信息网络和管理组织等经营性资源向所在国转移，提高当地管理人员掌握和运用本公司经营资源的能力。跨国公司进行的国际性投资，是加快经济全球化进程的有利条件。跨国公司的大规模投资，大大促进了国际资本流动，为各国吸引外资创造了条件，把各国经济越来越紧密地联系起来。跨国公司的全球经营战略，实质上就是经济全球化战略。最后，跨国公司之间的兼并、收购和战略联盟，是20世纪后期经济全球化的重要特征，是国际经济激烈竞争的产物和结果。因此，跨国公司充当了推行经济全球化战略的重要角色。

5）一些全球重大社会经济问题的解决需要跨国公司参与

目前，比较突出的全球问题有能源与资源危机、人口爆炸、生态环境污染、债务和金融危机、贸易壁垒、武器生产和扩散等。很多问题原本是国内问题或地区性问题，后来发展成为全球性问题，有相当一部分与跨国公司的全球活动是分不开的。跨国公司的参与有利于这些问题的解决。

 专栏 5-2

家乐福中国

成立于1959年的法国家乐福集团是大型综合超市概念的创始者，是欧洲第一、全球第二的跨国零售企业；在全球30多个国家运营近10 000家零售商店，旗下经营多种业态：大型综合超市、超市、折扣店、便利店及会员制量贩店，为顾客提供种类齐全的低价产品和全方位服务。2012年，家乐福集团在《财富》500强企业中排名第39位。

家乐福于1995年进入中国大陆市场，在北京建立了第一家门店。截至2013年年底，家乐福在中国73个城市开设了236家大型综合超市，拥有员工6万多人。

家乐福秉承"本土化战略"，与本地企业共同投资成立合资公司，中方占股达到30%～45%，并与2万多个本地供应商建立了良好的合作关系。经过20多年的本土化发展，家乐福培养了大批本土人才。目前，家乐福99%以上的员工、97%的店长是中国人，其所销售的产品99%是中国产品。

作为中国社会的一员，家乐福高度关注食品安全问题和农超对接工作，"农超对接"项目惠及农民120多万人。此外，家乐福还积极参与社区活动和公益事业，家乐福中国连续四年获得"光明公益奖"。家乐福致力于中国零售业的健康发展，并力争成为中国消费者喜爱的品牌。

资料来源：家乐福公司网站.

2. 跨国公司对世界经济的负面影响

1）跨国公司转移定价和资金调配可能导致东道国金融市场的不稳定

转移定价通常被视为跨国公司广泛运用的一种避税手段，但是这一工具同样可以用于达到变相资本流动的目的。高报进口、低报出口，结果是资本外流；高报出口、低报进口，结果是资本内流。在实践中，某些迹象表明，中国境内外国直接投资企业借助转移定价方式转移的资金规模相当庞大。企业通过高报进口、低报出口，账面利润大量向境外贸易伙伴转移。通过在境外离岸金融中心设立离岸公司，以离岸公司作为境内企业的交易对手，就可以避免为由此积累的账面利润付出高额税收成本。20世纪90年代以来，在外资进入越来越便利的情况下，为避免公司核心技术的泄露，以及从公司战略和管理角度出发，更多的外商投资企业青睐于成立独资企业。在中国，1997年外商投资企业中外商独资企业比重为35.77%，合资经营企业比重为43.08%。到了2003年，外商投资企业中外商独资企业比重为62.39%，合资经营企业比重为28.77%。2004年，外商投资企业中外商独资企业比重已经上升为66.34%。独资企业已经成为外商投资企业的主体。跨国公司独资化趋势使其内部进行关联交易、虚报利润、转移利润、逃避税收等变得更加容易，这将对发展中国家金融市场稳定造成损害。

2）垄断地位和雄厚实力会压制东道国企业的发展

跨国公司既有资金方面的优势，又有技术方面的优势，因此很容易在东道国市场上取得控制地位。一家或几家跨国公司联合起来就有可能影响某种商品的价格。这会对东道国的民族企业造成一种不公平的局面，影响民族工业的发展。随着跨国公司独资企业比重的增加，跨国公司对东道国的技术溢出效应将降低，对东道国市场的垄断将增强。跨国公司的独资企业在东道国市场竞争中往往具有明显的优势地位，有的还占据绝对垄断地位，其滥用市场优势地位限制竞争的行为比较突出。

3）跨国公司正在重塑全球经济新秩序，强化了发达国家在世界经济中的主导地位

跨国公司不断调整自己的经营战略，逐步加强对全球经济的控制。发达国家跨国公司凭借其强大的实力和政府的支持，在新秩序和新规则中居主导地位。发达国家跨国公司大规模的并购加强了跨国公司在一些主导产业中的垄断地位，进一步巩固了发达国家在世界经济中的主导权。跨国公司的迅速扩张进一步增强了发达国家的经济实力，使世界经济力量对比进一步向发达国家倾斜。因此，跨国公司强化了发达国家对世界经济主导权的控制。

4）发达国家跨国公司日益膨胀对发展中国家经济安全构成威胁

2003年国内生产总值居于前100位的国家和世界最大跨国公司销售额的排名中，全球最大的100个经济实体中有50个跨国公司。如果最大的跨国公司——美国沃尔玛是一个独立的国家的话，它应该是全世界第二十大经济实体（小于瑞典的国内生产总值，但是大于

奥地利的国内生产总值)。亚太地区最大的跨国公司是丰田汽车公司,其销售额高于泰国、马来西亚、新加坡、菲律宾和新西兰的国内生产总值。全球最大的3家石油公司——英国石油公司、埃克森石油公司和壳牌石油公司的销售额高于全球最大的石油生产国沙特阿拉伯的国内生产总值。跨国公司在全球范围的扩张,使发展中国家的民族企业在西方巨型跨国公司强大竞争压力下面临生存危机。以美国为首的发达国家还利用跨国公司作为其推动全球战略利益的重要工具。在国际政治关系中,当跨国公司的经济实力超过有关国家或地区后,就相应拥有较大的政治权力,进而对东道国的国家主权、国家事务提出严重挑战,使跨国公司的影响超越了经济范畴。

5.3.2 跨国公司对外直接投资的动因分析

美国福特汽车公司和通用汽车公司都在欧洲销售大量的汽车,但几乎所有这些汽车都是它们设在德国、英国和西班牙的子公司制造的。福特汽车公司和通用汽车公司为什么不在美国生产而在欧洲生产,欧洲汽车市场为什么没有被大众等欧洲本地的公司来满足,这些问题的回答主要依赖于以下一些跨国公司对外直接投资理论。

1. 发达国家跨国公司对外直接投资理论

1)垄断优势理论

1960年,海默(Hymer)在他的博士论文中,第一次论证了外国直接投资不同于一般意义上的外国金融资产投资。海默认为,美国企业拥有的技术与规模等垄断性优势,是美国能够在国外进行直接投资的决定性因素。海默还进一步解释了美国企业不选择商品出口和许可证交易方式来利用其垄断优势,而选择直接投资的原因。首先,东道国关税壁垒阻碍企业通过出口扩大市场,因此企业必须以直接投资方式绕过关税壁垒,维持并扩大市场;其次,直接投资可以保证企业对国外经营的控制及技术运用的保密,并能获取技术资产的全部优势。海默的理论得到了其导师金德尔伯格(C. P. Kindlebelger)的支持。这一理论奠定了对外直接投资的理论基础,较好地解释了美国企业对外直接投资的动机和优势。但是,20世纪60年代以后,日本中小企业进行的对外直接投资,以及发展中国家企业进行的对外直接投资并不具备资本和技术密集优势,其直接投资规模不大,投资领域也大多是劳动密集型行业,用垄断优势理论显然难以对此做出合理的解释。

2)产品生命周期理论

1966年,美国哈佛大学教授弗农在《产品周期中的国际投资与国际贸易》一文中提出,美国企业对外直接投资是与产品生命周期密切相关的。弗农把一种产品的生命周期划分为创新、成熟和标准化3个阶段。在产品创新阶段,生产一般集中在国内进行,国外市场的需求主要是通过出口方式得到满足。在产品成熟阶段,产品式样稳定并逐步标准化,同时仿制品纷纷出现,价格竞争激烈。在国内市场趋于饱和时,企业更日益重视国外市场。因此,从价格、技术可能、市场扩大3个方面考虑,企业会选择对外直接投资。投资地区是那些收入水平、技术水平与投资国相似的地方。在产品标准化阶段,产品的生产技术、规模及式样等都已完全标准化,企业的垄断优势不复存在。企业之间的产品竞争基础是成本与价格。为了降低成本,将产品转移到工资低的劳动密集地区就成为必然的选择。弗农的理论解释了第二次世界大战后美国企业在西欧大量投资的动机。弗农将企业的技术优势及垄断优势视为伴随产品生命周期的动态变化过程,从而分析了技术优势变化对企业对外直接投资的影响,为跨国公司理论分析增添了动态因素和时间因素。

3) 比较优势理论

1977 年，小岛清在研究了日本企业对外直接投资的状况后，在《对外直接投资论》一书中，提出了"边际产业扩张论"，解释了日本企业的对外投资问题。小岛清对外直接投资理论的主要内容可以聚集在贸易导向投资这一点上。即对外直接投资可以分成"顺贸易导向型"和"逆贸易导向型"两种。顺贸易导向型对外直接投资是指投资国把相对比较劣势的产业转移到被投资国相对比较优势的产业中，从而带来贸易的扩大和经济福利的增加。与此相反，逆贸易导向型对外直接投资是指投资国把比较优势的产业投资到被投资国比较劣势的产业中，从而获得垄断利润。日本对外直接投资有顺贸易导向型的特点；欧美对外直接投资则有逆贸易导向型的特点。小岛清认为，对外直接投资应当促进直接投资双方比较优势的发展，从而扩大两国的贸易；贸易和投资是互补关系，而不像海默、弗农等人分析的那样，贸易和投资是替代关系。

4) 寡头垄断行为学说

1973 年，克尼克波克出版了《垄断性反应与跨国公司》一书。他分析了 187 家美国跨国公司的投资行为，发现在一些寡头垄断性工业中，外国直接投资在很大程度上取决于各竞争者之间相互的行为约束和反应。克尼克波克认为，在一个完全竞争性市场（一般竞争者数目超过 20 个），任何一家公司都不能操纵市场价格。每个生产者最好的策略是根据市场的价格信号来生产。因此，某一生产者的投资行为对其他生产者的投资行为直接影响较小。在高度垄断市场（一般竞争者数目不超过 4 个），2 家或 3 家公司基本上控制了大部分的市场份额。在这种局势下，这几家公司相互之间倾向于合谋而不是竞争。因此，在一个不完全竞争性市场上，各竞争者之间的战略性行为互相影响、互相制衡。跨国公司之间的相互制衡和相互影响对外国直接投资的影响，已越来越受到学者们的重视。

5) 市场内部化理论

1976 年，英国雷丁大学巴克利（Peter J. Buckley）和卡森（Math C. Casson）在其出版的《跨国公司的未来》一书中提出了市场内部化理论。所谓市场内部化，是指外部市场机制的不完全性造成了中间产品（如原材料、半成品、技术、知识）不确定，为提高中间产品交易效率，跨国公司通过其有效的组织手段——行政结构，将外部市场内部化。其理论基础实际上是罗纳德·科斯的产权经济学理论。科斯在 1937 年发表的《论企业的性质》一文中指出，由于市场失效等市场不完全，导致企业的交易成本增加，企业通过组织形式，组织内部交易来减少市场交易成本。内部化理论认为，跨国公司实行"内部化"的动机有 3 个：减少交易成本、防止中间产品市场不完全性的消极影响和运用转移定价手段。这一理论解释了企业对跨国经营的 3 种方式，即出口、对外直接投资、特许权交易进行选择的依据。这一理论认为，中间产品市场一定是不完全的，其原因是某些市场失效和中间产品的种种特性，导致企业交易成本增加。因此，企业必须建立内部市场，使外部市场内部化，以协调内部资源的流动与配置。当企业内部化超越国界就是对外投资的发生。

6) 区位优势理论

区位优势理论被用于解释对外直接投资的投向问题。区位优势是指东道国能为在其境内从事生产经营活动的企业提供的便利条件。区位优势的构成因素主要有：①劳动力成本；②原材料和零部件的供应；③市场地理位置、市场规模或潜力；④贸易壁垒；⑤优惠政策和投资环境。区位优势理论源于 Webber 提出的工业区位论，以及国际贸易理论中的资源禀赋理论和比较优势理论。邓宁（Dunning）总结了 20 世纪 90 年代末期国际直接投资区位理论的发展趋势。第一个趋势是跨国公司趋向于进入那些法律制度比较完善、保护知识产权的国家和地区，趋向于进入那些拥有较多智力资本和高素质人才的国家和地区；第二个趋势是跨国公司往往寻找那些强化或补充其核心能力的国家和地区；第三个趋势是国际直接投资流向决定因素的综合性。

7）国际生产折中理论

1975 年，英国雷丁大学教授邓宁提出了国际生产折中理论。通过分析跨国公司国际生产格局形成的基础，阐述了对外直接投资的决定因素。该理论的核心思想由三项优势构成，其一继承了以海默为代表的垄断优势说，其二继承、吸收了巴克利和卡森的内部化优势说，其三借用了俄林的区位优势理论研究方法。他在《国际生产与跨国公司》一书中，将这三项优势分别命名为"所有权特定优势（ownership specific advantage）""内部化优势（internalization advantage）""区位特定优势（location specific advantage）"，这就是所谓的OLI 模式（OLI paradigm）。企业所有权优势，即企业拥有高于其他国家企业的优势，这些优势主要采取技术等无形资产的形式，这类资产至少在一定时期内为该企业所垄断；内部化优势，即使用内部化优势的动机是避免世界资源配置的外部市场不完全性对企业经营的不利影响，并保持和利用企业技术创新的垄断地位。邓宁指出，企业仅有所有权优势是不够的，因为外部市场不完全，企业必须具有将这些所有权优势"内部化"的能力，以防止面临丧失外部市场的危险；区位优势，即企业利用东道国要素投入比利用本国要素投入更为有利。他指出，只有当企业同时具有上述三种优势时，才适合选择直接投资的方式进行跨国经营。

国际生产折中理论认为，企业进行对外直接投资的充分必要条件是同时具有所有权优势、内部化优势和区位优势。该理论的最大特点是综合，它吸收了之前的跨国公司理论的众家之长，适合解释不同形式的外国直接投资。但是该理论还是不够完善，主要体现在以下方面。

① 该理论强调对外直接投资主要是为了降低交易成本或者汇率风险，其方法就是利用现有的优势进行国际化，而忽视了开拓新所有权优势的动机。

② 该理论对缺少所有权优势的发展中国家企业对外直接投资的解释能力较弱。

③ 该理论的分析集中在一种静态均衡的状态而忽视了动态的过程。

④ 该理论中心框架比较模糊，将三个连续的过程看成是三个相互独立的过程。

2. 发展中国家对外直接投资理论

20 世纪 80 年代以后，随着一些新兴工业化国家对外投资加速，出现了许多研究发展中国家对外直接投资的理论。

1）小规模技术理论

1983 年，美国哈佛大学著名教授刘易斯·威尔斯提出的"小规模技术理论"，被学术界认为是研究发展中国家跨国公司对外直接投资的开创性成果。威尔斯认为，发展中国家跨国公司拥有的小规模制造技术，虽然无法与发达国家的先进技术相比，但却正是其特有的优势。这些技术具有劳动密集型的特征，并且灵活性较高，特别适合小批量生产，能够满足其他发展中国家相对狭小的市场需要。同时，威尔斯指出，"保护出口市场"是发展中国家企业对外直接投资的主要动机。也就是说，发展中国家企业的对外直接投资行为是防御性的，往往是在其国外市场受到威胁的时候才进行的。当然，"谋求低成本""分散资产"也是发展中国家企业对外直接投资的动机。由小规模技术理论可知，即使是技术不够先进、经营范围和生产规模较小的发展中国家企业，也能够通过对外直接投资来参与国际竞争，这对发展中国家企业开展对外直接投资活动具有十分积极的意义。

2）投资发展周期理论

邓宁于 1979 年在美国夏威夷召开的"发展中国家跨国公司大会"上首次提出了国际投资发展周期理论，后来逐步修正。通过对发展中国家和发达国家的抽样分析与比较研究，邓宁根据人均 GDP 水平把有关国家的直接投资发展水平划分为 4 个阶段（后来又增加了第五阶段），不同阶段的国际直接投资流入、流出水平各不相同；提出了一国"净国际直接投资地位"的概念，是指该国企业对外投资总额减去引进国外投资总额。该理论认为，一国的"净国际直接投资地位"与其经济发展水平存在正相关关系。第一阶段，人均 GDP 低于 400 美元，较少接受直接投资，也没有对外投资，净对外投资为零或负数。企业没有所有权和内部化优势，该国也不具备区位优势。第二阶段，人均 GDP 在 400～2 000 美元之间，吸收外资增加，但对外直接投资仍然为零或很少，净对外投资额为负数，并且随着人均 GDP 的提高日益扩大。这类国家的企业还未建立起可靠的所有权优势和内部化优势，但区位优势有所增加。第三阶段，人均 GDP 在 2 000～5 000 美元之间，资本流出逐渐快于资本流入，对外直接投资额仍为负数，但数额日渐缩小。本国企业的所有权优势和内部化优势日益上升，竞争力大为增强，而外国子公司的所有权优势下降。第四阶段，人均 GDP 在 5 000 美元及以上，该国已成为净对外投资国。这反映了本国企业强大的所有权和内部化优势及迅速下降的区位优势。1998 年邓宁又提出第五个阶段。此阶段的净对外直接投资额仍然大于零，但绝对值已经开始下降，最终围绕零值上下波动。这个阶段对外直接投资受经济发展阶段的影响程度减弱，主要通过跨国公司的内部交易进行，且更多取决于发达国家之间的交叉投资。不同经济发展阶段 FDI 流入与流出情况如表 5-2 所示。

表 5-2　不同经济发展阶段 FDI 流入与流出情况

经济所处阶段	FDI 流入	FDI 流出	净 FDI 流出
第一阶段：人均 GDP<400 美元	低	低	负
第二阶段：400 美元≤人均 GDP<2 000 美元	增加	低	负
第三阶段：2 000 美元≤人均 GDP<5 000 美元	增加	增加	负（缩小）
第四阶段：人均 GDP≥5 000 美元	下降	增加	正（扩大）

3）技术地方化理论

1983 年，英国经济学家拉奥（Sanjaya Lall）提出技术地方化理论。他认为，发展中国家跨国公司的技术特征虽表现为规模小、使用标准技术和劳动密集型技术，但这种技术的形成却包含着企业内在的创新活动，发展中国家对发达国家的技术引进并不是被动的模仿和复制，而应是对技术的消化、改进和创新。正是这种创新活动给引进的技术赋予了新的活力，给引进技术的企业带来了新的竞争优势，从而使发展中国家的企业在当地市场和邻国市场具有竞争优势。

4）技术创新产业升级理论

技术创新产业升级理论是由英国里丁大学的坎特韦尔和托兰惕诺共同提出的。坎特韦尔和托兰惕诺主要从技术累积论出发，解释发展中国家的对外直接投资活动，从而把这一过程动态化和阶段化了。他们提出了两个基本命题：①发展中国家产业结构的升级，说明了发展中国家企业技术自身的稳定提高和扩大，这种技术能力的提高是一个不断积累的结果；②发展中国家企业技术能力的提高是与其对外直接投资的增长直接相关的，现有的技术能力水平是影响其国际生产活动的决定因素，同时也影响发展中国家跨国公司对外投资的形式和增长速度。该理论的基本结论是：发展中国家对外直接投资的产业分布和地理分布是随着时间的推移而逐渐变化的，并且是可以预测的。根据坎特韦尔等人的研究，发展中国家跨国公司的对外直接投资遵循以下发展顺序：首先是在周边国家进行直接投资，充分利用种族联系；随着海外投资经验的积累，种族因素重要性下降，逐步从周边国家向其他发展中国家扩展直接投资；最后，在经验积累的基础之上，为获取更先进的复杂制造业技术开始向发达国家投资。

由此可见，对外直接投资技术创新产业升级理论是以技术积累为内在动力，以地域扩展为基础的。随着技术积累固有能量的扩展，对外直接投资逐步从资源依赖型向技术依赖型发展，而且对外投资的产业也逐步升级，其构成与地区分布的变化密切相关。该理论由于比较全面地解释了20世纪80年代以后发展中国家，特别是新兴工业化国家和地区对外直接投资的现象，而受到西方经济理论界的高度评价。

3. 跨国公司对外直接投资理论的新发展

20世纪80年代末90年代初，跨国公司对外直接投资规模进一步扩大，方式不断推陈出新，出现了一些新的特点和趋势，学者们也从新的视角对跨国公司对外直接投资进行了研究。

1）投资诱发要素组合理论

20世纪80年代末90年代初，西方许多学者将研究重点转向外部因素对对外直接投资行为的影响方面，形成了具有重要影响的投资诱发要素组合理论。该理论认为，对外直接投资的产生都是由直接诱发要素和间接诱发要素的组合诱发产生的。直接诱发要素是对外直接投资产生的主要要素，如投资国拥有劳动力、资本、技术等要素优势，就会诱发对外直接投资。发达国家对外直接投资主要是直接诱发要素起作用，对外直接投资是优势要素向外转移和扩张。间接诱发要素包括投资国鼓励性投资政策和法规、东道国投资环境等。

在一般情况下，直接诱发要素是对外直接投资的主要诱发因素。因为对外直接投资本身就是资本、技术、管理和信息等生产要素的跨国流动。但是，单纯的直接诱发要素不可能全面地解释对外直接投资的动因和条件。尤其是对大多数发展中国家的企业而言，在资本、技术等直接诱发要素方面往往并不处于优势地位，其对外直接投资在很大程度上是间接诱发要素作用的结果。间接诱发要素在当今对外直接投资中起着越来越重要的作用。诱发要素组合理论阐述了对外直接投资的决定因素的作用，克服了先前对外直接投资理论中只重视投资目的、动机和条件因素，而忽视东道国和国际环境因素对投资决策的影响的片面性。

2）竞争优势理论

波特认为，以往的对外直接投资理论只注重对跨国公司成因的研究，解决的只是跨国公司存在机制的问题，而对于跨国公司的发展机制，尤其是对现有跨国公司的管理、国际竞争对跨国公司战略的影响等重要问题缺乏研究。波特在20世纪90年代初期提出了竞争优势理论。1990年3月，波特在《幸福》杂志上发表《为什么一些国家获胜》一文，提出了波特竞争模式。波特竞争模式由四部分组成：生产要素，国内需求，公司战略、结构和竞争，相关的支持性产业。而且这四个因素彼此增强，存在动态的相互作用。波特指出，只具有图 5-2 中一两点优势往往是不能持久的，因为竞争对手能轻而易举地战胜这一优势。发达国家比较尖端的行业在四点因素上都是有利的，这样波特提出了对外直接投资的新的发展模式。根据他的观点，竞争越激烈越有可能带来成功。他强调一国要想在全球竞争中战胜对手，国内需要有激烈的竞争。这样的竞争一方面促使企业发展对外直接投资，另一方面又为企业在国际竞争中获胜创造了条件。波特将企业创造价值的过程分解为一系列互不相同但又互相关联的经济活动，其总和即构成企业的"价值链"，每一项经营管理活动就是这一价值链上的一个环节。在一个企业众多的"价值活动"中，并不是每一个环节都创造价值，那些真正创造价值的经营活动，就是企业价值链的"战略环节"。企业在竞争中的优势，尤其是能够长期保持的优势，主要体现为企业在价值链战略环节上的优势。因此，战略环节要紧紧控制在企业内部，其他非战略环节则完全可以分散出去利用市场降低成本、增加灵活性。因此，企业对于战略环节的决策便决定了企业进行国际生产活动的方式和区位选择。

图 5-2　国家竞争优势菱形

竞争优势理论研究的核心问题是国际竞争环境与跨国公司竞争战略和组织结构之间的动态调整及相互适应的过程。该理论认为一个国家要想在全球竞争中战胜对手，国内需要有激烈竞争。国内的竞争可以促使企业发展对外直接投资，同时又为企业在国际竞争中获胜创造了条件。

3）资源基础理论

近年来，跨国公司战略联盟的实现，使许多昔日的对手变成了如今的合作伙伴，由此形成了群体网络。Ghoshal 和 S. C. A. Bartlett[①] 将跨国公司定义为：外部组织网络所包容的内部差别化网络组织。如果把跨国经营看作跨国公司获取竞争优势的手段，强调的是跨国公司跨国经营的工具性本质。然而从资源的角度看，跨国经营就是跨国公司在全球范围内获取资源、整合资源的过程；从知识的结合、积累和创造的角度看，跨国经营是企业将组织边界扩展到国外进行学习，实现知识的结合、累积和创造的过程，那么跨国公司网络组织就是为资源整合而组织的。这个组织是一个由不同关系所联结的资源构成的内部多样化或差异化的网络。跨国公司网络组织实现全球资源整合，主要涉及以下三个相互联系的层面，如图 5-3 所示。

从资源整合的角度来看，主流的跨国公司理论将"总体结构"作为分析对象，强调母公司的作用而忽视子公司的作用，并基于"对称层级"的概念，强调"一视同仁"和"家长制"，忽视子公司的差异。总的来看，把子公司当作没有创造性的执行者，看作是母公司优势和资源的转移者和接收者，不重视子公司资源作用的发挥和优势的创造性，避免子公司

① GHOSHAL, BARTLETT S C A. The multinational corporation as an interorganization network. Academy of management review, 1990, 15（4）: 603-625.

之间的横向联系和依存。但是，资源基础理论认为跨国公司网络组织中，资源、管理能力和决策分散在整个组织中，而不是单单集中于高层；在整合全球资源的过程中，子公司之间的资源流向存在横向联系，各个子公司之间相互依赖的同时，对总公司的依赖减少；跨国公司组织活动和价值创造在多个纬度进行协调。因此，资源基础理论把子公司看作是优势的创造者和提供者，从资源的搜寻和获取到资源的整合与创造，再到全球运营的整个过程中，子公司都发挥着重要作用。这也是资源基础理论与传统跨国公司理论的重要区别。

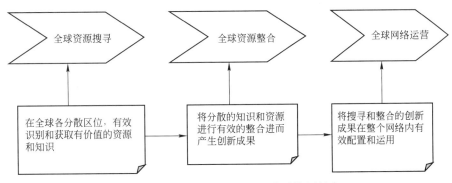

图 5-3　跨国公司网络组织的全球资源整合

4）LLL 理论

2002 年，Mathews 提出了后发国家的联系-杠杆-学习（linkage-leverage-learning，LLL）的理论框架。

该理论指出，后发国家的发展战略与发达国家不同，后者关注的是如何延续竞争力，阻止竞争者的赶超，而前者关注的是如何通过获得资源提升自身的竞争力。作为后来者的新兴经济体跨国公司通过外部资源联系（linkage）、杠杆效应（leverage）和学习（learning）进行对外直接投资从而获得新的竞争优势，并且这种对资源的杠杆利用和学习可以不断累积，可以解释新兴经济体企业加速对外直接投资的现象。

（1）联系（linkage）是外向发展的概念。它表明企业在国际化的环境下，通过开拓外部关系而展开跨国活动的能力。企业的外向联系越紧密，其从国际网络中获得的机会就越多。对于后来者来说，由于起点比较低，所以更加关注于如何获得外部资源而不是如何利用自身的内部资源，致力于通过获得外部资源抵消自身的劣势。国际化可以使后发国家的企业与国际网络资源联系起来，给它们提供交换和获取资源的途径。

（2）杠杆（leverage）是国际化方式的概念。在融入国际化资源网络之后，后发国家企业接下来面临着如何从领先者那里获得有价值的资源的问题。传统的资源基础观（resource-based view）主要从领先者的角度，分析如何防止技术的扩散来维持领先者的市场地位；而对于后来者，则考虑的是如何跨越这些障碍而获得资源和优势。由于市场上的知识产品的质量难以保证，所以旨在获得资源或者互补性资产的企业必须要承担一部分国际市场风险，尤其是中小企业若在财务状况不够稳健的情况下做出错误的判断，甚至会面临破产的风险。因此，通过建立合资企业和其他形式的合作伙伴关系的方式进入国外市场成为很多企业的选择，并将这种方式作为减少国际化风险的重要方式。除了合资之外，外包、OEM 等也是风险较低的国际化方式。

（3）学习（learning）是企业自身努力的过程。企业在运用联系和杠杆战略获得外部联系后，寻求对新资源的消化、吸收、模仿、转移和替代，从而获得竞争力的提高。

综上所述，联系和杠杆使企业在全球范围内相互联系并得以融入国际分工网络体系。这种网络的观点实际上将国际性企业看做是一种不稳定的"混合治理结构"，即处于市场和企业内部等级之间的一种形式。联系和杠杆是融入国际生产网络不可分割的战略手段，而学习是提高竞争力的必由之路。

对于后发国家来说，FDI 被看做是一种通过非联盟的形式进行旨在克服自身劣势的资产寻求型战略手段。因为作为后来者，它们无法利用已有的优势展开竞争，只能通过获得新的竞争优势的方式成为跨国公司。从该角度出发对 OLI 模式进行修订所带来的四个重要启示如下。

① 新兴经济体跨国公司国际化的优势在于组织学习能力，而非事先拥有绝对的竞争优势。

② 所有权优势并非对外直接投资的前提条件，它只是达到一定规模的跨国公司的一种战略动机或目标。从这个角度来说，后来者是从资产寻求而非资产利用的出发点进行对外直接投资的。

③ 该理论能够解释为何发展中国家不但可以到发展中国家或者经济发展水平更低的国家投资，还可以解释其到发达国家投资的原因。这在很大程度上挑战了 OLI 模式的适用性。

④ 就国际化的方式而言，该理论提出除了通过对外直接投资这种完全的国际化方式，后发国家的跨国公司还可以通过半国际化或者外部化的模式，如外包或者其他非股权的战略联盟的方式进入国际市场。

5.4　国际劳动力流动

劳动力流动（labor mobility）是指劳动力为了获得更高的劳动报酬而在地区间、产业间、部门间、就业状态间、企业间，乃至工作间的转移。劳动力流动是劳动力商品化的结果，是劳动力追求价值最大化的直接表现。一般来说，劳动力在地区之间的流动，有利于缩小地区之间的工资差别。但是，劳动力在地区之间的流动，并不能最终消除地区之间的工资差别。

劳动也像资本一样进行大规模的跨国流动。劳动力国际流动按短期和长期区分，有两种形式：移民（permanent migration）和外籍劳工（temporary migration）。前者是指到别国定居，最终成为该国居民；后者是指在别国临时工作。例如，到美国、加拿大和澳大利亚等国多是永久性移民；到日本、欧洲和中东多是外籍劳工。国际劳动力流动的方向一般是从人口多的国家流向人口少的国家；从工资低的发展中国家流向工资高的发达国家。从理论上看，个人移民的愿望取决于移民预期的成本与收益。原有和新到地区的预期收入差异、搬迁涉及的费用、两地的生活成本差异，以及在新的居住地享受的其他非货币因素的净福利，如保健设施、教育机会或者更宽松的政治与宗教自由，这些都会被纳入移民决定的考虑之内。即便在这个更一般的分析中，预期的工资或收入差异仍然是一个重要的因素。与此同时，劳动力的移动会影响原有和新到地区的平均工资水平。劳动力移动对两国福利的影响类似于资本流动，以及商品与服务贸易所产生的影响。

专栏 5-3

在德国的季节型工人

由兄弟两人经营的温克尔曼农业集团在过去的 10～15 年中,从德国当地一家芦笋种植农场发展成为德国最大的 10 家芦笋供应商之一。这家企业主要依靠临时的移民工人来收割作物,从 1989 年的 2.5 英亩土地,雇用 2 名移民工人,到 2002 年拥有 2 500 英亩土地,雇用 4 000 名移民工人。这些工人 80% 是波兰人,经过大量的背景调查和在当地对工人进行培训后才被雇用。这些工人每年被雇用 3 个月,然后送回本国,回国差旅费由温克尔曼农业集团支付(温克尔曼农业集团只雇用那些在波兰国内有工作的人,工作性质是在德国的 3 个月工作完成后回到国内仍然能被雇用)。在德国期间,温克尔曼农业集团为这些临时的移民提供住所和保险,波兰工人在 3 个月挣到的薪水等于在波兰工作一年所得薪水的 150%。

这种临时移民制度为温克尔曼农业集团及其类似的公司带来了极大的好处,对德国的农业生产也有好处,因为在德国很难招募到德国人收割芦笋。

资料来源:阿普尔亚德,菲尔德,柯布.国际经济学:国际贸易分册[M].赵英军,译.6 版.北京:机械工业出版社,2009.

 专栏 5-4

永久移民:一位希腊人在德国

哈桑是来自希腊西特雷斯,现在生活在德国小城 Espelkamp。他生于希腊一个贫困家庭,在 1970 年 20 岁时离开西特雷斯前往德国做临时工。哈桑与其他临时的外来工人一起前往德国,这次前往是由德国政府组织的。他在 Espelkamp 的一家企业得到一份工作,部分原因是他从到德国开始就学习德语,从而在企业的工作进步很快。后来当这家企业倒闭后,他连续几次获得这样的机会,尽管每次计划都只是稍长一些,他决定继续在这个国家待下去。他的妻子也加入到他的行列,后来他的孩子出生后,哈桑成为永久居民,他的孩子可以享受德国教育。

哈桑已经成为受人尊敬的 Espelkamp 城市委员合的永久成员之一,他在此地已经生活了 30 多年。哈桑拥有一家自己的鲜花店,是西特雷斯移民在当地俱乐部的活跃人士。他和他的家庭及其他移民尽管与祖国还保持着千丝万缕的联系,但已经成为德国社会和德国经济的坚定分子。哈桑的两个儿子到希腊的军队服役,他自己还保留希腊国籍。哈桑尽管还保留自己的国籍,但已经是永久移民,融入了东道国之中。

资料来源:阿普尔亚德,菲尔德,柯布.国际经济学:国际贸易分册[M].赵英军,译.6 版.北京:机械工业出版社,2009.

5.4.1 国际劳动力流动的历史回顾

国际劳动力流动可以分为以下 3 个历史阶段。

1. 第一阶段：从哥伦布发现美洲新大陆到第一次世界大战前的几百年

这一时期正是欧美资本主义生产方式产生和发展时期。由于工业化需要从国外输入大批劳动力，而广大的亚非地区此时尚处于封建时代，自给自足的农业占统治地位，这就决定了这一时期国际劳动力的主要流向是从亚非国家到欧美新兴资本主义工业国家或新开发的国家。第一阶段的国际劳动力流动并不是现代意义的劳务输出，因为这一阶段的劳动力流动不仅带有殖民色彩，而且从部门和行业分布上都有局限性，且几乎全部为移民。

2. 第二阶段：第一次世界大战开始到第二次世界大战结束

在这一阶段，国际上正常的移民大大减少，战争劳务开始出现并大为发展。第一次世界大战期间，欧洲各交战国从殖民地掠夺了大量人力资源充当前线士兵和后方劳动力。第一次世界大战结束后，欧美各国为应付工业化带来的失业问题，一般对外籍劳动力采取限制性措施。第二次世界大战期间，英、美及广大的亚非拉人民为了对付共同的敌人，不仅在政治和军事领域内协同作战，而且在经济领域内开展广泛的合作，各国的劳务合作大为发展。第二阶段的国际劳动力流动，大都属于战争劳务性质，但因其有组织地用劳工从事军需生产、运输和多项建设事业，使劳务成为有组织的临时劳动力流动，所以它更接近于现代意义的劳务输出，是劳务从移民向现代劳务发展的过渡形式。

3. 第三阶段：从第二次世界大战后到现在

第二次世界大战后，随着世界经济的发展，商品、资本、劳动力和技术交流不断扩大，尤其是人员的交流，比以往任何时候都频繁且规模空前。那些劳动力资源丰富的国家纷纷派出劳务人员，参与国际分工，力争变资源优势为国际市场上的竞争优势，以赚取外汇，为本国的经济和社会发展服务；那些劳动力资源短缺的国家则通过输入劳务来解决劳动力不足的问题。第三阶段的劳动力流动，伴随着现代劳务市场的形成和发展，是真正意义上的现代劳务。而移民定居，则成为一种特殊现象。

经济恢复时期，西欧各国为弥补劳动力不足，吸收了大量移民。20 世纪 50 年代，移民数量已达 200 万人。到 20 世纪六七十年代经济高速发展时期，由于需要大批劳动力，各国政府对外来的移民也不加限制，这就使得向西欧的移民运动达到高潮。据估计，1974 年西欧的外籍工人达到 800 万人的创纪录水平，加上 100 万没有统计进去的、"非法"外籍工人，移民总数可达 900 万人。20 世纪 70 年代以后，中东承包劳务市场逐渐形成和发展。20 世纪 80 年代初，中东地区有 600 多万外籍工人，成为引人瞩目的劳动力吸引场所。

5.4.2 国际劳动力流动的原因

从当代世界经济发展的角度看，促使劳动力国际流动日益扩大的原因有以下几点。

1. 国际分工的深化和产业结构的调整，必然导致劳动力的国际流动

国际分工的深化使各国之间的专业化协作不断加强，原来在一国可以完成的生产过程现在要在两个国家，甚至更多国家的范围内进行。这不仅会引起原材料、资金和设备的国际转移，而且要求劳动力的跨国界流动。由对外投资带动的技术劳务和经营管理人员的劳务出口，即所谓的"企业移民"，就是劳动力跨国流动的一种形式。随着生产国际化的发展和国际直接投资多方位、交叉流向的进行，不仅发达国家之间的投资及劳务输出和发达国家向发展中国家的投资及劳务输出在增长，而且发展中国家之间，以及发展中国家向发达国家的投资和劳务输出也在增长。

各国产业结构的调整也会引起劳动力的国际流动。一般来说，发达的或比较发达的工业国在高技术领域占据着优势。由于新兴工业部门的不断产生，其产业结构也逐渐向高技术层次调整。而发展中国家则因劳动力费用低廉而享有优势，这就使劳务的国际流动具有必要性和可能性。境内劳务输出，即在本国境内为国外雇主提供劳务、收取劳务费的经济活动，就是国际产业结构调整的直接产物。20 世纪 60 年代以后，由于美、日等发达国家的产业结构向电子计算机和航天技术等高新技术产业转移，就把汽车和家用电器的组装业转向了东南亚地区的新加坡、韩国等国家和中国的台湾、香港等地区，使这些东南亚国家和地区利用本地丰富而廉价的劳动力资源，赚取了巨额外汇劳务费，形成了大规模的境内劳务输出。20 世纪 80 年代以后，由于世界经济产业结构再次大规模的调整，东南亚新兴工业国和地区的产业结构正向更高层次调整，劳动力资源丰富的国家和地区开始大力发展劳动密集型加工出口业，大规模进行境内劳务输出。

2. 科技革命促进了劳动力和科技人员的国际流动

人类社会发展至今共发生了 3 次重大的科技革命，每一次科技革命都极大地推动了社会生产力的发展，同时也促进了科技人员和其他劳务的国际流动。在一些发达国家，由于农业生产已经机械化，能够从农业中游离出来的劳动力已经很少，不能满足由于资本积累加快而对劳动力产生的大量需求，而在另外一些经济技术发展落后的国家，由于在科技革命推动下农业机械化程度提高，从农业中游离出来的劳动力除补充本国工业部门外，还会出现剩余劳动力，这就促进了劳动力的国际流动。

3. 国际援助和地区性组织的建立促进了劳动力国际流动

目前，国际上有这样一种比较普遍的现象，就是政府双边援助项目的实施多由受援国派出人员进行，而不单是提供资助。这实际上就是一国政府运用外援的方式支持本国对外劳务输出的发展。一些国家通过援外带动本国劳务出口，使劳务的国际转移在国际援助推动下有了更大的发展。

第二次世界大战后区域性经济组织的建立也促进了劳务输出的发展。欧洲共同体成员把实现劳动力的自由流动作为奋斗目标，而且在关税同盟和农业一体化基本实现后，劳动力的自由流动已经取得了新的进展。其他几个区域性经济组织在其成员内部的劳务流动方面也做出了一些成绩。

5.4.3 国际劳动力流动的福利效应

劳动力的流动是十分复杂的问题。美国著名的经济学家巴格瓦蒂（J. N. Bhagwati）认为，在商品、资本和劳动力三者的国际流动中，劳动力的国际流动是最困难的，特别是大规模的劳动力流动，如移民。总的来说，劳动力的国际流动是多种因素作用的结果，但是主要还是经济因素。因此，这里主要从经济角度分析国际劳动力流动的原因和效果。有关分析基于以下假设。

（1）假定劳动力的跨国移动没有非经济因素的限制，仅仅是由收入决定的。

（2）在封闭条件下，各个国家的劳动力收入由本国劳动供给和劳动需求决定。于是，不同的国家内部将存在不同的工资水平。

（3）开放以后，为追求较高的收入水平，劳动力将由收入较低的地区流向收入较高的地区。

（4）在其他条件保持不变的情况下，这种移民的流动将一直持续下去，直到各个国家的工资水平达到趋同。

（5）从福利角度说，劳动力移入国将获得较廉价的劳动力，从而扩大其生产规模；劳动力移出国则获得移民的工资汇款；对于移民来说，他们将获得更高的工资水平。

为方便起见，假定世界上只有两个国家，一个是移民移出国（B国），另一个是移民移入国（A国）。劳动力从移出国进入移入国会引起两国劳动力市场上劳动力供应的变化，从而使劳动力的价格或工资发生变化，可以借助图5-4来分析这种变化。

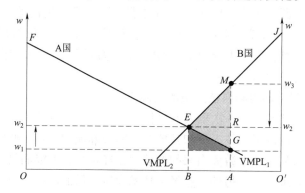

图 5-4　国际劳动力迁徙的产出和福利效应

在图5-4中，劳动力在A国和B国的供给分别以 OA、$O'A$ 表示。$VMPL_1$ 和 $VMPL_2$ 曲线分别给出了A国和B国的劳动力边际产品收益。在竞争的条件下，VMPL代表了劳动力的真实工资。

在移民前，A国的工资率为 w_1，总产出为 $OFGA$；B国的工资率为 w_3，总产出为 $O'JMA$。现在假定有自由的国际劳动力迁徙。既然B国的工资率 w_3 高于A国的工资率 w_1，AB 段的劳动力就会从A国移向B国，使两国的工资在 BE 处相等。因此，A国的工资升高而B国的工资下降（工会通常反对移民的移入）。并且，A国的总产出从 $OFGA$ 下降到 $OFEB$，而B国则从 $O'JMA$ 升到 $O'JEB$，世界产出净增加了 EGM。注意，对于A国（移民移出国）的劳动力与B国的非劳动力的资源都存在国民收入的再分配。A国可能会收到移民汇回的侨汇。还应注意的是，假如 AB 区间的劳动力移民前在A国已处于失业状态，那么在A国无论是否有劳动力移民，其工资率均为 w_2，总产出均为 $OFEB$。在移民后，世界产出的净增额将为 $ABEM$（所有的产出增加均发生在B国）。

将劳动力国际流动的利益总结为：劳动力的国际移动使劳动力市场上不同的经济利益集团受到的影响不同。在A国或移民移出国是需求方受损失，而供给方获利，该国的净利益为 ERG；在B国或移民移入国，劳动力的原供应方——B国本土的工人受损失，而雇主获利，该国净利益为 ERM。从全世界的角度看，劳动力的流动给整个世界带来利益，世界利益增加 EGM。

在真实世界中，假设工人是同质的并不符合现实，因此劳动力流动所导致的福利效应也会因此改变。每个国家所拥有的劳动力在能力上都参差不齐，既有未经培训的或非熟练工人，也有接受过高级培训的或熟练工人。为了讨论方便，假设每个国家有两种类型的劳动者：熟练工人和非熟练工人。劳动力流出对输出国所产生的影响会因移民所具有的不同技能而有所差异。

出于经济方面的原因，传统移民大多是非熟练工人，他们在本国处在失业或就业不足状态，为了寻求能在劳动力稀缺且工资水平也较高的国家中就业而移民。除了希望能在东道国获得更高的工资，并且得到全职工作外，移民还有其他方面的考虑。基于预期收入差异出现的非熟练工人移民对两国经济的影响与前面的分析是一致的。世界总产出将增加，输出国的产出会降低，非熟练工人的平均收入无论是绝对水平还是相对水平都会上涨，相对来说，东道国产出将增加，非熟练工人的平均工资无论是绝对水平还是相对水平都会下降。但有一点请注意，东道国的熟练工人的收益像资本的收益一样，很可能会上涨。

随着非熟练工人数量的相对或绝对增加，东道国也会因人力安全网络工程（如失业救济、教育、住房及医疗津贴等）的支出扩大而加重社会成本。由于非熟练工人就业往往有更大的不稳定性，因此非熟练工人相对数量的增加一般会提高社会的保障成本。这些间接成本的增加会导致税收提高，从而降低其他要素如资本所有者的净所得。与只降低市场工资相比，降低非熟练工人平均工资和由此引起的税收增加的建议较为强烈。因此，这就是为什么大部分国家都试图控制非熟练工人进入的原因。为试图避免这类移民所带来的一部分间接社会成本，一些欧洲国家如瑞士，在过去一段时间曾采用外来工人政策，允许非熟练工人短期移民，但这些人没有公民资格，并且政府可以随时要求他们离开本国。

熟练工人的流动，特别是在发展中国家与发达国家之间的流动，相对来说是近期发生的现象。然而，目前越来越多的接受过高等教育的人员（经济学家、医生、科研人员、大学教授及其他熟练专业人员）正离开发展中国家，前往美国、加拿大和西欧等地区，这种流动通常被称为人才流失（brain drain）。这些国家的高薪水、低税收、更大的职业与个人自由、良好的实验室条件，以及获得更新的技术、找到事业伙伴和享受更好的物质产品与服务，等等，都是引起这种劳动力流动的原因。在许多情况下，当人们接受了发达国家的正规教育后，往往难以再适应输出国的生活，至少在事业上如此。

从经济学的角度看，如果市场运转良好，两国的劳动力均按照边际产出支付工资，对熟练工人流动的分析与对非熟练工人流动的分析类似，差别只是两国的边际产出水平差异。然而，熟练工人在输出国可能非常短缺，这些工人的流失导致的是输出国人均收入下降，而非上涨。如果熟练工人对输出国还有其他积极影响（外部性），如技术水平的普遍提高，输出国的机会成本甚至可能比市场工资还要大得多。此外，输出国在一定程度上对输出人员的教育进行了资助（对人力资本的积累进行了投资），移民国外导致预期能够带来合理社会回报率的稀缺资本流失了。最后，如果政府规制扭曲了市场，导致个人所获得的报酬本来就低于自由市场工资水平，那么对输出国而言，成本就更大了。在这种情况下，工人获得工资是低于工人真实的市场价值的。

东道国情况正好相反。与非熟练工人移民相比，熟练工人移民的生产率相对更高，获得正外部性的可能性也越大，预期的间接社会成本也越小。此外，熟练的专业人员的流入还会降低非贸易服务，如医疗护理的国内价格。在这种情况下，反对移民的压力来自专业人员团体，而不是所有的劳动者。总的来看，大多数发达国家很少会限制熟练工人的移民，在一定情况下，熟练工人比非熟练工人更容易获得工作签证。

5.5 生产要素的国际流动与国际贸易的关系

生产要素的国际流动与商品的国际贸易之间的关系具有不确定性，既可能是相互替代的，也可能是互补的，取决于假设条件。在此以资本流动为例，讨论两者之间的关系，其原理也适用于对劳动力国际流动的分析。

5.5.1 生产要素流动与商品流动的替代关系

在国际贸易中，各国用自己占相对优势的生产要素生产商品，通过商品的国际交换实现生产要素的间接转移，从而使商品价格和生产要素价格趋于均等。生产要素的国际流动同样可以使商品价格和生产要素价格趋于均等。所以，商品流动与生产要素流动具有可替代性，图5-5简明地表示了这种替代性质。

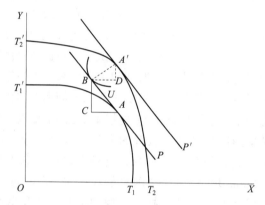

图5-5　生产要素流动和商品流动的替代关系

假定国家1的生产可能性边界以 T_1T_1' 表示，其比较优势商品是劳动密集型的 X，又设国内消费偏好不变。区别以下两种情况考虑。

（1）自由贸易但生产要素不流动。设均衡国际价格为 P，国家1的生产均衡点在 A 点，通过出口 CA 的 X 商品而进口 CB 的 Y 商品，其消费达到无差异曲线 U 上的 B 点。

（2）贸易中止但生产要素跨国自由流动。当由于极度保护主义等因素而使贸易中断后，国家1内 Y 商品的价格相对于 X 商品的价格上升，刺激国内生产要素从 X 产业流向 Y 产业，并吸引 Y 商品所密集使用的资本从国外流入国内。外来资本补充了国内资本，可使两个产业的产出以最终反映社会偏好的比例同时扩大，生产可能性边界向外扩展到 T_2T_2'。如果国家1维持消费水平 B 不变，商品相对价格会逐渐趋近于自由贸易下的价格水平，即 P'，生产在 A' 点进行，数量为 DB 的 X 商品或数量为 DA' 的 Y 商品用来偿付输入资本的报酬。

由此得出结论：商品流动与生产要素流动是可以相互替代的。当商品自由流动而生产要素不能流动时，各国商品价格均等，且生产要素价格均等；当贸易受到阻碍而生产要素自由流动时，生产要素价格相等，商品价格亦趋于相等，并且能够达到自由贸易的福利水平。

需要注意的是，以上分析是在严格的 H-O-S 假设下进行的，尤其是假设了生产技术相同。如果放松了该假设，上述结论就不能成立。

5.5.2 生产要素流动与商品流动的互补关系

现在假设两国的生产技术存在差异性。假定国家 1 和国家 2 在生产资本密集的 Y 商品时使用完全相同的生产技术，但在劳动密集的 X 商品的生产上，国家 1 拥有更先进的技术。这意味着两国资源禀赋完全一样，两国的 Y 商品的最大产量也完全一样，但是如果把所有资源都用于生产 X 商品，则国家 1 的 X 商品产量高于国家 2 的 X 商品产量。

这样，在封闭经济下，对于 X 商品的均衡相对价格，国家 1 低于国家 2，从而国家 1 具有生产 X 商品的比较优势，国家 2 在 Y 商品的生产上具有比较优势。需要注意的是，此时国家 1 的相对劳动价格高于国家 2，因为国家 1 会生产较多的劳动密集型 X 商品，从而对劳动力的相对需求大于国家 2。

贸易开放后，国家 1 会专业化分工生产 X 商品，并出口部分 X 商品以换取国家 2 的 Y 商品。而国家 2 则相反，它会专业化分工生产 Y 商品，出口部分 Y 商品以换取国家 1 的 X 商品。如果允许生产要素自由流动，则部分劳动力会流向国家 1，部分资本会流向国家 2。

生产要素流动的结果使每个国家更加密集地使用生产出口商品的要素，出口商品也相应增加，贸易量因此又会进一步扩大。

由此，可以得出这样的结论：在生产技术存在差异的情况下，生产要素流动和商品贸易之间不仅不是相互替代的，而且是互补的，生产要素的国际流动会促进贸易流量的扩大。

➡ 本章关键术语（中英文对照）

中　文	英　文
国际资本流动	international capital movement
国际劳动力流动	international mobility of labor
证券投资	portfolio investment
国际借贷	international borrowing
资本外逃	capital flight
外国直接投资	foreign direct investment
长期资本流动	long-term capital flow
短期资本流动	short-term capital flow
跨国公司	transnational corporation
移民	permanent migration
外籍劳工	temporary migration

➡ 复习思考题

一、单项选择题

1. 证券投资与直接投资的区别在于是否（　　）。

A. 从买卖价差中获利 　　　　　　　　B. 获得股息

C. 获得红利 　　　　　　　　　　　　D. 拥有企业的实际管理控制权

2. 根据国际生产折中理论，下列不属于跨国公司投资优势的是（　　）。

A. 所有权优势 　　B. 内部化优势 　　C. 区位优势 　　　D. 品牌优势

3. 英国雷丁大学邓宁教授提出的对外直接投资理论是（　　）。

A. 比较优势理论 　　B. 垄断优势理论 　　C. 内部化理论 　　　D. 国际生产折中理论

4. 跨国公司为了最大限度地减轻税负，逃避东道国的外汇管制等目的，在公司内部规定的购买商品价格为（　　）。

A. 转移价格 　　　B. 垄断价格 　　　C. 参考价格 　　　　D. 开标价格

5. 一国投资者输出生产资本直接在另一个国家的厂矿企业进行投资，并由投资者直接参与该厂矿企业的经营和管理，这种对外投资方式称为（　　）。

A. 国际短期投资 　　B. 国际证券投资 　　C. 对外直接投资 　　D. 对外间接投资

6. 下列各项中，属于对外直接投资的有（　　）。

A. 政府援助贷款 　　B. 开办独资企业 　　C. 中长期出口信贷 　D. 国际金融机构贷款

二、简述题

1. 简述国际资本流动的类型主要包括哪几种。

2. 简述当代国际资本流动的特征。

3. 简述国际资本流动的福利效应。

4. 简述当代国际劳动力流动的原因。

5. 简述国际劳动力流动的福利效应。

三、论述题

试述国际生产折中理论的主要内容及对我国企业从事跨国投资的启示。

➡ 知识拓展

RII 理论框架

近年来，学者们综合运用了资源基础观、产业基础观和制度基础观理论，形成了资源-产业-制度（resource-industry-institution，RII）框架，认为它们共同起作用，决定了发展中国家的对外直接投资行为。

1. 资源基础观（resource-based view）

20 世纪 80 年代以来，学者们对所有权优势理论的关注主要集中在对获得动态优势的研究上。其中比较典型的是资源基础观（Wernerfelt，Barney）。资源基础观提出，企业特定的资源是其独特的可持续竞争优势的源泉。这些资源在本质上与其他公司的资源相比具有稀缺性和异质性。企业的竞争优势的基础主要来源于对一系列企业可控的有价值的资源的运用，并且这些有价值的资源很难被模仿和取代（Hoopeset）。如果上述有价值、稀缺、不可模仿和不可替代的条件被满足，那么企业的资源可以帮助企业持续地获得高于平均水平的收益。

资源基础观解释了企业持续获得竞争优势的源泉，这种能力的不可模仿性决定了其最终将成为竞争壁垒（Mahoney，Pandian）。但是，企业也应该不断开发增强可持续竞争力的资源，因为不断变化的市场和不可避免的知识扩散使得现有的有价值的资源逐渐过时。

2. 产业基础观（industrial-based view）

传统的产业组织文献认为产业内部的条件决定了企业的战略和表现（Porter）。与产业结构有关的竞争程度、产品的同质性和进出壁垒很大程度上影响着企业在全球范围内所处的优劣势地位。Porter进一步提出产业的竞争优势与国家的"钻石"形态相关，即一国国内的要素供给情况、国内的需求情况、相关的支持产业和本行业企业的竞争情况。这四个条件影响企业海外扩张的倾向。国内要素供给紧张、需求饱和、上下游产业对企业的支持不够或者国内市场激烈的竞争等国家竞争优势的缺失都有可能驱使企业向海外扩展业务。

3. 制度基础观（institution-based view）

关于发达国家的投资理论认为，制度因素主要指的是以市场为基础的因素，比如市场需求和技术变革，是给定的外生条件和研究背景。但最近的研究将制度比作是"游戏规则"，认为它是被人为设计出来的用以约束社会成员行为的正式或非正式的法则（North）。它是一个包含管制、规范和认知的体系，能够为社会行为带来稳定。从这种意义上说，制度因素在政治（腐败、透明度）、法律（经济自由化、规范体制）和社会（道德准则、文化和对企业家精神的态度）等方面支配着社会中的各种交易活动。

直到最近，制度安排、组织和战略选择之间的关系才开始引起学者们的关注。Mcmillan指出，在市场不能正常发挥作用的情况下，对制度因素的忽视就显得非常明显。在运用主流理论解释发展中国家的投资时，将制度因素当作外生变量会使研究遇到很大困难（Kiggundu）。正式和非正式的制度因素不能被简单地认为是"背景"，它已成为一个影响组织投资决策的变量。企业的投资决策是制度和组织之间互动的结果（Peng）。制度不仅仅是背景条件，它是企业如何规划和实施其战略选择及创造竞争优势的内生变量之一（Ingram，Silverman）。资源—产业—制度理论框架又被称为Y模型，可用图5-6表示。

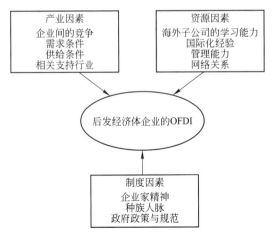

图5-6 资源—产业—制度理论框架

资料来源：朱华. 发展中国家FDI理论框架的演进及其评述［J］.
国际商务（对外经济贸易大学学报），2012（3）：89-94.

⇨ 补充阅读材料

[1] 杜蕾. 国际资本流动的新特点与新趋势 [J]. 经济研究导刊, 2010 (13): 153-154.

[2] 王喜平, 王震甲, 马玲. 我国国际资本流动的影响因素与风险防范研究 [J]. 科技和产业, 2009 (6): 69-70.

[3] 尹祖辉. 国际资本流动的近期特点与发展趋势 [J]. 金融与经济, 2006 (12): 88-89.

[4] 张二震. 略论国际劳动力流动及其原因 [J]. 世界经济文汇, 1991 (6): 28-30.

[5] 陆妙英. 浅谈国际劳动力流动和建立我国人才市场 [J]. 国际商务研究, 1988 (2): 33-36.

[6] 鄂志寰. 资本流动增速趋缓, 国际资本全球找"家"[N]. 证券时报, 2002-07-05.

[7] 陈伙林. 现代国际资本流动的特征及其发展趋势 [J]. 中国财经信息资料, 2001 (10): 45-47.

[8] 陈东琪. 国际资本流动的趋势与中国市场资本发展 [J]. 中国物价, 2002 (6): 13-15.

[9] 冯凤荻, 施建淮. 中国国际资本流动的影响因素: 基于分类账户的实证研究 [J]. 经济与管理研究, 2017, 38 (8): 33-43.

[10] 钱文玉. 国际资本流动突然中断的影响因素分析: 以新兴市场国家为例 [J]. 金融发展研究, 2016, 12: 48-55.

[11] 陈创练, 姚树洁, 郑挺国, 等. 利率市场化、汇率改制与国际资本流动的关系研究 [J]. 经济研究, 2017, 52 (4): 64-77.

[12] 侯倍倍. 国际资本流动与利率的相关性研究: 基于国内外利率相关性的实证分析 [J]. 经济研究导刊, 2017, 20: 97-99.

[13] 冯凤荻, 施建淮. 中国国际资本流动的影响因素: 基于分类账户的实证研究 [J]. 经济与管理研究, 2017, 38 (8): 33-43.

[14] 朱华. 发展中国家FDI理论框架的演进及其评述 [J]. 国际商务 (对外经济贸易大学学报), 2012 (3): 89-94.

[15] 杨希燕, 李祥永. 我国对外直接投资产业选择的适用理论和参照基准 [J]. 当代财经, 2004 (2): 97-100.

第 2 部分

国际贸易政策

第6章

保护贸易政策及其理论基础

学习目标

➤ 理解贸易政策的含义和分类及演变；

➤ 掌握保护贸易政策的理论基础；

➤ 了解贸易政策的政治经济学，能够以政治经济学视角分析现实贸易问题。

导入案例

拉美国家贸易保护主义加剧

　　进入 21 世纪以来，拉美国家通过一系列经济改革，成为世界上最开放的经济区域之一。根据国际货币基金组织发布的报告，拉美地区 2011 年经济增幅达到 4.6%。美洲开发银行也认为，最近 10 年拉美经济总体稳固，拉美地区对世界经济的贡献率升至 14%，是引领世界经济复苏的重要引擎之一。

　　但是，拉美地区已经出现贸易保护主义严重抬头、外部经济环境变化等征候。2012 年以来，墨西哥、阿根廷、巴西等拉美大国相继出台多项单边进口限制举措，厄瓜多尔、玻利维亚和委内瑞拉等国为保护本国工业也相应提高贸易壁垒。乌拉圭对阿根廷和巴西设置过高关税壁垒抱怨不断；墨西哥与巴西、阿根廷在汽车贸易领域继续博弈；巴西酒商向政府施压，要求保护其免受进口智利酒的竞争；阿根廷为保护本国能源产业，决定强制收购西班牙石油巨头雷普索尔在阿股份……

　　"贸易保护主义已构成拉美经济可持续增长的一大威胁。"墨西哥总统卡尔德龙在会上强烈呼吁拉美国家摒弃"短视"的贸易保护主义，积极营造更加开放和自由的贸易环境，"在世界经济受到严峻挑战的背景下，拉美各国应相互增进贸易往来，而不是增加贸易壁垒，更应鼓励公共和私人投资而非抑制投资"。智利经济部长隆盖拉以智利近 30 年经济飞速增长为证，力促拉美国家从长远和大局出发，着力减少关税壁垒，提升区域内部贸易往来。

　　改编自：邹志鹏, 姜波, 张翔. 拉美对世界经济贡献率上升 贸易保护主义加剧 [J]. 人民网. 2012-04-21.

6.1 国际贸易政策概述

6.1.1 贸易政策的含义及其分类

1. 贸易政策的含义

贸易政策，从世界范围考察，即国际贸易政策，是世界各国贸易政策措施的总和，体现了世界贸易体制和贸易政策系统；从特定的国家出发，即对外贸易政策，是指一个国家在一定时期内影响其进出口贸易的政策措施的总和，是一国政府在其经济发展战略的指导下，运用经济、法律和行政手段，对进出口贸易的方向、数量、规模、结构和效益进行管理和调节的原则、依据和措施体系。

广义的对外贸易政策是指涉及进出口贸易的国家干预和调节行为，是一国根据一定时期内政治经济的基本发展态势和国民经济的总体发展目标，结合本国的资源禀赋、产业结构和经济发展水平所制定的在较长时期内普遍适用的对外贸易原则、方针和策略。体现对外贸易总政策的各种政策措施，包括进出口商品政策、国别或地区政策、国家制定的有关进出口的经营管理体制、法律制度和行政干预措施。狭义的贸易政策则是指关税和非关税措施的政策体系。

2. 贸易政策的分类

（1）按内容的范围划分，贸易政策可以分为对外贸易总政策、对外贸易商品政策和对外贸易国别政策。

（2）按层次划分，贸易政策可以分为单边贸易政策、双边贸易政策、诸边贸易政策和多边贸易政策。

（3）按类型划分，贸易政策可以分为自由贸易政策和保护贸易政策。自由贸易政策是指国家采取对贸易行为不加任何干预的政策，即既不鼓励出口，也不限制进口，使商品自由进出口，在国际市场上自由竞争。国际贸易几百年的历史表明，完全意义上的自由贸易政策是不存在的，当今的自由贸易政策表现为国家取消对进出口贸易的限制和障碍，取消对本国进出口商品的各种特权和优惠的自由化过程。保护贸易政策是指政府采取广泛利用各种限制进口的措施保护本国市场，削弱外国商品的竞争力，并对本国出口商品给予优惠和补贴以鼓励出口的政策。保护贸易政策是一系列干预贸易行为的政策措施的组合，通常由关税措施和非关税措施组成。

3. 对外贸易政策的执行

（1）通过海关对进出口贸易进行管理。

（2）国家广泛设立各种机构，负责促进出口和管理进口。

（3）政府参与与国际经济贸易相关的国际机构和组织，进行协调。

6.1.2 贸易政策的演变

1. 15—17 世纪：重商主义的保护贸易政策为主

这个时期是欧洲资本原始积累时期。封建主义经济基础逐渐瓦解，资本主义迅速发展。

工场手工业已经产生，货物流通迅速，新兴的商业资产阶级对货币的需求加大，信贷事业开始发展。为了保证国内货币的充分供给，当时的重商主义者第一次提出了"奖出限入"的贸易保护主义政策，希望通过对外贸易顺差增加货币量。恩格斯非常形象地描绘了这种政策的代表性思想，他说："各国就像守财奴一样，双手紧紧抱住自己心爱的钱袋，两眼打量着自己邻居们的钱箱。"

2. 18—19 世纪：自由贸易政策和保护贸易政策并行

英国自 18 世纪中叶开始爆发产业革命，"世界工厂"地位逐步建立并获得巩固，其产品物美价廉，具有强大的国际竞争力。成长起来的英国工业资产阶级要求实行在世界市场上自由竞争的贸易政策，反对各种限制进口的保护贸易措施。通过自由贸易，英国从其他国家获得粮食和原料，并向其他国家提供工业制成品，从中获得高额的贸易利润。当时自由贸易政策取代保护贸易政策的标志有：1849 年，限制从事农产品自由贸易的《谷物法》废除；简化税法，废止旧税率，进口纳税的商品项目从 1841 年的 1163 种减少到 1853 年的 44 种，1882 年再减至 20 种，禁止进口的法令被完全废除；废除限制外国航运业竞争的《航海法》；1813 年和 1814 年废除东印度公司对印度和中国贸易的垄断权，将对印度和中国的贸易经营权下放给所有的英国人；1860 年，英国与法国签订"科伯登条约"，英国对法国的葡萄酒和烧酒的进口税予以降低，法国对英国进口的一些制成品征收不超过从价 30% 的关税，其中还列有最惠国待遇条款；在 19 世纪 60 年代，英国就与别国缔结了 8 项带有最惠国待遇条款的条约。

当英国大力鼓吹自由贸易时，工业生产刚刚起步的美国和德国却实行了保护贸易的政策。1791 年汉米尔顿提出的"制造业报告"中认为，为使美国经济自立，应当保护美国的幼稚工业，其主要方式是提高进口商品的关税。19 世纪 70 年代以后，德国的新兴产业资产阶级为避免外国工业品的竞争，不断要求实施保护贸易措施。1879 年，德国首相俾斯麦改革关税，对钢铁、纺织品、化学品、谷物等征收进口关税，并不断提高关税率，而且与法国、奥地利、俄国等进行关税竞争，使德国成为欧洲高度保护贸易的国家之一。

3. 20 世纪至今：保护贸易政策为主，出现了政策类型多样化和世界范围的贸易自由化的现象

在第一次世界大战和第二次世界大战之间，世界经济发生了巨大变化，垄断削弱了竞争，20 世纪 30 年代资本主义世界发生了空前的经济危机，使市场问题进一步尖锐化。在大危机的冲击下，许多国家都提高了关税，通过外汇限制和数量限制等办法限制进口；同时，国家积极干预外贸，鼓励出口。英国抛弃了自由贸易政策，超保护贸易政策在全球兴起。

第二次世界大战后，美国取代英国成为经济最发达的国家，出于对外扩张的需要，美国积极推行战后贸易自由化，在其推动下，1947 年缔结了全球性的《关税与贸易总协定》，从 1947 年到 1993 年《关税与贸易总协定》的成员不断扩大，并进行了 8 轮多边贸易谈判，大幅降低了进口关税税率。然而，在全球经济发展不平衡的背景下，发达国家之间的贸易自由化超过发达国家对发展中国家的贸易自由化，区域性经济集团内部的贸易自由化超过对外的贸易自由化，不同产品上的贸易自由化程度也不一致。

20 世纪 70 年代世界性经济危机再次爆发，出现了新贸易保护主义，表现为非关税壁垒不断增高；在《关税与贸易总协定》"有秩序的销售安排"名义下，搞"灰色区域措施"；以保护知识产权名义加大对发展中国家的歧视性贸易安排；日本、法国、英国和美国针对重要产业和支柱产业，开展战略性贸易保护。

20世纪90年代之后，随着世界经济的好转和经济全球化的加速，贸易自由化在已有基础上，进一步向纵深发展，成为世界各国对外贸易政策的主流。1995年世界贸易组织成立，取代《关税与贸易总协定》成为多边贸易体制的组织和法律基础。地区性经贸集团主动推行贸易自由化，欧盟不仅实现商品、生产要素的自由流动，还发行了统一的货币——欧元，北美自由贸易区在2003年前实现了货物和大部分服务贸易的自由化，在亚洲地区，东盟十国和中日韩的经贸合作也在不断深入。

然而，2008年以来，美国次贷危机引发了全球性金融危机，欧洲国家深陷主权债务危机泥潭，主要发达国家的贸易保护主义呼声又一次加大，发展中国家和新兴工业化国家的工业品出口成为抵制对象。

6.2　保护贸易政策的理论基础

在经济全球化的趋势下，各国开放度不断提高，但没有哪个国家愿意完全放弃对本国经济与市场的保护。自由贸易政策和保护贸易政策都有各自的理论基础。古典主义的绝对优势理论和比较优势理论、新古典主义的要素禀赋论，以及当代主要贸易理论都属于自由贸易理论。但是为了更好地理解各国贸易政策及贸易行为，需要了解保护贸易主义理论。最早的保护贸易理论是重商主义（详见本书第2章），随着各国经济的不断发展，还相继出现了幼稚产业保护理论、贸易乘数理论和战略性贸易政策理论。

6.2.1　幼稚产业保护理论

1. 幼稚产业保护理论的产生

幼稚产业保护理论可以追溯至18世纪美国独立后的首任财政部长亚历山大·汉密尔顿。他在1791年的《关于制造业问题的报告》中率先提出为了保护幼稚产业而实施贸易保护的观点。随后，弗里德斯希·李斯特将这种思想发展成为理论。保护幼稚产业一直是实施贸易保护最具说服力的理由。

幼稚产业保护理论是世界经济发展不平衡的产物。18世纪末和19世纪初，英国率先完成工业革命，而美国和德国则刚刚开始工业革命。英国的产品物美价廉，德国和美国的产品难以与其竞争。随着《谷物法》的废除，英国主张实施自由贸易政策，并以自由贸易理论为依据，主张实现贸易自由化。如果英国产品能够自由进入美国和德国市场，必将对两国经济产生巨大的冲击，导致两国无法顺利实现工业化。为避免这一冲击，美国和德国需要对其相应产业加以保护，并需要相应的理论来支持贸易保护行为。幼稚产业保护理论应运而生。

2. 幼稚产业保护理论的主要观点

弗里德斯希·李斯特在1841年出版的《政治经济学的国民体系》一书中，发展了由汉密尔顿提出的保护幼稚产业的观点，其主要论点如下。

1）经济发展阶段论

李斯特将一国经济的发展历程分为5个阶段：原始未开化阶段、畜牧阶段、农业阶段、农工业阶段和农工商业阶段。他认为，一国在经济处于不同的发展阶段时，应采用不同的贸易政策。例如，处于农工业阶段的国家应采用保护主义的贸易政策，原因是此时本国工业虽有所发展，但发展程度低，国际竞争力差，不足以与来自处于农工商业阶段的国家的产品竞争。如果采用自由贸易政策，不但无法享受贸易利益，还会令经济遭受巨大冲击。

2）生产力论

虽然亚当·斯密的绝对优势理论和大卫·李嘉图的比较优势理论都显示自由贸易能够为贸易参与国带来明显的贸易利益，但李斯特认为，自由贸易固然有益，但由此产生的贸易利益却不足以作为实行贸易自由化的依据。他认为，自由贸易理论是基于静态分析方法和世界主义的立场得出的理论，由此产生的贸易利益应被视为静态的贸易利益，而现实世界并非时时处于静态的理想状态。如果按照比较优势进行贸易，尽管落后国家能够获得一些短期贸易利益，但从长远来看，该国生产财富的能力无法得到应有的发展。由于各国在任何时候都会将本国利益置于首位，当自由贸易损害其实际或潜在利益的时候，该国有争取自己的经济利益的权利，因此落后国家在面临来自发达国家强有力的竞争时，为了"促进生产力的成长"，有理由采取保护产业的措施。以当时的经济背景为例，李斯特指出，对于处于农工业阶段的美国和德国，如果与处于农工商业阶段的英国进行自由贸易，即使能够获得短期贸易利益，但长期生产力将受到损害，创造财富的能力也将受到制约。从长期来看，一个国家追求的应是财富的生产力，而非财富本身。"财富的生产力比之财富本身，不知道要重要多少倍；它不但可以使已有和已经创造的财富获得保障，而且可以使已经消失的财富获得补偿。"

3）国家干预论

与重商主义一样，幼稚产业保护理论也强调国家在贸易保护中的重要作用。李斯特认为，政府不能只做"守夜人"，而要成为"植树人"，应使用积极的产业政策和关税等手段保护国内市场。

4）关税保护制度

李斯特认为，应采用关税制度实现贸易保护。该制度的设计应体现以下几点。

（1）差别关税率。以对幼稚产业的保护为出发点，对不同的产业征收不同的关税。例如，对与国内幼稚工业相竞争的进口商品征收高关税，同时以免税或低关税的方式鼓励进口国内无法自行生产的机械设备。

（2）有选择性的保护。并非对所有工业都加以保护，只有那些经过保护可以成长起来并具备国际竞争力的产业，才需要对其加以保护。

（3）适时调整。对幼稚产业的保护不是无休止的，而是有期限的，超过规定的期限，即使该产业没有成长起来，也要解除对它们的保护。

需要注意的是，李斯特并不否认自由贸易政策的一般正确性。他认为，当一个国家摆脱了落后状态，即实现了工业化后，可以选择自由贸易政策。这是幼稚产业保护理论与重商主义和后面即将提到的贸易乘数理论的不同之处。

3. 幼稚产业保护理论的图示

图6-1是幼稚产业保护理论的图示。DD 表示随时间变化本国幼稚产业的生产成本线，WW 是该产业在优势国家的生产成本线。幼稚产业保护理论认为，保护的意义在于使本国的生产成本在 T_1 后降到优势国家的生产成本之下，从而获得该产品的生产优势并成为该产品的出口国。

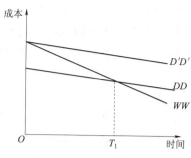

图 6-1　幼稚产业保护论的图示

4. 幼稚产业的选择标准

在现实中，运用幼稚产业保护理论的关键是对幼稚产业的确定。对于如何选择需加以保护的产业，李斯特并未提出具体标准，只提出接受保护的应该是国内幼稚而有发展前途的产业，并能够在接受保护后的一段时间内成长起来。如何确定幼稚产业的确是个难题，如果选择不当，必然造成资源浪费。例如在图 6-1 中，如果所选幼稚产业的成本变化曲线是 $D'D'$，则成本无论如何都无法低于优势国家水平。关于幼稚产业的判定标准有很多，在此介绍 5 个有代表性的观点。

（1）穆勒标准：潜在竞争力标准。该标准认为在政府的保护下，落后产业通过采取改进技术等措施，能够迅速形成国际竞争力，并最终在自由贸易条件下取得独立自主的生存和发展能力，这样的产业是幼稚产业。

（2）巴斯塔布尔标准：现值标准。该标准引进经济分析的现值概念，认为被保护的产业不仅需具有潜在的国际竞争力，并且在未来所获利润的现值一定要大于为保护它所付出的社会成本。如果不满足此条件，该产业就不能被视为幼稚产业。

（3）肯普标准：外部经济标准。该标准在包括前两个标准的同时，又提出外部经济的标准。这种观点认为，经由前两种标准所界定产业中的企业，即使没有政府的保护，企业利润最大化的目标也会促使企业不断发展，因此无须政府保护。只有具有外部规模经济的产业，如产业的知识可以被其他企业模仿或无偿使用的企业，才应该受到政府的扶植和保护。

（4）小岛清标准：总体经济发展标准。小岛清认为，前面的判断标准都是根据个别企业或个别产业收益与成本的比较，并不合理。合理的做法是：应将要素禀赋比率和比较优势的动态变化作为幼稚产业的判断标准。只要有利于国民经济的整体发展，即使某些幼稚产业不符合前面的标准，也值得对其加以保护。这种标准要求所保护的产业能够带来经济增长，即生产可能性曲线的扩张。

（5）筱原三代平标准：产业基准标准。这一标准包括"收入弹性基准"和"生产率上升基准"。"收入弹性基准"是指将收入弹性高的产业作为优先发展产业。原因是这类产业具有广阔的市场，可以为企业提供成长的空间。"生产率上升基准"是指优先选择生产率上升快和技术进步率高的产业作为接受保护的幼稚产业，并提高其在整个产业结构中的比重。

5. 对幼稚产业保护理论的评价

一方面，幼稚产业保护理论具有理论上的合理性。即使自由贸易的倡导者约翰·穆勒，也将幼稚产业保护理论作为贸易保护"唯一成立的理由"。幼稚产业保护理论对现实产生了广泛的影响力，世界贸易组织也以该理论为依据，制定了幼稚产业保护条款。该条款允许成员为了建立一个新工业或为了保护刚刚建立不久且不具备竞争力的工业采取限制进口的措施，对于被确认的幼稚产业可以采取对该产业的进口商品实行提高关税、发放进口许可证和征收临时进口附加税的方法加以保护。

另一方面，幼稚产业保护理论在实践中却收效甚微。原因可能是对于幼稚产业无法准确界定。虽然，发展中国家都很注重保护幼稚产业，但多数未能获得预期效果，反而付出了惨痛代价。例如，我国保护了多个像汽车这样的产业，结果却使国产轿车的价格远远高于汽车的国际价格。

 专栏 6-1

中国汽车业不能再做政策庇佑下的"幼稚产业"

在我国的汽车产业中，关于出台自主品牌保护措施的呼声一直很高。有人认为，政府官员应该带头乘坐自主品牌汽车，公务用车应向自主品牌倾斜；也有人认为，应对自主品牌车企进行减税；还有政府官员认为，随着合资品牌规模的扩大、生产流程的优化，自主品牌的相对成本优势被削弱，在这种情况下想让自主品牌发展起来，没有保护措施是根本不行的。

但是我国的汽车产业已不再是幼稚产业。近年来，我国的汽车产业规模迅速扩大，已成长为国民经济的重要支柱产业。到 2011 年，我国连续两年成为全球第一大汽车生产国和新车消费国。我国的汽车工业总产值也由 2001 年的 4 433 亿元增至 2010 年的 43 357 亿元，十年间，增长了近九倍。其间还诞生了一大批大型的汽车生产企业，生产集成度明显提升，汽车工业在我国国民经济中发挥着越来越重要的作用。

另外，行业发展环境也不再一样。20 世纪 90 年代，国家从各个方面对汽车产业给予了强有力的支持，对汽车实行了高关税保护，当时轿车整车的进口关税一度高达300%。2001 年入世后，我国严格履行入世承诺，采取阶梯式的方式，逐年降低汽车进口关税。自 2001 年到 2006 年，我国汽车及其零部件的平均进口关税水平由 31.7% 降低到 13.4%。2011 年，共有 29 项汽车产品实行了进口暂定税率，平均关税为 7.2%，这一措施促进了引进、消化、吸收、再创造的良性循环局面的形成，对增强国产汽车的品质、性能，尽快提高竞争力起到了积极的推动作用。

现在之所以不能采纳所谓的"幼稚产业保护理论"，是因为"暂时性"的保护政策很难取消。今天要求配额，明天要求减税，后天要求保护价，这样的政策其实是在为产业的无效率发展提供便利，一旦保护不复存在，它们便会在与国外同类产业的竞争中走向灭亡。

一个正面的例子是我国的电视机产业。入世前，我国的电视机行业由于高度的市场化竞争，企业间屡屡发生价格大战，虽然战役惨烈，但是产业健康、高效。入世后，我国的电视机产业非但没有被国外的电视机厂家吞并，反而进一步增强了竞争力。据市场研究公司 Display Search 发表的研究报告显示，三星电子 2011 年第二季度在中国 3D 电视机市场的份额从第一季度的 18.3% 下降至 9.3%。而 2010 年第四季度三星电子的市场份额曾高达33%。与此相反的是，创维、海信和康佳等中国电视机厂家的市场份额在2011年第二季度显著增长。

世界汽车产业发展的实践表明，保护要适度，政策扶持对汽车产业的发展固然十分重要，但那仅限于起步阶段。要让产业在一定的竞争压力下强身健体，尽快成长，以寻求生存之路，而不能在政策的庇佑下长期处于低效状态，以致缺乏竞争力。我国的汽车产业如果想参与国际竞争，必须遵守市场规则，化压力为动力，全面提高自身竞争力，这样才能成为国民经济的支柱而不是包袱。

节选改编自：王志强. 中国汽车业不能再做政策庇佑下的"幼稚产业"[J]. 中国经济网，2011-09-16.

6.2.2 贸易乘数理论

1. 贸易乘数理论的思想基础

贸易乘数理论的思想基础是凯恩斯的乘数理论。该理论将贸易视为解决经济萧条并维持经济稳定增长的途径。凯恩斯认为，有效需求不足是造成经济萧条的重要原因。从贸易角度来看，政府可以利用保护贸易政策来增加净出口，提高有效需求。凯恩斯在《就业、利息和货币通论》的第23章阐明了有关贸易问题的观点。他认为，保持贸易顺差有两方面的作用：可以增加对本国产品的有效需求，有助于克服经济萧条；可以增加货币供给，令利率下降，投资增加，有效需求随之增加。后凯恩斯主义者将乘数理论引入该思想，提出正如投资或消费的增加会带来产出增加一样，进口的增加将导致产出减少，其减少的规模要成倍于增加的进口规模；同时，出口的增加将导致产出增加，其增加的规模将成倍于增加的出口规模。乘数理论对于处于经济衰退中的国家有巨大的吸引力。减少失业和保证经济的持续增长是这些国家首要的经济目标。在扩大消费与投资的同时，扩大出口并减少进口成为实现该目标的贸易行为取向。

需要注意的是，凯恩斯指出，贸易顺差过大，可能会产生两方面的负面影响：①对国内产品需求过多，导致物价上涨，产生通货膨胀；②贸易顺差过大导致货币供给过多，利率下降，资本外流。因此，有人称凯恩斯的贸易理论为萧条经济条件下的贸易政策理论。由此可见，凯恩斯也不认为贸易顺差越大越好，而只是将之视为克服经济萧条的手段。

2. 贸易乘数理论的数理推导

下面用简单的数理方式阐述贸易乘数理论。

国民收入关系表达式为：

$$Y = C + I + G + X - M \tag{6-1}$$

其中，Y、C、I、G、X、M分别代表国民收入、消费、投资、政府支出、出口和进口。

消费取决于收入，因此：

$$C = C_0 + \alpha Y \tag{6-2}$$

其中，C_0为不受收入影响的自发消费，α为边际消费倾向。

通常，假定投资和政府支出均与收入无关，因此分别假定投资、政府支出为常量I_0和G_0，即

$$I = I_0 \tag{6-3}$$

$$G = G_0 \qquad (6-4)$$

出口由对方进口国收入决定，通常假定与本国收入无关，为常量 X_0；而进口则取决于本国收入。因此：

$$X = X_0 \qquad (6-5)$$

$$M = M_0 + \beta Y \qquad (6-6)$$

其中，M_0 为不受收入影响的自发进口，β 为边际进口倾向。

将式（6-2）～式（6-6）代入式（6-1），得到：

$$Y = \frac{C_0 + I_0 + G_0 + X_0 - M_0}{1 - \alpha + \beta} \qquad (6-7)$$

由式（6-7）可得出口乘数为：

$$\frac{dY}{dX_0} = \frac{1}{1 - \alpha + \beta} \qquad (6-8)$$

由于不考虑收入对投资的影响，因此进口的全部是消费品。边际消费倾向既包括对本国产品的边际消费倾向，又包括对进口产品的边际消费倾向，为二者之和。因此，边际进口倾向小于边际消费倾向，即 $\alpha > \beta$。由此，$1 - \alpha + \beta < 1$，$\frac{dY}{dX_0} > 1$，即出口乘数为正，且大于 1。换言之，出口的增加将带来产出的增加，其增加的规模成倍于增加的出口规模。

同理，可得进口乘数：

$$\frac{dY}{dM_0} = \frac{-1}{1 - \alpha + \beta} \qquad (6-9)$$

由此可见，进口乘数为负，且绝对值大于 1，即进口的增加将导致产出减少，且减少的规模大于进口增加的规模。

3. 对贸易乘数理论的评价

贸易乘数理论将贸易保护的范围进一步扩大，将贸易盈余作为解决本国失业和促进经济增长的外部手段。如果各国都以此理论指导贸易行为，必将导致贸易规模的缩小和贸易利益的损失，不利于世界经济一体化的发展和国际分工的进一步深化。

6.2.3 战略性贸易政策理论

1. 战略性贸易政策理论的含义和产生背景

所谓战略性贸易政策，是指一国政府在不完全竞争和规模经济的条件下，利用生产补贴、出口补贴及保护国内市场的各种措施来扶植本国战略性产业的成长，增强其在国际市场上的竞争力，占领他国市场，获取规模报酬和垄断利润的贸易政策。战略性贸易政策理论是新贸易理论的延伸，之所以被冠上"战略"二字，则是因为政府在制定贸易政策时会把贸易对手国的反应考虑在内。伯兰特将战略性贸易政策解释为能够决定或改变企业间战略关系的贸易政策，而企业间的战略关系即企业间相互依存，一方的决策效果受其他企业决策的影响。

战略性贸易政策理论出现于 20 世纪 80 年代，是经济学家改变分析方法所得出的结果。克鲁格曼将该理论的出现归结于 3 个因素。首先，贸易在美国及世界经济中的地位发生了变化。20 世纪 80 年代，无论是在本国市场还是在国际市场，美国厂商都要面对外国企业的竞争，此时贸易对经济发展的作用已不容忽视。而在此之前，贸易在美国处于次要地位，美国的厂商主要在国内竞争，竞争的对手主要也是本国厂商。面对外国产品的强大竞争力，为维护本国企业的利益，美国政府着手干预贸易。其次，此时国际贸易的特征也发生了一些变化，它影响了美国和其他国家。最后，经济学的发展也改变了经济学家对贸易问题的分析方法。20 世纪 70 年代，对产业组织理论的研究取得重大创新，出现了一种分析由相互竞争的少数厂商构成的寡占市场的新方法。经济学家开始使用这一分析方法分析贸易问题。在此之前，对贸易的分析以完全竞争的市场结构为基础。然而很多市场都处于不完全竞争的状态，类似波音公司的垄断厂商在现实中普遍存在。事实上，很多市场都处于存在彼此竞争的几个大企业的状态，呈现寡占的市场结构。在这种情况下，政府的力量可以改变厂商的国际竞争力。

2. 战略性贸易政策理论的选择标准

战略性产业的选择主要基于以下原则：①具有广泛外部经济效应的产业；②具有巨大内部规模经济的产业；③具有巨大外部规模经济的产业；④可能取得出口垄断地位的产业；⑤重要的研发性尖端产业。从以上标准来看，战略性贸易政策理论是保护那些影响深远的高新技术产业和重要的基础工业部门。战略性贸易政策对这些产业的扶植，不仅仅是为了这些产业的自身发展，更是为了利用它们所产生的外部效应。

战略性贸易政策理论的成功实施还需要政府拥有完全的信息并做出准确的判断，能够准确预计保护的成本和收益；若要使受保护的企业长期保持垄断地位，该产业须具有很高的进入壁垒，保持寡占的市场结构，以及其他国家不会采取报复式的保护，等等。

战略性贸易政策理论与幼稚产业保护理论有相似之处，即都主张对具体产业加以保护，而不同于贸易乘数理论的全面保护各产业。但战略性贸易政策理论与幼稚产业保护理论有本质的区别，具体体现为：①幼稚产业保护理论是建立在完全竞争的市场结构上，而战略性贸易政策理论是建立在不完全竞争的市场结构上；②幼稚产业保护理论追求的是受保护产业的成长与独立，而战略性贸易政策理论更注重受保护企业的发展所产生的外部经济效应；③幼稚产业保护理论多被用于解释发展中国家对其幼稚产业的保护，而战略性贸易政策理论则多被用于解释发达国家对某些高新技术产业的保护。

3. 以规模经济为基础的战略性贸易政策理论

传统的贸易理论是以自由竞争的市场结构和规模报酬不变作为分析问题的基础，因此自由贸易理论是与该基础相对应的最优贸易政策理论。但在现实的经济世界中，能够影响市场价格的大厂商普遍存在，因此市场中存在垄断因素，并非完全竞争的市场，同时许多产业都存在规模经济。伯兰特和斯本塞及克鲁格曼以规模经济为前提，建立了战略性贸易政策理论的分析框架。

1）伯兰特–斯本塞模型

伯兰特和斯本塞借助产业组织理论及博弈论的研究方法与结果，创造性地探讨了在不完全竞争的市场结构和规模经济的条件下，政府的补贴对生产和出口的影响，建立了战略性贸易政策理论的基本分析框架。1981 年，他们发表了《潜在进入条件下的关税与外国垄断租金的提取》一文。文章指出，在外国寡头垄断的条件下，进口国政府可以以征收关税的方法，从外国寡头厂商那里获得部分垄断租金。这篇论文被普遍认为是战略性贸易政策理论的开山之作。1983 年，伯兰特和斯本塞对政府利用研究开发补贴及出口补贴等"产业战略"政策干预贸易的行为做出了解释。

伯兰特-斯本塞模型建立在古诺市场结构上，即一种产品的市场上有企业甲和企业乙，位于不同的国家，它们的产品同质。这两个企业都向第三个市场出口，同时本国没有对这种产品的需求。由于在资源配置上，没有垄断之外的其他扭曲，因此企业的边际成本也是社会的边际成本。因此，每个国家的福利都可以以企业的利润来衡量。

可以用一个简单的例子来说明伯兰特-斯本塞模型。假设有法国的 A 公司和日本的 B 公司参与竞争，两家企业都能生产一种新产品：高速轻轨列车，两家企业都面临着以下决策：生产或不生产这种新产品。

表 6-1 表明两家企业的决策及利润组合，每一行对应 A 公司的决策，每一列对应 B 公司的决策，每个方框有两个数字，左下方是 A 公司的利润，右上方是 B 公司的利润。

表 6-1　两家企业的决策及利润组合

A 公司 ＼ B 公司	生产		不生产	
生产		−5		0
	−5		100	
不生产		100		0
	0		0	

表 6-1 反映了下列假设：无论哪家企业单独生产这种轻轨列车都可以赢利，但是如果两家企业都生产这种轻轨列车，则两家企业都会受到损失。这是一种典型的"囚徒困境"，在没有其他因素影响下，两家企业博弈的均衡点是都不进行生产，即表 6-1 中右下角的情形。

然则，如果有一家企业能抢先占领市场，结果将大不相同。假设 A 公司能够在 B 公司之前占领市场，那么 B 公司就失去了进入市场的动力。结局就是表 6-1 中右上方的情形，A 公司将获得利润。同样，如果 B 公司提前占领市场，那么结局就是表 6-1 中左下方的情形。

伯兰特和斯本塞认为，政府的参与能够改变这种状况。假设日本政府承诺，如果 B 公司进入市场，政府将给予 25 个单位的补贴。这样两个企业的竞争就成为表 6-2 中的情形。这时，无论 A 公司做出何种决策，日本的 B 公司都可以从生产这种轻轨列车中获利。A 公司发现，如果它选择生产，将不可避免蒙受损失，因此 A 公司将选择不生产，被排除在市场之外。均衡点成为表 6-2 中左下方的情形。由此可见，日本政府的补贴使得法国 A 公司的优势不复存在，而日本 B 公司获得了进入市场的优势。B 公司获得的利润为 125 单位，即补贴使利润的增加比补贴本身更多，因为补贴具有阻止国外竞争的作用。

表 6-2　政府补贴 B 公司的结果

A 公司 ＼ B 公司	生产		不生产	
生产		20		0
	−5		100	
不生产		125		0
	0		0	

战略性贸易政策理论虽然引起了人们的兴趣，但也受到了许多批评。批评者认为，这种理论的实际运用需要准确的信息，而这种信息难以获得。同时，这种政策还有可能被外国报

复。关于信息的重要性，可以用表6-3来说明。在表6-3中，假设A公司具有某种潜在的优势（也许是技术上更高一筹），这时即使B公司同时进入市场，A公司的生产仍是有利可图的。而如果A公司继续生产，B公司则不能获利。在没有补贴的情况下，表6-3中的结局将是右上方的情形：A公司生产，B公司不生产。

表6-3 两家企业竞争的另一种情况

A公司 ＼ B公司	生产	不生产
生产	−20 ＼ −5	0 ＼ 125
不生产	100 ＼ 0	0 ＼ 0

现在假设和前面的情形一样，日本政府为B公司提供了25单位的补贴，这种补贴足以使B公司进行生产，新的结局是两个企业都生产。如表6-4中左上方所示。在这种情形下，B公司得到25单位的补贴，却只获得5单位的利润。

表6-4 政府补贴B公司的另一种情况

A公司 ＼ B公司	生产	不生产
生产	5 ＼ 5	0 ＼ 125
不生产	125 ＼ 0	0 ＼ 0

在表6-2中，政府补贴使本国企业利润增加并且大于补贴本身，而在表6-4中，企业利润小于政府补贴。结局之所以不同，是因为这里的补贴已经不能再起到阻止A公司进行生产的作用。这两种情况起初看起来很相似，但结果却截然不同。由此可见，战略性贸易政策的可行性很大程度上取决于能否准确地获取信息，以便采取决策。

同时，由于产业之间存在关联性，如果一个产业得到补贴，这一产业将从其他产业吸收资源，而使其他产业成本上升。因此，即使政府的政策使某一企业成功地在国际竞争中获得战略优势，也将使其他产业处于战略劣势。为了知道政策是否合理，政府需要衡量它们相互抵消的影响，即政府需要对整个产业链上所有产业的信息都准确掌握。这是非常困难的。

即使战略性贸易政策能够解决信息不完全的问题，它仍将面临外国报复的问题。

2）克鲁格曼的战略性贸易政策理论

1984年，克鲁格曼提出，在市场由寡头垄断且存在规模经济的条件下，一国政府可以通过关税、配额等贸易保护手段将国内市场部分或全部关闭起来，为本国厂商的发展提供国内市场基础，从而获得规模经济效应。克鲁格曼还分析了战略性贸易政策发挥作用的条件、机制和影响，丰富和发展了战略性贸易政策理论。对于战略性贸易政策理论的研究可以归结为3个角度：①用出口补贴帮助本国出口厂商抢夺国际市场份额；②用关税来分割外国垄断厂商的垄断利润；③以进口保护作为促进出口的手段。尽管阐述的角度不同，但三者的基本思想一致：在规模经济和不完全竞争的市场结构下，一国政府可以通过关税、配额等保护措施限制进口，同时利用出口补贴和研发补贴促进出口，增强本国厂商的国际竞争力，扩大其在国际市场上的市场份额，实现垄断利润从外国向本国的转移，提高本国福利。

由于伯兰特与斯本塞及克鲁格曼强调的都是利用国家贸易政策将利润从外国向本国转移的作用，因此他们的理论又被称为战略性贸易政策理论的"利润转移"理论分支。

4. 以外部经济为基础的战略性贸易政策理论

战略性贸易政策理论的第二个分支是"外部经济"理论，它将政府战略性的贸易干预政策看做追求外部经济的手段。该理论认为，政府应该对那些能够产生巨大外部经济的产业进行扶植与保护，因为通常具有巨大外部规模经济的产业就是具有战略意义的产业。由于这些产业具有外部性，而外部性不能为企业所享有，因此单凭企业的自我决策无法使企业发展至社会福利最大化的规模。因此，政府就要通过补贴等保护行为使企业能够发展至社会福利最大化的规模。

补贴可以帮助本国企业扩大市场，提高本国福利。因此，政府有理由在不完全竞争的市场结构下，对具有规模经济的产业实行补贴。但本国企业增加的国际市场份额是从外国企业那里抢来的，外国的福利很可能因此而恶化，这与完全竞争和规模报酬不变情况下贸易可以实现双赢的结论形成鲜明对照。

5. 对战略性贸易政策理论的评价

战略性贸易政策理论具有一定的合理性和说服力，但又存在难以克服的弊病，制约其在实践中的可行性。

（1）难以准确选择战略性产业，很可能出现因战略性产业选择错误而造成资源浪费的情况。与之相似，幼稚产业保护理论也存在这一问题。

（2）战略性贸易政策是一种以邻为壑的贸易政策，以牺牲别国的利益来提高本国福利。因此，该政策很容易引发贸易战，世界贸易规模将因此而缩小，贸易利益下降。

（3）自由进入的市场结构可能导致垄断利润丧失。如果受保护产业的进入无壁垒，则该产业的垄断利润会导致大量企业进入，垄断利润消失，战略性贸易政策将不能实现预期的目标。

（4）政府通过贸易政策支持国内企业，由此可能引发国内企业的"道德风险"，导致企业对政府产生依赖，不利于企业和所属产业的发展与成熟。

 专栏 6-2

波音和空中客车之争

商用航空器工业具有战略性产业的基本特点，如不完全竞争、规模经济、外部经济等。20 世纪 70 年代中期，商用航空器工业已经相当成熟和高度集中，全世界只有 4 家重要的商用飞机制造商：美国的波音、麦道和洛克希德-马丁公司（后来退出商用航空器市场），以及欧洲的空中客车。大型商用飞机的生产需要巨额资本投入、制定全球战略和大批出口订单，在这样的产业中，只有维持一个相当巨额的市场占有量才能达到经济上的盈亏平衡，市场上只能容纳两家大型商用飞机制造公司竞争。

20 世纪 70 年代，美国航空业一直无条件支持自由贸易。波音公司在国会听证会上强调它反对进口限制或者"任何对自由贸易的束缚"。波音此时还没有对空中客车形成足够的重视，它并不寻求贸易救济，而仅仅维持其要求研发援助、税收信托、进出口银行更大力度的出口信贷等传统政策。

20 世纪 70 年代末到 80 年代中期，出现了两大变化：首先，大型民用飞机的推出需要耗费更多的资本，一架新型的大型民用飞机需要耗资 50 亿美元，最少需要售出 400 架飞机才能收回成本。另外，市场单一化，几乎所有公司都争相生产同型飞机——宽体支线飞机，使竞争结构发生了变化，所有公司都在争夺相同的市场。在这个阶段，空中客车变成了一个入侵者。空中客车由法国和联邦德国政府在 1970 年建立，后来发展成为欧洲九国合伙经营。九国政府大量补贴空中客车的研发经费，提供出口信贷，并在制造过程的其他方面提供帮助。

这些战略性政策帮助空中客车在市场竞争中取得巨大成功。受政府补贴的空中客车将它在世界市场中的份额从 20 世纪 70 年代初的 3% 提高到 1979 年的 30%，到 20 世纪 80 年代中期，空中客车已能直接挑战波音和麦道。相应地，美国民用航空业从无条件的自由贸易立场转向战略性贸易政策。从 20 世纪 70 年代末开始，美国公司已对空中客车有颇多抱怨，指责欧洲的出口补贴政策。波音和麦道都呼吁停止"掠夺性的出口信贷战争"。1995 年秋，里根总统将欧洲支持空中客车列入不公平贸易名单。麦道起初想与空中客车建立合资企业，避免两家产品的竞争，此项计划流产后，麦道加快了它对空中客车的起诉申请，宣称空中客车接受补贴而偷走了买主。1987 年，美国谈判官员威胁要动用美国贸易法"301 条款"阻止欧洲飞机出口。此后，欧洲和美国经常为波音和空中客车补贴的事情闹出贸易纠纷来。

资料来源：空客、波音霸启示录. 新浪网，2004 - 11 - 01.

6.3 国际贸易政策的政治经济学

著名的贸易经济学家鲍德温教授（R. Baldwin）曾经指出，20 世纪国际贸易理论的新发展表现为两个分支，一个是以不完全竞争和规模递增为代表的新贸易理论；另一个是国际贸易的政治经济学。

6.3.1 贸易政策的政治经济学视角

运用贸易政策可以改变贸易利益的分配。自由贸易理论虽然证明了国际贸易能够提高一国及世界的整体福利，但各国获得的贸易利益并非均等，各国能够获得的贸易利益取决于实际的贸易条件。因而，各国从国家利益出发选择贸易政策时，常常处于倾向自由贸易或保护贸易的两难境地，并且常有实施贸易保护的冲动，结果往往是背离了效率的原则。

从单个国家来看，任何一项经济政策都可能影响一国的收入分配格局，因而不同社会阶层或利益集团对此会产生不同的反应。受益的一方会支持该政策，而受损的一方则会反对该政策，各种力量交织在一起，最终决定政策的制定或选择。因此，贸易利益作为一个国家参与国际体系的度量，既是经济的，也是政治的。

传统经济学对贸易政策的分析往往与实际情况相差甚远，无法全面解释现实中的贸易干预现象。

（1）从国家利益出发，正统经济学并没有绝对否定产业保护，按照幼稚产业保护理论的主张，应当只保护具有潜在比较优势的新兴产业。但是，一些发达国家保护的往往是已经衰退且无比较优势的夕阳产业。

（2）从国家福利的角度考虑，如果必须对某些产业加以保护，那么应当使用保护成本较低的国内政策，而不是选择会造成国内价格和贸易条件双重扭曲的贸易政策，以免造成更大的福利损失。但在现实中，政府在实施保护时，通常会首先选择贸易政策工具，特别是保护成本很高的非关税壁垒。

（3）贸易壁垒在经济衰退时期比在经济景气时期提高得更多，在进口增长时提高得更快。各国都试图通过贸易限制改变贸易条件来增进自身的福利，但同时也将由此产生的负面影响强加于其他国家，即所谓一国单边贸易政策的"贸易条件外部效应"。如果所有国家都独立和理性地制定贸易政策，各国都会因为选择贸易限制的占优均衡而遭受福利损失。进口关税的单边设置固然有利于贸易政策的制定国，但同时也损害了其他实施自由贸易的国家，必然会引起后者的关税报复（贸易战）。而进口关税的双边设置，不仅使博弈双方都无法有效改善贸易条件，而且降低了彼此的贸易量，从而导致双方的福利状况甚至低于双边自由贸易时的状况。此类现象被西方学者称为贸易条件导致的囚徒困境。

传统贸易理论的分析将贸易政策视为政府追求国家福利最大化而进行的最优选择（如最优关税理论），仅将贸易政策视为外生的，并置于设定的约束条件下来研究，从而忽视了对于贸易政策作为一种公共物品、公共政策和制度安排的分析。

20世纪80年代以来，在认识到贸易政策的决定不仅仅是政府的一种经济选择，同时也是一项政治与社会决策之后，越来越多的经济学家吸收了公共选择理论的思想来研究贸易政策。国际贸易研究的一个新分支——贸易政策的政治经济学（the political economy of trade policy）逐步形成。贸易政策的政治经济学产生的直接原因是建立在传统经济学福利分析基础上的规范贸易理论无法对现实的国际贸易政策进行合理的阐释。

贸易政策的政治经济学是公共选择理论在贸易政策分析领域的具体运用，它试图回答以下问题。

（1）为什么现实中的国际贸易不是自由贸易？

（2）为什么现实中的贸易政策在总体上总是抑制贸易而不是促进贸易？

（3）跨越不同行业、国家及不同制度背景的贸易保护水平的差异性的决定因素是什么？

贸易政策的政治经济学强调，贸易政策并不仅仅是建立在经济学家的成本—收益分析之上的简单效率计量，也与政治因素密切相关。它采用对政治行为进行经济分析的方法，考察政治决策过程中贸易政策的选择和变化、各国的相互作用和国内的结构特征。该理论的主要代表人物有鲍德温（R. Baldwin）、迈吉（S. P. Magee）、塔洛克（G. Tullock）、金德尔伯格

（C. P. Kindleberger）、奥尔森（M. Olson）、布坎南（J. M. Buchanan）、唐斯（A. Downs）、克鲁格（A. O. Kruger）、库思（J. R. Kurth）和巴格瓦蒂（J. Bhagwati）等，他们为贸易政策政治经济学的发展做出了重要的贡献。

6.3.2 贸易政策政治经济学的分析框架

贸易政策的政治经济学研究有两个层次：国际层面和国内层面。

国际层面，即贸易政策的国际政治经济学，该层面更多地考虑国际政治对各国贸易关系的影响，焦点是各国之间贸易政策的博弈。

国内层面，即贸易政策的国内政治经济学，该层面的研究将贸易政策作为政治市场上政府的公共政策决策过程，从国家目标和社会利益分配的角度来解释贸易保护的产生与变化的政治过程，关注的是贸易政策的制定和选择过程的影响因素，包括利益集团、院外活动（lobbying）、公共选择等方面的分析。

一国的贸易政策是国内和国际两方面因素综合作用的结果。虽然，国际贸易改善了一国整体的福利水平，但并非有利于所有社会成员，因为原有的国内收入分配格局由于国际贸易而发生变化。由此可见，作为贸易保护基础的不同社会集团之间存在利益的矛盾与冲突，这也正是贸易政策的政治经济学分析的出发点。

从经济效率（帕累托最优）的目标看，贸易干预政策的福利效果与自由放任贸易政策相比总是次优的，或者说，在理论上总是存在替代贸易干预政策的最佳政策。然而，现实中贸易干预政策在社会的公共选择过程中"优于"自由贸易政策，其真正原因必须从政治市场上寻找。正如产品的价格由市场供求决定一样，一项贸易政策的制定也是由对该项政策的需求和供给决定的。

贸易政策导致的收入分配效应促使政治市场中的参与者——选民或公众、政府、官僚、利益集团乃至外国人，根据各自的既定目标或既得利益产生对新的贸易政策的需求和供给，关税率、补贴率等作为贸易政策的"价格"在政治市场上出清，最终达到均衡稳定状态，从而决定了贸易政策选择的质量（形式）和数量（程度）。究竟是实行自由贸易政策还是实行贸易保护政策，取决于不同利益集团的院外活动。

罗德瑞克（D. Rodrik）描述了贸易政策制定的基本框架，如图6-4所示。

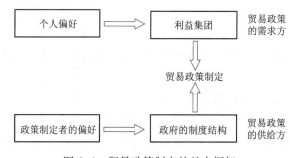

图6-4　贸易政策制定的基本框架

对贸易政策的需求，由相关的个人利益或利益集团，以及代表或反映这些利益的组织所构成。个人利益或利益集团的要求决定其政策偏好，并通过一定的渠道表达出来，对贸易政策的制定产生影响。这些渠道包括：①对政府进行游说；②通过在政府中的代言人（或政党）进行利益表达；③通过民间团体和社会舆论对政府施压；④通过外国政府对本国政府施压。

贸易政策的供给受到政府对政策的偏好及其政策决定机制的影响。政府的政策偏好决定于政府的目标，即政府采取不同政策所达到的目标，而政府的政策目标具有多重性，必须兼顾经济、社会和政治等诸多方面。因此，政府的政策选择受到经济、社会和政治等因素的影响。

在贸易政策的政治经济学分析中，任何一项贸易政策的制定与实施，都是利益集团的需求和政府供给的均衡。

1. 传统贸易政策分析的缺陷

传统贸易理论仅仅在经济分析的框架内考虑贸易政策的决策问题，忽视了政府的目标和行为、政策的决策过程、利益集团的影响等因素对贸易的影响。而贸易政策的政治经济学则分析贸易政策的形成过程，即特殊利益集团、政治家和选民相互博弈。

传统的经济学将政府视为制定和执行公共政策的外生的行动者，为了社会福利选择最优政策，并不遗余力地加以实施，从不考虑自己的利益。这种分析方式割裂了政治学和经济学的关系。

尽管经济学家已经开始意识到，必须与政治相结合分析贸易政策，但是真正对贸易政策的政治经济学进行系统的科学研究则是从公共选择理论被引入贸易理论后开始的。

2. 公共选择理论

公共选择理论运用经济学的分析工具研究非市场集体决策的政治过程，并直接研究政治市场上的政府、党派、官僚、选民和利益集团等活动者的行为。在对经济学理论的前提假设的分析基础上，公共选择理论把"经济人假定"运用到政治市场的分析中，认为政府同个人相似，也有其利益偏好和目标追求，从而使政治学理论的分析建立在比较完善的微观基础之上。

3. 国际贸易政策的政治经济学是公共选择理论在国际贸易学领域的具体应用

国际贸易政策是一项公共产品，而且是一项特殊的公共产品。贸易政策虽然由政府制定，但受政府本身、国内外利益集团和国际贸易体制的约束，涉及方方面面的政治经济因素。贸易政策的政治经济学正是抓住了贸易政策作为公共产品的特征，运用公共选择理论有关公共产品及其他政治经济学的分析方法，把对国际贸易政策的研究与政治学分析框架结合起来，从而更加细致地、更加科学地描述和分析贸易政策的内生性特点。

1）中点选民模型（median voter model）

政治学家使用一种简单的政党间竞争模型来说明选民的偏好有可能在现实政策中得到反映。该模型假定有两个相互竞争的党派，且都愿意承诺能使其在竞选中获胜的任何条件。再假定政策能用单一的变量，如关税率水平加以表述，最后再假定选民的政策偏好不同。例如，假想一国出口技术密集型产品而进口劳动密集型产品，那么具有高技术水平的选民就会赞成低关税率，而具有低技术水平的选民则希望国家实行高关税政策。因此，根据选民对关税率高低的不同偏好，可以将所有选民排成一条直线，其中赞成最低关税率的选民在左边，而赞成最高关税率的选民在右边。那么，两个党派会承诺什么样的政策，答案是他们将尽力找出中间地带，并将目光集中在中点选民，也就是位于直线中间的选民所选择的关税率。因为只有争取到中点选择的支持，才能获得大多数的选票。

然而，在贸易政策的制定中，中点选民模型似乎并没有发挥作用。根据该模型，政策的选择应建立在有多少选民赞成的基础上：一种使极少数人蒙受巨大损失而让大多数人收益的政策应该获得政治上的支持，而一种使广大人民遭受损失而有利于少数群体的政策应该遭到政治上的失败。但实际上，贸易保护政策更符合后一种情况。

2）集体行动理论（collective voter theory）

经济学家曼柯·奥尔森（Mancur Olson）指出，代表团体利益的政治行为是一种利众的行为，即这种行为将有利于团体中所有的成员，而不仅仅有利于实施这一行为的个人。假设某个消费者积极呼吁，要求降低其所喜爱的某种进口商品的关税率，而且这个呼吁的确改变了立法部门的初衷，从而使降低关税率的提案通过。那么所有购买该进口商品的消费者，即使他们并没有花费时间和精力进行呼吁，也可以从关税的降低中获益。

这种政治中的公共品特点意味着那些虽然在总体上损失巨大，但是任何个人的损失都很小的政策不会遭到有效的反对。用奥尔森的话说，就是存在集体行动的困难：当施加压力以谋求某种政策的行为是有利于集团的整体利益时，那么从个人利益出发，谁都不愿意去做。

集体行动难题最容易解决的是在规模较小的群体中（因而群体中的每个人都能从有利的政策中获取一份较大的收益）或在组织良好的集团中（因而组织中的成员能够动员去维护组织的利益）。美国之所以能制定食糖进口配额，其原因就是食糖的生产者形成了一个相当小但组织良好的团体，而且每个成员非常清楚可以获得隐含补贴的大小。然而，广大的食糖消费者甚至并不认为自己是一个共同的利益集团。因此，集体行动理论揭示了为什么有些政策不但得不偿失，而且受伤害的人也远超过受益的人却仍然被采纳。

3）国内市场失灵理论（domestic market failure theory）

自由贸易理论指出贸易可以带来生产者剩余与消费者剩余，然而反对自由贸易的人认为，国内往往存在市场失灵，使得生产者剩余无法实现。例如，某一部门使用的劳动力到其他部门可能失业或半失业，资本市场或劳动力市场存在缺陷使得资源并不能向高回报部门迅速转移；新兴的或不断革新的行业可能出现技术外溢。上述每一个例子都是国内市场没有发挥应有功能的缘故——劳动力市场没有出清、资本市场没有有效的分配资源等。

还有一种情况：如果生产某种产品积累的经验可以提高整个社会的技术水平，但是该部门的厂商并不能获取这一利益，厂商在决定产量的时候就不会把它考虑在内。也就是说，增加该产品的生产可能会产生边际社会收益，但完全由厂商自由决策的生产和贸易量无法获得这一部分边际社会收益。这就为征收关税或采取其他贸易政策提供了合理依据。

国内市场失灵理论实质上就是经济学中所说的次优理论的特例。次优理论认为，在任何一个市场上，只有所有其他市场都能正常发挥作用时，实施自由放任政策才是最理想的政策，如果不是这样，政府干预造成的某一市场激励机制的扭曲就有可能抵消其他市场失灵的结果，从而增加社会福利。比如，如果劳动力市场功能失常而无法实现充分就业，那么对劳动密集型产业进行补贴的政策也许可以促进就业。这种政策在充分就业的情况下不可采纳，但在劳动力市场失灵时就不失为一个好办法。当然，厂商通过采用弹性工资，可以更好地调节劳动力市场，但是如果由于某些原因无法做到这一点，那么政府对其他市场进行干预可能是解决该问题的次优方法。

当经济学家把次优理论运用到贸易政策中时，他们认为，国内市场的失灵可以通过干预对外经济关系的行为得到矫正。反对这种观点的经济学家认为，国内市场的失灵，应当由直接针对问题根源的国内政策来修正，使用间接的政策会导致社会其他部门行为的扭曲。

➡ 本章关键术语（中英文对照）

中　　文	英　　文
贸易政策	trade policy
自由贸易	free trade
保护主义	protectionism
幼稚产业	infant industry
贸易乘数	trade multiplier
战略性贸易政策	strategic trade policy
国际贸易的政治经济学	the political economics of international trade
国内市场失灵	domestic market failure
中点选民	median voter
集体行动	collective action

➡ 复习思考题

一、单项选择题

1. 对外贸易的乘数作用表现在（　　　）。

A. 顺差或逆差对国民收入的倍增效应　　B. 顺差对国内投资的倍增效应

C. 对国民收入的对等效应　　D. 逆差对国内投资的倍缩效应

2. 李斯特认为，处于农工业阶段的国家应采取的贸易政策是（　　　）。

A. 自由贸易政策　　B. 保护贸易政策

C. 管理贸易政策　　D. 超保护贸易政策

3. 凯恩斯主义的贸易理论属于（　　　）。

A. 自由贸易政策　　B. 保护贸易政策

C. 关税同盟理论　　D. 战略性贸易政策

二、简答题

1. 简述一国对外贸易政策如何执行。

2. 简述幼稚产业保护理论的关税设计原则。

3. 简述幼稚产业的选择标准。

4. 简述战略性贸易产业的选择标准。

三、论述题

1. 试述凯恩斯主义贸易保护主张的出发点与李斯特幼稚产业保护理论出发点的区别。
2. 试述战略性贸易政策理论与幼稚产业保护理论的区别。
3. 运用集体行动理论，分析为何对大部分消费者不利的保护贸易政策能够得以实施。

➡ 知识拓展

贸易政策与经济发展战略

第二次世界大战后，随着世界殖民体系的瓦解，各国在选择如何利用对外经济关系、运用对外贸易战略、实现工业发展的道路上，形成了 3 种不同的模式。

（1）初级产品出口工业化战略。这是指通过扩大初级产品出口促进经济发展的一种工业化战略，也称为初级外向战略，是 20 世纪 50 年代初一些后起的民族主义国家不得不采取的策略。其对工业的意义主要表现在利用资源优势获取工业化所需的资金和技术，促进辅助工业的发展等。但其不足之处也很明显，由于初级产品的市场和价格极不稳定，导致经济发展不稳定，经济单一性和对发达市场的依附性使工业化战略难以贯彻。

（2）进口替代工业化战略。这是指在限制一些产品进口的同时，发展这些产品的国内生产，用国产品满足本国市场需求，逐步扩大本国的工业基础。这是用国产品替代进口产品的工业化过程。该项战略的特征是鼓励外商投资、高关税、数量限制与本币币值高估相配合的保护贸易政策，被称为内向型战略。

进口替代工业化的意义较显著，表现为建立工业基础的直接的经济成长效应；扩大就业的经济增长效应和减少进口的外汇节约效应。但其缺陷也不言而喻，包括保护措施的负效应、生产受国内市场规模制约、出口增长受阻等。

（3）出口导向工业化战略。这是指通过建立以面向国外市场为主的加工工业，增强本国产品在国际市场的竞争能力，以出口带动整个国民经济的繁荣，即以发展制成品出口带动工业化的发展。该战略属于中级外向战略。

出口导向工业化战略采取较为开放的鼓励出口的贸易政策体制，吸引外商投资、本币贬值以增强出口竞争优势等。其对工业化的意义表现在生产规模不受国内市场约束而能获得规模经济优势；促进生产力发展的经济成长优势；扩大就业和收入增加的经济增长优势；开辟外汇收入渠道的资金积累优势。但由于其开放的特征，世界经济中的不利因素通过贸易传导会带来相应的市场、金融和政策等风险。

资料来源：宋钟棣，郭羽诞，兰宜生. 国际贸易学［M］. 上海：上海财经大学出版社，2005.

➡ 补充阅读材料

［1］任重. 论国际贸易理论的演进和战略性贸易政策的兴起［J］. 中央财经大学学报，2008（7）.

［2］薛荣久. 经济全球化下贸易保护主义的特点、危害与遏制［J］. 国际贸易，2009（3）.

［3］覃成林，李超. 幼稚产业保护与"李斯特陷阱"：一个文献述评［J］. 国外社会科学，2013（1）.

［4］康增奎. 幼稚产业的选择标准及测度［J］. 经济纵横，2012（10）.

[5] 佟家栋，刘程．逆全球化的政治经济学分析 [J]．经济学动态，2018（7）．

[6] 唐宜红．当前全球贸易保护主义的特点及发展趋势 [J]．人民论坛·学术前沿，2017（9）．

[7] 严鹏．战略性工业化：一个新李斯特主义工业化理论 [J]．清华大学学报（哲学社会科学版），2015（5）．

[8] 战岐林，李正旺，曾小慧．贸易保护行为的政治经济学分析：基于面板数据的实证检验 [J]．经济问题，2012（9）．

[9] 顾振华，沈瑶．利益集团影响下的贸易保护：一个贸易政治经济学的文献综述 [J]．经济问题探索，2016（12）．

[10] 徐元康．战略性贸易政策的政治经济学评析：以美国为例 [J]．现代经济探讨，2014（6）．

[11] 魏龙，潘安．R&D 补贴、技术创新与战略性贸易政策 [J]．国际贸易问题，2013（11）．

[12] 余道先，刘威．战略性贸易政策理论的产生、发展及研究展望 [J]．当代经济研究，2009（4）．

第 7 章

国际贸易政策工具：关税

学习目标

➢ 了解关税的含义、性质、特点和作用；

➢ 理解关税的分类；

➢ 掌握关税的经济效应分析。

导入案例

美国政府可能将进口车关税提升 10 倍到 25%

2018 年 5 月，特朗普政府要求商务部调查是否可以使用国家安全法对所有美国汽车进口征收更高的关税，包括组装车辆和汽车零部件。特朗普公开表示由于进口汽车关税不平等，将在增加钢铝进口关税后，考虑将所有进口汽车关税提高到 25%。

按照世界贸易组织（WTO）协议，除了与美国有自由贸易协定的国家之外，美国进口汽车关税为 2.5%，卡车进口关税为 25%。而加拿大和墨西哥因为此前和美国签订了北美自由贸易协定（NAFTA），可以享受向美国进口汽车零关税的优惠。

由于税收优惠较大，众多汽车品牌都在加拿大和墨西哥设厂建造汽车。对美国出口的汽车占墨西哥汽车出口总量的 60%。统计机构 Statista 的数据显示去年占美国汽车进口（按价值计算）前四的分别是墨西哥、加拿大、日本和德国，其中墨西哥和加拿大分别占 24% 和 22%。但这不是美国总统特朗普乐意看到的。为了推行竞选政策，完成"把工作带回美国国内"的目标，美国白宫已经开启了多次税改方案和边境税调整方案，还要求尽快重新开启新北美自由贸易区谈判，目的是调整此前 NAFTA 的优惠关税，从而保护美国国内的制造商，增加国内就业岗位。

这也的确让部分车企开始将投资目光转向美国。福特汽车公司去年在特朗普多次批评后，取消了在墨西哥设立16亿美元装配厂的计划。而丰田汽车公司则宣布计划在美国建造价值16亿美元的卡罗拉轿车工厂。此前丰田公司是计划在墨西哥制造该车型。

增长25%的关税后，对欧盟和日本等国都将造成很大的影响。多名马自达和三菱的汽车经销商昨天向《华尔街日报》反映称，一旦进口汽车关税增加到25%，日系车价格便宜的优势将不再存在。美国汽车销售游说团队则表示，增加到25%的关税将使美国进口汽车的平均价格上涨5 800美元。

中国对进口汽车征收25%的关税，在过去三十年间，中国进口汽车关税已经下调了9次，从最初的100%～200%降至2006年调整的25%。2018年5月22日，财政部宣布将进口汽车整车税率从25%下调到15%，汽车零部件税率则降低到6%。而对进口汽车严格管制的新加坡对进口汽车则通过征收45%的关税来控制国内汽车数量的增长。伊朗则因为常年国际制裁，政府将外国汽车进口关税维持在90%以上，而巴西则向进口汽车征收超过100%的关税。

资料来源：美国政府可能将进口车关税提升10倍到25%. 腾讯网，2018-07-19。

由导入案例可见，虽然通过国际分工和自由贸易，各国的福利水平都会得到提高。可是在现实中，自由贸易却受到许多国家各种政策的干涉，其中最主要、最普遍的贸易政策工具就是关税和非关税贸易壁垒。本章主要从关税的概念、类别、作用及经济效应等方面进行介绍关税的相关知识。下一章我们将学习非关税壁垒的相关知识。

7.1　关　税　概　述

本节主要介绍关税的含义、性质和特点，关税的作用和关税的分类。

7.1.1　关税的含义

关税（customs duties；tariff）是进出口商品经过一国关境时，由政府所设置的海关向其进出口商所征收的税收。

海关（customs）是设在关税境域上的国家行政管理机构，是贯彻执行本国有关进出口政策、法令和规章的重要机构。关税征收是通过海关执行的。海关的任务是根据国家进出口政策、法令和规章对进出口货物、货币、金银、行李、邮件、运输工具等实行监督管理，征收关税，查禁走私，临时保管、统管货物和统计进出口商品等。海关还有权对不符合国家规定的进出口货物不予放行、罚款，甚至没收或销毁。

关境是海关征收关税的领域，也是海关管辖和执行海关各项法令与规章的区域。一般来说，关境和国境是一致的，但是有些国家在国境内设有自由港、自由贸易区和出口加工区等经济特区，这些地区不属于关境范围之内，这时候关境小于国境。有些国家之间缔结关税同盟，因而参加关税同盟的国家的领土即成为统一的关境，这时候关境大于国境。

7.1.2 关税的性质和特点

1. 关税的性质

关税是国家财政收入的一个重要组成部分。关税和其他税收一样，具有强制性、无偿性和预定性等特征。

（1）强制性。强制性是指纳税人必须无条件服从，而不是一种自愿献纳，凡需要纳税的都要按照法律规定无条件地履行自己的义务，否则就要受到法律的制裁。

（2）无偿性。无偿性是指征收的税收，除特殊情况外，都是国家向纳税人无偿取得的国库收入，国家不需要付出任何代价，也不必把税款直接还给纳税人。

（3）预定性。预定性是指国家事先规定一个征税的比例或征税数额，征、纳双方都必须共同遵守执行，不得随意变化和减免。

2. 关税的特点

（1）关税是一种间接税。关税的主要征收对象是进出口商品，其税负是由进出口商先行垫付，然后将其作为成本的一部分计入商品的价格，转嫁给最终消费者，因此关税属于间接税。

（2）关税的税收主体和客体分别是进出口商和进出口货物。在税法中，征税涉及税收主体与客体。税收主体（subject of taxation）也称课税主体，是指在法律上负担纳税的自然人和法人，也称纳税人（taxpayer）。税收客体（object of taxation）也称课税客体或课税对象。关税的税收主体是本国的进出口商。当商品进出国境或关境时，进出口商根据海关规定向当地海关缴纳关税。他们是税收主体、是纳税人。关税的税收客体是进出口商品。根据海关税法和有关规定，海关对各种进出口商品依据不同的税目和税率征收关税。

7.1.3 关税的作用

1. 关税可以调节一国的进出口贸易

许多国家通过制定和调整关税税率来调节进出口贸易。在出口方面，通过低税、免税和退税来鼓励商品出口；在进口方面，通过税率的高低、减免来调节商品进口。对于国内不能生产或生产不足的商品，制定较低税率或免税以鼓励进口；对于国内能大量生产或非必需品的进口，则制定和适用较高税率，以限制进口或达到禁止进口的目的。

此外，关税还可以调整贸易差额。当一国贸易逆差过大时，可以通过提高关税税率或征收附加税限制进口，缩小贸易逆差，但这一做法只具有短期效应。例如，美国20世纪70年代初出现了首次贸易逆差，尼克松政府为应付国际收支危机，实行"新经济政策"，宣布对所有进口商品加征10%的进口附加税，但这一做法并没有根本改变美国贸易收支状况。

2. 关税是一国实施对外贸易政策的重要手段

一国是执行自由贸易政策还是保护贸易政策，贸易保护的程度有多高，实施保护是否存在歧视性等，都在该国的关税政策上有所体现。例如，在自由贸易政策下，多数商品进口免征关税或适用较低的关税税率；在保护贸易政策下，一国往往对进口商品予以限制，限制的主要手段之一就是关税，限制的程度则取决于关税税率的高低。在一国对外贸易关系发展过程中，实施歧视性待遇通常采用的重要做法之一，就是针对来自不同国家或地区的商品适用不同的关税税率。例如，近年来美国贸易保护主义趋势抬头，当美国感到某个国家的货物进口过多或该国对美国出口货物的进口被认为有歧视时，则以对该国出口到美国的货物征收惩罚性关税（一般要征收 100% 的关税）进行威胁，以迫使对方让步。美国曾对中国输美轮胎征收特别保护关税，就属于这种情况。

3. 关税可以促进一国产业结构的调整

一国对于进口竞争性产业所持的态度，是鼓励发展还是抑制发展，或者是任其自由发展，关税政策是完全不同的。如果属于鼓励发展的产业，该国往往对该产业产品的进口通过高关税实施限制，但对该产业发展所需要的设备、原料等则鼓励进口，适用低关税，或者享受免征关税待遇。如果属于不鼓励发展，或者说是计划淘汰的产业，则对相关产业进口不予限制或者较少限制，自然淘汰国内那些衰退（夕阳）产业，或者从资源条件、环境等因素考虑不适合发展的产业。

4. 关税是国家财政收入的重要组成部分

关税是国家税收的一种，组织财政收入是关税的基本职能之一。在早期，关税收入曾占一些国家财政收入的很大比例。例如，1805 年美国联邦政府的财政收入 90%～95% 来自关税，1900 年仍占 41%。而在当今，大多数国家，特别是发达国家的关税所占财政收入比例已经大大下降。例如，1995 年美国关税在其财政收入中的比重约为 2%。但在发展中国家，特别是经济不发达、税源有限的发展中国家，关税仍是重要的甚至主要的收入来源。

7.1.4 关税的类别

关税种类繁多，按照不同的标准，主要可以分为以下几类。

1. 按照征收对象或商品流向不同分类

按照征收对象或商品流向不同，关税可分为进口关税、出口关税和过境税。

1）进口关税

进口关税（import duties）是进口国家的海关在外国商品输入时，根据海关税则对本国进口商所征收的关税。进口关税是在外国货物直接进入关境或国境时征收，或者外国货物由自由港、自由贸易区或海关保税仓库等运往进口国国内市场，在办理海关手续时征收。进口关税是实施贸易保护的重要措施。一般来说，进口关税率随着进口商品加工程度的提高而提高，即工业制成品税率最高，半制成品次之，原料等初级产品税率最低甚至免税。

 专栏 7-1

我国加入 WTO 以来进口关税减让情况

我国加入 WTO 以来，认真履行承诺的关税减让义务，得到国际社会的广泛好评，维护了国家信誉，树立了负责任大国的良好形象。自 2002 年起，我国逐年调低进口关税，关税总水平由 15.3% 调整至 2009 年的 9.8%，农产品平均税率由 18.8% 调整至 2009 年的 15.2%，工业品平均税率由 14.7% 调整至 2009 年的 8.9%。其中，2002 年大幅调低了 5 300 多种商品的进口关税，关税总水平由 2001 年的 15.3% 降至 12%，是加入 WTO 后降税涉及商品最多、降税幅度最大的一年。2005 年降税涉及 900 多种商品，关税总水平由 2004 年的 10.4% 降至 9.9%，是我国履行义务的最后一次大范围降税。此后的几次降税涉及商品范围有限，对关税总水平的影响均不大。2006 年 7 月 1 日，我国降低了小轿车等 42 个汽车及其零部件的进口关税税率，最终完成了汽车及其零部件的降税义务，我国汽车整车及其零部件税率分别由加入 WTO 前的 70%～80% 和 18%～65% 降至 25% 和 10%。2010 年降低鲜草莓等 6 个税目商品进口关税后，我国加入 WTO 承诺的关税减让义务全部履行完毕。

资料来源：中国"入世"降税承诺履行完毕. 新华网，2009-12-16.

2）出口关税

出口关税（export duties）是出口国海关在本国商品输出时对本国出口商所征收的关税。由于征收出口关税会增加出口货物的成本，不利于本国货物在国际市场的竞争，为了追求贸易顺差和获取最大限度的外汇收入，目前大多数国家都取消了出口关税，还在征收的主要是发展中国家。目前，我国对少数货物还征收出口关税，这些商品主要有生丝、有色金属、铁合金和绸缎等。从 2006 年 1 月 1 日起，中国停止征收纺织品出口关税，并对 60 多项出口商品实行暂定税率。

征收出口关税的主要目的如下。

（1）对本国资源丰富、出口量大的商品征收出口关税，增加财政收入。

（2）保护国内生产。针对某些出口的原材料征收关税，以保证国内相关产业的原材料资源供给，防止无法再生的资源逐渐枯竭。例如，从 2006 年 1 月 1 日起，俄罗斯未加工原木的出口关税提高 6.5%，达到 4 欧元/m³；到 2007 年 7 月 1 日，俄罗斯未加工原木出口关税又提高 10%，达到 6 欧元/m³。

（3）维护本国经济利益，限制外国跨国公司在国内低价收购。

（4）控制和调节某些商品的出口流量，防止盲目出口，以保持在国外市场上的有利价格。

（5）转嫁开发费用。对独占产品出口课征转嫁开发和生产垄断产品所需的费用，同时又不影响该产品出口。

3）过境关税

过境关税（transit duties）又称通过关税，是指一国对于通过其关境的外国货物所征收的关税。

当今世界大多数国家实行奖励出口和限制进口政策，因此出口关税减少，进口关税占据主要地位，大多数国家都不征收过境关税。

2. 按照征收的目的不同分类

按照征收的目的不同，关税可分为财政关税和保护关税。

1）财政关税

财政关税（revenue tariff）是以增加国家财政收入为主要目的而征收的关税。随着社会经济的不断发展和其他税源的增加，财政关税在财政收入中的比重相对下降。特别是第二次世界大战后，经过关税与贸易总协定的 8 次谈判，世界范围内关税水平大幅下降，关税的财政作用也在逐渐减弱。

为了达到增加财政收入的目的，对进口商品征收财政关税时，必须具备以下 3 个条件：①征税的进口商品必须是国内不能生产或无替代用品而必须从国外输入的；②征税的进口商品，应是进口数量多、消费量高、税赋力强的商品，如烟、酒、茶、咖啡；③关税税率要适中或较低，如税率过高，将阻碍进口，达不到增加财政收入的目的。

2）保护关税

保护关税（protective tariff）是指以保护国内产业为主要目的而征收的关税。保护关税税率一般都比财政关税高，且随着产品加工程度而递增，通常使进口商品纳税后的价格高出或等于国内相同产品的价格。保护关税政策始于 18 世纪重商主义时期，但现代各国关税保护的重点则有所不同，发达国家所要保护的通常是国际竞争性很强的商品，发展中国家则重在保护本国幼稚工业的发展。

目前，绝大多数国家大量地使用关税作为削弱外来竞争的保护贸易措施，只有极少数发展中国家把关税作为财政收入的主要手段。

3. 按照征收方法或征收标准的不同分类

按照征收方法或征税标准的不同，关税可分为从价关税、从量关税、复合关税、选择关税、滑动关税和差价税。

1）从价关税（ad valorem duties）

从价关税是以商品的价格为计征标准而计算的关税，一般用于工业制成品。从价税额的计算公式为：

$$从价税额＝商品总值×从价税率$$

例 7-1 日本对进口红茶征收 20% 的从价关税，那么进口价值 500 万日元的红茶应征收的关税额为多少？

答：从价税额＝500 万×20%＝100 万（日元）

从价关税的特点如下。①税负合理。同类商品质高价高，税额也高；质次价低，税额也低。加工程度高的商品和奢侈品价高，税额较高，相应的保护作用较大。②物价上涨时，税款相应增加，财政收入和保护作用均不受影响。但在商品价格下跌或其他国对进口国进行低价倾销时，财政收入就会减少，保护作用也会明显减弱。③各种商品均可适用。④从价税率按百分数表示，便于与别国进行比较。⑤完税价格不易掌握，征税手续复杂，大大增加了海关的工作负荷。

在征收从价税中，较为复杂的问题是确定完税价格（dutiable value）。完税价格是经海关审定作为计征关税依据的货物价格，它是决定税额多少的重要因素。由于完税价格标准的选择直接关系对本国的保护程度，各国对此均十分重视。目前，世界各国所采用的完税价格标准很不一致，大体上可以概括为以下 3 种：①成本加保险费和运费价格（即到岸价格 CIF）；②装运港船上交货价格（即离岸价格 FOB）；③法定价格，即海关估价。美国、加拿大等国采用离岸价格来估价，而西欧等国采用到岸价格作为完税价格。也有不少国家故意抬高进口商品完税价格，以此增加进口商品成本，把海关估价变成一种阻碍进口的非关税壁垒措施。为了规范成员方对进口产品的估价方法，防止成员方使用任意或虚构的价格作为完税价格，确保海关估价制度的公平、统一和中立，不对国际贸易构成障碍，WTO 制定了专门的《海关估价协议》——《关于执行 1994 年关税与贸易总协定第七条的协议》。

目前，单一使用从价税的国家并不多，我国采用的是混合税制，但以从价税为主。

专栏 7-2

《海关估价协议》中的完税价格

GATT 乌拉圭回合达成的《海关估价协议》规定，进口成员方海关应严格按顺序依次采用以下 6 种估价方法来确定货物的完税价格。

（1）以进口货物的成交价格确定完税价格。

（2）以相同货物的成交价格确定完税价格。

（3）以类似货物的成交价格确定完税价格。

（4）以倒扣价格方法确定完税价格（倒扣价格是指根据进口货物或相同货物或类似货物在进口方的销售价格，扣减货物进口及销售时产生的某些特定费用）。

（5）以计算价格方法确定完税价格（计算价格是指进口货物的生产成本，加上从出口方向进口方销售同级或同种类货物通常所获得的利润，以及为推销和销售货物直接和间接产生的一般费用等）。

（6）以"回顾"方法确定完税价格（"回顾"方法是指海关可采用其他合理方法来估价，包括对上述各种估价方法进行灵活处理，采用其中最容易计算的方式。例如，在采用相同货物成交价格方法时，可以来自第三国的相同进口货物的成交价格作为估价基础）。

《海关估价协议》还规定，只有在前一种估价方法无法确定完税价格的情况下，才可采用后一种估价方法；海关不得颠倒 6 种估价方法的适用顺序，但进口商可以要求颠倒使用第 4 种"倒扣价格方法"和第 5 种"计算价格方法"的顺序。

资料来源：程大中. 国际贸易：理论与经验分析［M］. 上海：格致出版社，2009.

例 7-2 我国从美国进口一批中厚钢板共计 100 000 kg，成交价格为 CIF，大约 150 000 美元，求应征关税税款是多少？

答：假设当天外汇买卖中间价：1 美元 = 6.416 7 人民币元，则

完税价格 = 150 000 × 6.416 7 = 962 505（人民币元）

根据税则归类，中厚钢板进口关税税率为 15%，则

该批货物进口关税税款 = 962 505 × 15% = 144 375.75（人民币元）

2）从量关税（specific duties）

从量关税是以商品的重量、数量、容量、长度和面积等计量单位为标准计征的关税。从量税额的计算公式为：

从量税额 = 商品数量 × 单位商品从量税率

从量关税的特点如下。①手续简便。无须审查货物的规格、价格和品质，便于计算，费用成本低。②税负不合理。对同一税目的商品，在规格、质量、价格相差较大的情况下，均按同一税率计征，税负相同。③税率固定，没有弹性。当国内物价上涨时，税额不能随之变动，使税收相对减少，保护作用削弱；物价回落时，税负又相对增高，不仅影响财政收入，而且影响关税的调控作用。④难以普遍采用。征收对象一般是谷物、棉花等大宗产品和标准产品，对某些不能以数量计算的艺术品及贵重物品（如古董、字画、雕刻、钟表、钻石等）

不便使用。目前，完全采用从量关税的国家仅有瑞士，我国对原油、啤酒和胶卷等进口商品也征收从量关税。

由于从量关税和从价关税都存在一定的缺点，因此关税的征收方法在从量关税和从价关税的基础上，又产生了复合关税和选择关税。

3）复合关税（compound duties）

复合关税是指征税时同时使用从量、从价两种税率计征，以两种税额之和作为该种商品的关税税额。

复合关税额的计算公式为：

$$复合关税额=货物进口数量×从量税额+完税价格×从价税额$$

例7-3 我国对进口的某商品征收 10% 的从价关税和每千克 11 元的从量关税。如果进口 1 000 kg10 000 元的该商品，则应征收的复合关税额为多少？

答：复合关税额 = 10 000×10% +1 000×11 = 12 000（元）

复合关税课征时，或者以从价关税为主，加征从量关税；或者以从量关税为主，加征从价关税。计征手续较烦琐，但在物价波动时，可以减少对财政收入的影响。目前，世界上大多数国家或地区都使用复合关税，发达国家如美国、欧盟、加拿大、澳大利亚、日本等，以及一些发展中国家，如印度、巴拿马等。

4）选择关税（alternative duties）

选择关税是对同一种商品同时制定从价关税征收标准和从量关税征收标准，执行过程中可根据需要由海关选择其中一种计算应征税款而征收的关税。使用选择关税，海关可以选择其中一个有利的标准征税，一般是选择税额较多的一种，只有在优惠税率时才选择税额较低的一种。

例7-4 假设我国对某商品制定的进口税率为 3 元/kg，但不低于 12.5%。如果进口 10 吨该产品，价值 12 万元，则应征收的选择关税为多少？

答：从量关税 = 10 000 kg×3 元/kg = 30 000 元

从价关税 = 120 000 元×12.5% = 15 000 元

则这批产品应征收的选择关税为 30 000 元。

从理论上，实行选择关税对增加国家财政收入有利，但在执行过程中却遇到许多麻烦。首先，适宜于选择关税的进口商品必须量大，能够在满足海关征收管理及市场调查经费开支后，有相当可观的关税收入。其次，对大量进口商品征收选择关税还要看进口商是否愿意。再次，实行两套关税税率或不同税则方法，其结果往往被他国视为歧视政策，有被报复或惩罚的危险。最后，选择关税的确定，不仅受国内需求等因素的影响，而且受国际市场各种信息变动的左右，因此时常变化，会使关税失去严肃性。

鉴于选择关税的上述缺陷，加上国际上通用的《新估价法规》反对海关使用选择价格中较高者作为海关完税价格的估价制度，这种征税标准也在逐渐取消。

5）滑动关税（sliding duties）

滑动关税是根据进出口商品价格或数量的变动而升降税率的一种关税。

滑动关税一般分为滑动进口税和滑动出口税。滑动进口税是对某些进口商品，根据进口国同类商品国内市场价格高低确定其关税税率的高低。国内市场价格低时，提高其进口税率；国内市场价格高时，降低其进口税率，从而使该商品的国内市场价格保持稳定，保护国内同类商品的生产，防止国内该种商品脱销、短缺或外国货物倾销。滑动出口税是根据某些输出商品的国际市场价格高低决定其税率，当某种商品国际市场价格上涨时，即提高其出口关税税率，转嫁该商品的成本和国内税负；当该商品国际市场价格下跌时，则减轻其出口税率，增加该商品的国际市场竞争能力。滑动关税的优点是能平衡物价，保护国内产业发展；缺点是使交易流于投机。例如，国内某商品市场价格昂贵，为平衡物价，供应消费，必然降低进口税率，而进口商往往借此机会囤积居奇，助长物价上涨以图暴利。因此，各国在采用滑动关税时都十分谨慎。

6）差价税（variable levy）

差价税又称差额税或不定额税，是按国内市场和国际市场的价格差额对进口商品征收的关税。

差价税通常没有固定税率，大多是根据进口货物逐件进行计征的。典型的例子是欧盟国家对农产品进口征收的关税。欧盟成立后，为促进本地区农业的发展和保护农场主的利益，实行共同农业政策，制定了农产品的目标价格（target price），作为干预农产品市场的标准。目标价格高于世界市场价格。为了免受外来低价农产品的冲击，欧盟对农产品实行差价税。具体做法是用目标价格减去从内地中心市场到主要进口港的运费，确定可接受的最低进口价格，称为门槛价格（threshold price）。然后，计算农产品从世界主要市场运至欧盟主要进口港的成本加运费加保险费价格（CIF），通过比较确定差价税的征收幅度。

4. 按对进口国的差别待遇不同分类

按对进口国的差别待遇不同，关税可分为普通关税、差别关税和优惠性关税。

1）普通关税（general duties）

普通关税又称一般关税，即对于本国没有签署贸易或经济互惠等友好协定的国家原产的货物所征收的非优惠性关税。这种关税税率一般较高，若国内外的条件不发生大的变化，则会长期使用。

2）差别关税（differential duties）

差别关税是指对特定国家输入的商品以高于一般关税税率征收的关税，以示报复、惩罚。差别关税的种类很多，有多重关税、反补贴关税、报复关税和反倾销关税等。

（1）多重关税（multiple duties）。多重关税是指由于某种原因，对某国商品或某种商品的输入，重复征收关税。

（2）报复关税（retaliatory tariff）。报复关税是指一个国家在认为本国出口商品受到不公正的歧视性待遇时，对实施该歧视待遇的国家向本国进口的商品实施的歧视性关税。报复性关税可临时制定，但税率很高，容易引起相互报复，并逐步升级形成一场关税战，最后使各方都受到很大的损害。因此，贸易伙伴之间如果发生纠纷，往往通过协商、调解、国际仲裁等方法解决争端。

例如，巴西一直对美国当地棉花生产商所享受的补贴耿耿于怀，并数次向世界贸易组织（WTO）提出抗议。2010年3月8日，巴西政府宣布，巴西得到世界贸易组织的同意，将提高来自美国的包括汽车、船舶和口香糖等102种产品的关税一年，作为美国对其棉花生产商给予出口补贴的报复性回应。

（3）反倾销关税（anti-dumping duties）。反倾销关税是为抵制外国倾销商品的进口，在征收正常进口关税的同时，附加征收的一种关税。它是差别关税的又一重要形式。倾销是指某国将产品以低于生产成本的价格或以低于国内市场的价格向其他国家推销，使该国已建立的某项工业造成重大损失或产生重大威胁。进口国往往可以对倾销产品征收数量不超过倾销差价的反倾销关税，目的是抵制商品倾销，保护本国的市场与工业。

《关税与贸易总协定》第6条对倾销与反倾销的规定，主要有以下几点。①用倾销手段将一缔约方产品以低于正常的价格挤入另一缔约方市场时，如因此对某一缔约方领土内已建立的某项工业造成重大损害或产生重大威胁，或者对某一国内工业的新建产生严重阻碍，这种倾销应该受到谴责。②缔约方为了抵消或防止倾销，可以对倾销的产品征收数量不超过这一产品的倾销差额的反倾销关税。③"正常价格"是指相同产品在出口国用于国内消费时在正常情况下的可比价格。如果没有这种国内价格，则是相同产品在正常贸易情况下向第三国出口的最高可比价格；或者产品在原产国的生产成本加合理的推销费用和利润。④不得因抵消倾销或出口补贴，而同时对它既征收反倾销税又征收反补贴税。⑤为了稳定初级产品价格而建立的制度，即使它有时会使出口商品的售价低于相同产品在国内市场销售的可比价格，也不应认为造成了重大损害。

各国征收反倾销关税的法则差别很大，《关税与贸易总协定》第6条关于征收反倾销关税的规定，对各国并无约束力。20世纪60年代中期，肯尼迪回合时，曾制定《反倾销法典》（*Anti-Dumping Code*）；1973—1979年东京回合时，又加以补充修改，除对倾销含义加以界定外，还规定了征收反倾销关税的必要条件，倾销停止时，应立即取消征收。但这未能真正起到统一各国立法的作用，反而滥用反倾销关税的事例时有发生。可以说，反倾销关税从来就是贸易大国进行关税战、贸易战的一项重要工具。

（4）反补贴关税（counter-vailing duties）。反补贴关税是指进口国对直接或间接接受出口津贴或补贴的外国货物在进口到本国时所征收的一种进口附加税，是差别关税的重要形式之一。进口商品在生产、制造、加工、买卖、输出过程中接受了直接或间接的奖金或补贴，并使进口国生产的同类产品遭受重大损害是构成征收反补贴关税的重要条件。反补贴关税的税额一般按"补贴数额"征收。其目的是提高进口商品价格，抵消其所享的贴补金额，削弱其竞争能力，使其不能在进口国家的市场上进行低价竞争。

 专栏 7-3

美加接连对华光伏征双反关税　业内担心他国跟风

2014年10月1日，加拿大国内一些光伏产品生产企业代表加拿大光伏组件和薄片生产商，向加拿大边境服务署提出申请，要求对来自中国的加拿大光伏组件或薄片产品启动反倾销和反补贴调查。

其中，被调查的产品包括原产于或出口自中国的由晶硅光伏电池组成的光伏组件和薄片，包括与光伏组件的其他部分共同运输或包装的薄片，以及由非晶硅、碲化镉或铜铟镓硒制造的薄膜晶体硅产品。

同时，申请人申请的被调查补贴项目的内容包括：特殊经济区优惠性补贴项目、贷款类项目、拨款类项目、所得税项目、原材料和机器设备的关税增值税减免项目、政府低于公平市场价格提供货物或服务项目（包括多晶硅、铝型材、电、太阳能玻璃等）、土地使用费减免及高于公平市场价格向国有企业销售货物等。

投诉者声称，因中国的补贴和倾销造成加拿大本土企业损失和失去市场份额，减少就业，导致破产和倒闭。

2014年12月5日，加拿大边境服务署宣布正式启动对来自中国的晶硅光伏组件和薄膜太阳能产品进行反补贴、反倾销调查。

2015年2月3日，加拿大国际贸易法庭发布公告称，对原产于或出口自中国的晶硅光伏组件和层压件产品进行反倾销和反补贴立案调查。

2015年3月6日，加拿大边境服务署对进口自中国的光伏组件和晶片反倾销反补贴调查做出初裁。根据初裁结果，分别对包括天合光能、晶科能源及无锡尚德在内的多家光伏企业征收9%～286%不等的"双反"关税。其中，对阿特斯征收临时惩罚性关税174.2%、对天合光能征收126.5%的"双反"关税、对合肥晶澳太阳能征收50.6%的"双反"关税、对晶科能源征收111.8%的"双反"关税及对无锡尚德征收202.5%的"双反"关税等。

在业内人士看来，加拿大虽然不是中国光伏产品出口的主要国家，但是加拿大对华光伏"双反"的立案，很有可能吸引其他国家的跟进效仿，比如限制中国光伏企业在海外的出口等。

节选自：美加接连对华光伏征双反关税　业内担心他国跟风 [J]．每日经济新闻，2015-03-09.

《关税与贸易总协定》第6条有关反补贴关税方面的规定，主要有以下几点。①"反补贴关税"一词应理解为：为了抵消商品于制造、生产或输出时所直接或间接接受的任何奖金或补贴而征收的一种特别关税。②补贴的后果会对国内某项已建的工业造成重大损害或产生重大威胁，或者对国内某一工业的新建造成严重阻碍才能征收反补贴关税。③反补贴关税的征收不得超过"补贴数额"。④对于受到补贴的倾销商品，进口国不得同时对它既征收反倾销关税又征收反补贴关税。⑤在某些例外情况下，如果延迟将会造成难以补救的损害，进口国可在未经缔约方全体事前批准的情况下，征收反补贴关税，但应立即向缔约方全体报告，如未获批准，这种反补贴关税应立即予以撤销。⑥对产品在原产国或输出国所征的捐税，在出口时退还或因出口而免税，进口国对这种退税或免税不得征收反补贴关税。⑦对初级产品给予补贴以维持或稳定其价格而建立的制度，如符合该项条件不应作为造成了重大损害来处理。

值得注意的是，目前各国所采用的出口退税，属于退还国内税，不属于接受补贴。而且近年来，这些反补贴关税已成为国际贸易谈判中日益难以取得进展的领域，并且这也使国际对等贸易的安排复杂化，因为在对等贸易中要衡量政府补贴是非常困难的。

需要特别指出的是，为维护公平竞争和正常的竞争秩序，WTO允许成员方在进口产品倾销、补贴和过激增长等给国内产业造成损害的情况下，可以使用反倾销、反补贴和保障措施手段，保护国内产业不受损害。反倾销、反补贴和保障措施都属于贸易救济措施。反倾销、反补贴措施针对的是价格歧视这种不公平贸易行为，保障措施针对的则是进口产品激增的情形。"乌拉圭回合"达成的贸易救济措施协议包括《反倾销协议》《反补贴协议》《保障措施协议》。这些贸易救济措施协议的目的不是鼓励使用，而是有效约束和规范这些措施，防止对竞争和公平贸易造成扭曲。

《中华人民共和国反倾销和反补贴条例》于1997年3月正式颁布，根据这一条例，中国于1997年12月对进口新闻纸发起首例反倾销调查。在此期间，中国建立了反倾销反补贴法律制度，组建了反倾销反补贴调查机构，国内产业运用国际通行规则保护自己的意识不断增强，调查机关实施反倾销反补贴措施的能力和参与制定国际规则的能力不断提高，反倾销反补贴人才队伍不断壮大。

（5）紧急关税（emergency tariff）。紧急关税是为了消除外国商品在短期内大量进口对国内同类产品生产造成重大损害或重大威胁而征收的一种临时性进口关税。当短期内外国商品大量涌进时，一般正常关税已难以起到有效保护作用，因此需要借助税率较高的特别关税来限制进口，保护国内生产。一旦紧急情况得到缓解，紧急关税必须撤除，否则易受到相关国家的关税报复。

3）优惠性关税（preferential tariff）

优惠性关税主要是指对来自某些特定受惠国的货物使用比普通税率较低的优惠税率而给予的优惠待遇。具体包括互惠关税、特定优惠关税、普惠关税和最惠国待遇。

（1）互惠关税（reciprocal tariff）。互惠关税是两国间相互给予对方比其他国家优惠的税率的一种协定关税，其目的是发展双方之间的贸易关系。

互惠关税通常以互惠贸易协定的方式确定。较早规定互惠关税的贸易协定是1860年"英法条约"。该条约规定英法两国相互对原产于对方的几十种进口商品给予适用较低关税税率的优惠。1934年美国通过的"互惠贸易法案"授权美国总统在与外国签订互惠贸易协定时，可对1934年美国关税税率不超过50%的商品的税率予以削减，以使他国对美国出口商品降低关税。

互惠关税是建立在自愿、互利、对等的原则基础上的，有利于促进互惠各方经济贸易的共同发展。因此，世界上大多数国家都与其主要贸易伙伴实行互惠关税。

（2）特定优惠关税（specific preferential tariff）。特定优惠关税，简称特惠关税，是指给予来自特定国家的进口货物的排他性的优惠关税，其他国家不得根据最惠国待遇条款要求享受这种关税。特定优惠关税最早始于第二次世界大战之前宗主国与殖民地附属国之间的贸易，其目的主要是保证宗主国在殖民地附属国市场上的优势地位。最典型的是1932年英国特惠关税，该特惠关税在英国于1973年加入欧共体（现为欧盟）后，从1974年1月到1977年1月逐步取消。

目前，国际上影响较大的特惠关税是《洛美协定》（*Lome Convention*）国家间的关税，它是欧盟向参加《洛美协定》的90多个发展中国家单方面提供的特惠关税，也是南北合作的范例。《洛美协定》主要包括以下3个方面的内容。①欧盟国家在免税和不限量的条件下，接受这些发展中国家的全部工业品和96%的农产品，而不要求这些发展中国家提供反向优惠。②欧盟对这些国家96%以外的某些农产品，如牛肉、甜酒、香蕉等做了特殊安排，每年对这些产品进口给予一定数量的免税进口配额，超过配额的进口才征收关税。③放宽原产地限制，即来源于这些发展中国家的产品，若在这些国家中的任何其他国家内进一步制作或加工，仍将被看做是原产国产品。但协定规定，如果大量进口引起欧盟的某个经济区域或某个成员国发生严重混乱，欧盟则保留采取保护措施的权利。

欧盟对来自这些发展中国家的一切工业品和94%的农产品进口免征关税，而欧盟向这些国家的出口不享受反向的关税优惠待遇。

（3）普惠关税（generalized system of preference tariff；GSP tariff）。普惠关税全称为普遍优惠制关税，是在普惠制下实行的一种优惠性关税。普惠制是指在国际贸易中发达国家给予来自发展中国家出口的货物（制成品和半成品）普遍的、非歧视的、非互惠的一种关税优惠制度。普惠制的目的是增加发展中国家或地区的外汇收入；促进发展中国家或地区工业化；加速发展中国家或地区的经济增长。

普惠制的主要原则是普遍的、非歧视的、非互惠的。所谓普遍性，是指对于包括制成品和半成品在内的原产于发展中国家的进口产品实行关税优惠。所谓非歧视，是指所有发展中国家都不受歧视，无例外地享受普惠制的待遇。所谓非互惠，是指发达国家在给予发展中国家关税优惠的同时，不能要求发展中国家给予同样的关税优惠，其他发达国家也不能援引最惠国待遇原则要求同样适用优惠关税。普惠制的主要规定如表7-1所示。

表7-1　普惠制的主要规定

主要方面	基 本 内 容
受惠国家和地区	发展中国家能否成为普惠制的受惠国是由给惠国单方面确定的。因此，各普惠制方案大都有违普惠制的3个基本原则，各给惠国从各自政治、经济利益出发，限制受惠国家和地区的范围
受惠产品	一般农产品的受惠商品较少；工业制成品或半制成品只有列入普惠制方案的才能享受优惠；一些敏感性商品如纺织品、服装、鞋类，以及某些皮制品、石油制品等被排除在外或受到限制
受惠产品关税幅度	受惠商品的减税幅度取决于最惠国税率与普惠制税率之间的差额，即普惠制减税幅度＝最惠国税率－普惠制税率。农产品减税幅度较小，工业制成品的减税幅度较大
原产地规则	原产地规则主要包括原产地标准、直接运输规则和书面证明书： （1）原产地标准。规定产品必须全部产自受惠国家或地区，或者规定产品中所包含的进口原料或零件经过高度加工而发生实质性变化后，才能享受关税优惠待遇。实质性变化有两种标准：①加工标准，即规定进口原料或零件在经过加工以后的商品税目发生了变化，就可认为已经过高度加工，发生了实质性变化；②增值标准，即规定只有进口原料或零件的价值没有超出出口商品价值一定的百分比（如加拿大规定为40%）时，才算是实质性变化。 （2）直接运输规则。这是指受惠国原产品必须从出口受惠国直接运至进口给惠国。但因地理或运输等确实不可能直接运输时，货物可经他国领土转运但必须始终处于过境国海关的监管下，且未投入当地市场销售或再加工。这一规则旨在避免货物在运输途中可能发生的再加工或换包。 （3）书面证明书。这是指受惠国必须向给惠国提供由出口受惠国政府授权的签证机构签发的普惠制原产地证书，作为享受普惠制减免关税优惠待遇的有效凭证

续表

主要方面	基 本 内 容
对给惠国的保护措施	给惠国为保护本国某些产品的生产和销售，一般都规定保护措施，具体包括以下3个方面。 （1）例外条款。这是指当从受惠国优惠进口的某产品的数量增加到对给惠国同类产品或有竞争关系的产品的生产者造成或将造成严重损害时，给惠国保留对该产品完全取消或部分取消关税优惠待遇的权力。 （2）规定限额。这是指给惠国根据本国和受惠国的经济发展水平及贸易状况，预先规定一定时期内（通常为1年）某产品的关税优惠进口限额，达到该额度后就停止或取消关税优惠待遇，而按最惠国税率征税。 （3）毕业条款。即受惠国或地区的某项产品或其经济发展到较高的程度，在世界市场上显出较强的竞争力时，则取消该项产品或该受惠国家或地区全部产品享受关税优惠待遇的资格，称之为"毕业"。毕业标准分为国家毕业和产品毕业两种，由给惠国自行确定（如美国规定一国人均收入超过8 850美元或某产品出口占美国进口的50%即为毕业）

（4）最惠国待遇（most favored nation treatment）。最惠国待遇是指缔约国一方现在或将来给予任何第三国的一切优惠待遇，同样也适用于对方。最惠国待遇是国际贸易协定中的一项重要内容，适用范围很广，它存在于国家之间，也通过多边贸易协定在缔约方之间实施。需要注意的是，优惠是相对于一般关税税率而言的，因此最惠国待遇往往不是最优惠税率，在最惠国待遇之外，还有更低的税率。

 专栏 7-4

2018 年关税调整方案

1. 进口关税税率

（1）最惠国税率。

① 自 2018 年 1 月 1 日起对 948 项进口商品实施暂定税率，其中 27 项信息技术产品暂定税率实施至 2018 年 6 月 30 日止。

② 对《中华人民共和国加入世界贸易组织关税减让表修正案》附表所列信息技术产品最惠国税率自 2018 年 1 月 1 日至 2018 年 6 月 30 日继续实施第二次降税，自 2018 年 7 月 1 日起实施第三次降税。

③ 自 2018 年 7 月 1 日起，对碎米（税号 10064010、10064090）实施 10% 的最惠国税率。

（2）关税配额税率。

继续对小麦等 8 类商品实施关税配额管理，税率不变。其中，对尿素、复合肥、磷酸氢铵 3 种化肥的配额税率继续实施 1% 的暂定税率。继续对配额外进口的一定数量棉花实施滑准税。

（3）协定税率。

根据我国与有关国家或地区签署的贸易或关税优惠协定，对中国与格鲁吉亚自贸协定项下的部分产品开始实施协定税率，对中国与东盟、巴基斯坦、韩国、冰岛、瑞士、哥斯达黎加、秘鲁、澳大利亚、新西兰的自贸协定，以及内地与港澳的更紧密经贸安排（CEPA）项下的部分商品的协定税率进一步降低。

2. 出口关税税率

对铬铁等202项出口商品征收出口关税或实行出口暂定税率。

3. 税则税目

根据国内需要对部分税则税目进行调整。经调整后，2018年税则税目数共计8 549个。

以上方案，除另有规定外，自2018年1月1日起实施。

资料来源：中华人民共和国财政部网站.

7.1.5 关税的征收

关税的征收除了按照前面所介绍的基本方法和标准外，还应基于一定的规则，遵循特定的程序。

1. 关税的征收依据

各国征收关税的依据是海关税则或关税税则。它是一国对进出口商品计征关税的规章及对进出口应税和免税商品加以系统分类的一览表。海关税则是关税制度的重要内容，是国家关税政策的具体体现。

海关税则一般包括两部分：①海关课征关税的规章条例及说明；②关税税率表。关税税率表主要包括税则号列（tariff/heading No./item）、商品分类目录（description of goods）和税率（rate of duty）3个部分。商品分类目录把各类繁多的产品按加工程度或自然属性、功能和用途等分为不同的类别。

海关税则中的同一商品，既可以一种税率计征，也可以两种或两种以上税率计征。按照税率表的栏数，可将海关税则分为以下两类。

（1）单式税则或一栏税则（single tariff）。一个税目只有一个税率，对来自任何国家的商品均以同一税率计征，没有差别待遇。目前，只有少数发展中国家如委内瑞拉、巴拿马、冈比亚等实行单式税则。

（2）复式税则或多栏税则（complex tariff）。同一税目下设有两个或两个以上的税率，对来自不同国家的进口商品按不同的税率计征，实行差别待遇。其中，普通税率是最高税率，特惠税率是最低税率，在两者之间，还有最惠国税率、协定税率、普惠制税率等。目前，大多数国家采用复式税则，这种税则有二栏、三栏、四栏不等。

依据制定税则的权限，单式或复式税则又可分为自主税则（或国定税则）和协定税则。前者是指一国立法机构根据关税自主原则单独制定和不受对外签订的贸易条约或协定约束的一种税率；后者则是指一国与其他国家或地区通过贸易与关税谈判，以贸易条约或协定的方式确定的税率。协定税则的税率要比国定税则的税率低。此外，依据进出口商品的流向，单式或复式税则还可分为进口货物税则和出口货物税则。

2. 关税的征收程序

关税的征收程序即通关手续或报关手续，通常包括申报（declaration）、查验

（inspection）、放行（release）3个基本环节。具体地说，进出口商在进出口货物时要向海关申报进口和出口，提交进出口货物的报关单及相关证明，接受海关的监督与检查，履行海关规定的手续；然后，按照有关法令和规定，查验审核有关单证和货物，计算进出口税额；最后，进出口商结清应征税额及相关费用，海关在有关单证上签印，以示货物可以通关放行。

通常进口商于货物到达后，在规定的工作日内办理通关手续。如果进口商对于某些特定的商品如水果、蔬菜、鲜鱼等易腐商品，要求货到时立即从海关提出，可在货到前先办理提货手续，并预付一笔进口税，随后再正式结算进口税。如果进口商想延期提货，则在办理报关手续后，可将货物存入保税仓库，暂时不缴纳进口税。在存仓期间，货物可再行出口，就不必缴进口税，若打算运往进口国国内市场销售，在提货前必须办理通关手续。货物到达后，进口商若在规定日期内未办理通关手续，海关有权将货物存入候领货物仓库，期间一切责任和费用均由进口商负责。如果存仓货物在规定期间内仍未办理通关手续，海关有权处理该货物。

7.2 关税的效应：局部均衡分析

征收关税会产生一系列的经济效应。从经济角度看，征收关税会影响资源的重新配置，从而引起各种经济活动和一国福利水平的变化。关税的经济效应是指一国征收关税后对其国内价格、生产、消费、贸易、财政、贸易条件、再分配和福利等方面所产生的影响。局部均衡分析（partial equilibrium analysis）是假定"其他条件不变"，即假定一种商品的均衡价格只取决于这种商品本身的供求状况，而不受其他商品的价格和供求状况的影响。在局部均衡分析中，主要的分析工具是需求曲线和供给曲线等。本节将分别考察"小国"和"大国"两种情形，以局部均衡分析方法对进口关税的经济效应进行讨论。

7.2.1 贸易小国的关税效应

所谓"小国"，是假定这个国家不是某种产品重要的进口国，该国的进口量变动不能影响世界市场价格，如同完全竞争的企业，只是价格的接受者。该国征收关税后，进口商品国内价格上涨的幅度等于关税税率，关税全部由进口国消费者负担。贸易小国对某种进口商品征收关税后，产生的经济效应如图7-1所示。

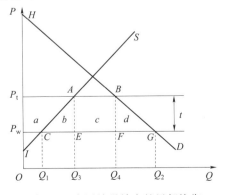

图7-1 小国关税效应的局部均衡

图 7-1 中的 D 为国内需求曲线，S 为国内供给曲线；征收关税前的价格为 P_w，国内生产量为 Q_1，需求量为 Q_2，需进口 Q_1Q_2。t 是对单位商品征收的从价税，征收关税后的国内价格为 $P_t=P_w+t$。

（1）消费效应（consumption effect）。征收关税降低了该商品的国内消费量。消费量的下降意味着消费者福利的减少。消费者福利可以用消费者剩余（consumer's surplus）来衡量。

消费者剩余是指消费者为一定量某种商品愿意支付的价格和其实际支付的价格之间的差额。在图 7-1 中，征税后国内消费量为 Q_4，比征收关税前的消费量 Q_2 减少了 Q_2Q_4，征收关税以前的消费者剩余为三角形 HGP_w 的面积，征收关税以后为三角形 HBP_t 的面积，所以消费者福利的损失为梯形 GBP_tP_w 的面积（$a+b+c+d$）。

（2）生产效应（production effect）。征收关税增加了该商品的国内产量。国内生产者因为关税而获得的利益可以用生产者剩余（producer's surplus）的变动来衡量。生产者剩余是指生产者为一定量某种商品实际收取的价格和其愿意收取的价格之间的差额。从图 7-1 中可以看出，在自由贸易条件下，世界价格为 P_w，国内生产为 Q_1；征收关税后，国内价格由 P_w 上升至 P_t，国内生产提高到 Q_3，国内生产增加了 Q_1Q_3，所以关税保护了国内生产者。征收关税前，生产者剩余为三角形 ICP_w 的面积；征收关税后，生产者剩余为三角形 IAP_t 的面积。显然，征收关税后的生产者剩余增加了，增加部分为梯形 CAP_tP_w 的面积（a），这是征收后生产者得到的福利。

（3）贸易效应（trade effect）。征收关税后，国内生产的增加和消费的减少将导致进口的减少，这是关税的贸易效应。贸易效应＝生产效应＋消费效应。在图 7-1 中，关税的贸易效应为进口的减少 $Q_1Q_3+Q_2Q_4$。

（4）财政收入效应（revenue effect）。征收关税给国家带来了财政收入，这项收入等于每单位课税额乘以进口商品数量。在图 7-1 中，关税收入为 $Q_3Q_4×t$，矩形 $AEFB$ 的面积（c）即为政府获得的关税收入。

（5）净福利效应（welfare effect）。把关税的生产效应、消费效应和财政收入效应综合起来，就可以得到关税的净福利效应，即关税的净福利效应＝生产者福利增加－消费者福利损失＋财政收入，即图 7-1 中的 $a-(a+b+c+d)+c=-(b+d)$。其中，b 为生产扭曲（production distortion），表示征税后成本较高的国内生产替代了成本较低的国外生产，从而导致资源配置效率下降所造成的损失；d 为消费扭曲（consumption distortion），表示征税后因消费量下降所导致的消费者满意程度的降低，是扣除消费支出的下降部分之后的净额。这是一种净损失，它表明对于小国而言，关税会降低本国的福利水平。

根据分析得出结论：对小国而言，最优的贸易政策选择是不征收关税，即实施零关税。

7.2.2 贸易大国的关税效应

贸易大国，即该国某种商品的进口量占了世界进口量的较大份额，该国进口量变动会影响到世界价格。该国征收关税后，一方面使本国国内市场价格上升；另一方面，国内市场价格上升使国内需求减少，进口需求减少，而该国进口量占世界市场的比重很大，所以其进口量的减少将导致世界市场价格下降，以期以更低的价格进入该国市场。因此，从局部均衡分析所得的征收关税的代价和利益对比的净效果，将不同于小国情况。贸易大国对某种进口商品征收关税以后，产生的经济效应如图 7-2 所示。

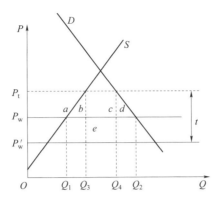

图7-2　大国关税效应的局部均衡分析

图7-2中的 D 为国内需求曲线，S 为国内供给曲线；P_w 表示征收关税前的价格，t 是对单位商品征收的从价税。大国征收关税后，国外价格将由 P_w 降至 P'_w，国内价格为 $P_t = P'_w + t$，即征收关税后的国外价格加上关税。面积 a 是征收关税后国内生产者的福利所得，即生产效应；面积 $(a+b+c+d)$ 表示本国消费者福利的损失，即消费效应；同时进口将减少 $Q_1 Q_3 + Q_2 Q_4$，即贸易效应。

与小国情形相比，大国征收关税后产生的效应有以下几点不同。

（1）贸易条件效应。大国征收关税后，减少了对进口商品的需求，进口量的减少将促进世界市场价格下降，以期以更低的价格进入该国市场。进口价格将从 P_w 降至 P'_w，本国的贸易条件改善。

（2）财政收入效应。征收关税后，$Q_3 Q_4$ 部分要通过进口获得。财政收入 $= t \times Q_3 Q_4 = Q_3 Q_4 \times (P_t - P'_w)$，在图7-2中表现为 $c+e$，政府由于征收关税而获得的财政收入，即关税的税收效应比小国情形要大。

（3）关税的净福利效应。关税的净福利效应 = 生产者福利增加 - 消费者福利损失 + 财政收入，即图7-2中的 $a - (a+b+c+d) + (c+e) = e - (b+d)$。

贸易条件效应使本国福利增加，而生产扭曲和消费扭曲仍会使本国福利减少。所以，在大国情形下，关税的净福利效应是不确定的，它取决于贸易条件效应与生产扭曲和消费扭曲两种效应之和的对比。在图7-2中，当 $e>b+d$ 时，征收关税能使该大国的福利增加；但当 $e<b+d$ 时，征税却会使该国福利减少。

为什么贸易"小国"征收关税造成社会经济净损失，而进口"大国"征税有可能提高国民收益？其主要原因是"大国"在国际市场上有左右价格的能力，通过减少进口，大国可以迫使出口国降低价格。这实际上是迫使出口国也承担一部分税赋。对于小国，国际市场价格不会因小国进口减少而下降。因此，小国无法让外国出口商通过降价来支付一部分税收，整个关税的负担完全由本国消费者承受，整体上是净损失。

7.3　关税的效应：一般均衡分析

关税不仅对被征税的进口商品有影响，作为一种国际贸易政策工具，关税对其他商品的价格和生产、消费都会产生影响。一般均衡分析（general equilibrium analysis）是指首先通过一个国家两种商品的模型分析进口关税与一个小国福利水平的关系，然后通过两个国家两种商品的模型，分析大国的进口关税与世界市场贸易均衡的关系。

7.3.1 贸易小国关税的一般均衡分析

假定某小国具有生产 X 商品的比较优势，具有生产 Y 商品的比较劣势，因此该小国将生产和出口 X 产品而进口 Y 产品。如图 7-3 所示，TT' 是该小国生产可能性边界，曲线 I 和

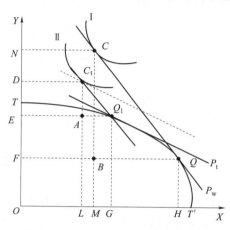

图 7-3　小国关税效应的一般均衡分析

曲线 II 为社会无差异曲线。在自由贸易条件下，生产均衡点为 Q 点，消费均衡点为 C 点，过 Q 点的切线 P_w 表示国际均衡贸易条件，征收关税后的消费水平由原来的 C 点降至 C_t 点，对 Y 商品征收税率为 t 的从价税。

在封闭条件下，该国最多只能在生产可能性边界 TT' 上进行生产和消费。但是，在开放条件下，可以通过国际交换在相对价格线 P_w 上进行消费。能够实现效用最大化的生产和消费的均衡点应该满足这样的条件：在生产可能性边界与斜率等于相对价格的直线（其斜率为 $-P_x/P_y$）相切的点上从事生产，在预算约束线与可能达到的最高无差异曲线的切点上消费。所以，该国在自由贸易条件下，生产均衡点为 Q 点，消费均衡点为 C 点。此时，对该国来说，出口 BQ 数量的 X 产品，进口 BC 数量的 Y 产品。

假定小国对进口商品 Y 征收税率为 t 的从价税，国际均衡价格 P_w 仍将保持不变，但对于该小国国内市场而言，Y 产品的价格从 P_y 上升为 $P_y(1+t)$，国内生产者面对一条新的相对价格线 $P_t = P_x/[P_y(1+t)]$。显然，征税后国内市场相对价格线 P_t 比国际均衡贸易条件线 P_w 平缓。P_t 和生产可能性曲线相交于 Q_1 点，此点是征税后的国内生产均衡点。由征税前后国内生产均衡点 Q 和 Q_1 的变化可见，征收进口关税措施引起国内生产结构的调整，使生产 X 产品的产业规模收缩，生产与进口相竞争 Y 产品的产业规模扩张。

由于征税国是一个小国，征税后其贸易条件不发生变化，国际贸易仍然以不变的世界均衡价格进行，反映在图 7-3 上就是新的消费均衡点应在通过 Q_1 与相对价格线 P_w 平行的线上。另外，国内消费者面对的相对价格为 P_t，根据效用最大化条件，通过新的消费均衡点 C_t 的社会无差异曲线在该点的切线斜率绝对值应等于 P_t。如图 7-3 所示，通过新的消费均

衡点的社会无差异曲线的切线与相对价格线 P_t 是平行的。C_t 满足两个条件：国际贸易仍按原来的价格进行；而国内消费者则按征税后的国内价格来决定其最佳选择。征税后的消费水平由原来的 C 降至 C_t，通过 C_t 的社会无差异曲线 II 位于通过 C 的社会无差异曲线 I 之下，这表明征税国的社会福利水平下降了。

归纳起来，小国征收关税后会产生以下几种主要效应。

（1）关税的生产效应。征收关税使进口竞争部门的产出增加、出门部门的产出减少。如图 7-3 所示，Y 产品的产出由原来的 QH 增加到 Q_1G；X 产品的产出由原来的 QF 减少到 Q_1E。

（2）关税的消费效应。征收关税使 X 产品和 Y 产品的消费都减少了。如图 7-3 所示，X 产品的消费由原来的 OM 减少到 OL，Y 产品的消费由原来的 ON 减少到 OD。

（3）关税的贸易效应。征收关税后，X 产品和 Y 产品的贸易量都会减少。如图 7-3 所示，X 产品的出口量从 BQ 下降到 AQ_1，Y 产品的进口量从 BC 下降到 AC_t。

（4）关税的净福利效应。征税将使本国社会福利受到损失。如图 7-3 所示，社会无差异曲线从 I 下降到 II，这说明征税国的社会福利水平下降了。

因此，可以看到，无论从局部均衡分析还是从一般均衡分析，小国征收关税都会导致其福利的净损失。

7.3.2 贸易大国关税的一般均衡分析

图 7-4 用 A、B 两个国家，X、Y 两种商品的模型描述了一个大国对进口商品征收关税的一般均衡效应。假设有 A、B 两个国家，其中 B 是大国。B 国具有生产 X 商品的比较优势，生产 Y 商品的比较劣势。因此，在自由贸易情况下，B 国将生产和出口 X 商品而进口 Y 商品。

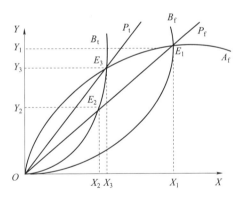

图 7-4　大国关税效应的一般均衡分析

在图 7-4 中，A 国的贸易提供曲线用 OA_f 表示，B 国在没有征税时的贸易提供曲线用 OB_f 表示，两条提供曲线的交点 E_1 是自由贸易条件下的均衡点。在世界市场上 Y 商品和 X 商品的相对价格为 P_f 时，B 国愿意出口 OX_1 数量的 X 商品，进口 OY_1 数量的 Y 商品。

B 国对进口 Y 商品征收关税后，本国的提供曲线从 OB_f 转移到 OB_t，这是因为进口关税改变了 B 国国内市场上 X 商品和 Y 商品的相对价格，Y 商品价格的上升使 B 国更多地生产 Y 商品，同时也减少生产 X 商品。因此，在任何一种贸易条件下，B 国愿意进出口的商品数量都减少了，使 OB_t 比 OB_f 更靠近纵轴。

如果 B 国对 Y 商品征收进口关税不影响贸易条件，由于 B 国的提供曲线从 OB_f 转移到 OB_t，B 国愿意进口的 Y 商品数量减少到 Y_2，出口 X 商品的数量减少到 X_2。国际市场上 Y 商品的供给大于需求，X 商品的供给小于需求，从而贸易条件向有利于 B 国的方向发展。在 Y 商品和 X 商品的相对价格为 P_t 时，世界市场重新达到均衡，B 国的提供曲线 OB_t 和 A 国的提供曲线 OA_f 在 E_3 点相交，按照 P_t 的相对价格，B 国愿意出口的 X 商品数量 OX_3 等于 A 国愿意进口的数量，B 国愿意进口的 Y 商品数量 OY_3 等于 A 国愿意出口的数量。世界市场上 Y 商品和 X 商品的相对价格 P_t 比 P_f 更陡峭，表明在 P_t 条件下用相同的 X 商品可以换到更多的 Y 商品，贸易条件对 B 国更有利。

总体而言，如果征收关税的是一个大国，关税对福利的影响是不确定的。因为大国征收进口关税不仅对本国有影响，而且对世界市场有影响。大国征收关税后，贸易条件得到了改善，增加了其福利，但是愿意贸易的商品数量（包括进口商品和出口商品）都减少了。贸易条件改善所增加的福利可能因贸易量减少而被抵消，至少是部分被抵消了。大国征收关税后的福利变化取决于这两种相反作用的净效应。

大国征收关税后，其贸易量减少，但其贸易条件却改善了。由于自身原因导致的贸易量减少，将减少该国的福利。而贸易条件的改善，又会增加该国的福利。如果一国的关税税率使该国贸易条件的改善相对于其贸易量减少的负面影响的净所得最大化，该税率即为最优关税（optimum tariff）。以自由贸易为起点，当一国提高其关税税率时，其福利逐渐增加到最大值（最优关税），然后当关税税率超过最优关税税率时，其福利又逐渐下降，直至该国的关税税率提高到使其完全停止进口（禁止性关税），最终回到自给自足的起点。

进口国的最优关税 t^* 用简单的数学公式表示为：

$$t^* = 1/(e-1) \tag{7-1}$$

其中，e 是贸易伙伴出口国的提供曲线的弹性（的绝对值）。

当 e 无穷大时，进口国的进口商品价格即使有非常小的降低，也会导致出口国把全部出口商品提供给其他国家。这也意味着进口国是一个小国，它对进口商品价格完全没有影响力。这时，进口国的最优关税 t^* 是零。

当 $e>1$ 时，出口国的提供曲线有一定曲率，t^* 是大于零的正数。最优关税税率 t^* 与出口国的供给弹性成反比意味着供给弹性越低，最优关税税率越高。进口国如果按照最优关税税率征收进口关税可获得最大的利益。

当 $e=1$ 时，出口商品的供给数量是固定的，完全没有弹性。无论进口国征收多高的进口关税，出口国愿意提供的商品数量不变。因此，进口国征收的进口关税税率从理论上是无穷大的。

最优关税意味着，如果实际征收的进口关税率高于最优关税率，进口国的福利水平将会下降，因为这个国家从贸易条件改善中获得的利益将更多地被贸易量减少造成的损失抵消。而实际征收的进口关税低于最优关税率，进口国的福利水平还可以进一步提高，因为这个国家从贸易条件改善中可以取得的潜在利益还未被全部发掘出来。

一国从其最优关税中获得的收入是以其贸易伙伴的损失为代价的，因此其贸易伙伴可能会采取报复行动。这种报复与反报复行动可能会一直持续下去，直至最终两个国家都损失了全部或大部分的贸易所得，贸易量可能萎缩为零。除非在约定贸易伙伴的关税时，两个国家都恰巧同时处于最优关税率上。

7.4 关税结构理论

关税是一种间接税，它会对产量、价格和贸易量等产生重要的调节作用。一般而言，对某一商品征收的关税税率越高，对该行业国内商品的保护越大。但是，任何一个行业中的企业，既受到该行业最终产品进口征收关税的影响，也受到对其原材料或中间投入征收关税的影响。因此，分析对某种行业的实际保护程度不仅要看该行业最终产品的名义关税率，还要了解这一行业的结构及对其中间产品的保护程度，同时有必要对关税结构加以分析。

7.4.1 关税水平

关税水平（tariff level）是指一个国家的平均进口税率。用关税水平可以大体衡量或比较一个国家进口税的保护程度，也是一个国家参加国际贸易协定进行关税谈判时必须解决的问题。关税水平的计算主要包括简单平均法和加权平均法。

1. 简单平均法

简单平均法是根据一个国家税则中的税率（法定税率）来计算，即不管每个税目实际进口数量，只按税则中的税目数求其税率的算术平均值。由于税则中很多高税率的税目是禁止性关税，有关商品很少或根本没有进口，而有些大量进口的商品是零关税或免税的。因此，这种计算方法将贸易中的重要税目或次要税目均以同样的分量计算，显然是不合理的。简单平均法不能如实反映一个国家的关税水平，因此很少被使用。

2. 加权平均法

加权平均法是用进口商品的数量或价格作为权数进行平均。按照统计口径或比较范围的不同，又可分为全额加权平均法和取样加权平均法两种。

全额加权平均法，即按一个时期内所征收的进口关税总额占所有进口商品价值总额的百分比计算。其计算公式为：

$$关税水平 = (进口关税总额 / 进口总值) \times 100\%$$

在这种计算方法中，如果一国税则中免税的项目较多，计算出来的数值就偏低，不易看出有税商品税率的高低。因此，另一种方法是按进口税额总额占有税商品进口总值的百分比计算，这种方法计算出的数值比上述方法好一些。其计算公式为：

$$关税水平 = (进口税额总额 / 有税商品进口总值) \times 100\%$$

由于各国的税则各不相同，税则下的商品数目众多，也不尽相同，因而这种方法使各国关税水平的可比性相对减少。

取样加权平均法，即选取若干种有代表性的商品，按一定时间内这些商品的进口税额占这些代表性商品进口总额的百分比计算。其计算公式为：

$$关税水平 = (若干种有代表性商品进口税额总额 / 若干种有代表性商品进口总值) \times 100\%$$

若各国选取同样的代表性商品进行加权平均，那么各国的关税水平就有可能进行比较，而且这种方法比全额加权平均更为简单和实用。在关税与贸易总协定肯尼迪回合就关税减让谈判时，各国就是使用联合国贸易与发展会议选取 504 种有代表性的商品来计算和比较各国的关税水平。关税水平的数字虽能比较各国关税的高低，但还不能完全表示其保护的程度。

例如，某国选取甲、乙、丙3种代表性商品来计算该国的关税水平，如表7-2所示。

表7-2　某国3种代表性商品计算的关税水平

商品	甲	乙	丙
进口值/万元	120	50	80
税率/%	10	15	30
关税水平/%	[（120×10%＋50×15%＋80×30%）／（120＋50＋80）]×100%＝17.4%		

7.4.2　名义保护率

国际经济理论认为，对进口商品征收关税或采取其他保护措施提高了其国内市场价格，降低了其竞争能力，从而保护本国同类产品的生产。其价格提高部分与国际市场价格的比率就是保护率，或者称为内含税率。造成国内价格高于国外价格的因素很多，除关税以外，非关税壁垒、外汇汇率和外汇管制、进出口价格补贴、生产补贴等措施，都可以使同一商品在国内外市场有不同价格。由于关税是国际上公认的主要保护措施，在忽略了其他非关税因素后，理论上国内外差价与国外价格之比等于关税税率。因此，人们把各国税则中的法定进口关税税率称为保护率。20世纪50年代，加拿大经济学家巴伯提出有效保护理论后，为了区别有效保护率，人们称传统的保护率为名义保护率。名义关税是指对于某种进口商品，海关直接根据关税税率而征收的关税。

根据世界银行的定义，对某一商品的名义保护率（nominal rate of protection，NRP），是指由于实行保护而引起的国内市场价格超过国际市场价格的部分占国际市场价格的百分比。名义保护率的计算公式为：

$$NRP = [(P-P^*)]/P^* \times 100\% \tag{7-2}$$

式中：NRP为名义保护率；P^*为进口商品的国际市场价格；P为进口商品的国内市场价格，包括国内关税。

名义保护率与关税水平衡量的是一个国家的关税保护程度，名义保护率衡量的是一个国家对某一类商品的保护程度。由于在理论上，国内外差价与国外价格之比等于关税税率，因而在不考虑汇率的情况下，名义保护率在数值上和关税税率相同。名义保护率的计算，一般是把国内外价格都折成本国货币价格进行比较，因此受外汇兑换率的影响较大。在其他条件相同的情况下，进口税的税率越高，对本国同类产业部门的名义保护率就越高；反之，则越低。但是，直接用关税税率的高低所反映的保护程度只是名义上的，不能反映实际的或有效的保护程度。

7.4.3　有效保护率

在实际的进出口商品中，不仅仅有最终产品，而且包括大量中间投入品，如原料、机器设备等。对一种最终产品征收进口关税，不但保护了该进口竞争商品的生产行业，而且保护了为这个行业提供原材料等投入的其他行业。例如，对汽车征收进口关税，不但保护了汽车行业的生产，而且保护了为汽车生产提供投入的钢铁、机械、橡胶、仪表等行业的生产。另外，进口竞争（即进口替代）行业中的企业，不但受到对进口商品征收关税的影响，而且还要受到对所使用的原材料等中间投入品征收关税的影响。例如，假定一国汽车生产企业是靠进口原材料来维持生产的，对进口钢材等原材料征收关税，就要影响汽车的生产成本，对该国汽车的国际竞争力产生影响。这就产生了研究关税结构的理论。对最终产品的进口税率，显示的是对同类进口竞争商品提供的名义保护率，而一整套关税结构的综合效果，才表明对某一最终产品国内生产者提供的实际保护率或有效保护率。

有效关税是指对每个工业每单位产品"增值"部分的从价税。有效保护率（effective rate of protection，ERP）又称实际保护率，是指各种保护措施对某类产品在生产过程中的净增值所产生的影响，即由于整个关税制度而引起的国内增值的提高部分与自由贸易条件下增值部分相比的百分比。因此，有效保护率也被定义为：征收关税所引起国内加工增加值同国外加工增加值的差额占国外加工增加值的百分比，用公式表示为：

$$\text{ERP} = [(V'-V)/V] \times 100\% \tag{7-3}$$

式中：ERP 为有效保护率；V' 表示征收关税后最终单位产品的附加值，即最终产品征税后价格与中间投入品征税后的价格差额；V 是自由贸易时最终产品的增加值，即最终产品价格与中间投入品价格的差额。

有效保护率也可以表示为：

$$\text{ERP} = [(t-a_i t_i)/(1-a_i)] \times 100\% \tag{7-4}$$

其中，t 为进口最终产品的名义保护率；a_i 为进口投入系数，即进口投入品在最终产品中所占的比重；t_i 为进口投入品的名义保护率。

由公式（7-4）可知：①当最终产品的名义保护率（即关税税则规定的税率）大于其进口投入品的名义保护率时，对最终产品的有效保护率大于名义保护率；②当最终产品的名义保护率等于其进口投入品的名义保护率时，对最终产品的有效保护率等于名义保护率；③当最终产品的名义保护率小于其进口投入品的名义保护率时，对最终产品的有效保护率则小于名义保护率；④当对进口投入品征收的税率高于最终产品的名义保护率时，则会出现负数的保护率。

例 7-5 假定某国对进口空调征收 20% 的从价税，在自由贸易条件下，该空调的价格为 2 500 元，其中投入的原材料价格为 1 800 元，试计算对原材料征收 5% 从价税时的有效保护率。

答：按照有效保护率的公式计算。

有效保护率=（进口商品的名义关税-原料价格在最终成品中占有的比率×
进口原料的名义关税）/（1-原材料在最终成品中占有的比率）
= [20%-（1 800/2 500）×5%]/（1-1 800/2 500）
= 16.4%/28%
= 58.57%

因此，有效保护主要是指关税制度对加工工业的保护。有效保护率计算的也是某项加工工业中受全部关税制度影响而产生的增值比。

例 7-6 某制成品在国际市场上价格为 1 000 元，该产品在国内生产时每单位产出需使用价值 500 元的中间投入品，进入进口国时征收 30% 的从价税且不影响世界市场价格，请问在对中间产品与原材料不征税和对中间产品征收 30% 或 40% 关税的不同情况下，关税对该产品的有效保护率相同吗？

答：在自由贸易下，该产品的国内产出附加值＝1 000－500＝500（元）。如果只对最终产品征税，而对中间产品与原材料不征税，则该产品的国内生产的单位产品附加值＝1 000×（1+30%）－500＝800(元)

按照有效保护率公式：

$$有效保护率（ERP）＝\left[（800－500）/500\right]×100\%＝60\%$$

如果对中间产品征收30%的关税，制成品的关税仍为30%，则

$$征税后该制成品的单位产出附加值＝1 000×（1+30\%）－500×（1+30\%）＝650(元)$$

$$有效保护率（ERP）＝\left[（650－500）/500\right]×100\%＝30\%$$

如果将中间产品的关税率从30%提高到40%，则

$$征税后该制成品的单位产出附加值＝1 000×（1+30\%）－500×（1+40\%）＝600(元)$$

$$有效保护率（ERP）＝\left[（600－500）/500\right]×100\%＝20\%$$

由此可见，在制成品关税保持不变的条件下，随着中间产品关税的上升，制成品的有效保护率将会下降，甚至会出现负保护的情形。负保护的意义是指由于关税制度的作用，对原材料征收的名义保护率过高，使原料价格上涨的幅度超过最终产品征税后附加价值增加的部分，从而使国内加工增值低于国外加工增值。这意味着生产者虽然创造了价值，但由于不加区别地对进口成品和原材料征收关税，使这种价值降低，生产者无利可图，反而会鼓励成品的进口。正因为如此，发达国家对进口的中间产品或原材料免征进口关税，以获得对最终产品部门更高的保护，并可以提高本国的国内生产总值，提高就业水平。

名义保护与有效保护的区别是名义保护只考虑关税对某种产品的国内市场价格的影响；有效保护则着眼于生产过程的增值，考察整个关税制度对被保护商品在生产过程中的增加值所产生的影响，它不但注意关税对产成品的价格影响，也注意投入品（原材料或中间产品）由于征收关税而增加的价格。有效保护理论认为，对生产被保护产品所消耗的投入品课征关税，会提高产出品的成本，减少产出品生产过程的增值，从而降低对产出品的保护。因此，一个与进口商品相竞争的行业中的企业，不仅要受到对进口商品征收关税的影响，而且要受到对所使用原材料和中间产品征税的影响。

7.4.4 关税结构

关税结构（tariff structure）又称关税税率结构，是指一个国家关税税则中各类商品关税税率之间高低的相互关系。世界各国因其国内经济和进出口商品的差异，关税结构也各不相同。但一般表现为：资本品税率较低，消费品税率较高；生活必需品税率较低，奢侈品税率较高；本国不能生产的商品税率较低，本国能够生产的商品税率较高。其中，各国关税的一个突出特征是，关税税率随着产品加工程度的逐渐深化而不断提高。制成品的关税税率高于中间产品的关税税率，中间产品的关税税率高于初级产品的关税税率。这种关税结构现象称为关税升级或阶梯式关税结构（cascading tariff structure）。例如，适合做车身的钢材的关税税率可能是5%，用同一种钢材做成的车身零件的关税可能是15%，而成品汽车的税率则可能是30%。使用这种方式的目的是通过对进口原料和中间产品给予优惠来促进国内制造业的增长，而这一措施的代价一般是由消费者承担。这种方式被认为是创造就业和鼓励技术转让的一种措施。

有效保护理论可以解释关税结构中的关税升级现象。有效保护理论说明，原料和中间产

品的进口税率（与其制成品的进口税率相比）越低，对有关加工制造业最终产品的有效保护率则越高。关税升级使得一个国家可对制成品征收比其所用的中间投入品更高的关税，这样对该制成品的关税有效保护率将大于该国税则中所列该制成品的名义保护率。据估计，发达国家平均进口关税率的升级情况为：植物油籽税率为0，植物油的税率则升级为4.4%；烟草为1.2%，烟草制品则为18.1%；糖为1%，糖制品则为20%；铁矿石为0，铁板则为3.4%；天然磷酸盐为0，而磷酸化肥则为3.2%等。发达国家在加工环节中出现升级项目的比率是：美国、日本和欧盟为90%；奥地利、澳大利亚和新西兰为88%；瑞士、芬兰也在70%左右。

由此可见，尽管发达国家的平均关税水平较低，但是由于关税呈升级现象，关税的有效保护程度一般都大于名义保护程度，且对制成品的实际保护最强。因此，在关税减让谈判中，发达国家对发展中国家初级产品提供的优惠，远大于对制成品提供的优惠。对此，在1980年乌拉圭回合的《乌拉圭回合部长宣言》中，就谈判议题的关税谈判明确阐明"谈判应当通过适当的方法削减或视情况取消关税，包括降低或取消高关税和关税升级"。

➡ 本章关键术语（中英文对照）

中　　文	英　　文
关税	tariff
财政关税	revenue tariff
保护关税	protective tariff
从价关税	ad valorem duties
从量关税	specific duties
复合关税	compound duties
选择关税	alternative duties
普通关税	general duties
差别关税	differential duties
多重关税	multiple duties
优惠性关税	preferential tariff
互惠关税	reciprocal tariff
反补贴税	counter-vailing duties
报复关税	retaliatory tariff
反倾销关税	anti-dumping duties
紧急关税	emergency tariff
特定优惠关税（特惠关税）	specific preferential tariff
普惠关税	generalized system of preference tariff；GSP tariff
最惠国待遇	most favored nation treatment

中　文	英　文
名义关税	nominal tariff
有效关税	effective tariff
消费效应	consumption effect
生产效应	production effect
贸易效应	trade effect
财政收入效应	revenue effect
净福利效应	welfare effect
最优关税	optimum tariff
关税结构	tariff structure

复习思考题

一、选择题

1. 当一个国家存在自由港、自由区时，该国国境与关境的大小关系是（　　）。

A. 国境大于关境　　　　　　　　　　B. 国境等于关境

C. 国境小于关境　　　　　　　　　　D. 无法比较

2. 任何国家或者地区对其进口的原产于我国的货物征收歧视性关税或者给予其他歧视性待遇的，我国对原产于该国家或者地区的进口货物征收（　　）。

A. 保障性关税　　B. 报复性关税　　C. 反倾销税　　　　D. 反补贴税

3. 在海关税则中对同一税目的商品定有按从价标准和按从量标准计征税款的两种税率，可根据增加税额的需要选择其中一种计算应征税款的征税方法是（　　）。

A. 从价税　　　　B. 复合税　　　　C. 选择税　　　　　D. 滑准税

4. 衡量关税对一国经济整体保护程度的是（　　）。

A. 关税水平　　　　　　　　　　　　B. 关税结构

C. 名义保护率　　　　　　　　　　　D. 有效保护率

5. 对与本国没有签署贸易或经济互惠等友好协定的国家原产的货物征收的关税是（　　）。

A. 特定优惠关税　　　　　　　　　　B. 普遍优惠关税

C. 普通关税　　　　　　　　　　　　D. 最惠国待遇关税

6. 根据进出口商品的价格或数量的变动而升降税率的征税方法是（　　）。

A. 从价关税　　　B. 从量关税　　　C. 滑动关税　　　　D. 季节关税

7. 下列不属于普惠制主要原则的是（　　）。

A. 普遍性　　　　B. 非歧视性　　　C. 非互惠性　　　　D. 完全性

二、简述题

1. 简述关税的概念和特点。

2. 简述反补贴关税和反倾销关税的异同。

3. 简述关税的作用。

4. 简述名义保护率和有效保护率的概念及其差异。

5. 试用有效关税保护理论解释关税结构中的关税升级现象。

➡️ 知识拓展

"301条款"的由来和性质

"301条款"是美国1974年修订的《1974年贸易法》第301条到第310条的条文所规定的内容及其制度和程序。由于后来还演变成"特殊301条款""超级301条款"，所以"301条款"的原始形态也称为"一般301条款"。狭义的"301条款"是指"一般301条款"，特朗普政府对中国的"301条款"调查就属于这一种。而广义的"301条款"则包含了"特别301条款"（special 301）和"超级301条款"（super 301），它们共同构成了"301条款"体系，成为美国对外贸易法的一个重要组成部分。虽然"301条款"在国际经济和贸易领域已经淡出多年，但在WTO成立之前的单边主义盛行时代，"301条款"却是最为著名的国际贸易规制的法律制度之一，极大地影响了20世纪八九十年代的国际贸易及其法律制度，是当时与美国进行贸易的各国政府和商家必须严肃对待的问题，也是当时各国国际经济法和国际贸易法研究的最重要的主题之一。

"一般301条款"是美国贸易法中有关对外国立法或行政上违反贸易协定、损害美国贸易利益的行为采取单边行动的立法授权条款，最早源于《1962年贸易扩展法》，《1974年贸易法》将该制度完善化，得以定型，后来又经过《1984年贸易与关税法》《1988年综合贸易与竞争法》进行修改完善。"超级301条款"是《1988年综合贸易与竞争法》第1302条（a）的规定，是《1974年贸易法》第301条条款的强化版。该条款只有两年有效期，本来只限于1989年和1990年，但到1994年3月3日，美国总统克林顿发布行政命令使得该条款得以复活，但是复活是有期限限制的。"特殊301条款"则是根据《1988年综合贸易与竞争法》第1303条（b）的规定，是"一般301条款"关于知识产权措施的特别版。

"301条款"针对的是美国认为存在的外国政府实行的不公正贸易行为。美国对这类不公正贸易行为启动调查程序，即"301条款"调查。如果调查认定确实存在不公正贸易行为，贸易代表将与该外国政府进行谈判。如果谈判未能达成协议，对方的不公正贸易行为未得到改善，美国将对该国实行贸易报复。

所谓不公正贸易行为，包括三个方面：一是违反贸易协定的行为及不公正的行为，其中后者是指违反国际义务（包括条约、协定及习惯国际法）的行为；二是歧视行为，包含拒绝给予美国产品、服务及投资享受国民待遇及最惠国待遇的行为；三是不合理行为，是指"不公正且不公平"的行为，包含拒绝给予开业的机会、拒绝对知识产权提供适当并有效的保护、拒绝给予市场准入。而拒绝市场准入包括政府默认限制美国产品市场准入的外国民营企业进行的有组织反竞争活动、出口限制、习惯性拒绝赋予劳动者权利等行为。无论哪种情况，都必须要以对美国的商业交易构成减损或制约为要件。

贸易代表是对"301条款"实行调查和实施贸易措施的决定者。在确定符合实施"301条款"措施条件下，贸易代表必须实施该措施，对对象国的贸易实行包括增加关税、限制进口等制裁措施。贸易代表在认定存在不正行为、歧视行为或不合理行为的场合，就要确定是否采取报复措施和采取哪种报复措施。在实行附期限的报复关税的时候，要考虑因该不公正行为造成的美国商业交易的损害和对价。美国总统可以否决贸易代表的决定，因为贸易代表的权限归根到底是美国总统的行政权。这和"337条款"程序中的美国国际贸易委员会主导是不同的，因为后者是独立于美国总统和国会权限的机构。如果对象国政府同意停止被指控的违反协定行为或不正当贸易行为，或者同意提供补偿，"301条款"的制裁措施也成为不必要的了，因为目的已经达到。"301条款"的程序开始于调查。调查请求可以由声称遭受外国政府不公正贸易行为损害的商家提起，也可以由贸易代表依职权提起。商家提起的场合要有贸易代表依其裁量权决定是否要发起调查。调查结论如果符合发动"301条款"报复措施条件，贸易代表决定是否发动报复措施。"301条款"调查及决定采取措施的期限一般为12个月内，而违反协定的场合是18个月内。采取的报复措施为4年，实行落日条款，4年期满，报复措施即告终止。

"301条款"实际上建立了一个美国发动单方面贸易报复措施的制度及程序的平台。在此平台上衍生了"特别301条款"及"超级301条款"。"特别301条款"主要针对知识产权保护不充分的国家启动"一般301条款"，使调查义务化，并且将调查期限从原来的12个月之内缩短为6个月内，而复杂案件可以延长到9个月，其他规定都和"一般301条款"一致。

《1974年贸易法》规定，贸易代表每年3月末要向总统和国会提出"外国贸易壁垒报告"（NTE报告），而"特别301条款"要求，在NTE报告提出30天内要发表"知识产权保护问题报告"（也称"特别301条款"报告），根据知识产权保护方面存在问题的严重程度，将问题国家划分为优先国、优先观察国和观察国三类。另外还有最严厉的"306条款观察国"。只要被指定为优先国，就开始进行"特别301条款"调查和与当事国进行谈判。谈判不成功即采取制裁措施。将某对象国从优先国除名也是可能的，但要向国会做出说明。

"超级301条款"作为"301条款"的强化版也是依赖总统的行政命令实施的，而每次行政命令有效期为2年，内容也近似于"超级301条款"，在当年的NTE报告基础上，将有贸易障碍的特定国家列为优先国或优先措施（即将特定的贸易障碍措施单列），当年4月底有义务向国会报告。

资料来源：何力. 美国"301条款"的复活与WTO [J]. 政法论丛，2017 (6)：3-11.

➡ 补充阅读材料

[1] 邓力平，樊政荣，王智烜. 关税税目比较研究与新形势下我国对策建议 [J]. 经济与管理评论，2018，34 (5)：107-113.

[2] 徐保昌，邱涤非，杨喆. 进口关税、企业创新投入与创新绩效：来自中国制造业的证据 [J]. 世界经济与政治论坛，2018 (5)：119-137.

[3] 李胜旗，毛其淋. 关税政策不确定性如何影响就业与工资 [J]. 世界经济，2018，41 (6)：28-52.

[4] 吴杨伟，王胜，李晓丹. 国际贸易中的关税吸收问题研究进展：兼述一个理论框架 [J]. 国际贸易问题，2018 (5)：160-174.

[5] 齐俊妍，王吉霞. 中韩自贸协定关税减让特征及其产业影响 [J]. 国际商务研究，2018，39 (2)：87-96.

[6] 王伟. 亲历中国关税改革二三事 [J]. 中国财政，2008 (23)：72-74.

［7］胡铮洋，陈集立，陈守东．我国关税政策对宏观经济影响分析［J］．财经问题研究，2008（10）：119-123.

［8］杨超．金融危机下美国关税壁垒的抬升：基于中美双边贸易的实证研究［J］．国际贸易问题，2010（6）：37-46.

［9］黄梅波．奥巴马政府的贸易政策探析［J］．现代经济探讨，2010（8）：88-92.

第8章

国际贸易政策工具：
非关税壁垒

学习目标

➤ 了解非关税壁垒的类型和特点；

➤ 理解进口配额的经济效应；

➤ 理解自动出口限制的经济效应；

➤ 掌握非关税壁垒的其他形式。

导入案例

　　中国加入 WTO 后，随着纺织品配额的逐年取消，中国纺织品所面临的最大问题是国际社会对中国纺织品的绿色壁垒。中国纺织品有关专家就纺织行业面临的这一问题指出，绿色生态纺织品已成为市场所需。根据业内专家介绍，联合国统计署提供的数据表明，1999 年全球绿色消费总额达 3 000 亿美元，八成多的荷兰人、近九成的美国人和九成的德国人在购物时会考虑消费品的环保标准。而 21 世纪世界环境保护浪潮的兴起，必将影响国际服装市场，特别是欧、美、日等发达国家和地区通过制定各种环境标准及法律、法规，建立了一道道限制和阻止外国商品进入本国（地区）市场、保护本国（地区）服装市场竞争力的"绿色贸易壁垒"。专家认为，目前国外对纺织品的要求正出现以下三大变化：①对纺织品的质量指标更加严格。许多客户会对合同中影响使用性能的质量指标提出特殊要求，如美国、加拿大、英国、欧盟、澳大利亚、日本等主要纺织品进口国家及地区，对纺织品尺寸稳定性、染色坚牢度、耐磨度、起毛球性等项目指标要求明显提高。②国际社会对纺织品的质量要求由传统的重视实用性、美观性、耐用性趋向注重安全性和卫生性。近年来，世界各国尤其是欧美等发达国家制定出台了相关的环保法规和纺织品环保标准，对纺织品甲醛、偶氮染料、重金属、pH 值等实施了严格的限制。③从传统的重视外观质量检验趋向注重内在质量的检测，有的外商已将纺织品内在质量指标列入了信用条款。为此，有人将绿色壁垒形容为中国加入 WTO 后遇到的第一道，也是最难过的一道"门槛"，如果不积极应对，不仅会使中国许多出口产品被迫退出国际市场，而且会影响进一步扩大就业和经济发展。

绿色贸易壁垒是非关税壁垒的一种形式。目前，非关税壁垒已经成为中国产品的最大出口障碍。美国、欧盟等国家和地区对中国产品实施各种措施的非关税壁垒，造成大量中国产品被召回、销毁，对中国出口企业造成了很大损失。非关税壁垒包括哪些形式，各种非关税壁垒分别对进口国和出口国产生哪些影响，本章将就这些问题进行阐述。

8.1　非关税壁垒概述

非关税壁垒（non-tariff barriers，NTBs）是指除关税以外的一切限制进口的各种措施。它是与关税壁垒相对而言的。第二次世界大战后，在 GATT 的框架下经过多轮谈判，大多数国家的关税总体水平大幅下降，关税作为政府干预贸易的政策工具的作用越来越弱，而非关税壁垒措施则日渐增多。20 世纪 70 年代中期，非关税壁垒已经成为贸易保护的主要手段，形成了新贸易保护主义。近年来，除了货物贸易领域外，服务贸易领域的非关税壁垒也在不断增多。

非关税壁垒与 WTO 促进贸易自由化的宗旨是相违背的。但是，WTO 关于消除非关税壁垒的条款和协议往往有所保留。并且，在非关税壁垒花样繁多、层出不穷的情况下，WTO 也不可能对每一种非关税壁垒都加以明确的规定。因此，非关税壁垒往往采取处于 WTO/GATT 法律规则的边缘或之外的歧视性贸易措施，以绕开 WTO 的直接约束。

8.1.1　非关税壁垒的分类

非关税壁垒名目繁多，从不同的角度和按不同的标准有不同的分类。

1. 根据对进口限制的作用分类

根据对进口限制的作用，非关税壁垒可以分为直接的和间接的两大类。前者是指进口国直接对进口商品规定进口的数量和金额，以限制或迫使出口国按规定的出口数量或金额限制出口。例如，进口配额制、进口许可证制和"自动"出口限制等。后者是指进口国未直接规定进口商品的数量或金额，而是对进口商品制定种种严格的条例，间接地影响和限制商品的进口。例如，进口押金制、最低限价制、海关估价制、苛刻的技术标准、卫生安全检验和包装标签规定等。

2. 根据对进口商品采取不同的法令和实施分类

（1）从直接限定进口数量和金额的实施上，有进口配额制、"自动"出口配额制、进口许可证制等。

（2）从国家直接参与进出口经营上，有进出口国家垄断、政府采购政策等。

（3）从外汇管制的实施上，有数量性外汇管制和成本性外汇管制等。

（4）从海关通关程序上和对进口价格的实施上，有海关估价制、烦琐的海关手续、征收国内税和进口最低限额等。

（5）从进口商品的技术性规定上，有进口商品技术标准、卫生安全检验检疫规定、商品包装和标签规章等。

8.1.2 非关税壁垒的特点

非关税壁垒与关税壁垒都有限制进口的作用，但是非关税壁垒与关税壁垒相比，具有以下特点。

1. 限制进口手段更加直接

如果出口国采用出口补贴、商品倾销等办法降低出口商品的成本和价格，关税往往较难起到限制商品进口的作用。但一些非关税壁垒措施，如进口配额制等预先规定进口商品的数量或金额，超过限额就直接禁止进口，这样就可以把超额的商品拒之门外，起到关税未能达到的作用。

2. 隐蔽性、歧视性更强

一般来说，关税税率确定后，往往以法律形式公布于众，出口商一般比较容易获知关税税率。然而，一些非关税壁垒措施往往不公开，或者规定极为烦琐复杂的标准和手续，使出口商难以对付和适应，从而使商品不能进入对方的市场销售。同时，一些国家往往针对某个国家采取相应的限制性非关税壁垒措施，其结果是大大加强了非关税壁垒的差别性和歧视性。

 专栏 8-1

东盟与非关税壁垒

随着经济全球化及贸易自由化进程的加快，关税壁垒等相对传统的壁垒措施在国际贸易领域逐步式微，受到越来越多的限制和约束；相反，以技术标准、技术法规、认证制度等为主要内容的非关税壁垒却显著增多，成为国际贸易壁垒的最主要形式。这一点在东盟内部各成员国之间表现得尤为突出。

东盟 10 国一直致力于进一步促进东盟区域内贸易，打造一体化市场，使货物、投资、服务、劳动力等要素能够在各成员国之间自由流动。从东盟经济一体化的建设进程看，围绕东盟经济共同体削减区域关税的工作进展相对顺利。截至 2015 年，东盟内部 97.3% 的贸易产品已经实现了自由贸易。根据东盟秘书处与世界银行的联合调研报告，东盟内部的贸易成本在过去 10 年间下降了约 15%。

尽管东盟内部各国之间关税水平大幅降低，东盟成员国也就消除国家与区域层面的非关税壁垒达成协议，并为《东盟货物贸易协议》（*The ASEAN Trade in Goods Agreement*）有关原产地规则设计了一套新的产品标准，但东盟内部贸易占东盟成员国所有对外贸易总额的比重仅从 2000 年的 23.0% 增加到 2014 年的 25.3%，远低于欧盟和北美自由贸易区内部贸易 68% 和 48% 的占比水平。

东盟内部非关税壁垒的高覆盖率反映了在关税因最惠国待遇和特惠待遇而逐步下降的时期，非关税壁垒措施数量上的显著增长。2000—2015 年，东盟各成员国之间的平均关税已从 8.9% 下降到 4.5%，关税壁垒明显削弱；与之形成鲜明对比的是同时期东盟各成员国之间的非关税壁垒措施已从 1 634 个增加到 5 975 个。

资料来源：王守贞. 东盟非关税壁垒：现实及其影响 [J]. 东南亚纵横, 2016 (5): 24-28.

3. 具有更大的灵活性和针对性

各国关税税率的制定必须通过立法程序，并像其他立法一样，要求具有一定的延续性。但非关税壁垒措施的制定和实施则反映出很大的灵活性与针对性，通常采用行政程序，制定比较迅速，手续和程序较简单，能随时针对某国的某种商品采取或更换相应的限制进口措施，较快地达到限制进口的目的。

此外，非关税壁垒还有不易比较及不易引起对方报复等特点。由于非关税壁垒在限制进口方面比关税壁垒更灵活、更有效、更隐蔽和更具有歧视性，因而成为贸易保护主义的主要手段。

8.2 进 口 配 额

进口配额制（import quotas system）是一种直接限制进口的重要措施。它是指进口国在一定时期内（通常为 1 年），对某些产品的进口规定一个数量或金额上的限度，在限度内准予进口，超过限度则不准进口或征收较高的关税，甚至罚款。这种贸易限制措施在"敏感性"或"半敏感性"产品中较为常见，如服装、纺织品、鞋类、汽车等。GATT 第 11 条"普遍取消数量限制"和第 13 条"数量限制的非歧视管理"对缔约方的进口配额措施进行了限制或禁止。

8.2.1 进口配额制的种类

根据控制的力度和调节手段，进口配额可分为绝对配额和关税配额两种类型。

1. 绝对配额（absolute quotas）

绝对配额是在一定时期内对某些商品的进口数量或金额规定一个最高数额，达到这个数额后，就不准进口。这种配额在实际业务操作过程中，具体做法有全球配额和国别配额两种。

（1）全球配额（global quotas）。全球配额属于世界范围的绝对配额，对于来自任何国家或地区的商品一律适用。这种配额对货物来自哪些国家和地区不加限制，其方法是由主管当局按照进口商申请的先后或按以往的实际进口额发放一定的额度，直到总配额发放完为止，超过总配额便不准进口。

（2）国别配额（country quotas）。国别配额是将总配额按国别和地区分配一定额度，超过规定的配额便不准进口。为了区分来自不同国家和地区的商品，在进口时进口商必须提交原产地证明书。实行国别配额可以使进口国家根据其与有关国家或地区的政治经济关系分别给予不同的额度。

国别配额又可以分为自主配额（autonomous quotas）和协议配额（agreement quotas）。自主配额是由进口国单方面自主地规定在一定时期内从某个国家或地区进口某种商品的配额，而不必征得出口国的同意，也称单方面配额。这种配额一般参照某国过去某年的进口实绩，按一定比例确定新的进口数量或金额。协议配额是由进口国和出口国政府或民间团体之间协商所确定的配额，也称双边配额（bilateral quotas）。

2. 关税配额（tariff quotas）

关税配额是指对商品进口的绝对数额不加限制，而对在一定时期内所规定的配额以内的进口商品，给予低税或减免税的优惠待遇，对超过配额的进口商品则征收较高的关税或罚款。这是一种将关税和进口配额结合使用的进口限制措施，更具有灵活性。关税配额与绝对配额的差别主要是：绝对配额规定了一个最高进口数额，即上限，不得超过；而关税配额则表明超过额度部分仍可进口，只是进口成本将增加。例如，根据《农产品进口关税配额管理暂行办法》，我国实行进口关税配额管理的农产品品种为：小麦、玉米、大米、豆油、菜籽油、棕榈油、食糖、棉花、羊毛及毛条。我国每年都会公布下一年进口关税配额管理商品的关税配额数量、申领条件、申请时间、分配原则及其他要求。

 专栏 8-2

中华人民共和国国家发展和改革委员会公告 2017 年第 14 号

根据《农产品进口关税配额管理暂行办法》，制定了《2018 年粮食进口关税配额申领条件和分配原则》和《2018 年棉花进口关税配额申领条件和分配原则》，现予以公告。

配额数量

2018 年粮食进口关税配额量为：小麦 963.6 万吨，国营贸易比例 90%；玉米 720 万吨，国营贸易比例 60%；大米 532 万吨（其中：长粒米 266 万吨、中短粒米 266 万吨），国营贸易比例 50%。

2018 年棉花进口关税配额量为 89.4 万吨，其中国营贸易比例为 33%。

申请时间

2018 年粮食进口关税配额申请时间为 2017 年 10 月 15 日至 30 日。

资料来源：国家发改委网站.

关税配额按商品进口来源，可分为全球性关税配额和国别关税配额。按征收关税的目的，又可分为优惠性关税配额和非优惠性关税配额。优惠性关税配额是对关税配额内的进口商品，给予较大幅度的关税减让，甚至免税，而对超过配额的进口商品则征收原来的最惠国税率。例如，欧盟在普惠制实施中所采用的关税配额就属于优惠性关税配额。非优惠性关税配额是在关税配额内仍征收原来的进口税，但对超过配额的进口商品，征收很重的附加税或罚款。例如，1974 年 12 月澳大利亚曾规定对除男衬衫、睡衣以外的各种服装，凡是超过配额的部分加征 175% 的进口附加税。如此高额的进口附加税，实际上起到了禁止超过配额的商品进口的作用。

8.2.2 采用进口配额政策的原因

（1）配额政策的效果比关税更为直接，对国内竞争性产业的保护更加有效。在进口关税情况下，外国供应商通过低价销售，可以削弱关税的保护作用，而进口配额不受进口商品价格的影响，直接控制商品的进口数量。

（2）配额政策的程序相对简单。调整进口关的税率有严格的程序，大多数国家规定税率变动需经立法机构同意，并且有关进口关税的国际监督十分严密。而进口配额政策通常由政府或主管部门做出，实施过程中很多环节透明度不高，比较容易逃避国际监督。

（3）配额政策的灵活性较大。进口配额政策赋予主管行政官员很大的权力，配额的发放有很大的灵活性，政府的对外贸易管理部门往往愿意采用配额政策。进口商品的利益集团也倾向于配额政策，因为通过游说活动取得进口许可虽然要花费一定的成本，但可能比公开情况下缴纳的关税税额要少些。

8.2.3 进口配额的经济效应

1. 进口配额的经济效应模型

配额所规定的进口量通常小于自由贸易的进口量，所以配额实施后进口会减少，进口商品在国内市场的价格要上涨。如果实施配额的是一个小国，那么配额只影响国内市场的价格，对世界市场的价格没有影响；如果实施配额的是一个大国，那么配额不仅导致国内市场价格上涨，而且还会导致世界市场价格下降。

假设进口国是一个小国，进口配额的经济效应可以用一个国家、一种商品的模型分析，如图8-1所示。

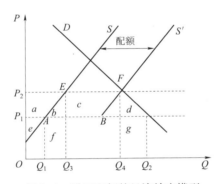

图8-1　进口配额的经济效应模型

假设图8-1中，S、D分别为某国某种进口商品的国内供给曲线和需求曲线。S'为出口国该商品的供给曲线，P_1为在自由贸易状态下的国际价格（与国内价格一致）。此时，该进口国国内的供给量为OQ_1，国内的需求量为OQ_2，需求大于供给，供需之间的差额为Q_1Q_2，只能通过从国外进口来弥补国内供给的不足。如果该国政府对商品进口实行配额限制，即只允许相当于图8-1中Q_3Q_4（线段EF）所示的数量进口，那么在P_1价格水平上，国内外总供给量为$OQ_1+Q_3Q_4$（该国国内购买者面临的供给曲线由S向右平移距离EF后得到新的供给曲线S'），仍低于国内需求OQ_2。由于供不应求，国内市场价格必然上升，当价格P_1上升到P_2时，国内生产增加到OQ_3，国内消费减少到OQ_4，供求之间达到平衡，实行进口配额后的供求平衡点为F。将实行进口配额后的状况与自由贸易时相比，可以看出该措施具有以下经济效应。

（1）消费效应。进口国消费者由于价格上涨，消费由OQ_2降至OQ_4，损失了面积为（$a+b+c+d$）的消费者剩余。

（2）保护效应。由于价格提高，本国生产者的供给量从配额前的OQ_1上升到OQ_3，生产者剩余由e增加至（$e+a$），产生了相应的生产效应，即进口替代效应。

（3）国际收支效应。由于进口价格不变而进口数量受限，使得外汇支出减少（$f+g$），国际收支得到改善。

（4）配额利润效应。获得配额的进口商以 P_1 的价格进口 Q_3Q_4（线段 EF）所示的数量（配额限量），但在国内却可以较高的价格 P_2 售出，从而可获得相当于长方形面积 c 的配额收益。

（5）再分配效应。倒梯形面积 a 为进口国生产者因生产扩大而获得的生产者剩余，面积 b 为国内生产者低效率的扩大生产而带来的国民损失，面积 d 为价格提高导致消费量减少带来的国民损失，而长方形面积 c 为配额收益，即价格上涨后得到的收益。由此可见，进口配额制增加了生产者剩余 a 和配额收益 c，却使消费者损失了（$a+b+c+d$）的经济福利。综合起来，配额的再分配效应=生产者剩余增加+进口商的配额收益-消费者剩余损失=$a+c-(a+b+c+d)=-(b+d)$。这表明国民经济福利遭受了净损失，数量为（$b+d$）。

（6）贸易条件效应。一个国家在实行进口配额后，其贸易条件主要取决于需求和垄断。当本国对外国产品有较强需求时，本国会以更多产品换取配额进口的外国产品，本国的贸易条件就会恶化；反之，当外国对本国产品有较强需求时，本国的贸易条件就会趋于改善。如果本国出口商具有垄断性地位，他们就会利用其影响力，减少进口数量，抬高商品价格，从而使本国的贸易条件得到改善。而当外国出口商具有垄断性地位时，他们也会利用其影响力，抬高进口商品的价格，自动限制出口数量，从而造成进口商之间的相互竞争，最终导致进口国贸易条件的恶化。

2. 进口配额与进口关税的不同影响

1）国内进口商品价格的上涨原因不同

在进口关税情况下，进口税率是确定的，进口商品征税后价格上升的幅度也是确定的。价格上升是关税政策的直接效果，进口商品数量减少是间接效果，是国内生产和消费对价格做出反应后取得的效果。

在进口配额情况下，配额内的进口商品在进口时并没有增加成本，不会引起价格上升。国内市场价格上升是因为配额减少了进口商品的数量，国内市场上商品的供需不平衡造成价格上升。国内市场在进口配额情况下重新达到供需和价格的稳定是通过市场调节的力量，因此进口配额政策的直接效果是进口数量减少，间接效果是价格上升。

2）进口商品的利益分配不同

在进口关税情况下，征收进口关税使政府得到关税收入。在实施进口关税时，政府的关税收入是确定的，如果政府把关税收入全部用于社会福利，就会提高社会福利的水平。

在进口配额政策下，进口商品的进口价格和国内市场销售价格之间的差价等于等量进口关税的税率。全部配额进口商品的额外利润等于进口关税中政府的关税收入，但是实施进口配额时，进口商得到的额外利润是不确定的，额外利润的分配取决于配额的分配方式。

（1）按"先来先得"的原则分配配额。这种分配方式会使有利可图的进口配额很快分完。但是，得到配额的人并不一定是最需要配额的人。

（2）按现有生产规模或进口的历史资料分配配额。这是先指定一个"参照系"，然后按比例分配。但是，任何"参照系"都只能说明过去，新建的企业可能规模不大，也可能没有进口的历史，但却非常需要进口配额。因此，这种分配方式也是不合理的。

（3）制定繁复的审批程序。审批的程序越复杂、越烦琐，对审批本身的核查就越困难，繁复的审批程序实际上赋予了分配配额的官员很大的权力，进口商有可能通过直接贿赂官员绕开某些审批程序。

（4）竞争性拍卖。这是分配配额最好的办法，通过公平竞争拍卖配额，愿意出高价的人可以认为是最需要进口这些商品的人，竞争性拍卖通常会使拍卖配额的价格等于进口获得的额外利润，即政府拍卖配额的收入等于进口关税情况下政府的关税收入，如果政府把拍卖配额的收入用于提高社会福利，结果同征收进口关税一样。

上述4种分配方式中，竞争性拍卖是最好的，其结果与征收进口关税相同。其他3种方式则不如关税政策。因为在前两种分配方式中，长方形面积 c 的一部分被消耗在申请配额的过程中，这种消耗是资源的浪费，不会创造任何价值，剩余部分被进口商取得，而这种利益的分配不是最合理的。最差的方式是第三种，长方形面积 c 将在有权分配配额的官员和得到配额的进口商之间瓜分。这种违法的交易和不合理的利益分配会带来更多的社会问题。

3）对进口国竞争性企业的影响不同

如果进口国与进口商品竞争的产业是垄断的（这里是指对国内市场的垄断），进口配额政策使国外供给成为一个固定的增量，进口国的国内垄断企业有可能按利润极大化的标准确定产量，使国内产量加上配额数量的进口商品后，边际成本等于边际收益。从而，国内市场的商品价格进一步提高，国内企业从中获取垄断利润，而社会福利的净损失将会增加。由于国内企业在自由贸易条件下无法控制产量以形成垄断，因此垄断造成的净损失是实施进口配额政策特有的结果。

进口关税政策不可能出现上述情况，因为国内企业限制产量和提高价格将使征税后的进口商品数量增加。因此，如果国内与进口商品竞争的产业存在垄断，则不管配额按什么方式分配，进口关税政策都好于进口配额。

总之，各国对进口商品实施配额管理，主要是出于以下顾虑：过量进口某商品会严重损害国内相关工业发展；会直接影响进口结构、产业结构的调整，以及危及国家外汇收支等。进口配额在发达工业国家的应用越来越广泛，其目的是利用配额来保护本国的生产，提高本国就业和解决本国国际收支逆差等问题。而发展中国家广泛地实行进口配额制，是为了发展进口替代工业。但是，配额的实施也会给贸易国带来很大的影响。首先，配额对国内市场的保护使得国内的稀缺资源更加稀缺，从而带来低效率；其次，配额的发放过程容易滋生腐败；最后，进口配额是一种数量限制，其实施必然会直接导致国际贸易量下降，从而带来配额在国际的多米诺效应。

8.3 自动出口限制

8.3.1 自动出口限制的形式

自动出口限制又称自愿出口限制（voluntary export restraint，VER），或者自动出口配额制（voluntary export quotas），是指出口国家或地区在进口国的要求或压力下，"自动"规定某一时期内（一般为3～5年）某些商品对该国的出口限制，在限定的配额内自行控制出口，超过配额即禁止出口。因此，自动出口限制实际上是进口国限制，进口国把进口配额交给出口国来实施。自动出口限制也被称为被动配额，进口国则更愿意把这种做法称为有秩序营销安排（orderly marketing arrangements，OMA）。

　　自动出口限制属于 GATT 在调节世界贸易、制定多边贸易协定时，涉及或规定不明确的"灰色区域"，即贸易利益集团利用 GATT 的不明确性、不全面性和保障条款所做出的选择性限制措施。它被直接用来代替第 19 条的保障条款，并构成违反 GATT 基本条款的行为。这一措施通常以双边形式出现，并且具有不透明的特点，借以逃避 GATT 的监督。进口国认为，自动出口限制并不影响所有的供货国，在实施时不会像引用 GATT 第 19 条那样复杂，稍有不慎即会招致严重报复的可能。出口国认为，其他可供选择措施的变动将会使出口更加急剧削减。因此，许多国家认为，自动出口限制是一种调节国际贸易的"最有效"的方法。

　　自动出口限制始于美、日汽车贸易。随着 GATT 及相关的国际多边贸易协定对缔约方的约束不断加强，一些大国为了避免公开和直接违反协定有关的规定，或者为了减少和避免贸易摩擦，越来越多地采用自动出口限制这种政策工具。例如，根据 WTO《纺织品与服装协定》，全球纺织品贸易自 2005 年 1 月 1 日起实现一体化，取消全球纺织品配额。但是，根据中国加入 WTO 承诺的特殊条款的规定，相关国家依然可以对中国已经取消配额限制的产品重新进行数量限制，直至 2008 年 12 月 31 日。例如，美国和欧盟分别宣布对中国出口的纺织品设限和进行"特殊保障"调查。为了减少贸易摩擦和争取稳定的贸易环境，中国政府采取了自动限制纺织品出口的措施，要求对已设限国家出口纺织品时需申请出口许可证，并规定了出口基数和 2008 年以前的增长率。

 专栏 8-3

日本汽车自愿出口限制

　　由于 20 世纪 70 年代后期石油危机的出现，尤其是 1979 年的石油价格急剧上涨，美国国内市场上对日本小型的节能型汽车需求剧增。美国本土的汽车销量迅速减少，三大汽车制造商（通用汽车公司、福特汽车公司和克莱斯勒汽车公司）相继出现亏损，失业人员大量上升。

　　1980 年 6 月，美国汽车工会根据《1974 年贸易法》第 201 条，以外国汽车进口使本国产业受到严重损害为由向美国国际贸易委员会提起诉讼，要求提高进口关税并实施进口配额限制。但是，美国国际贸易委员会的结论是：美国汽车产业所受到的损害来自石油危机后消费需求的转换、利率过高，以及美国经济不景气 3 个原因。

　　1981 年 2 月美国众议院贸易委员会、3 月美国贸易代表访日，与日本通产省进行磋商。同年 5 月日本政府以通商产业大臣声明的形式发表对美出口轿车的限制措施，同意自愿限制对美国汽车出口，相关措施的主要内容如下。

　　（1）1984 年 3 月底之前，根据外汇及外国贸易管理法对汽车对美国出口进行审查并做出报告。

　　（2）第一年（1981 年 4 月—1982 年 3 月）自愿将出口限制在 168 万辆以内。

　　（3）第二年（1982 年 4 月—1983 年 3 月）的限制额是在原有的基础上再加上市场扩大量 16.5%。

（4）根据需要对汽车出口实行出口认可制。

（5）第三年（1983 年 4 月—1984 年 3 月）根据美国轿车市场动态，研究第三年是否继续实行数量限制。

尽管日本对汽车实行自愿出口限制后，美国汽车产业的经营状况开始好转，美国三大汽车制造商也扭亏为盈，但却给美国消费者带来了巨大的负担与损失。

资料来源：卜伟，刘似臣. 国际贸易［M］. 北京：北京交通大学出版社，2006.

自动出口限制一般有以下两种形式。

（1）非协定的自动出口限制。非协定的自动出口限制又称单方自动出口限制，即不受国际协定的约束，而是出口国迫于进口国的压力，单方面规定出口配额，限制商品出口。这种配额有的是由政府有关机构规定，出口商必须向有关机构申请配额，领取出口授权书或出口许可证才能出口；有的是由本国大的出口厂商或协会"自愿"控制出口，以控制恶性竞争。

（2）协定的自动出口限制。即双方通过谈判签订"自动出口限制协定"（self-marketing agreement）或有秩序的销售安排，在协定中规定有效期内某些商品的出口配额，出口国应根据此配额实行出口许可证制或出口配额签证制，自行限制这些商品的出口。进口国则根据海关统计进行检查。自动出口限制大多数属于这一种。

8.3.2 自动出口限制的经济效应

由于主动提出限制的进口国一般都是大国，下面用一个国家一种商品的大国贸易模型分析自动出口限制的经济效应，如图 8-2 所示。

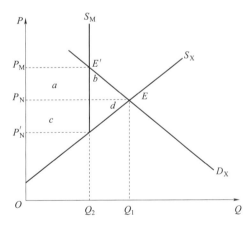

图 8-2 自动出口限制的经济效应

图 8-2 中 S_X 是某外国商品的供给曲线，D_X 是进口国对该外国商品的需求曲线。在自由贸易条件下，进口国对该商品的供给和需求在 E 点实现平衡，此时进口商品的数量为 OQ_1，进口商品的价格为 P_N。若进口国规定进口商品的进口配额为 OQ_2，则供给曲线变为一条垂直于 OQ 的直线 S_M。由于自动出口限制由出口国主动实施，出口商按 P_M 的价格出口商品，

其出口商品的收益为面积 a 的部分，面积 d 则是出口国生产方面的损失，出口国的净损失为 $(a-d)$。同时，自动出口限制使进口国承担巨大的净损失，在图 8-2 中用面积 a 和 b 表示。

综上所述，从世界贸易的角度来看，自动出口限制造成了面积 b 和面积 d 的净损失，扭曲了商品价格，对进、出口国双方的生产和消费都产生了不利的影响。

图 8-2 也可以用来分析大国的进口配额政策。由于进口国实施进口配额，出口国被迫把出口商品价格降到 P'_N。对进口国来说，图 8-2 中面积 a 是消费者的损失，面积 c 是净利益，面积 a 和 c 按进口配额分配的方式，在进口国内分配。因此，进口国进口配额政策的福利影响取决于面积 c 和 b 的差额，出口国的净损失为 $(c+d)$。

上述分析表明，对进口国来说，进口配额好于自动出口限制，而且图 8-2 的分析还不包括模型外的因素。例如，进口国与进口商品竞争的产业为了说服政策制定者采取自动出口限制政策花费的游说成本；出口国为了充分利用配额数量，通过产品升级（product up-grading）提高出口商品质量时提高出口价格。这些都会进一步扩大进口国的净损失。

尽管自动出口限制对进口国造成的损失大于进口配额，但进口国为了维护"大国形象"，避免受到贸易保护主义的指责，仍然热衷于做出种种自动出口限制的安排。

从世界贸易的角度看，自动出口限制造成面积 a 和 d 的净损失，这是自动出口限制扭曲了商品价格，对进口国和出口国双方的生产与消费都有不利的影响。

8.4　其他非关税措施

8.4.1　进口许可证制

1. 定义

进口许可证制（import license system）是指进口国规定某些商品进口必须事先领取许可证才可以进口，否则一律不准进口。为了防止进口许可证被滥用而妨碍国际贸易的正常发展，GATT 从肯尼迪回合开始就对这一问题进行多边谈判，并经过东京回合和乌拉圭回合，最终达成了《进口许可程序协议》。该协议规定所有 WTO 成员必须保证进口许可程序实施和管理的简化、透明、公平与公正，避免对产品进口造成障碍或限制。

2. 分类

从进口许可证与进口配额的关系来看，进口许可证可以分为有定额的进口许可证和无定额的进口许可证。

有定额的进口许可证是指国家有关机构预先规定有关商品的进口配额，然后在配额的限度内，根据进口商的申请对于每一笔进口货物发给进口商一定数量或金额的进口许可证。一般来说，进口许可证是由进口国有关部门向提出申请的进口商颁发的，但也有将这种权限交给出口国自行分配使用的。

无定额的进口许可证是指进口许可证不与进口配额相结合。有关政府机构预先不公布进口配额，颁发有关商品的进口许可证，只是在个别考虑的基础上进行。因为它是个别考虑的，没有公开的标准，因而就给正常贸易的进行造成更大的困难，起到最大限度限制进口的作用。

从进口商品许可程度上看，进口许可证一般可分为公开一般许可证和特种进口许可证。

公开一般许可证又称公开进口许可证、一般许可证或自动进口许可证。它对进口国别或地区没有限制，凡列明属于公开一般许可证的商品，进口商只要填写公开一般许可证后，即可获准进口。因此，对于这类许可证的商品实际上是"自由进口"的商品。

特种进口许可证又称非自动进口许可证，即进口商必须向政府有关部门提出申请，经政府有关部门逐笔审查批准后才能进口。这种进口许可证多数都指定进口国别或地区。为了区分这两种许可证所进口的商品，有关部门通常定期公布有关的商品项目并根据需要随时进行调整。

8.4.2 外汇管制

1. 定义

外汇管制（foreign exchange control）是一国政府通过法令对国际结算和外汇买卖实行限制来平衡国际收支和维持本国货币的汇价的一种制度。在外汇管制下，出口商必须把他们出口所得到的外汇收入按官定汇率（official exchange rate）卖给外汇管制机关，进口商也必须在外汇管制机关按官定汇价申请购买外汇，本国货币的携出入国境也受到严格的限制等。这样，国家的有关政府机构就可以通过确定官定汇率、集中外汇收入和控制外汇供应数量的办法来限制进口商品的品种、数量和控制进口国别。

2. 产生与发展

外汇管制始于第一次世界大战期间。当时，国际货币制度陷于崩溃，美、法、德、意等参战国都发生了巨额的国际收支逆差，本币对外汇率剧烈波动，大量资本外逃。为集中外汇资财进行战争，减缓汇率波动和防止本国资本外流，各参战国在战时都取消了外汇的自由买卖，禁止黄金输出，实行了外汇管制。第二次世界大战爆发后，参战国更是立即实行全面严格的外汇管制。1940年，在100个国家和地区中，只有11个国家没有正式实行外汇管制，外汇管制范围也比以前更为广泛。第二次世界大战后初期，西欧各国基于普遍存在的"美元荒"等原因，继续实行外汇管制。20世纪50年代后期，西欧各国经济有所恢复，国际收支状况有所改善。从1958年开始，各国不同程度地恢复了货币自由兑换，并对国际贸易收支解除了外汇管制，但对其他项目的外汇管制仍维持不变。1961年，大部分国际货币基金组织的会员表示承担《国际货币基金组织协定》第8条所规定的义务，即避免外汇限制而实行货币自由兑换。但时至20世纪90年代，绝大多数国家仍在不同程度上实行外汇管制，即使名义上完全取消了外汇管制的国家，仍时常对居民的非贸易收支或非居民的资本项目收支实行间接的限制。

3. 分类

外汇管制一般分为以下3种。

（1）数量性外汇管制。即国家外汇管理机构对外汇买卖的数量直接进行限制和分配，其目的是集中外汇收入、控制外汇支出和实行外汇分配，以限制进口商品品种、数量和国别。有些国家实行数量性外汇管制时，往往规定进口商必须在获取进口许可证后才可购得所需的外汇。

（2）成本性外汇管制。即国家外汇管理机构对外汇买卖实行复汇率制（system of multiple exchange rates），利用外汇买卖成本的差异，间接影响不同商品的进出口。

复汇率制是指政府规定几种同时并存的官方汇率，利用汇率的差别来限制或鼓励某些商品的进口或出口。实行复汇率制的作用是根据出口商在国外市场上竞争能力的不同，为不同商品规定不同的汇率以加强出口；按照保护本国市场的需要，为进口商品规定不同的汇率以限制进口等。例如，20 世纪 80 年代，我国外贸多年逆差，外汇储备只有数十亿美元。在外汇短缺的情况下，为了实现外汇收支平衡，我国采取了人民币官方汇率和贸易外汇调剂价并存为特征的复汇率制，即出口按大幅贬值的贸易调剂价结算，刺激企业增加出口，按高估的官方汇率买入外汇，抑制进口。

（3）混合性外汇管制。即同时采用数量性和成本性的外汇管制，以实行更加严格的外汇与贸易限制。

4. 利弊

实施外汇管制的有利方面是政府能通过一定的管制措施来实现本国国际收支平衡、汇率稳定、奖出限入和稳定国内物价等政策目标。其弊端是市场机制的作用不能充分发挥，由于人为地规定汇率或设置其他障碍，不仅造成国内价格扭曲和资源配置的低效率，而且妨碍国际经济的正常往来。一般情况是发展中国家为振兴民族经济，大多主张采取外汇管制，而发达国家则更趋向于完全取消外汇管制。

8.4.3 进出口国家垄断

进出口国家垄断是指在对外贸易中，对某些或全部商品的进出口规定由国家机构直接经营，或者是由国家特许的垄断组织经营。

西方发达国家对进出口的国家垄断主要集中在以下 4 类商品上。第一类是烟酒，这是国家财政收入的主要来源。第二类是武器军火，这有关国家的防务安全与外交政策。第三类是农产品，这是不少国家特别是欧美国家农业政策的一个方面。例如，美国的农产品信贷公司就是一个农产品贸易垄断企业，高价收购国内的农产品，然后低价向外倾销。第四类是石油，除石油输出国家以外，目前很多石油进口国也设有国营石油公司。

GATT 第 17 条"国营贸易企业"规定，允许成员建立或维持国营贸易企业，但应遵守非歧视原则，即只能以价格、质量、适销性、运输和其他购销条件等商业因素作为经营活动的根据，并为其他成员的企业参与上述经营活动提供充分的竞争机会。同时，成员应保证国营贸易企业的透明度，履行向 WTO 通知和报告国营贸易企业的名录、经营方式、进出口产品等方面的义务。

8.4.4 歧视性政府采购

歧视性政府采购政策（discriminatory government-procurement policy）是指国家通过法令规定政府机构在采购时要优先购买本国产品的做法。这种做法实质上就是歧视外国产品，从而起到限制进口的作用。

美国从 1933 年开始实行《购买美国货法案》（*Buy American Act*），并分别于 1954 年和 1962 年两次进行修订。该法规定，凡是美国联邦政府要采购的货物，应当是美国制造的，或者是用美国原料制造的。开始时，凡商品的成分有 50% 以上是在本国外生产的，就作为外国货。只有在美国自己生产的数量不足，或者是国内价格过高，或者是不买外国货有损于美国利益的情况下，才可以购买外国货。根据法令规定优先购买的美国货，其价格往往要高出国际市场价格的 6% ~ 12%，其中美国国防部和财政部所采购的本国货往往要高出国际市场价格的 50%。

除了美国以外，还有许多发达国家采用了类似的做法。例如，英国政府限定通信设备和电子计算机要向本国公司采购。又如，日本的一些省规定，政府机构所需的办公设备、汽车、计算机、电缆、导线、机床等不得采购外国产品。20 世纪 50 年代以后，随着国家公共服务职能的加强，政府对货物和服务的需求与购买不断增加。为促进政府采购市场的对外开放，GATT 东京回合正式将政府采购纳入谈判议题，并在乌拉圭回合期间达成了《政府采购协议》，该协议于 1996 年 1 月 1 日起生效。《政府采购协议》规定：①政府采购是指政府为政府机关自用或为公共目的而选择购买货物或服务的活动，其所购买的货物或服务不用于商业转售及供商业销售的生产；②通过消除针对外国货物、服务和供应商的歧视，增强透明度，将国际竞争（如招标）引入传统上属于国内公共财政管理的政府采购领域，实现国际贸易的自由化和世界贸易的扩大。

8.4.5 歧视性国内税

歧视性国内税（discriminatory internal taxes）是指用征收国内税的方法来限制外国商品的进口。国内税与关税不同，它的制定与执行属于本国政府机构，有时甚至是地方政府机构的权限，通常不受贸易条约与协定的约束。因此，国内税是比关税更灵活、更隐蔽的一种贸易限制措施。

许多国家都利用征收国内税的办法来削弱进口产品的市场竞争能力，从而达到限制进口的目的。例如，法国曾对引擎为 5 马力的汽车每年征收养路税 12.15 美元，对于引擎为 16 马力的汽车每年征收养路税高达 30 美元。当时，法国生产的最大型汽车为 12 马力，因此实行这种税率的目的是抵制进口汽车。又如，美国、瑞士和日本对于进口酒精及饮料所征收的消费税都要高于本国制品。

但 GATT 第 3 条"国内税和国内法规的国民待遇"规定，国内税和其他国内费用，影响产品的国内销售、标价出售、购买、运输、分销，或者使用的法律、法规和规定，以及规定产品的混合、加工或使用的特定数量或比例的国内法规，不得以为国内生产提供保护的目的而对进口产品适用。

8.4.6 最低限价和禁止进口

1. 最低限价（minimum price）

最低限价是政府规定某种进口商品的最低价格，凡进口货价低于规定的最低价格则征收进口附加税或禁止进口，以此来限制外国商品的进口。这一最低价格通常是在一个较高的水平上，并根据实际情况不断调整和提高。进口限价降低了进口商品在国内市场的竞争优势，从而达到限制进口的目的。

1977 年，美国对来自欧洲与日本等国的钢材和钢制品实行所谓的"启动价格制"（tigger price mechanism，TPM），也是一种最低限价制。除美国以外，欧洲经济共同体为了稳定钢的内部价格，对钢的进口也规定了最低限价作为引发价格，当进口钢的价格低于这个限度时，便征收进口附加税。

2. 禁止进口（prohibitive import）

禁止进口是限制进口的一种极端措施，当一些国家感到实行进口数量限制已不能走出经济与贸易困境时，往往颁布法令，公布禁止进口的货单，禁止这些商品的进口。但这种措施很容易引起对方国家的报复，从而引发贸易战，最终对双方都无好处，因此不宜贸然采用。

对于中国通信企业来说，印度是重要的海外市场，但中国企业在印度的拓展一直"如履薄冰"。印度主管部门多次以各种理由阻挠中国产品的进口。例如，2010 年 4 月，印度电信部以"国家安全"为由发布进口禁令，禁止进口中国华为和中兴等中国厂商生产的电信设备。除此之外，印度电信部还规定，在印度境内的所有电信设备商，只能雇用印度本土人士做运维管理。此前，2009 年 12 月，印度财政部曾宣布对原产于中国的同步数字传输设备征收临时反倾销关税，最高为产品进口价格的 236%。印度电信监管部门此举势必对中国通信企业造成较大影响，印度运营商也将失去购买具有较高性价比电信设备的机会。

最低限价和禁止进口要受到 GATT 第 11 条"普遍取消数量限制"和第 13 条"数量限制的非歧视管理"的限制。

8.4.7 进口押金制

进口押金制（advanced deposit）又称进口存款制，是指一些国家规定进口商在进口商品时，必须事先按进口金额的一定比率和规定的时间，在指定的银行无息存入一笔现金，然后才能组织商品进口，这是一种通过支付制度限制进口的措施。这样就增加了进口商的资金负担，影响了资金的正常周转，从而在一定程度上起到限制进口的作用。

例如，英国在 1968 年 11 月曾规定，除进口食品和原料外，一切进口均须在海关存入一笔相当于进口金额 50% 的款项。1969 年 12 月，将押金比调整为 40%；1970 年 5 月，又降至 30%。这种进口存款制直到 1970 年 12 月初才废除。又如，意大利 1974 年 5 月 7 日—1975 年 3 月 24 日曾对 400 多种进口商品实行这种制度，规定进口商的所有进口都必须预先在中央银行存放相当于进口货款一半的现款押金，无息冻结半年。据统计，这相当于征收 5% 以上的进口附加税。此外，芬兰、新西兰、巴西等国家也实行这种制度。巴西的进口押金制规定，进口商必须按进口商品船上交货价格缴纳金额相等的为期 960 天的存款方能领到进口许可证。

进口押金制是从加重进口商的资金负担的角度来限制商品进口的。但是，当进口商能用押款收据作担保，在货币市场上以优惠利率获得贷款时，这种进口押金制的作用就会削弱，甚至消失。GATT 第 11 条"普遍取消数量限制"和第 13 条"数量限制的非歧视管理"对成员的进口押金措施进行了限制或禁止。

8.4.8 专断的海关估价制度

海关为了征收关税，确定进口商品价格的制度称为海关估价制度（customs valuation）。有些国家根据某些特殊规定，提高某些进口货的海关估价，来增加进口商品的关税负担，以阻碍商品的进口，就称为专断的海关估价制度。

长期以来，美国海关是按照进口商品的外国价格（进口货在出口国国内销售市场的批发价）或出口价格（进口货在来源国市场供出口用的售价）两者之中较高的一种进行征税。这实际上是提高了进口商品的完税价格。

美国还对进口商品的海关估价实行所谓的"美国售价制"（american selling price system）。美国售价是指美国产品在美国国内市场自由上市时的正常批发价格。而适用"美国售价制"的商品往往是美国国内售价较高的商品，如煤焦油产品、胶底鞋类、蛤肉罐头、毛手套等商品。按照"美国售价制"的标准征税，可使这些商品的进口税率大幅度提高。例如，某种煤焦油产品的进口税率为从价税20%，它的出口价格为每磅0.50美元，应缴纳进口税为每磅0.10美元，而这种商品的"美国售价"为每磅1.00美元。按同样税率，每磅应缴纳进口税为0.20美元，其结果是实际的进口税率不是20%，而是40%，即增加了一倍。这就有效地限制了外国商品的进口。"美国售价制"引起了其他国家的强烈反对，直到东京回合签订了《海关估价守则》后，美国才不得不废除这项制度。乌拉圭回合在对《海关估价守则》进行修订和完善的基础上，达成了《海关估价协议》。

海关程序本来是正常的进出口货物通关程序，但通过滥用却可以起到歧视和限制进口的作用，从而成为一种有效的、隐蔽的非关税壁垒措施。为防止这种非关税壁垒措施的滥用，GATT的相关条款对其做出了限制和约束。例如，GATT第8条"进出口规费和手续"规定，各成员方有必要最大限度地减少进口手续的影响范围和复杂程序，并减少和简化进出口的单证要求。《海关估价协议》规定，进口成员方海关应严格按顺序依次采用6种估价方法来确定货物的完税价格，不得颠倒它们的适用顺序，确保海关估价的公平、统一和中立，不对国际贸易构成障碍。

8.4.9 进口商品征税的归类

进口商品的税额取决于进口商品的价格与税率。在海关税率已定的情况下，税额大小除取决于海关估价外，还取决于征税产品的归类。海关将进口商品归在哪一税号下征收关税，具有一定的灵活性。进口商品的具体税号必须在海关现场决定，在税率上一般就高不就低。这就增加了进口商品的税收负担和不确定性，从而起到限制进口的作用。例如，美国对一般打字机进口不征收关税，但如归为玩具打字机，则要征收35%的进口关税。

8.4.10 原产地规则

原产地规则即"货物原产地规则"，是指一国根据国家法令或国际协定确定的原则制定并实施的，以确定生产或制造货物的国家或地区的具体规定，因此又被形象地称为商品的"经济国籍"。在实行差别关税的国家，进口货物的原产地是决定其是否享受一定的关税优惠待遇的重要依据之一。

原产地规则最初是为了方便海关征税和贸易统计，用来确定生产或制造货物来源国或地区的法律、法规和行政决定。然而随着原产地规则越来越多地被用于保护区域内成员的利益，其设计越来越复杂和精巧，由此原产地规则慢慢地从一种中性的技术工具转变成一种新的贸易保护手段。

→ **专栏 8-4**

TPP 的原产地规则

美国作为 TPP 谈判中的主导力量，在有关具体事项的协商中以其自身意志进行干涉。在原产地规则中，美国一直想要将 NAFTA 的原产地规则引入 TPP 的协议中，以此来遏制其他非成员与其在国际贸易中的竞争，在亚太地区最大的目标应该就是中国。众所周知，美国的原产地规则一向都以严格著称，尤其是在纺织和服装行业、汽车行业，都有单独的条款加以规定。对于这两大行业，无论是在 NAFTA 等优惠性原产地规则还是在非优惠性原产地规则中，都专门制定了严格的规则。受到美国的主导性影响，TPP 在服装和纺织品方面也开始采用较为严苛的"纺纱前沿"的原产地规定。除此之外，TPP 在原产地规则的制定上也在通过一对一的协商，逐渐扩大其对于特殊领域单独制定原产地规则的适用范围，即对不同的产品采用不同标准的原产地规则。

"纺纱前沿"原产地规则要求在一个自由贸易区内，任何成品在制造时，从最初所采用的纺纱等原材料都必须是在缔约方或成员方境内获得的，才能享受自贸区所规定的关税等优惠措施。但是，就 TPP 而言，如果采用"纺纱前沿"的原产地规则，适用于大多数材质的衣服，如棉、毛、人造短纤维等材料，在该规则之下，纤维可以是非原产于 TPP 成员境内的，但从纱线的纺织程序开始一直到所有的布料和成衣的生产都必须在 TPP 成员境内进行。那么对于中国而言，纺织品及其他一些传统出口商品在向 TPP 成员出口时，必定会受到中国产品出口到 NAFTA 时受到的类似的歧视待遇。

资料来源：李欣.TPP 的原产地规则研究 [D]. 重庆：西南政法大学，2013.

8.4.11 动物福利

动物福利观念的出现由来已久。早在 18 世纪，英国法理学家杰罗米·边沁就提出保护动物权利的理念。1822 年，人类第一部保护动物福利的法律《马丁法令》在英国颁布，以法律的形式禁止人类残忍和不当对待家畜。之后美国人亨利·伯格也广泛呼吁为动物保护立法，动物福利理念逐渐深入人心。1980 年以来，欧盟、美国、澳大利亚、日本等 100 多个国家和地区先后颁布了保障动物福利的法律，WTO 的贸易规则中也写入了动物福利条款。

长期以来，关于动物福利并没有一个确切的定义，1976 年休斯首次将动物福利明确定义为："动物与它的环境协调一致的精神和生理完全健康的状态"，主张人类在兼顾利用动物的同时，尽量善待动物，改善动物的生存状况。通常认为，动物应该享有 5 大福利，包括生理福利（无饥渴之忧虑）、环境福利（有适当的居所）、卫生福利（减少动物的伤病）、行为福利（应保证动物表达天性的自由）和心理福利（减少动物恐惧和焦虑的心情）。动物福利的提出是社会文明进步的表现，维护和提高动物福利是大势所趋。但如果进口国滥用国内的动物福利法，采取严苛的动物福利标准，以限制进口、保护国内市场，就会异化为一种新的贸易保护手段——动物福利壁垒。

在动物保护和人道主义的口号下，发达国家逐步将动物福利纳入双边及多边贸易协定中，欧盟要求其成员在进口动物产品之前必须考虑动物福利，在2002年欧盟与智利签订双边贸易协议时，就列入了动物福利标准的条款。2003年，WTO农业委员会提出的《农业谈判关于未来承诺模式的草案》更是将"动物福利支付"列入"绿箱政策"中，这意味着动物福利被国际贸易规则所认可。2013年WTO争端解决机构针对其受理的第1起有关动物福利限制措施的标志性案件——"海豹产品案"发布专家组报告，认定欧盟禁止海豹进口是为了保护动物福利相关的公共道德，肯定了保护动物福利可以成为贸易限制的正当理由。这一裁决标志着国际社会正在将动物福利纳入国际法中，动物福利壁垒必将成为发达国家所采取的新的贸易壁垒而大行其道。

如今国际上动物产品出口因动物福利问题遭退货甚至抵制的案例日益增多。2002年乌克兰曾经有一批生猪经过60多个小时的长途跋涉运抵法国却被法国有关部门拒收，理由是运输过程没有考虑到猪的福利，中途未按规定时间休息；2013年欧盟委员会下令，全面禁止在动物身上进行化妆品成分测试，并禁止销售含动物测试成分的新化妆品。

8.5 新贸易壁垒

新贸易壁垒是相对于传统贸易壁垒而言的，是指以技术壁垒为核心的包括绿色壁垒在内的所有阻碍国际商品自由流动的新型非关税壁垒。新贸易壁垒与传统的关税和非关税壁垒的区别是：传统的关税和非关税壁垒主要对商品的数量与价格实行限制，更多地体现在商品的商业利益上，所采取的措施也大多是边境措施；而新贸易壁垒则往往着眼于商品的数量与价格等商业利益以外的东西，更多地考虑商品对于人类的健康、安全及环境的影响，体现的是社会利益和环境利益，采取的措施不仅是边境措施，还涉及国内政策和法规。

与传统的非关税壁垒相比，新贸易壁垒主要有以下特点。

(1) 双重性。新贸易壁垒有其合理合法的一面，但出于保护心理，对某些国家产品进行有意刁难歧视，表现出不合理的一面。

(2) 隐蔽性。传统的非关税壁垒虽有一定程度的隐蔽性，但相对容易掌握，而新的贸易壁垒则使人防不胜防，大多涉及产品标准和产品以外的问题。

(3) 复杂性。新贸易壁垒大多涉及技术标准和国内政策法规，比传统的非关税壁垒更复杂。

(4) 争议性。新贸易壁垒经常介于合理和不合理之间，达成一致困难大，不易协调。

8.5.1 技术性贸易壁垒

技术性贸易壁垒是指那些超越公认的不合理和非科学的强制性或非强制性确定商品的某些特性的规定、标准和法规，以及旨在检验商品是否符合这些技术法规和确定商品质量及其适应性能的认证、审批和试验程序所形成的贸易障碍。技术性贸易壁垒主要包括以下形式。

(1) 技术法规。技术法规是指必须强制性执行的产品特征或其相关工艺和生产方法的文件，许多强制性标准也是技术法规的组成部分。技术法规主要涉及劳动安全、环境保护、卫生与健康、交通规则、无线电干扰、节约能源与材料等，也有一些是审查程序上的要求。目前，工业发达国家颁布的技术法规种类繁多，尤其是近几十年来，为了保护消费者的合法权益，许多工业发达国家不遗余力地致力于消费者保护法规的制定。

（2）技术标准。技术标准是指经公认机构批准的、非强制执行的、供通用或重复使用的产品或相关工艺和生产方法的规则与指南。有关专门术语、符号、包装、标志或标签的要求也是技术标准的组成部分。目前，存在大量的技术标准，有国家标准、行业标准，也有许多国际标准。

随着竞争的加剧，发达国家有意识地利用技术标准作为竞争的手段，对制成品的进口规定极为严格、烦琐的技术标准。有些技术标准的规定甚至是经过精心策划的、专门用以针对某个国家的出口产品，而且涉及商品的范围越来越广，进口商品必须符合这些技术标准才能进口。有些技术标准不仅在条文本身上限制了商品进口，而且在实施过程中也为国外产品的销售设置了重重障碍。

（3）质量认证和合格评定程序。质量认证是根据技术规则和标准对生产、产品、质量、安全、环境等环节，以及整个保障体系的全面监督、审查和检验，合格后由国家或外国权威机构授予合格证书或合格标志来证明某项产品或服务是符合规定的规则和标准的活动。目前，在国际上影响比较大的质量认证体系有 ISO 9000 系列标准、ISO 14000 环保系列标准、美国的产品安全认证体系 UL、欧盟的 CE 标志、日本的 JIS 标准等。

（4）卫生检疫标准。卫生检疫标准主要适用于农副产品及其制成品、食品、药品、化妆品等。现在各国要求卫生检疫的商品越来越多，规定也越来越严。例如，美国规定其他国家或地区输入美国的食品、饮料、药品和化妆品，必须符合美国《联邦食品、药品及化妆品法》的规定。其条文还规定，进口货物通过海关时，均需经食品药物管理署（FDA）检验，如发现与规定不符，海关将予以扣留，有权销毁或者按规定日期装运再出口。

（5）商品包装和标签的规定。商品包装和标签的规定适用范围很广。许多国家对在本国市场销售的商品订立了种种包装和标签的条例。这些规定内容复杂，手续麻烦，出口商品必须符合这些规定，否则不准进口或禁止在市场上销售。进口国对进口商品包装和标签的要求主要用于防止包装材料所形成的对环境和消费者的负面影响。当然，这其中也有很多仅仅只是为国外出口商制造出口障碍。出口商为了符合这些规定，不得不按规定重新包装和改换标签，费时费工，增加了商品的成本，削弱了商品的竞争力，从而保护了进口国国内市场。

8.5.2 绿色贸易壁垒

绿色贸易壁垒是指各国为保护本国市场，借口为保护环境和国民健康，对进口商品提出带有歧视性与针对性的技术、安全和卫生标准。如达不到这些标准，进口国有权扣留、退回、销毁、索赔等；或者不规范地使用国际公认的标准。

1. 绿色贸易壁垒的特点

（1）名义上的合理性。绿色贸易壁垒是以保护世界资源、环境和人类健康为名，行贸易限制和制裁措施之实。现代社会人们对生存环境和生活质量的要求越来越高，会很自然地关注环境问题，对于那些可能对环境和健康带来危害的商品和服务表现出高度敏感性。绿色贸易壁垒正是抓住这一共同心理，使贸易保护在名义上和提法上有了合理性和巧妙性。

（2）形式的合法性。绿色贸易壁垒虽然属于非关税壁垒的范畴，但其不同之处在于绝大部分的非关税壁垒不是通过公开立法来加以规定和实施的，而绿色贸易壁垒措施则是以一系列国际国内公开立法作为依据和基础。20 世纪 70 年代以来，国际社会通过有关国际组织及国际会议先后制定了许多多边国际环保协议、规则，它们在形成国际环保习惯法及在对国际贸易造成冲击和影响方面起着不可忽视的重要作用。

国际贸易中适用的法律有：国内法、国际贸易惯例和国际条约。目前世界上最重要、最有权威、最有普遍性的国际多边贸易条约是 GATT 和 WTO 框架下的相关文件。GATT 第 20 条，授予了各国"环保例外权"；WTO 在《技术性贸易壁垒协议》的前言中也规定了"不能阻止任何成员按其认为合适的水平采取诸如保护人类和动植物的生命与健康及保护环境所必需的措施"。由此可见，发达国家采取的严格的绿色贸易壁垒措施，从法律的角度看，一般是无可非议的。

（3）保护内容的广泛性。绿色贸易壁垒保护的内容十分广泛，它不仅涉及与资源环境保护和人类健康有关的许多商品在生产和销售方面的规定和限制，而且对那些需达到一定的安全、卫生、防污等标准的工业制成品亦产生巨大压力，因此对发展中国家的对外贸易与经济发展具有极大的挑战性。同时，由于绿色贸易壁垒措施具有不确定性和可塑性，而且对产品的生产、使用、消费和处理过程的鉴定都包括较多的技术性成分，因此在具体实施和操作时也很容易被某些发达国家用来对来自发展中国家的产品随心所欲地加以刁难和抵制。

（4）保护方式的隐蔽性。与传统的非关税壁垒措施相比，绿色贸易壁垒具有更多的隐蔽性。首先，它不像配额和许可证措施那样，明显地带有分配上的不合理性和歧视性，不容易引起贸易摩擦。其次，建立在现代科学技术基础之上的各种检验标准不仅极为严格，而且烦琐复杂，使出口国难以应付和适应。例如，1995 年 4 月国际标准化组织开展实施"国际环境监察标准制度"，许多国家利用此标准限制和拒绝产品进口。

2. 绿色贸易壁垒兴起的原因

绿色贸易壁垒的产生是新贸易保护主义与环境保护运动相结合的产物。

（1）环保主义思想的兴起是绿色壁垒形成的驱动力。随着世界工业化的加速和经济的高速增长，环境问题日益突出。2009 年 12 月，哥本哈根气候大会的召开又一次给人类敲响了警钟，资源和环境的破坏与污染日益突出，已经演变为全球性的问题，直接影响到人类的生存和发展。因此，人们的消费行为和价值观念都发生了变化，越来越倾向于购买绿色产品，对绿色产品的需求日益增长，这样就为发达国家绿色贸易壁垒的形成提供了条件和机遇。

（2）随着贸易自由化进程的加快，各国之间的贸易竞争日益加剧。进口国政府想借其他的非关税壁垒来保护本国的贸易，而绿色贸易壁垒的出现正好为贸易保护国提供了新的手段。由于绿色贸易壁垒的极好的隐蔽性，因而成为新贸易保护主义最好的护身符。由于发达国家科技发展水平和环保要求较高，而发展中国家由于经济实力和技术水平的限制，无法达到发达国家对进口商品制定的苛刻环保标准，从而导致对出口的限制。这种做法从环保的观念来说有其合理的一面，但从一定程度上来讲，也损害了发展中国家的利益，阻碍了发展中国家的发展。

（3）现行国际贸易规则和协定的不健全也为绿色贸易壁垒的实施提供了合法性。从国际范围来看，在 WTO 体制内的许多协议（如《GATT 1994》、TBT 和 SPS 等）中均有涉及环境与贸易的绿色条款。但这些法律法规强调了各成员的"环保例外权"，即各成员有权根据本国的环保水平制定同时适用于来自其他成员的进口商品的环境标准和措施，条件仅限于"不造成不必要的障碍"，其结果是很可能被滥用，尤其是很容易为贸易保护者滥用。如

《技术性贸易壁垒协议》《卫生与动植物检疫措施协议》中很多与环境保护有关的贸易规则的内容含糊，弹性较大，提供了较大的灵活空间，这些给绿色贸易壁垒的产生披上了合法的外衣。因为发达成员有能力采用高于一般国际标准的措施，并可借此达到限制发展中成员的进口、保护国内市场的目的；但是发展中成员尚未达到国际标准，更无法高于国际标准。这就为一些成员设立苛刻的绿色壁垒提供了借口。

3. 绿色贸易壁垒的形式

（1）环境许可证。环境许可制度要求在取得许可证的基础上才能允许进口或出口。这种做法源于《濒危野生动植物物种国际公约》等国际绿色规范。例如，该公约规定，对于不加保护就有消失危险的野生动植物的贸易应受到严格的限制。在管理当局批准颁发出口许可证的基础上才允许出口，进口国只能在出口国颁发出口许可证的前提下才能进口。一些国家据此实施绿色准入制度。

（2）禁止进口与环境贸易制裁。环境贸易制裁是绿色贸易壁垒中极端严厉的措施，轻者实施禁止输入，重者则实施报复。国际上对违反环保规则而采取强制性措施的有很多，如美国根据其《海洋哺乳动物保护法》和《保护海豚消费者资讯法》，宣布禁止从墨西哥进口金枪鱼，理由是墨西哥船队使用超过美国标准的大型渔网，在捕获金枪鱼的同时，也捕杀了应受保护的海豚。

（3）绿色补贴制度。由于污染治理费用昂贵，导致一些企业难以承受此类开支。当企业无力投资于新的环保技术、设备或无力开发清洁技术产品时，政府便采用专项补贴、使用环境保护基金或低息贷款等方式，帮助企业筹资控制污染。例如，经济合作与发展组织允许其成员可根据"污染者付费原则"提供环境补贴。

（4）复杂苛刻的环保技术标准。目前，环境技术标准所涉及的产品越来越多，而且标准越来越高，标准的分类越来越细。其包括食品中的农药残留量及其化学物质含量；陶瓷产品的含铅量；皮革的 PCP 残留量；烟草中的有机氯含量；机电产品、玩具的安全性标准；汽油的含铅量指标；汽车尾气的排放标准；包装材料的可回收性指标；纺织品污染指数；保护臭氧层的受控物质，如冰箱、空调、泡沫和发胶等各个方面。

（5）苛刻的绿色检验检疫措施。一些发达国家对食品的安全卫生指标，尤其是对农药残留、放射性残留、重金属含量的要求日趋严格。例如，1993 年 4 月，第 24 届联合国农药残留法典委员会大会上，讨论了 176 种农药在各种商品中的最高残留量、最高再残留量（即指现已禁用的，但仍在食品中残留的农药含量）和指导性残留限量。据此，欧盟对在食品中残留的 22 种主要农药制定了新的最高残留限量。此外，在海上运输中，随着集装箱运输业的迅速发展，集装箱的检验检疫也成为各国出入境法定检疫的重要内容。

（6）绿色包装和标签制度。一些国家基于包装材料对环境所造成的负面影响和标签给社会带来的危害，对两者做出了严格的规定。很多国家都以立法的形式规定生产者必须使用绿色包装和规范的商品标签。

（7）绿色环境标志和认证制度。环境标志是指贴在商品或其包装上的一种图形。它是根据有关的环境标准和规定，由政府管理部门或民间团体依照严格的程序和环境标准颁发给厂商，附印在产品及包装上。其目的是向消费者表明，该产品或服务从研制、开发到生产、使用直至回收利用整个过程，均符合环境保护的要求，对生态系统和人类无危害或危害极小。

通常列入环境标志的产品类型有节水节能型、可再生利用型、清洁工艺型、低污染型、可生物降解型、低能耗型等。

8.5.3 蓝色贸易壁垒

蓝色贸易壁垒是指以劳动者劳动环境和生存权利为借口采取的贸易保护措施。蓝色贸易壁垒由社会条款而来，是对国际公约中有关社会保障、劳动者待遇、劳工权利、劳动标准等方面规定的总称，它与公民权利和政治权利相辅相成。蓝色贸易壁垒的核心是 SA 8000 标准，包括核心劳工标准（涉及童工、强迫性劳动、自由权、歧视、惩戒性措施等内容）、工时与工资、健康与安全、管理系统等方面。SA 8000 标准强调企业在赚取利润的同时，要承担保护劳工人权的社会责任。

SA 8000 即"社会责任标准"，是 Social Accountability 8000 的英文简称，是全球首个道德规范国际标准。其宗旨是确保供应商所供应的产品，皆符合社会责任标准的要求。SA 8000 标准适用于世界各地任何行业不同规模的公司。其依据与 ISO 9000 质量管理体系及 ISO 14000 环境管理体系一样，皆为一套可被第三方认证机构审核的国际标准。和质量管理体系不同的是，SA 8000 主要关注的是人，而不是产品和环境。

蓝色贸易壁垒主要有 6 种表现形式：对违反国际公认劳工标准的国家的产品征收附加税；限制或禁止严重违反基本劳工标准的产品出口；以劳工标准为由实施贸易制裁；跨国公司的工厂审核（客户验厂）；社会责任工厂认证；社会责任产品标志计划。

蓝色贸易壁垒名义上以改善工人工作条件和环境为目的，具有合理的成分，而实际上是发达国家的贸易保护主义者限制发展中国家劳动力密集型产品出口的有力工具。这种相同标准的蓝色条款表面上看起来一视同仁，但由于发达国家与发展中国家产业结构明显不同，两者的社会经济发展水平也相差悬殊，以发达国家的标准保障各国工人的权利，对发展中国家运用其劳动力成本比较优势造成了很大的限制。因此这种蓝色贸易壁垒具有名义上的合理性及实质上的歧视性。

⇨ 本章关键术语（中英文对照）

中　　文	英　　文
非关税壁垒	non-tariff barriers
进口配额制	import quotas system
绝对配额	absolute quotas
全球配额	global quotas
国别配额	country quotas
自主配额	autonomous quotas
协议配额	agreement quotas
关税配额	tariff quotas
自动出口限制	voluntary export restraint
进口许可证制	import license system

续表

中　　文	英　　文
外汇管制	foreign exchange control
歧视性政府采购政策	discriminatory government-procurement policy
歧视性国内税	discriminatory internal taxes
最低限价	minimum price
禁止进口	prohibitive import
进口押金制	advanced deposit
海关估价制度	customs valuation
原产地规则	rules of origin
动物福利	animal welfare
蓝色贸易壁垒	blue barriers

复习思考题

一、单项选择题

1. 下列不符合非关税壁垒特点的是（　　）。

A. 隐蔽性　　　　　B. 歧视性　　　　C. 针对性　　　　D. 技术性

2. 下列不属于进口配额的种类的是（　　）。

A. 国别配额　　　　B. 自主配额　　　　C. 关税配额　　　　D. 采购配额

3. 小国实施配额会导致的经济效应是（　　）。

A. 进口商品国内市场价格下降　　　　B. 进口商品国内市场价格上升

C. 该商品在世界市场价格下降　　　　D. 该商品在世界市场价格上升

4. 下列与自动出口限制不符的是（　　）。

A. 对进口国造成的损失大于进口配额　　B. 使进口国免受贸易保护主义的指责

C. 对出口国没有造成不利影响　　　　D. 扭曲了该商品的价格

5. 关于新贸易壁垒，下列说法正确的是（　　）。

A. 主要是出于商品的商业利益　　　　B. 容易通过协调达成一致意见

C. 更多地考虑环境和健康因素　　　　D. 比传统非关税壁垒更不合理

二、简答题

1. 简述非关税壁垒的内涵。

2. 简述技术性贸易壁垒的含义及特点。

3. 分析进口配额和自动出口限制的经济效应。

4. 试分析技术性贸易壁垒的发展趋势。

5. 简述绿色贸易壁垒的形式。

三、论述题

试论述技术性贸易壁垒或绿色贸易壁垒对我国外贸产生的不利影响。

知识拓展

新式绿色贸易壁垒：碳关税

联合国哥本哈根气候变化大会后，应对气候变化、发展低碳经济越来越成为国际社会的共识。在此背景下，以美国为主导的发达国家寻求征收碳关税的形式来改变目前全球变暖及减排问题。碳关税是指如果某一国生产的产品不能达到进口国在节能和减排方面设定的标准，就将被征收特别关税。这个概念最早由法国前总统希拉克提出，用意是希望欧盟国家针对未遵守《京都协定书》的国家征收特别的进口碳关税，否则在欧盟碳排放交易机制运行后，欧盟国家所生产的商品将遭受不公平竞争，特别是其境内的钢铁业及高耗能产业。碳关税目前在世界上并没有征收范例，但是法国、瑞典、丹麦、意大利，以及加拿大的不列颠和魁北克在本国范围内已开征与碳关税类似的关税。2009 年 6 月美国众议院通过的《美国清洁能源安全法案》规定，从 2020 年起将开始对进口产品实施碳关税，对进口的排放密集型产品，如铝、钢铁、水泥和一些化工产品，征收特别的二氧化碳排放关税。美国是国际上第一个对碳关税进行立法的国家。

碳关税的实质是新式绿色贸易壁垒。发达国家提出碳关税的目的很明显。①提高本国竞争力，维护发达国家在全球经济中的霸权地位，削弱中国、印度、巴西等发展中大国的制造业出口竞争力。提出严格的碳排放标准，对拥有世界先进减排技术的美国、日本等发达国家具有明显优势，有利于其在全球新一轮竞争中抢占新兴产业和新兴技术的制高点，遏制新兴国家的崛起。②通过征收碳关税，维护其国家经济利益。征收碳关税可以获得高额财政收入，减少贸易赤字。同时，美国通过对碳排放较高产品征收关税，将使该类产品进口量减少，导致该类产品国际市场价格降低，美国将能以更低价格进口，获得更大贸易利益。③转嫁环境治理责任和成本。美国通过向发展中国家进行产业转移，转嫁环境污染较高的产业应承担的减排成本，同时通过提高减排标准迫使发展中国家向其购买先进减排技术，使发展中国家承担了减排成本和费用。④碳关税的征收有利于美国等发达国家在全球气候变化谈判中处于有利地位。目前，针对 2013 年后全球减排目标和减排机制正在进行国际谈判，将决定后京都时代的全球主导权。征收碳关税不仅将改变美国过去在全球减排方面的消极做法和国际形象，增强其国际谈判筹码，而且很可能会以"碳关税"为由要求中国等发展中国家对外承诺减排量。

根据世界银行的研究报告，如果碳关税全面实施，在国际市场上，中国制造可能面临平均 26% 的关税，出口量可能因此下滑 21%。碳关税一旦实施，将成为某些国家狙击"中国制造"的利器。中国应未雨绸缪，提早制定相关应对策略，迎接碳关税时代。

资料来源：丁宝根. 新式绿色贸易壁垒"碳关税"及我国应对策略 [J]. 对外贸易实务，2010 (8).

补充阅读材料

[1] 石士钧. 绿化非关税壁垒：基于生态文明视角的思考 [J]. 财贸研究，2011 (3)：61-68.

[2] 廖靓. 非关税壁垒后时代技术性贸易壁垒及其对策研究 [J]. 经济管理，2012 (3)：13-19.

[3] 李清如. 关税与非关税壁垒对贸易获益的影响：基于要素禀赋与资源错配理论的实证分

析［J］. 经济问题探索，2016（12）：113-119.

［4］李富.“一带一路”国家技术贸易壁垒效应评价［J］. 技术经济与管理研究，2018（1）：96-101.

［5］符磊，强永昌. 世界非关税壁垒形势与我国的策略选择［J］. 理论探索，2018（4）：98-106.

第 9 章

区域经济一体化与国际贸易

学习目标

➤ 了解区域经济一体化的概念和组织形式；

➤ 理解关税同盟理论；

➤ 掌握区域经济一体化对国际贸易的影响；

➤ 了解主要的区域经济一体化组织。

导入案例

　　20 世纪 90 年代以来，区域经济一体化的发展突飞猛进，已经成为世界经济合作的主流模式。据 WTO 统计，截至 2018 年 10 月 24 日，向 WTO 通报的区域贸易协定（RTA）共有 675 个，其中已经生效的有 461 个。在自由贸易协定、经济伙伴关系协定、关税同盟、服务贸易一体化协议等不同的区域贸易协定形式中，自贸协定的数量约占 2/3。已经生效的区域一体化协定数量一直在稳步增加，同时正处于谈判中的区域一体化协定数量也在不断增加。当前区域经济一体化覆盖大多数国家和地区，世界贸易额的 50% 以上是在区域贸易协定成员之间进行的，WTO 成员除了蒙古国外都参加了 1 个以上的区域贸易协定，因此区域贸易协定体制内的贸易额已同 WTO 多边贸易体制平分秋色。

　　在欧洲，欧盟的诞生、欧元的启动及欧盟实现历史上规模最大的一次扩大，使得欧洲区域经济一体化格外引人注目。在美洲，北美自由贸易区于 1994 年正式成立以来，美国设想把其范围扩展到拉美，以形成一个覆盖整个南北美地区的世界最大自由贸易区。在亚洲，从 1992 年东盟签署建立自由贸易区协议（即在 2008 年通过实施有效优惠关税建成东盟自由贸易区）开始，1997 年年底又举行首届东盟与中日韩三国领导人非正式会晤（即建立 "10+3" 合作机制），将合作从东盟扩大至东亚地区，从而正式启动东亚合作进程。2010 年中国-东盟自由贸易区（CAFTA）正式建立，"10+1" 模式业已形成。2015 年，东盟与中国达成 CAFTA 升级版协议，预期可以增加双边贸易额由 2014 年的 4 800 亿美元上升至 2020 年的 10 000 亿美元。到 2020 年，流入东盟的外商直接投资估计达 1 500 亿美元。除了货物及服务贸易外，升级版协议亦涵盖科技合作。

资料来源：http://finance.sina.com.cn.

区域经济一体化浪潮在全球范围内推进之迅速、合作之深入、内容之广泛、机制之灵活、形式之多样，都是前所未有的。那么，什么是区域经济一体化？区域经济一体化的理论基础是什么？区域经济一体化对国际贸易有哪些影响？目前有哪些最主要的区域经济一体化组织？本章将就以上问题展开论述。

9.1 区域经济一体化概述

9.1.1 区域经济一体化的概念

一体化的含义是把各个部分结合为一个整体。一体化概念在很多的自然学科和社会学科领域中得以应用。在经济学领域里，一体化首先出现于企业经营活动的研究中。自 20 世纪 50 年代初起，一体化被广泛应用于国际经济活动的研究中，用来形容多个国家独立的经济活动融合为一个紧密相连的整体的经济活动。按照涉及的国家范围来划分，经济一体化可以分为区域性的经济一体化和世界性的经济一体化。就目前经济一体化的实践和理论来看，经济一体化主要是区域性的。

经济一体化的定义最早是由荷兰经济学家丁伯根（J. Tinbergen）在 1954 年提出的。他认为，"经济一体化就是将有关阻碍经济最有效运行的人为因素加以消除，通过相互协调与统一，创造最适宜的国际经济结构。"丁伯根还把经济一体化分为消极一体化和积极一体化。他认为，消除歧视和管制制度，引入经济交易自由化是消极的一体化；而运用强制的力量改造现状，建立新的自由化政策和制度是积极的一体化。

美国经济学家巴拉萨（B. Balassa）在 1961 年对经济一体化的含义进行了扩展。他指出，"我们建议把经济一体化定义为既是一个过程又是一种状态。就过程而言，它包括旨在消除各国经济单位之间差别待遇的种种举措；就状态而言，则表现为各国间各种形式的差别待遇的消失。"巴拉萨的定义是从行为或手段的角度来描述经济一体化的，但没有指出经济一体化的目的或效果是什么。为此，另外一位美国经济学家柯森（V. Curson）对巴拉萨所说的"一体化是'过程'"解释为："导向全面一体化的成员间生产要素再配置"；对"一体化是'状态'"解释为："业已一体化的成员间生产要素的最佳配置"。波兰经济学家查尔斯托斯基（Chelstowski）回避"过程"或"状态"之分，指出经济一体化的本质是劳动分工，即"按国际劳动分工的要求来调整各国的经济结构"。

综上所述，把区域经济一体化定义为：两个或两个以上的国家或地区，通过协商并缔结经济条约或协议，实施统一的经济政策和措施，消除商品、要素、金融等市场的人为分割和限制，以国际分工为基础来提高经济效率和获得更大经济效果，把各国或各地区的经济融合起来形成一个区域性经济联合体的过程。

区域经济一体化包含两层含义：一层含义是指成员之间经济活动中各种人为限制和障碍逐步被消除，各成员市场得以融合为一体，企业面临的市场得以扩大；另一层含义是指成员之间签订条约或协议，逐步统一经济政策和措施，甚至建立超国家的统一组织机构，并由该机构制定和实施统一的经济政策与措施。对此，学术界将前者称为功能性一体化，将后者称为制度性一体化。功能性一体化和制度性一体化是经济一体化发展的两种趋势。功能性一体化的发展来自各国市场经济自发的内在要求，当它发展到一定阶段时必然要求制度性一体化给予保障和促进；而制度性一体化会加深功能性一体化的程度。功能性一体化是制度性一体化的准备，具有一体化的实质性意义；制度性一体化是功能性一体化的阶段性标志，具有一体化的形态性意义。因此，功能性一体化与制度性一体化具有密切的关系。两者既可相互促进，也可相互制约。从世界区域一体化的实践来看，制度性一体化具有更重要的现实意义。因而，人们更多关注的是制度性一体化的进展。

9.1.2　区域经济一体化的组织形式

经济一体化的形式多种多样，从目前存在的经济一体化组织来看，从内容到形式都存在很大差异。根据不同的分类标准，区域经济一体化组织主要包括以下形式。

1. 按一体化的程度划分

依据区域内的经济一体化程度，或者说依据商品和生产要素自由流动程度的差异，区域经济一体化可以从低到高划分为以下 6 个层次。

1）优惠贸易安排（preferential trade arrangements）

优惠贸易安排是指成员之间通过协定或其他形式，对全部或部分货物贸易规定特别的关税优惠，也可能包括小部分商品完全免税的情况。这是经济一体化程度最低、成员间关系最松散的一种形式。早期的东南亚国家联盟就属于这种一体化组织。

2）自由贸易区（free trade area）

自由贸易区是指各成员之间取消了货物和服务贸易的关税壁垒，使货物和服务在区域内自由流动，但各成员仍保留各自的关税结构，按照各自的标准对非成员征收关税。

从理论上，理想的自由贸易区不存在任何扭曲成员之间贸易的壁垒措施、补贴等支持性政策和行政干预，但对非成员的贸易政策，则允许各成员自由制定与实施，并不要求统一，因此这种形式也是松散的一体化组织。

建于 1960 年的欧洲自由贸易联盟（EFTA）是目前持续时间最长的自由贸易区，但是随着奥地利、芬兰和瑞典在 1995 年加入欧盟，其成员只剩下挪威、冰岛、列支敦士登和瑞士4 个成员。建立于 1994 年的北美自由贸易区（NAFTA）则是最负盛名的自由贸易区，因为它是由美国、加拿大和墨西哥 3 个处于不同经济发展阶段的国家构建而成的，而且因为经济发展差异导致集团内部的冲突不断而成为备受瞩目的区域经济集团。

3）关税同盟（customs union）

关税同盟是指各成员之间完全取消关税和其他壁垒，实现内部的自由贸易，并对来自非成员的货物进口实施统一的对外贸易政策。

关税同盟在经济一体化进程中比自由贸易前进了一步，因为它对外执行统一的对外贸易政策，目的是使结盟成员在统一关境内的市场上拥有有利地位，排除来自区外非成员的竞争。为此，关税同盟需要拥有强有力的管理机构来监管与非成员之间的贸易关系，即开始带有超国家的性质。

著名的关税同盟是比利时、荷兰、卢森堡于1920年建立的比荷卢关税同盟；欧盟的最初形式也是关税同盟；安第斯条约组织也是一个典型的关税同盟，因为安第斯条约各成员之间实行自由贸易，而对外统一征收相同的关税，税率为5%～20%。另外，沙特阿拉伯等海湾6国于2003年建立的海湾关税联盟也属于典型的关税同盟。

4）共同市场（common market）

共同市场是指除了在各成员内完全取消关税和数量限制，并建立对外统一关税外，还取消了对生产要素流动的限制，允许劳动、资本等生产要素在成员间自由流动，甚至企业可以享有区内自由投资的权利。

与关税同盟相比，理想状态的共同市场不仅对内取消关税、对外统一关税，实现货物和服务的自由流动，而且允许生产要素在成员间自由流动，对居民和资本的跨国流动不存在任何限制。

欧盟在统一货币之前的阶段是迄今为止唯一成功的共同市场，因为共同市场要求在财政政策、货币政策和就业政策等方面进行高度的协调与合作。另外，南美共同市场，即由阿根廷、巴西、巴拉圭和乌拉圭组成的南美集团也正朝这一方向努力。南美共同市场建立于1991年3月26日，试运转3年后于1995年1月1日正式运行。南美共同市场成员间绝大部分商品实行无关税自由贸易，共同对外关税则为23%。成立以来，南美共同市场取得了令人瞩目的成绩，2014年已成为世界第四大经济集团。而且，该组织的合作范围还在向其他领域，特别是政治、外交领域拓展。

5）经济同盟（economic union）

经济同盟是指成员间不但货物、服务和生产要素可以完全自由流动，建立对外统一关税，而且要求成员制定并执行某些共同的经济政策和社会政策，逐步消除各成员在政策方面的差异，使一体化程度从货物、服务交换、扩展到生产、分配乃至整个国家经济，形成一个庞大的经济实体。

第一次世界大战后，苏联、东欧国家之间建立的经济互助委员会就是典型的经济同盟，但是随着20世纪80年代末期的苏联解体和东欧剧变，1991年6月28日经济互助委员会正式宣布解散。

6）完全经济一体化（complete economic integration）

完全经济一体化是指各成员之间除了具有经济同盟的特征之外，还统一了所有的重大经济政策，如财政政策、货币政货、福利政策、农业政策，以及有关贸易及生产要素流动的政策，并有共同的对外经济政策。完全经济一体化是区域经济一体化的最高级形式，具备完全的经济国家地位。因此，加入完全经济一体化组织的成员损失的政策自主权最大。

在欧元（Euro）取代欧元区11国的货币之后，欧盟朝着完全经济一体化又进了一步。不过，虽然欧盟拥有欧洲议会、部长理事会、欧洲中央银行，但是因为欧元还不是整个欧盟区域的货币，再加上欧盟2004年5月1日的扩张，它仍然是一个在向完全经济一体化组织推进的区域经济一体化组织。

2. 按一体化的范围划分

从部门或产业覆盖范围来看，区域经济一体化可以分为部门一体化和全盘一体化。

1) 部门一体化

部门一体化是指区域内各成员的一种或几种产业或部门（或产品）的一体化。例如，1953 年建立的欧洲煤钢共同体，以及 1958 年建立的欧洲原子能共同体就属于特定部门的经济一体化。

2) 全盘一体化

全盘一体化是指区域内各成员的所有经济部门的一体化。例如，欧洲经济共同体、欧盟就属于这种形式的经济一体化。

3. 按参加国的经济发展水平划分

参加国的经济发展水平有高有低，据此划分，经济一体化可以分为水平一体化和垂直一体化。

1) 水平一体化

水平一体化又称横向一体化，是指由经济发展水平相同或相近的国家组成的经济一体化。从区域经济一体化的发展实践来看，现存的一体化大多属于这种形式。例如，欧洲经济共同体、欧盟、东南亚国家联盟、中美洲共同市场等。

2) 垂直一体化

垂直一体化又称纵向一体化，是指由经济发展水平不同的国家所组成的一体化。例如，北美自由贸易区就是由经济发展水平不同的发达国家（美国和加拿大）和发展中国家（墨西哥）组成的。

区域经济一体化组织根据不同标准划分的不同形式，可以总结如表 9-1 所示。

表 9-1   区域经济一体化的组织形式

划分标准	具 体 分 类
按一体化的程度	优惠贸易安排（内部关税优惠）
	自由贸易区 （区内取消关税与数量限制，对外不统一关税）
	关税同盟 （区内取消关税与数量限制，对外统一关税）
	共同市场（关税同盟+要素自由流动）
	经济同盟（共同市场+政策协调）
	完全经济一体化（经济同盟+统一货币等）
按一体化的范围	部门一体化（特定部门/产业）
	全盘一体化（所有经济部门）
按参加国的 经济发展水平	水平一体化（参加国经济发展水平相同或相似）
	垂直一体化（参加国经济发展水平不同）

9.2   关税同盟理论

关税同盟是经济一体化的典型形式，除自由贸易区外，其他形式的经济一体化都是以关税同盟为基础逐步扩大其领域或内涵而形成的。所以，在理论上，关于经济一体化的经济影响效果的分析，大都以关税同盟为研究对象。

9.2.1　关税同盟的静态效应

如前所述，关税向盟的重要特点是"对内自由、对外保护"。关税同盟在扩大区域内贸易的同时，也减少了区域内成员与区域外非成员之间的贸易往来，因此它对国际贸易有很大的影响。这种贸易上的影响可进一步区分为贸易创造（trade creation）效应和贸易转移（trade diversion）效应。

1. 贸易创造效应与贸易转移效应

贸易创造是指成员之间相互取消关税和非关税壁垒所带来的贸易规模的扩大。贸易规模的扩大产生于相互贸易的便利，以及由取消贸易障碍所带来的相互出口产品价格的下降。相应地，成员相互贸易的利益也会增加。贸易转移是指建立关税同盟之后成员之间的相互贸易代替了成员与非成员之间的贸易，从而造成贸易方向的转移。可以用图 9-1 来说明这两种效应。

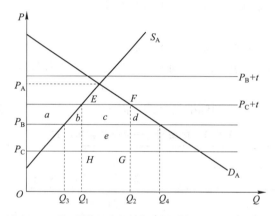

图 9-1　关税同盟的贸易创造效应与贸易转移效应

假设世界上有 A、B、C 3 个国家，都生产某一相同产品，但 3 国的生产成本各不相同。现以 A 国为讨论对象，在图 9-1 中，S_A 表示 A 国的供给曲线，D_A 表示 A 国的需求曲线。假设 B、C 两国的生产成本是固定的，图 9-1 中 P_B、P_C 两条直线分别表示 B、C 两国的生产成本，其中 C 国成本低于 B 国。

在组成关税同盟之前，A 国对来自 B、C 两国的商品征收相同的关税 t。假设 A 国是一小国，征收关税之后，B、C 两国的相同产品若在 A 国销售，价格分别为 P_B+t、P_C+t（< P_A）。很显然，B 国的产品价格要高于 C 国，故 A 国只会从 C 国进口，而不会从 B 国进口。此时，A 国国内价格为 P_C+t，国内生产为 OQ_1，国内消费为 OQ_2，从 C 国进口为 Q_1Q_2。

假设 A 国与 B 国组成关税同盟，其共同对外关税假设仍为 t，即组成关税同盟后，A 国对来自 B 国的进口不再征收关税，但对来自 C 国的进口仍征收关税。如图 9-1 所示，B 国产品在 A 国的销售价格为 P_B，低于 P_C+t，所以 B 国取代 C 国，成为 A 国的供给者。由于价格的下降，A 国生产缩减至 OQ_3。Q_3Q_1 是 A 国生产被 B 国生产所替代的部分，此为生产效应。另外，价格的下降引起 A 国消费的增加，消费由原来的 OQ_2 升至 OQ_4，消费的净增加部分 Q_2Q_4 为关税同盟的消费效应。

组成关税同盟后，A 国的进口由原来的 Q_1Q_2 扩大到 Q_3Q_4，新增加的贸易即为贸易创造效应。如图 9-1 所示，贸易创造效应＝生产效应＋消费效应＝$Q_3Q_1 + Q_2Q_4$。除去贸易创造部分，剩下的 Q_1Q_2 部分原来是从同盟外（C 国）进口的，但组成关税同盟后，则改从同盟内其他成员（B 国）进口，即贸易方向了发生转移，故贸易转移效应为 Q_1Q_2。

 专栏 9-1

CAFTA 对农产品的贸易创造效应和贸易转移效应

CAFTA 对双边农产品贸易的推动作用明显，贸易规模的增长主要来自贸易创造。CAFTA 在促进我国和东盟双边农产品贸易方面有较强的作用，产生了巨大的贸易创造效应，没有产生贸易转移效应，即区内贸易并没有以贸易转移为代价来实现增长。2004—2012 年，CAFTA 的建立使我国从东盟的农产品进口增加了 352.97 亿美元，占我国农产品进口总额的 6.77%。CAFTA 主要体现为贸易创造意味着我国农业面临着越来越大的进口压力，从维护农业产业利益角度看，在达成自由贸易协定的过程中应该充分考虑到我国实际，理性判断农业在自贸区建设中的优势与劣势，争取一个合适的过渡期，并通过政策措施支持产业发展，减小自贸区建设过程中对劣势产业造成的冲击，使原有产业能够实现稳健的结构调整和升级。

资料来源：原瑞玲，田志宏. 中国–东盟自贸区农产品贸易效应的实证研究 [J]. 国际经贸探索，2014，30（4）：65–74.

2. 关税同盟的福利效应

组成关税同盟后，A 国消费者福利改善，而生产者福利则降低。如图 9-1 所示，消费者剩余增加（$a+b+c+d$），生产者剩余减少 a。另外，原来从 C 国进口的关税收入 $(c+e)$（e 为矩形 $EFGH$ 的面积）现因改从同盟国进口而丧失。综合起来，关税同盟对 A 国的净福利效应＝$(a+b+c+d)-a-(c+e)=(b+d)-e$。

（$b+d$）为贸易创造的福利效应。其中，b 表示因同盟内成本低的生产（B 国）替代了国内成本高的生产而导致的资源配置效率的改善，d 表示同盟内废除关税后进口价格下降、国内消费扩大而导致的消费者福利的净增加，e 则表示贸易转移的福利效应。因贸易转移意味着同盟内成本高的生产替代了原来同盟外成本低的生产，故 e 表示这种替代所导致的资源配置扭曲，即贸易转移对 A 国的福利不利。这样，关税同盟对 A 国福利的净影响可表示为贸易创造的福利效应减去贸易转移的福利效应。加入关税同盟对 A 国究竟是否有利，取决于贸易创造的福利效应是否能抵消贸易转移的福利效应。

以上讨论的是关税同盟对 A 国福利的影响。至于对 B、C 两国的影响，具体情况如下。对 B 国而言，组成关税同盟后，出口增加，生产扩张，所以对 B 国有利；对 C 国来说，在 A、B 国组成关税同盟前，C 国是 A 国的供给者，但现在因贸易转移，其出口减少，所以 C 国福利必然因其贸易规模缩减而下降。

根据以上的讨论，可以判断出关税同盟的福利效应受以下几种因素的影响。

（1）A 国的供需弹性越大，贸易创造的福利效应就越明显。在图 9-1 中，若 A 国的供给曲线和需求曲线越平坦，则 b、d 的面积就越大。

（2）组成关税同盟前，A 国的关税水平越高，则组成同盟后贸易创造的福利效应就越大，而贸易转移的福利效应就越小。

（3）B、C 两国的成本越接近，则贸易转移的福利损失就越小。

9.2.2　关税同盟的动态效应

关税同盟不仅具有静态效应，还会给参加成员带来动态效应的影响。1961 年巴拉萨率先对关税同盟的动态效应进行了研究，指出其动态效应主要包括规模经济、强化竞争和吸引外资 3 个方面。

1. 规模经济效应

关税同盟建立以后，在排斥第三国产品的同时，为成员之间产品的相互出口创造了良好的条件。所有成员的国内市场组成一个统一的区域性市场，这种市场范围的扩大促进了企业生产的发展，使生产者可以不断扩大生产规模，降低成本，享受到规模经济的利益。并且，可以进一步增强同盟内的企业竞争能力，特别是对非成员同类企业的竞争能力。因此，关税同盟创造的市场扩大效应引发了企业规模经济的实现。这种效应比较适合于一些国内市场狭小或比较依赖对外贸易的国家。

2. 强化竞争效应

关税同盟的建立促进了成员企业之间的竞争。在各成员成立关税同盟之前，许多部门已经形成国内的垄断，少数企业长期占据国内市场，获取超额利润，从而不利于各成员的资源配置和技术进步。组成关税同盟后，由于各成员市场的相互开放，各成员企业面临着来自其他成员同类企业的竞争。由于在竞争中获胜的企业可以享受大市场带来的规模经济的利益，因此各企业为在竞争中取得有利地位，必然会纷纷改善生产经营效率，增加研究与开发投入，不断降低生产成本，提高经济效率，促进技术进步。

3. 吸引外资效应

关税同盟的建立意味着对来自非成员产品的排斥，同盟外的非成员为了抵消这种不利影响，可能会将生产点转移到关税同盟内的一些成员，在当地直接生产并销售，以便绕过统一的关税和非关税壁垒。这导致了伴随着生产转移而产生的资本流入，吸引了大量的外国直接投资。

关税同盟的建立还可能会产生某些负面影响。首先，关税同盟的建立促成了新的垄断的形成。如果关税同盟的对外排他性很大，那么这种保护形成的新垄断又会成为技术进步的严重障碍。除非关税同盟不断有新的成员加入，从而不断有新的刺激，否则由此产生的技术进步缓慢现象就不容忽视。其次，关税同盟的建立有可能会拉大成员不同地区之间经济发展水平的差距。关税同盟建立以后，资本逐步向投资环境比较好的地区流动，如果没有促进地区平衡发展的政策，一些成员的落后地区与先进地区的差别将逐步扩大。

9.3 区域经济一体化对国际贸易的影响

区域经济一体化的发展是第二次世界大战后国际经济贸易的一个新特点，它以地区经济集团的形式出现，体现了国家之间不同程度的经济联合，并使世界经济关系的主体从原有的国家间经济关系向经济集团间经济关系转变。现在世界上大多数国家都相继建立或正在建立一些区域经济一体化组织，尤其是一些发达国家之间的经济一体化已达到相当高的规模和水平。区域经济一体化对国际贸易的发展具有重大和深远的影响。

1. 区域经济一体化促进了集团内贸易的增长

在不同层次的众多经济一体化组织中，通过削减关税或免除关税，取消数量限制，削减非关税壁垒，形成区域性的统一市场；加上集团内国际分工向纵深发展，使经济相互依赖加深，致使成员间的贸易环境比第三国市场好得多，从而使区域集团内部成员间的贸易迅速增长，集团内部贸易在成员对外贸易总额中所占比重提高。欧洲统计局公布的数据显示，2011年欧盟内部贸易额为 5.25 万亿欧元，增长 10.1%，占欧盟内、外贸易总额的 63.2%。1993年美、墨贸易额为 986 亿美元，1994 年北美自由贸易区成立后美、墨贸易额不断增长，到1998 年达到了 1 737 亿美元，占墨西哥外贸总额的 80%。2002 年中国-东盟自由贸易区正式启动，中国、东盟双边贸易发展迅速，双方贸易额从 552 亿美元跃升到 5 148 亿美元，增长8 倍多；中国连续 9 年成为东盟第一大贸易伙伴，东盟连续 7 年成为中国第三大贸易伙伴，双向直接投资累计已超过 2 000 亿美元。

2. 区域经济一体化促进了集团内部国际分工的深化

区域经济一体化的建立有助于成员之间的协调和合作。例如，鉴于新技术的开发往往需要巨额资金，难度和风险也很大，有时单靠一国力量难以办到；新技术的利用一般需要广阔的市场，更需要真正地消除非关税壁垒、建立统一机构加以推动。为了从本质上加强实力，适应外部竞争的需要，欧盟采取了一系列高科技联合与协调政策，从而获得了研究与开发的最佳效益。20 世纪 90 年代以来，欧盟一改过去成员研究与开发独立进行的做法，把增强整体实力作为高科技政策调整的出发点，并提出了以建设"煤钢联营"和"原子能共同体"的精神从事联合攻关的总体规划。在具体项目上，欧盟强调不必面面俱到，要做成员单独不能做的事情。例如，在环境、交通、农业、信息、通信基础设施等方面，要充分利用整体网络化的人才优势、跨学科的研究与开发能力（如信息技术、生物技术等），以及统一技术标准的特殊地位。在调整高科技政策时，欧盟还把未来的研究成果与技术扩散、商业化一并考虑，从而使"技术领先"适时地转化为商业竞争力，并为欧洲企业创造"欧洲工业平台"，与世界经济技术大国（美国、日本）分庭抗礼。

3. 区域经济一体化促进了集团内部的贸易自由化

通过签订优惠的贸易协定，减免关税，取消数量限制，削减非关税壁垒，取消或放松外汇管制，区域经济一体化在不同程度上扩大了贸易自由化。例如，欧洲共同体通过《欧洲经济共同体条约》，对内在成员之间分阶段削减直至全部取消工业制成品的关税和其他限制进口的措施，实现制成品的自由移动；在农产品方面实行共同农业政策，规定逐步取消内部关税和统一农产品价格，实现农产品的自由流通。又如，《美加自由贸易协定》在分阶段相互减税方面，除全部取消了第一类货物的关税之外，还规定时间和比例削减了第二、三类货物的关税。应两国行业部门的要求，在 1990 年 4 月—1991 年 7 月，分别提前取消了胶卷、印刷电路、内燃机车等 400 个税则项目和包括亚麻籽、砂纸、塑料制品模型、水净化机械等 250 多个税则项目的关税，前者每年涉及双向贸易额达 60 亿加元，后者涉及双项贸易额约 20 亿加元，其结果是促进了美国和加拿大之间的贸易自由化。

4. 区域经济一体化加强了企业的融合与竞争

区域经济一体化使经贸集团内部的市场进一步统一，它给企业提供了更多的商机。

首先，市场开放度加大。原本受到保护的原成员的市场放开了对外来竞争的限制。例如，1992 年之前，欧洲保护程度最高的是法国和意大利，随着欧洲内部市场的进一步统一，联盟其余成员进入这两个市场比以前容易多了。

其次，降低了交易成本。在经贸集团内部统一的市场上，产品可以跨越国界自由流动，产品标准的相互协调和税收制度的简化，使经贸集团成员的企业能够将生产活动集中在成本要素和技能组合最佳的地点，从而实现了成本效益。同时，一个企业可以认真挑选某一地点生产产品并向整个一体化组织成员市场提供产品。例如，为了迎接 1992 年以后欧盟进一步统一带来的挑战，美国的 3M 公司一直巩固它在欧洲的生产和分销基地，以充分发掘规模经济效益。3M 公司确定英国的一家工厂为整个欧盟市场生产 3M 的印刷产品，而德国的一家工厂生产该公司的某种控制材料。3M 公司的最终目标是消除所有的国家差别，在一个"欧洲总部"对每一个产品类别的研究与开发、制造、分销和营销进行指导。

当然，区域经济一体化在给企业带来商机的同时，也构成了挑战。首先，区域经济一体化组织内部市场竞争将加剧。例如，1992 年以前，大众公司生产的一辆都市高尔夫型汽车在英国的售价比丹麦高 55%，在爱尔兰的售价比在希腊高 29%。1992 年以后，在欧洲统一市场上这种价格差异消失，它对任何公司都是一种挑战。为了在竞争激烈的统一市场环境下求得生存，企业和公司必须利用统一市场带来的机会，实现合理化生产和降低成本，否则将在竞争中处于不利地位。其次，即使在贸易和投资的壁垒解除以后，文化和竞争的手段方面持续存在的差异也限制了企业通过在一个主要地点集中生产，以及为单一的多国市场生产标准产品，从而利用规模经济实现成本节约的能力。

 专栏 9-2

东盟经济共同体与区域内部发展

在经济全球化背景下，东盟经济共同体形成及一体化程度的进一步深化提升了东盟资源利用效率与生产率，但也意味着要在区域和国家之间实行积极的结构调整，而农业、原材料和传统服务等传统部门的缓慢增长及制造业部门的快速增长，会导致经济活动与就业结构的分层化，随之而来的便是产业结构的变换和非均衡发展，而这将导致更大程度的收入分配不公问题，从而进一步拉大区域发展差距。在实证过程中也发现东盟共同体的建成，区域内弱国可从区域贸易壁垒的废除、贸易便利化增强中获利，但由于贸易关联性相对不足，短期来看对其福利的促进作用弱于有着很强区域内生产网络联系的开放型经济体，这在一定程度上会加剧区域不平衡，然而这也并不能作为不实行区域经济一体化与经济全球化的借口，更不应该被视作反对东盟共同体的论据。

资料来源：赵立斌. 东盟区域一体化与参与全球生产网络：基于 GTAP-Dyn 模型的研究 [J]. 国际贸易问题，2013（9）：55-67.

5. 区域经济一体化有利于集团整体经济地位的提高

区域经济一体化使原来一些单个经济力量比较薄弱的成员以整体集团出现在世界经济舞台上，其经济地位显然提高。经贸集团的建立，对成员经济发展起到一定的促进作用，联合起来的贸易集团其经济实力大大增强。以欧洲共同体为例，1958 年建立关税同盟时，6 个成员工业生产不及美国的 1/2，黄金外汇储备仅为美国的 55%，出口贸易与美国相近。但到 1979 年，欧洲共同体 9 个成员的国内生产总值已达 23 800 亿美元，超过了美国的 23 480 亿美元的国内生产总值，出口贸易额是美国的 2 倍以上，黄金储备比美国多了 5 倍多。同时，在 WTO 的多边贸易谈判中，欧盟以集团身份与其他缔约方和成员方谈判，不仅大大增强了自己的谈判实力，也敢于同任何一个大国或贸易集团抗衡，达到了维护自己贸易利益的目的。

6. 区域经济一体化对多边贸易体制构成双重影响

（1）有利影响。区域经济一体化各种安排的范围已超出了货物贸易自由化，并向投资、服务方面延伸，自由化的途径拓宽，朝着协调各国管理规定、采用最低管制标准并相互承认各国的标准和惯例的方向发展。这些趋势将加强区域经济一体化中的"开放地区主义"，有助于加强经贸集团的市场开放。此外，WTO 对区域经济一体化安排的监督也在加强，可以防止经贸集团出现的不利影响。

（2）不利影响。在 1947 年关税与贸易总协定和 1995 年成立 WTO 的有关协定和协议中，对区域经济一体化的内部优惠采取例外，即不实施最惠国待遇条款。这实际上对非经贸集团成员构成了不平等待遇。在关税同盟建立后，成员内厂商采购产品可能从高成本的集团内部进口，取代了成员外更低成本商品的进口，不利于世界性的资源合理配置，违背了 WTO 的宗旨。此外，在关税同盟下，成员在关税统一的过程中，决策机构会更多地而非更少地偏向保护或干预。例如，欧盟的贸易政策制定具有餐馆账单问题的特点。如果一批人去餐馆就餐并分摊饭费，每个人都想点他们各自吃饭时不会去点的价格更高的菜，因为在某种程度上都会期待他人能负担部分费用。这在欧盟贸易政策决定中也是同样的。保护的代价由欧盟所有的消费者承担，与各个成员的国内生产总值成正比。生产商得到的好处与每个成员在欧盟中有关产品的生产份额成正比。如果欧盟内部大国能够使欧盟委员会在某一具体领域内提出保护主义的政策建议，则所有的欧盟成员都将有一种愿望——使自己的一些产品也得到保护，这样势必加重贸易保护的压力，这对 WTO 的作用构成了严重的挑战。

9.4 主要的区域经济一体化组织

20 世纪 60 年代，区域经济一体化在世界各地广泛发展，被称为"第一次区域主义浪潮"。到 20 世纪 70 年代后期，西方主要发达国家陷于"滞胀"境地，一体化进程相对缓慢；发展中国家的经济一体化遭受挫折，一些组织中断活动或解体。20 世纪 80 年代，在欧盟的单一市场计划引导下，自由化程度显著增强的区域经济一体化新浪潮开始出现，被称为"第二次区域主义浪潮"。目前，各种形式的区域经济一体化组织已经超过了 400 个。本节重点介绍较为成功和影响较大的区域经济一体化组织——欧洲联盟、北美自由贸易区和亚太经济合作组织。

9.4.1 欧洲联盟

欧洲联盟（European Union）简称欧盟（EU），总部设在比利时首都布鲁塞尔，是由欧洲共同体（European Community，又称欧洲共同市场）发展而来的，主要经历了 3 个阶段：比荷卢三国经济联盟、欧洲共同体、欧盟。欧盟已经成为一个集政治实体和经济实体于一身，在全世界具有重要影响的区域一体化组织。

1. 欧盟的成员组成

第二次世界大战后，经济一体化浪潮发端于西欧。1950 年 5 月 9 日，法国外长罗贝尔·舒曼发表了著名的"舒曼计划"，标志着经济一体化思想的形成。遵循舒曼计划，比利时、法国、联邦德国、意大利、荷兰和卢森堡 6 国于 1952 年成立了欧洲煤钢共同体（European Coal Steel Community，ECSC）。同时，荷兰、比利时和卢森堡组成荷比卢经济联盟。1958 年，《罗马条约》使上述 6 国成立欧洲共同体。英国、丹麦、爱尔兰于 1973 年，希腊于 1981 年，西班牙与葡萄牙于 1986 年分别加入欧洲共同体。1993 年 11 月 1 日，《马斯特里赫特条约》生效，欧洲共同体更名为欧盟，欧盟正式成立。1995 年瑞典、芬兰、奥地利分别加入欧盟，使欧盟成员国扩大到 15 个。2002 年 11 月 18 日，欧盟 15 国外长会议决定邀请塞浦路斯、匈牙利、捷克、爱沙尼亚、拉脱维亚、立陶宛、马耳他、波兰、斯洛伐克和斯洛文尼亚 10 个中东欧国家入盟。2004 年 5 月 1 日，这 10 个国家正式成为欧盟的成员国。2007 年 1 月，罗马尼亚和保加利亚两国加入欧盟。2013 年 7 月 1 日，克罗地亚正式加入欧盟。欧盟现拥有 28 个成员国（含英国），正式官方语言有 24 种，是当今世界最大的区域经济一体化组织。

2016 年 6 月 24 日，英国脱欧公投最终结果出炉，脱欧派获得最终胜利，英国成为首个投票脱离欧盟的国家。英国首相特雷莎·梅定于当地时间 2017 年 3 月 29 日启动《里斯本条约》第 50 条，正式启动脱欧程序。2018 年 2 月 28 日欧盟公布脱欧协议草案，草案要求 2019 年 3 月英国正式脱欧后，其过渡期至 2020 年 12 月 31 日为止，即目前欧盟长期预算计划的截止日期，随后英国必须结束过渡彻底脱欧。

 专栏 9-3

英国脱欧原因分析

全球化与欧洲一体化进程中的社会不平等和社会分化，是英国脱欧更为深刻的经济和社会根源。全球化与一体化背景下金融、贸易和劳动力、资本的自由流动，在带来经济和社会发展水平整体提高的同时，也加剧了经济和社会不公平。全球化成果在不同阶层中并非平均分配。技术革新和金融资本流动，会更有利于精英阶层及适应市场的年轻人，而将那些依赖社会再分配机制的老年群体置于不利的地位，这就需要强化国家在社会分配中的作用，实现社会公平。但是"现代国家被世界市场和本土社会撕裂，干预社会分配的能力下降"。经济和国家化社会之间的裂痕已使世界各地反精英、反建制的极端主义政党兴起，它们鼓吹民粹主义，呼吁重回孤立的民族国家状态。

英国同样面临严重的社会分化，其最富裕的20%的人口和最贫困的20%的人群之间的财富差距是欧盟中最严重的三个国家之一。近年来，为了应对债务危机，卡梅伦政府采取的一系列举措，包括削减社会福利和调整税收政策，被认为恶化了社会阶层之间的不平等现状，是加速的"撒切尔主义"，英国贫富差距的扩大速度比20世纪80年代还快。英国经济学家的研究结果表明，到2015年，英国最贫困家庭的平均收入下降了12%，而次富裕家庭的收入仅下降3%。英国的社会分化为极端政党动员民粹主义提供了空间。在2014年欧洲议会选举中，疑欧的英国独立党获得了超过20%的选票。此次公投，疑欧和脱欧力量正是抓住了民众在一体化面前的不安全感，承诺控制边境、减少移民、保护英国民众的就业机会，争取支持。

英国留欧和脱欧的选票分布，清晰反映了一体化背景下的经济和社会分化。年轻选民更多选择留欧，55岁以上的老年选民多选择脱欧；经济发达地区，如苏格兰和伦敦地区选择留欧的支持率更高；教育和专业程度更高的人群选择留欧；不拥有护照、收入越低的群体，选择脱欧的比例越高。支持脱欧的民众倾向于认为英国经济处于停滞状态，移民的进入抢夺了他们的工作机遇。

资料来源：金玲. 英国脱欧：原因、影响及走向 [J]. 国际问题研究，2016 (4)：24-36+131-132.

2. 欧盟的组织机构

作为一个经济、政治实体，欧盟建立了庞大的超国家管理体系。欧盟总部设在比利时首都布鲁塞尔，部分机构设在卢森堡和法国。其主要官方机构如下。

（1）欧洲理事会（European Council）。欧洲理事会即欧盟首脑会议，是欧盟的最高决策机构。它由欧盟成员国国家元首或政府首脑及欧盟委员会主席组成，理事会主席由各成员国轮流担任，任期半年。欧盟首脑会议主要负责制定"总的政治指导原则"，其决策采取协商一致的原则。自1975年起，欧盟首脑会议每半年举行一次正式会议，必要时举行特别会议。目前，欧盟首脑会议为半年举行2次。

（2）欧盟理事会（Council of European Union）。欧盟理事会即欧盟各国部长理事会，是欧盟的决策机构，由欧盟首脑会议和部长理事会组成。理事会实行轮值主席国制，每个国家任期半年。对外实行"三驾马车"代表制，由现任主席国、下任主席国和欧盟机构代表组成。

（3）欧盟委员会（Commission of European Union）。欧盟委员会是欧盟的执行机构，负责起草欧盟法规，实施欧盟条约、法规和理事会决定，向理事会提出立法动议并监督其执行情况；代表欧盟负责对外联系及经贸谈判；对外派驻使团；实行集体领导和多数表决制。

（4）欧洲议会（European Parliament）。欧洲议会是欧盟的立法、监督和咨询机构，其地位和作用及参与决策的权力正在逐步扩大。议会大厦设在法国斯特拉斯堡，议会秘书处设在卢森堡。自 1979 年起，欧洲议会议员由成员国直接普选产生，任期 5 年。

（5）外交署（Foreign Department）。2010 年 7 月 8 日，欧洲议会全体会议通过了欧盟"外交署"筹组方案，明确了其组织架构、编制、预算等方面的规定，从而为这一新设机构的正式组建和运作铺平了道路。7 月 26 日，欧盟外交理事会会议正式通过了有关"外交署"筹组及其架构和职能的决定，标志着这一新的外交机构正式开始组建。12 月 1 日，欧盟外交署正式开始运行。

（6）欧洲法院（European Court of Justice）。欧洲法院是欧盟的仲裁机构，负责审理和裁决在执行欧盟条约和有关规定中发生的各种争执。欧洲法院现有 15 名法官和 9 名检察官，由成员国政府共同任命。

（7）欧洲审计院（European Court of Auditors）。欧洲审计院负责欧盟的审计和财政管理。欧洲审计院于 1977 年成立，由 12 人组成。

3. 欧盟的一体化政策

近 60 多年来，欧盟一体化进程先易后难、由浅入深，取得了显著的成果。欧盟的一体化政策主要包括以下内容。

（1）实现关税同盟和共同外贸政策。自 1967 年起欧洲共同体对外实行统一的关税率，自 1968 年 7 月 1 日起成员国之间取消商品的关税和限额，建立关税同盟（西班牙、葡萄牙 1986 年加入后，与其他成员国间的关税需经过 10 年的过渡期后也完全取消）。1973 年，欧洲共同体实现了统一的外贸政策。《马斯特里赫特条约》生效后，为进一步确立欧盟单一市场的共同贸易制度，欧盟各国外长于 1994 年 2 月 8 日一致同意取消此前由各国实行的 6 400 多种进口配额，而代之以一些旨在保护低科技产业的措施。

（2）共同农业政策的实施。1962 年 7 月 1 日欧洲共同体开始实行共同农业政策。共同农业政策包括的内容如下。①实行统一的农产品价格管理制度。在共同体内部，管理价格主要有两种：一种是目标价格或指导价格，它是共同体农业生产者渴望得到的价格，也是市场价格的上限；另一种是干预价格或支持价格，它是生产者保证可以得到的最低价格，是市场价格的下限。一旦市场价格高于目标价格，共同体管理机构即按目标价格出售农产品；反之，当市场价格低于干预价格时，共同体管理机构使用干预价格收购农产品，以保证价格的稳定。②实行出口补贴制度。共同体农业生产者出口农产品时，可以得到出口补贴，补贴一般相当于共同体价格与世界市场价格之间的差额。③建立欧洲农业指导和保证基金。共同农业政策的实施，提高了农业劳动生产率，稳定了市场价格，稳定了农业生产者的收入，提高了农产品自给率。

（3）欧洲货币体系的建立。1979 年 3 月，欧洲共同体正式建立了欧洲货币体系。这是共同体国家在货币金融领域内加强联合的重要步骤。建立欧洲货币体系的主要目的有两个：①巩固和发展经济一体化的成果；②摆脱美元的影响和控制。这个体系包括创建"欧洲货币单位"，扩大西欧货币的联合浮动体系；建立"欧洲货币基金"，加强共同干预货币金融市场的力量。

（4）建立政治合作制度。1970 年 10 月建立、1986 年签署、1987 年生效的《欧洲单一文件》，把在外交领域进行政治合作正式列入欧洲共同体条约。为此，部长理事会设立了政治合作秘书处，定期召开由成员国外交部长参加的政治合作会议，讨论并决定欧洲共同体对各种国际事务的立场。1993 年 11 月 1 日《马斯特里赫特》条约生效后，政治合作制度被纳入欧洲政治联盟活动范围。

（5）建立欧洲内部统一大市场。1985年6月，欧洲共同体首脑会议批准了建设内部统一大市场的白皮书，明确提出将在1992年年底以前把欧洲共同体建成一个没有国界的商品、人员、资本和劳务完全自由流通的内部统一大市场。1986年2月，欧洲共同体各国签署为建成大市场而对《罗马条约》进行修改的《欧洲单一文件》。该文件提出，逐步取消各种非关税壁垒，包括有形障碍（海关关卡、过境手续、卫生检疫标准等）、技术障碍（法规、技术标准）和财政障碍（税别、税率差别），于1993年1月1日起实现12个成员国之间以商品、资本、劳务和人员的自由流动为主要内容的统一大市场。为此，欧洲共同体委员会于1990年4月提出了实现上述目标的282项指令。1993年1月1日，欧洲共同体宣布统一大市场基本建成，并正式投入运行。

（6）建立政治联盟。1990年4月，法国总统密特朗和联邦德国总理科尔联合倡议于当年年底召开关于政治联盟问题的政府间会议。同年10月，欧洲共同体罗马特别首脑会议进一步明确了政治联盟的基本方向。同年12月，欧洲共同体有关建立政治联盟问题的政府间会议开始举行。经过1年的谈判，12国在1991年12月召开的马斯特里赫特首脑会议上通过了政治联盟条约。其主要内容是12国将实行共同的外交和安全政策，并将最终实行共同的防务政策。此外，还通过了共同的渔业政策、建立欧洲货币体系、建设经济货币联盟等措施。

4. 欧盟的特征

（1）欧盟具有较强的排他性和封闭性。欧盟强调的是区域内部的经济协调和发展，对本集团外的国家和地区实行共同一致的歧视性经济贸易政策，造成经济一体化集团内部的经济整合和福利增长高于区外，因而具有一定的排他性和封闭性。

（2）一体化进程由市场和制度共同推进。欧盟的一体化通过政府间签订法律或契约形成约束力量，所有成员国都以相同的方式和速度推进一体化。制度的结合离不开成员国在经济上一定程度的融合和各种经济壁垒的消除，前者是以后者为条件的。另外，随着成员国之间经济联系的不断加深，也需要有相应的适当的制度框架和组织机构来保障一体化取得的成果并促进新目标的实现。制度确立和经济整合是推进制度一体化的两种力量，二者相互交织贯穿于制度性一体化的整个发展过程。

（3）一体化推进方式具有渐进性。欧盟的发展具有鲜明的层次递进特征，遵循了传统一体化模式的发展层次：关税同盟、共同市场、经济货币联盟、完全经济一体化。随着欧盟一体化程度的加深，成员国让渡的主权范围在扩大。为了平衡成员国之间的利益，超国家机构通过加强机制化建设，在国家利益和集团利益的矛盾中发挥了重要作用。欧盟也正是在解决国家和集团这两种利益矛盾的过程中不断地向更高层次发展。

（4）具有超国家机构。欧洲一体化制度性合作色彩较浓，成员国通过签订条约来推进和保证一体化，从而客观上需要有一套制度性的组织机构，以便为各成员国就一体化各领域目标的确定、执行、协调和争端解决等问题提供一个经常性的谈判和仲裁场所。欧盟发展到今天，已经逐步建立一套"超国家性的共同机构"，包括欧洲理事会、部长理事会、欧盟委员会、欧洲法院和欧洲中央银行等。

9.4.2 北美自由贸易区

北美自由贸易区（NAFTA）由美国、加拿大、墨西哥3国组成，该自由贸易区是当今世界上为数不多的发达国家与发展中国家共同组成的区域经济合作组织。北美自由贸易区是在美加自由贸易区的基础上发展而来的，是完全自由贸易区的一个典型。

1. 北美自由贸易区的发展历程

建立北美自由贸易区的设想最早出现在 1979 年美国国会关于贸易协定的法案提议中，1980 年美国总统里根在其总统竞选的有关纲领中再次提出。但由于种种原因，该设想一直未受到很大重视，直到 1985 年才开始起步。

1985 年 3 月，加拿大总理马尔罗尼在与美国总统里根会晤时，首次正式提出美、加两国加强经济合作、实行自由贸易的主张。1988 年 1 月 2 日，美、加两国正式签署了《美加自由贸易协定》，该协定于 1989 年 1 月生效。《美加自由贸易协定》规定在 10 年内逐步取消商品进口（包括农产品）关税和非关税壁垒，取消对服务业的关税限制和汽车进出口的管制，开展公平、自由的能源贸易。在投资方面两国将提供国民待遇，并建立一套共同监督的有效程序和解决相互间贸易纠纷的机制。另外，为防止转口逃税，还确定了原产地原则。美、加自由贸易区是一种类似于共同市场的区域经济一体化组织，标志着北美自由贸易区的萌芽。

1986 年 8 月，美国和墨西哥两国领导人提出双边的框架协定计划，并于 1987 年 11 月签订了一项有关磋商两国间贸易和投资的框架原则与程序的协议。1990 年 7 月，两国正式达成了美、墨贸易与投资协定（也称"谅解"协议）。同年 9 月，加拿大宣布将参与谈判。1992 年 8 月 12 日，美国、加拿大、墨西哥达成了《北美自由贸易协定》。该协定于 1994 年 1 月 1 日正式生效，北美自由贸易区宣告成立。

北美自由贸易区成立之初就拥有 3.6 亿消费者，其国民生产总值总计超过 6 万亿美元。北美自由贸易区的目标是以自由贸易为理论基础，以自由贸易区的形式来实现贸易、投资等方面的全面自由化，进而带动整个北美地区的经济贸易发展。当时，许多国际经贸界人士视之为有史以来规模最大、措施最大胆的自由贸易区。尤其是对于墨西哥这样的发展中国家来说，加入这一协定包含了各方面的机遇和风险，对其国内政治、经济、社会等方面的影响非常深远。

2. 《北美自由贸易协定》的主要内容

针对 3 个成员国的不同经济发展情况，《北美自由贸易协定》在以下几个方面做了安排。

（1）纺织品和服装。在墨西哥占有劳动力优势的纺织品和成衣方面，除了取消一部分产品的关税外，对于墨西哥生产的符合原产地规则的纺织品和成衣，美国、加拿大取消其配额限制，并将关税水平从 45% 降到 20%。

（2）汽车产品。对于汽车产品，美国、加拿大逐步取消了对墨西哥制造汽车征收的关税，其中轻型卡车的关税从 25% 减到 10%，并在 5 年内全部取消；对于重型卡车、公共汽车、拖拉机的关税则在 10 年内取消。墨西哥则将在 10 年内取消美国、加拿大汽车产品的关税及非关税壁垒，其中对轻型卡车在 5 年内取消关税。

（3）农产品。美国、加拿大分别取消其对墨西哥农产品征收的 61% 和 85% 的关税；墨西哥则取消对美国、加拿大农产品征收的 36% 和 4% 的关税。另外，墨西哥拥有 10 ～ 15 年的时间逐步降低剩余农产品的关税，并有权通过基础设施建设、技术援助和科研支持本国农业的发展。

（4）运输业。在运输业方面，3 国间国际货物运输的开放有一个 10 年的转换期。3 年后，墨西哥的卡车允许进入美边境各州，7 年后所有 3 国的国境对过境陆上运输完全开放。

（5）通信业。在通信业方面，3 国的通信企业可以不受任何歧视地进入通信网络和公共服务业，开展增值服务也无任何限制。

（6）金融保险业。在金融保险业方面，在协定实施的最初 6 年中，美国、加拿大银行只能参与墨西哥银行 8%～15% 的业务份额；在第 7～15 年间，如果墨西哥银行市场中外国占有率超过 25%，墨西哥则有权实行一些保护性措施；墨西哥在美国、加拿大银行市场中一开始就可以享受较为自由的待遇。协定还允许美国、加拿大的保险公司与墨西哥的保险公司组成合资企业，其中外国企业的控股权可逐年增加，到 2000 年在墨西哥的保险企业中外国企业的股份可达到 100%。

（7）能源产业。在能源工业方面，墨西哥保留其在石油和天然气资源的开采、提炼和基础石油化工业方面的垄断权，但非石油化工业将向外国投资者开放。

另外，协定同时规定对投资者给予国民待遇，对投资者不得规定诸如一定的出口比例、原产地限制、贸易收支、技术转让等限制条件。作为补充，美国、加拿大、墨西哥在 1998 年又取消 500 种关税达成协议。该协议从 1998 年 8 月 1 日生效，并规定美国免税进口墨西哥产的纺织品、成衣、钟表、帽子等，墨西哥则向美国的化工产品、钢铁制品、玩具等商品开放其市场。此协议实施后，使大约 93% 的墨西哥商品能享受到美国的免税优惠，使大约 60% 的美国商品直接免税进入墨西哥市场。这就形成了自由贸易区内比较自由的商品流通大格局。

3. 北美自由贸易区的主要特点

北美自由贸易区是典型的南北双方为共同发展与繁荣而组建的区域经济一体化组织，南北合作和大国主导是其最显著的特征。

（1）南北合作。北美自由贸易区既有经济实力强大的发达国家（如美国），也有经济发展水平较低的发展中国家，区内成员国的综合国力和市场成熟程度差距很大，经济上的互补性较强。各成员国在发挥各自比较优势的同时，通过自由的贸易和投资，推动区内产业结构的调整，促进区内发展中国家的经济发展，从而减少与发达国家的差距。

（2）大国主导。北美自由贸易区是以美国为主导的自由贸易区，美国的经济运行在区域内占据主导和支配地位。由于美国在世界上经济发展水平最高，综合实力最强；加拿大虽然是发达国家，但其经济实力远不如美国；墨西哥是发展中国家，对美国经济的依赖性很强。因此，北美自由贸易区的运行方向与进程在很大程度上体现了美国的意愿。

（3）减免关税的不同步性。由于墨西哥与美国、加拿大的经济发展水平差距较大，而且在经济体制、经济结构和国家竞争力等方面存在较大的差别，因此自《美加自由贸易协定》生效以来，美国对墨西哥的产品进口关税平均下降 84%，而墨西哥对美国的产品进口关税只下降 43%；墨西哥在肉、奶制品、玉米等竞争力较弱的产品方面，有较长的过渡期。同时，一些缺乏竞争力的产业有 10～15 年的缓冲期。

（4）战略的过渡性。美国积极倡导建立的北美自由贸易区，实际上只是美国战略构想的一个前奏，其最终目的是在整个美洲建立自由贸易区。美国试图通过北美自由贸易区来主导整个美洲，为美国提供巨大的潜在市场，促进其经济的持续增长。

北美自由贸易区自建立以来就一直存在不和谐的音符。与欧盟不同，北美自由贸易区是由发达国家美国、加拿大和发展中国家墨西哥组成，是一个垂直一体化组织。所以，当来自墨西哥的廉价劳动力取代美国的就业时，矛盾就非常突出。对于墨西哥来说，廉价的美国农产品的输入导致墨西哥农民的利益受到严重打击。因此，北美自由贸易区的发展历程也不如欧盟那么顺畅。

4. 北美自由贸易区的最新进展

美国特朗普总统的上台给北美自由贸易区的发展带来了重大转折，原先的北美自由贸易协定被特朗普称之为"历史上最糟糕的贸易协定"。在美国的倡导下，美国、墨西哥和加拿大三方经过漫长的谈判和博弈，于 2018 年 11 月 30 日签订了《美墨加三国协议》（USMCA），取代了之前的《北美自由贸易区协定》。

这项协议的具体内容集中体现了特朗普的"美国优先"主张，体现了其对工农阶层利益的关切，以及对制造业，特别是汽车制造业的重视。修改后的协议要求三国在开始与"非市场经济"谈判时，必须提前三个月发出通知。在此协议中，美国掌握着主动权，如果墨西哥或者加拿大与"非市场经济"达成协议，美国可以选择终止与两者的协议。

9.4.3　亚太经济合作组织

亚太经济合作组织（Asia-Pacific Economic Cooperation，APEC）是亚太地区一个重要的经济合作组织。1989 年 1 月，澳大利亚总理霍克访问韩国时建议召开部长级会议，讨论加强亚太经济合作问题。1989 年 11 月 5—7 日，澳大利亚、美国、加拿大、日本、韩国、新西兰和东盟 6 国在澳大利亚首都堪培拉举行亚太经济合作会议首届部长级会议，这标志着亚太经济合作会议的正式成立。1993 年 6 月改名为亚太经济合作组织，简称亚太经合组织。

1. APEC 的成员组成

到目前为止，APEC 共有 21 个成员：澳大利亚、文莱、加拿大、智利、中国、中国香港、印度尼西亚、日本、韩国、马来西亚、墨西哥、新西兰、巴布亚新几内亚、秘鲁、菲律宾、俄罗斯、新加坡、中国台北、泰国、美国和越南。

其中，澳大利亚、文莱、加拿大、印度尼西亚、日本、韩国、马来西亚、新西兰、菲律宾、新加坡、泰国、美国 12 个成员是于 1989 年 11 月 APEC 成立时加入的；1991 年 11 月，中国、中国台北和中国香港加入；1993 年 11 月，墨西哥、巴布亚新几内亚加入；1994 年智利加入；1998 年 11 月，秘鲁、俄罗斯、越南加入。

东盟秘书处、太平洋经济合作理事会和太平洋岛国论坛为该组织观察员，可参加 APEC 部长级及其以下各层次的会议和活动。APEC 接纳新成员需全部成员的协商一致。1997 年温哥华领导人会议宣布 APEC 进入十年巩固期，暂不接纳新成员。

APEC 成员加入时间如表 9-2 所示。

表 9-2　APEC 成员加入时间

加入时间	成　　员
1989 年 11 月 5—7 日	澳大利亚、文莱、加拿大、印度尼西亚、日本、韩国、马来西亚、新西兰、菲律宾、泰国、美国、新加坡
1991 年 11 月 12—14 日	中国、中国香港、中国台北
1993 年 11 月 17—19 日	墨西哥、巴布亚新几内亚

续表

加入时间	成　员
1994 年 11 月 11—12 日	智利
1998 年 11 月 14—15 日	秘鲁、俄罗斯、越南

资料来源：www. apec. org/menber_economies. html.

2. APEC 的宗旨和主要议题

1993 年 APEC 在西雅图领导人非正式会议宣言中提出了 APEC 的宗旨，即大家庭精神，为本地区人民创造稳定和繁荣的未来，建立亚太经济的大家庭，在这个大家庭中要深化开放和伙伴精神，为世界经济做出贡献并支持开放的国际贸易体制。

APEC 的主要议题是讨论与全球及区域经济有关的议题，如促进全球多边贸易体制，实施亚太地区贸易投资自由化和便利化，推动金融稳定和改革，开展经济技术合作和能力建设等。近年来，APEC 也开始介入一些与经济相关的其他议题，如人类安全（包括反恐、卫生和能源）、反腐败、防灾和文化合作等。

3. APEC 的组织结构

APEC 为实现贸易和投资自由化的目标，采取了自上而下的组织机构模式，主要有 5 个层次（见图 9-2）。

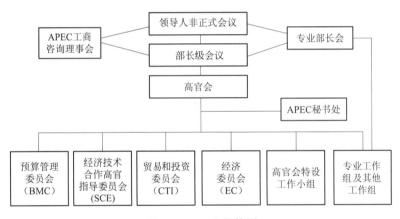

图 9-2　APEC 机构图

（1）领导人非正式会议。领导人非正式会议是 APEC 的最高级别会议。该会议参加人为 APEC 主权国家的元首或政府首脑及地区经济体主管经济的官员。中国台北和中国香港则以地区经济体的身份参加。

APEC 领导人非正式会议自 1993 年以来共举行了 26 次。2018 年 11 月 17 日，APEC 第 26 次领导人非正式会议在巴布亚新几内亚莫尔兹比港举行。

（2）部长级会议。APEC 部长会议分为 APEC 部长级会议和 APEC 专业部长级会议。部长级会议实际上是"双部长"会，即外交部长（中国香港和中国台北除外）和经济部长（外贸部长、商业部长）会议，每年在领导人非正式会议前举行一次。专业部长级会议是指讨论中小企业、旅游、环保、教育、科技、通信等问题的部长会议。在这一层次还有一个 APEC 的咨询机构，即工商咨询理事会，是 APEC 的重要论坛之一。

（3）高官会。高官会是 APEC 常设机构，又是领导人非正式会议和部长级会议的执行机构与辅助机构，同时也是务实的磋商层次。高官会负责向部长级会议提出建议并执行部长做出的决定，是部长级会议的"实际工作部门"。高官会每年举行 3 ~ 4 次，一般由各成员司局级或大使级官员组成。

（4）秘书处。秘书处于 1993 年 1 月在新加坡设立，为 APEC 各层次的活动提供支持与服务。秘书处负责人为执行主任，由 APEC 当年的东道主指派。

（5）委员会和工作组。高官会下设 4 个委员会，即贸易和投资委员会（CTI）、经济委员会（EC）、经济技术合作高官指导委员会（SCE）和预算管理委员会（BMC）。CTI 负责贸易和投资自由化方面高官会交办的工作；EC 负责研究本地区经济发展趋势和问题，并协调结构改革工作；SCE 负责指导和协调经济技术合作；BMC 负责预算和行政管理等方面的问题。此外，高官会还下设工作组，从事专业活动和合作。

4. APEC 的性质

APEC 是一个具有论坛性质的区域经济合作组织。与欧盟和北美自由贸易区等其他区域组织不同，APEC 不以签订正式条约为法律纽带，而是以道义约束代替法律约束，而 APEC 各级工作会议也是以交流信息、提出建议为主。各成员根据自己的实际情况自由执行，没有强制性的约束力。APEC 的论坛性质主要包括以下两个方面内容。

（1）APEC 是一个地区性的经济组织，所召开的有关会议只讨论经济合作问题，而不讨论政治、安全问题。

（2）在 APEC 合作模式下，不存在超越成员主权的组织机构，成员自然也无须向有关机构进行主权让渡。

5. APEC 的特点

由于受到亚太地区特殊条件的制约，APEC 的基本特征不同于传统意义上的国际经济一体化组织，它具有自身的特点。

（1）开放性。APEC 内部发达成员和发展中成员之间相互开放市场；对区域外国家和地区一视同仁，不实施贸易歧视政策；倡导 GATT 的多边主义；奉行"开放的地区主义"。

（2）多样性。APEC 是当前规模最大的多边区域经济集团化组织，APEC 成员的广泛性是世界上其他经济组织所少有的。APEC 的 21 个成员，就地理位置来说，遍及北美、南美、东亚和大洋洲；就经济发展水平来说，既有发达的工业国家，又有发展中国家；就社会政治制度而言，既有资本主义国家，又有社会主义国家；就文化而言，既有西方文化，又有东方文化。成员的复杂多样性是 APEC 存在的基础，也是制定一切纲领所需优先考虑的前提。

（3）渐进性。亚太地区的多样性，决定了 APEC 只能采取循序渐进的战略和方针，通过共同协商，逐步推动贸易投资自由化目标的最终实现。在消减关税和非关税壁垒方面，允许各成员按不同时间表逐步降低关税税率和消除非关税壁垒。在经济技术合作方面，首先将人力资源和环境保护等领域确定为优先合作领域，以后再推动其他领域的经济技术合作。

（4）自愿性。由于成员之间政治经济上的巨大差异，在推动区域经济一体化和投资贸易自由化方面要想取得"协商一致"是非常困难的。APEC 成立之初就决定了其决策程序的软约束力，是一种非制度化的安排，不具有硬性条件，只能在自愿经济合作的前提下，以公开对话为基础。各成员根据各自经济发展水平、市场开放程度与承受能力对具体产业及部门的贸易和投资自由化进程自行做出灵活、有序的安排，并在符合其国内法规的前提下予以实施，这就是所谓的"单边自主行动（IAPs）"计划。

6. APEC 的主要成就

APEC 从创建至今，在促进亚太地区贸易投资自由化和经济技术合作方面做出了努力，主要取得了以下 3 个方面的成就。

（1）积极推动多边贸易体系的建立，努力实施 WTO 协议。APEC 自成立以来，历届部长级会议和领导人非正式会议都强调 APEC 与 WTO 的一致性，以推动多边贸易体制的发展为己任，将促进贸易与投资自由化作为主要目标。

（2）推进本地区内的贸易投资自由化和经济技术合作。APEC 自建立以来，在本地区内的成果更多地反映为机制化的次区域合作，这也是 APEC 的典型模式。

（3）APEC 模式和方式本身也是一项成果。APEC 形成了平等的"大家庭精神"，摒弃了安全（政治）、经济、意识形态大一统的"共同体"模式。实践证明这一模式有其合理性和适用性。

7. APEC 存在的问题

APEC 存在的问题主要集中在以下 3 个方面。

（1）在推动贸易自由化与降低投资障碍的进展上不尽理想。1994 年 APEC 的《茂物宣言》确定了推动贸易及投资自由化的目标及范围，在协调降低成员关税及非关税障碍的努力上，一直有明显的进展。但是，随着贸易及投资障碍的逐步降低，各成员市场开放已触及敏感领域，各成员进一步开放市场的意愿也大幅降低。虽然 APEC 成员对 WTO 主导的"多哈回合"会议表示支持与重视，但是却无法深入讨论如何重开谈判的实质议题。

（2）APEC 议题正朝多元化与政治化的方向发展。APEC 是一个以经济为主的论坛，在议题多元化及政治化后，反而使得以经贸合作为主的议题产生失焦的疑虑。目前，APEC 涵盖范围过大、议题过多，成员不胜负荷，难免导致效率低下。

（3）APEC 成员之间正在兴起"区域自由贸易协定"风潮。目前，几乎所有 APEC 成员都在签订或正在研究签订双边自由贸易协定。这种区域贸易协定的风潮，可能会造成 APEC 机制效力分散、影响力减弱、政治资源浪费和 APEC 成员之间新的对立关系等负面影响。

9.4.4　东南亚国家联盟

东南亚国家联盟，简称东盟（ASEAN），成立于 1967 年 8 月 8 日，前身是由马来西亚、菲律宾和泰国 3 国于 1961 年 7 月 31 日在曼谷成立的东南亚联盟。东盟秘书处设在印度尼西亚首都雅加达。

1. 东盟的成员组成

东盟成员国有马来西亚、印度尼西亚、泰国、菲律宾、新加坡、文莱、越南、老挝、缅甸和柬埔寨 10 个国家。总面积约 448 万平方公里，人口约 6.28 亿。

2. 东盟的主要目标

《东盟宪章》确定的目标主要包括：①维护和促进地区和平、安全和稳定，并进一步强化以和平为导向的价值观；②通过加强政治、安全、经济和社会文化合作，提升地区活力；③维护东南亚的无核武器区地位，杜绝大规模杀伤性武器；④确保东盟人民和成员国与世界和平相处，生活于公正、民主与和谐的环境中；⑤建立一个稳定、繁荣、极具竞争力和一体化的共同市场和制造基地，实现货物、服务、投资、人员、资金自由流动；⑥通过相互帮助与合作减轻贫困，缩小东盟内部发展鸿沟；⑦在充分考虑东盟成员国权利与义务的同时，加强民主，促进管理与法治，促进和保护人权与基本自由；⑧根据全面安全的原则，对各种形式的威胁、跨国犯罪和跨境挑战做出有效反应；⑨促进可持续发展，保护本地区环境、自然资源和文化遗产，确保人民高质量的生活；⑩通过加强教育、终生学习及科学技术领域的合作，开发人力资源，提高人民素质，强化东盟共同体意识。

3. 东盟的组织机构

2008 年 12 月，《东盟宪章》正式生效。根据该宪章，东盟调整了组织机构，主要包括以下机构。①东盟峰会。就东盟发展的重大问题和发展方向做出决策，一般每年举行两次。②东盟协调理事会。由东盟各国外长组成，是综合协调机构，每年至少举行两次。③东盟共同体理事会。包括东盟政治安全共同体理事会、东盟经济共同体理事会和东盟社会文化共同体理事会，协调其下设各领域工作，由东盟轮值主席国相关部长担任主席，每年至少举行两次会议。④东盟领域部长机制。加强各相关领域合作，支持东盟一体化和共同体建设。⑤东盟秘书长和东盟秘书处。负责协助落实东盟的协议和决定，监督落实。⑥常驻东盟代表委员会。由东盟成员国指派的大使级常驻东盟代表组成，代表各自国家与东盟秘书处和东盟领域部长机制进行协调。⑦东盟国家秘书处。东盟在各成员国的联络点和信息汇总中心。⑧东盟政府间人权委员会。负责促进和保护人权与基本自由的相关事务。⑨东盟基金会。与东盟相关机构合作，支持东盟共同体建设。⑩东盟附属机构。包括各种民间和半官方机构。

4. 东盟的对外合作

东盟积极开展多方位外交。东盟成员国每年与对话伙伴（包括美国、日本、澳大利亚、新西兰、加拿大、欧盟、韩国、中国、俄罗斯和印度）举行对话会议，就双方关系发展及共同关心的国际地区问题交换意见。

2003 年，中国与东盟的关系发展到战略协作伙伴关系，中国成为第一个加入《东南亚友好合作条约》的非东盟国家。中国-东盟自贸区是我国对外商谈的第一个也是最大的自贸区，于 2002 年开始实施"早期收获"，2010 年全面建成。此外，韩国-东盟自贸区于 2010 年 1 月正式启动。2009 年，澳大利亚、新西兰与东盟签署自贸区协议，2012 年 1 月正式生效。2009 年，印度与东盟签署了货物贸易协定，并于 2010 年 1 月开始实施。2011 年 11 月，东盟提出"区域全面经济伙伴关系（RCEP）"倡议，邀请中国、日本、韩国、澳大利亚、新西兰、印度共同参加，该倡议一旦达成，将成为世界最大的自贸区。2018 年 10 月 13 日，《区域全面经济伙伴关系协定》第 6 次部长级会间会在新加坡举行。东盟 10 国、中国、澳大利亚、印度、日本、韩国、新西兰等 16 方经贸部长或代表出席会议。会议就货物贸易、服务贸易、投资、卫生和植物卫生措施、标准技术法规和合格评定程序、电子商务、竞争政策等议题进行了深入讨论，推动各方完成 2018 年年底一揽子成果，并实质性结束谈判。

⇨ 本章关键术语（中英文对照）

中　　文	英　　文
区域经济一体化	regional economic integration
优惠贸易安排	preferential trade arrangements

续表

中　文	英　文
自由贸易区	free trade area
关税同盟	customs union
共同市场	common market
完全经济一体化	complete economic integration
贸易创造效应	trade creation effect
贸易转移效应	trade diversion effect
欧洲联盟	European Union
北美自由贸易区	North American Free Trade Area，NAFTA
亚太经济合作组织	Asia-Pacific Economic Cooperation，APEC
东南亚国家联盟	Association of Southeast Asian Nations，ASEAN
中国-东盟自由贸易区	China-ASEAN Free Trade Area，CAFTA
区域全面经济伙伴关系	regional comprehensive economic partnership，RCEP
美墨加三国协议	United States-Mexico-Canada Agreement，USMCA

➡ 复习思考题

一、单项选择题

1. 下列区域经济一体化安排中一体化程度最高的是（　　　）。

A. 优惠贸易安排　　B. 自由贸易区　　　C. 共同市场　　　　D. 经济同盟

2. 允许生产要素的自由流动但是不涉及政策协调的区域经济一体化安排是（　　　）。

A. 优惠贸易安排　　B. 自由贸易区　　　C. 共同市场　　　　D. 经济同盟

3. 下列不以正式条约协定为法律纽带的区域经济一体化组织是（　　　）。

A. 欧盟　　　　　　B. NAFTA　　　　　C. APEC　　　　　　D. ASEAN

二、简答题

1. 比较各种经济一体化形式之间的差异。

2. 什么是贸易创造效应和贸易转移效应？它们对关税同盟成员的福利有何影响？

3. 简述关税同盟的动态效应。

4. 新成员不断加入关税同盟对关税同盟的贸易转移效应有什么影响？

5. 欧盟的发展经历了哪些阶段？

三、论述题

1. 结合教材及网络资料，论述北美自由贸易区对墨西哥的影响。

2. 结合教材及网络资料，论述 APEC 存在的必要性。

⇨ 知识拓展

TPP 协定的高标准条款

TPP 协定的高标准特征与主要妥协点如下。①货物贸易的高标准：绝大部分工业品（98%）关税将取消；妥协点：生效 7 年后，日、美、加、澳、新、智等国可应对方要求就关税进行再磋商，未包含对汇率操纵国实施贸易制裁的要求，若美、加违反汽车关税协定，允许日本将汽车以外商品已下调的关税恢复原状。②纺织品和服装的高标准：纺纱前沿规则。③原产地规则的高标准：实施更严格的原产地规则；妥协点：汽车贸易要求 45% 的部分在 TPP 协议国采购即可享受零关税，低于 NAFTA 50% 的标准。④海关管理和贸易便利化的高标准：承诺减少贸易中的复杂手续，为企业更便捷地推广产品提供便利。⑤投资的高标准：国民待遇、负面清单、投资收益自由移动。⑥跨境服务贸易的高标准：负面清单，不采取量化限制，不要求其他缔约方供应商在东道国设立办公室或附属机构，跨境服务相关资金免费转账。⑦金融服务的高标准：国民待遇、最惠国待遇、全面市场准入，允许其他缔约方供应商开办与国内供应商相同的金融新业务，强化金融监管和跨境合作，完善金融服务贸易纠纷解决机制。⑧电信的高标准：支持其他成员有竞争力的公司市场准入，牌照发放透明，对国际漫游服务批发费率做出规定时，允许来自其他缔约方运营商从中获益。⑨电子商务的高标准：企业跨境自由传送数据，禁止成员国政府要求企业将服务器设在一国境内（但金融行业例外），要求立法禁止网络黑客窃取商业机密，禁止要求软件企业在进入本国市场时披露其源代码。⑩政府采购的高标准：全面实施国民待遇和非歧视措施。⑪竞争政策的高标准：全面竞争中立。⑫国有企业及特定垄断领域的高标准：禁止给予国有或特定企业垄断权；妥协点：文莱、马来西亚、越南、新加坡都保留了大量的不符措施，并被给予较长时间的过渡期。⑬知识产权的高标准：更严格的执行体系，包括民事诉讼、临时措施、边境措施、大规模商标混淆或涉版权、隐私权的刑事诉讼和罚金；妥协点：美国主张 12 年的生物制剂保护期，妥协为 5～8 年。⑭劳工的高标准：就劳工标准、劳动者权利保护、劳工议题对话合作机制等议题基本达成协定，涵盖了国际劳工组织规定的诸多关键劳动者权利；妥协点：对越南等国提出了设定最低工资、允许工人设立工会等，并未超越美越双边协议。⑮环境的妥协点：对环境问题涉及不多，强制执行机制较弱，仅承诺兑现已签署的多边环境协议，未来继续在制定环境标准方面进一步缩小分歧。⑯争端解决的高标准：以投资者与国家争端解决机制（ISDS）为主。⑰例外的妥协点：各成员国可以通过双边协定形式达成例外。

资料来源：李文韬.TPP 谈判未来走势及中国的应对战略 [J]. 南开学报（哲学社会科学版），2016（2）：45-57.

（注：美国总统特朗普于 2017 年 1 月 23 日签署行政命令，正式宣布美国退出跨太平洋伙伴关系协定，失去美国主导的 TPP 已经基本流产。）

⇨ 补充阅读材料

[1] 李向阳. 亚洲区域经济一体化的"缺位"与"一带一路"的发展导向 [J]. 中国社会科学，2018（8）：33-43.

［2］罗云开．基于"一带一路"理念的区域经济合作研究［J］．国际经济合作，2018（5）：30-33.

［3］杨振山，吴笛，程哲．区域经济合作视角下经济走廊的类型与影响［J］．区域经济评论，2018（3）：21-32.

［4］金仁淑．中日与东盟区域经济合作战略及其经济效应［J］．日本学刊，2018（3）：82-100.

［5］李向阳．"一带一路"：区域主义还是多边主义？［J］．世界经济与政治，2018（3）：34-46.

［6］李向阳．特朗普经济政策评估［J］．国际经济评论，2017（4）：56-65.

第 10 章

贸易条约与协定和
世界贸易组织

学习目标

➤ 了解贸易条约与协定的定义和类型；

➤ 了解从关税与贸易总协定到世界贸易组织的演变历程；

➤ 理解世界贸易组织的职能和组织形式；

➤ 掌握世界贸易组织的基本原则，能够运用基本原则分析当前中外贸易争端。

导入案例

改革开放以来，我国积极发展与各国的经济贸易关系，签订了大量的包括通商航海条约、贸易协定、经济技术合作协定、贸易议定书等各种类型的国际经济贸易条约和协定。这些条约和协定的签订，为我国企业参与国际市场竞争提供了良好的、公平的、自由的国际经济贸易环境。

2001 年 11 月 10 日，世界贸易组织第四届部长会议审议通过了《关于中国加入世界贸易组织的决定》，经过长达 15 年的艰苦谈判，中国终于迎来了加入世界贸易组织的这一历史时刻。加入世界贸易组织和全面参与多边贸易体制，是中国领导人在经济全球化进程加快的形势下做出的战略决策，充分表明了中国深化改革和扩大开放的决心与信心。加入世界贸易组织，不仅有利于中国，而且有利于所有世界贸易组织成员，有助于多边贸易体制的发展。中国政府代表团团长、原外经贸部部长石广生说，加入世界贸易组织后，中国将在权利与义务平衡的基础上，在享受权利的同时，遵守世界贸易组织规则，履行自己的承诺。中国将一如既往地重视和加强同世界各国、各地区发展平等与互利的经贸关系；在多边贸易体制中发挥积极和建设性的作用，与其他世界贸易组织成员一道，为世界经济贸易的发展做出积极贡献。

资料来源：根据经济新闻汇编.

本章将介绍主要的贸易条约与协定，并着重学习世界贸易组织的相关知识。

10.1 贸易条约与协定

10.1.1 贸易条约与协定的含义

贸易条约与协定（commercial treaties and agreements）是指两个或两个以上的国家或地区为确定彼此的经济关系，特别是贸易关系方面的权利和义务而缔结的书面协议。

随着经济全球化的加速发展，国家之间在经济贸易方面的相互依靠不断加强，使得国家之间的贸易条约数量增多，所涉及的经济贸易内容更加广泛。各个国别、各种条约的总和构成了一国参加国际经济贸易活动的法律框架，规范其进入国际市场的条件和经济贸易行为及其相互关系。缔约国通过签订条约，可以从条约中享受到权利，同时也承担了相应的义务。

10.1.2 贸易条约与协定的类型

贸易条约与协定按照缔约方的多少，可分为双边贸易条约与协定和多边贸易条约与协定。国际商品协定、关税与贸易总协定、洛美协定等都是多边贸易条约与协定。

贸易条约与协定按照其内容与作用的不同，又可以分为以下几种。

1. 通商航海条约

通商航海条约（treaty of commerce and navigation），又称通商条约、友好通商条约等，是全面规定缔约方之间经济和贸易关系的条约。其内容比较广泛，常涉及缔约方之间经济和贸易关系的各方面问题。

通商航海条约的内容主要包括以下几个方面。

（1）关于缔约方双方的进出口商品关税和通关的待遇。

（2）关于缔约方双方公民和企业在另一方所享有的经济权利。

（3）关于船舶航行和港口使用。

（4）关于铁路运输和过境问题。

（5）关于知识产权保护问题。

（6）商品进口的国内捐税问题。

（7）进出口数量限制问题。

（8）关于仲裁解决的执行问题。

2. 贸易协定和贸易议定书

（1）贸易协定（trade agreement）。贸易协定是就两个或几个国家或地区之间经济贸易关系中的具体规定而缔结的一种书面协议。与通商航海条约相比，它的特点是比较具体，具有可操作性。它的主要内容有：双边贸易额，双方出口货单、作价办法，使用的货币、支付方式、关税优惠等。

贸易协定正文的主要内容通常包括以下几方面：①最惠国待遇条款的规定；②进出口商品货单和进出口贸易额；③作价原则和使用货币的规定；④支付和清偿办法的规定；⑤优惠关税的规定；⑥其他事项的规定。

（2）贸易议定书（trade protocol）。贸易议定书是指缔约方就发展贸易关系中某项具体问题所达成的书面协议。这种贸易议定书往往是作为贸易协定的补充、解释或修改而签订的。有的贸易议定书是协定的附件，有的则不作为附件。此外，在签订长期贸易协定时，关于年度贸易的具体事项，往往通过议定书的方式加以规定。贸易议定书的签订程序和内容比贸易协定简单，一般由签字方有关行政部门的代表签署后即可生效。如《1994 年关贸总协定马拉喀什议定书》，该议定书主要是规定关税减让表的某些规则和事宜，就排除关税壁垒的某些问题做出承诺规定，如农产品和工业品关税优惠、非关税壁垒措施及削减农产品国内支持和出口补贴的承诺等。

3. 支付协定

支付协定（payment agreement）是两国间关于贸易和其他方面债权、债务结算办法的书面协议，是外汇管制的产物。在外汇管制的情况下，一种货币往往不能自由兑换成另一种货币，对一国所具有的债权不能用来抵偿对第三国的债务，这样结算就只能在双边的基础上进行，因而需要通过缔结支付协定来规定两国间债权、债务结算办法。这种通过相互抵账来清算两国的债权、债务的办法，有助于克服外汇短缺的困难，有利于双边贸易的发展。

支付协定的主要内容有以下几个方面：①清算机构的规定；②清算账户的规定；③清算项目与范围的规定；④清算货币的规定；⑤清算方法的规定；⑥保值条款的规定；⑦信用摆动额（swing credit）的规定；⑧清算账户差额处理的规定。

支付协定的操作为：两国间一切债权、债务结算，统一在双方清算机构中进行；债权、债务抵偿后的余额，用黄金、可兑换货币支付或用双方同意的其他不可兑换货币支付，或者转入下年度由逆差国用出口商品来清偿；只要抵偿后的金额不超过信用摆动额，债务国就不给债权国利息。

支付协定以双边支付协定为主，但也有多边支付协定。

自 1958 年以来，主要发达国家相继实行货币自由兑换，双边支付清算逐渐为多边现汇支付结算所代替。至于一些因外汇短缺而仍然实行外汇管制的发展中国家，有时还需要用支付协定规定对外债权、债务的清算办法。

4. 国际商品协定

国际商品协定（international commodity agreement）是指某些初级产品的主要出口国和进口国之间为了稳定该项产品的经济收益、保证供销稳定和促使其发展等所缔结的书面文件。初级产品受世界市场行情变化影响，价格波动幅度较大，贸易量不稳定。发展中国家为了保障其利益，希望通过协定维持合理价格，而作为主要消费国的发达国家，则希望通过协定保证初级产品价格不至于涨得太高，并能保证供应。

国际商品协定稳定价格的办法主要有以下几种。

（1）设立缓冲库存。协定执行机构建立缓冲库存（包括存货与现金两部分），并规定最高价格和最低价格。当市场价格涨到最高限价时，就利用缓冲库存抛出存货；当市场价格跌至最低限价时，则用现金在市场上收购，以达到稳定价格的目的。国际天然橡胶协定就采用这种办法。

（2）签订多边合同。这种合同一方面要求进口国保证，在协定规定的价格幅度内，向各出口国购买一定数量的有关商品；另一方面要求出口国保证，在规定的价格幅度内，向各进口国出售一定数量的协定商品。国际小麦协定就是采用这种方法来稳定小麦价格的。

（3）规定出口配额。先规定一个基本的年度出口配额，再根据市场需求情况作相应的增减。当市场价格超过最高限价时，配额自动增加；当市场价格跌到最低限价以下时，配额就自动减少。这样，就可以通过控制商品供应量的办法来稳定价格。国际上咖啡、糖的协定就是采取这种办法。

到 20 世纪 90 年代，国际商品协定已达到 8 个，即国际可可协定、国际咖啡协定、国际黄麻和黄麻产品协定、国际天然橡胶协定、国际橄榄油和食用橄榄油协定、国际热带木材协定、国际糖协定和国际谷物协定。

各种国际商品协定的关注重点有所不同，可把它们分为 3 类。

第一类是带有经济条款的国际商品协定，如国际可可协定和国际天然橡胶协定。它们把稳定市场和价格作为重点，还包括有稳定出口收益、增长和更长期的发展目标。

第二类是国际商品管理协定，包括国际咖啡协定、国际糖协定和国际谷物协定。这些协定的主要目标是确保国际合作；提供国际咨询论坛；促进国际贸易的增加；作为信息收集、交换和发布的中心；促进研究；鼓励和增加商品的消费，但也考虑价格的稳定。

第三类是"发展型"的协定，包括国际黄麻和黄麻产品协定、国际橄榄油和食用橄榄油协定和国际热带木材协定。这类协定的主要目标是在生产者和消费者之间提供一个合作与咨询的机构；在诸如开发、贸易扩展、市场促销、降低成本和提供市场信息方面，缔约国进行合作和交流，也包括对环境的考虑。

10.1.3 贸易条约与协定适用的主要法律待遇条款

贸易条约与协定中通常适用的法律待遇条款是最惠国待遇条款和国民待遇条款。

1. 最惠国待遇条款

1）含义

最惠国待遇（most favored nation treatment，MFNT）条款的基本含义是缔约国一方现在和将来给予任何第三国的一切特权、优惠及豁免，也同样给予缔约对方。最惠国待遇条款包括无条件的最惠国待遇、有条件的最惠国待遇两种。无条件的最惠国待遇，即缔约国一方现在和将来所给予任何第三国的优惠和豁免，立即无条件、无补偿地自动适用于缔约对方；有条件的最惠国待遇，即如果缔约国一方给予第三国的优惠和豁免是有条件的，那么另一方必须提供同样的条件，才能享受这些优惠和豁免。有条件的最惠国待遇条款已极少使用。

2）适用范围

最惠国待遇条款可以适用于缔约国经济贸易关系的各个方面，也可以只在贸易关系中的某几个具体问题上适用。在签订贸易条约与协定时，缔约双方往往对最惠国待遇的范围加以列举。通常的适用范围包括：①关税率、各种附加税及海关手续；②航行；③铁路运输及过境；④自然人和法人的法律地位；⑤特有所有权；⑥进口配额制度；⑦许可证制度；⑧外汇管制。

3）最惠国待遇条款适用的限制和例外

最惠国待遇条款适用的限制是指在贸易条约所规定的理由存在时，不适用最惠国待遇。例如，为了维护国家安全、保护公共卫生，或者保护动植物免受病害、衰退、死亡等，缔约双方有权对这类货物的输入或输出加以限制或禁止。

最惠国待遇条款适用的例外是指某些具体的经济和贸易事项不适用于最惠国待遇。在现代的贸易条约与协定中最常见的最惠国待遇的例外有：①边境贸易；②关税同盟；③普惠制；④沿海贸易和内河航行；⑤区域性特惠条款；⑥其他例外，如沿海捕鱼、武器进口、金银外币的输出、港口服务，以及为了保存艺术品和文物古迹而实行的禁止和限制等。

2. 国民待遇条款

国民待遇条款（principle of national treatment）的基本含义是指缔约国一方保证缔约国另一方的公民、企业和船舶在本国境内享受与本国公民、企业和船舶同等的待遇。

国民待遇条款适用的范围通常包括外国公民的私人经济权利（私人财产、所得、房产、股票）、外国产品应缴的国内税、利用铁路运输和转口过境的条件、船舶在港口的待遇、商标注册、版权、专利权等，但沿海贸易权、领海捕鱼权、土地购买权等不包括在内。

10.2 从关税与贸易总协定到世界贸易组织

10.2.1 关税与贸易总协定

1. 关税与贸易总协定的产生

关税与贸易总协定（General Agreement on Tariff and Trade，GATT）简称关贸总协定。世界贸易组织正式运行之前，关贸总协定是协调和规范缔约方之间关税与贸易政策方面相互权利和义务的主要多边协定。关贸总协定的产生可以追溯到 20 世纪上半叶。20 世纪 30 年代由美国波及整个资本主义世界的经济危机，以及第二次世界大战后西方国家对历史的反省和对战后经济复苏的憧憬，是酝酿建立全球性贸易组织的直接动因。

20 世纪 30 年代，美国奉行高关税贸易保护主义，引发了欧洲国家的报复性"关税战"，由此造成国际贸易严重萎缩，整个世界经济严重衰退。面对经济危机的严峻形势，为了扭转困境，扩大国际市场，1934 年美国颁布了《互惠贸易协定法》。根据此法，美国与 21 个国家签订了一系列双边贸易协定，将关税水平降低 30%～50%，并根据最惠国待遇原则扩展到其他国家。关税的降低促进了国际商品流通，使经济危机有所缓解。

第二次世界大战使世界经济重陷困境。世界各国意识到保护主义政策只会给自己带来经济和政治上的损失，必须创造相对自由的国际经济体系，在金融、投资和贸易 3 个方面建立国家间的相互合作和政策协调。1944 年 7 月，美、英等 44 个国家在美国新罕布什尔州的布雷顿森林召开联合国货币与金融会议，成立了国际货币基金组织（IMF）和国际复兴开发银行（IBRD，又称世界银行），而急于在战后确立自己在全球经贸中主导地位的美国，率先倡议成立一个旨在削减关税、铲除贸易限制和壁垒、促进贸易自由化的专门组织——"国际贸易组织"（International Trade Organization，ITO），以专门协调各国对外贸易政策和国际经济与贸易关系，作为与 IMF 和 IBRD 相对应的国际贸易组织，并以此作为支撑经济的三大支柱。

1946 年 2 月，联合国经济和社会理事会通过决议，决定召开"联合国贸易与就业会议"，着手筹建国际贸易组织，讨论美国提出的"国际贸易组织宪章"草案。考虑到短期内难以建立国际贸易组织，为了尽快解决当时各国的高关税，1947 年 4—8 月，在美国的积极策动下，包括美国、英国、法国、加拿大与中国在内的 23 个国家就具体产品的关税减让进行了谈判，共达成了 123 项双边关税减让协议，并将其命名为《关税与贸易总协定》。为尽快实施关税谈判的成果，美国联合英国、法国、比利时、荷兰、卢森堡、澳大利亚和加拿大等国于 1947 年 11 月 15 日签署了《关税与贸易总协定临时适用议定书》，宣布从 1948 年 1 月 1 日起临时适用《关税与贸易总协定》。1948 年又有 15 个国家签署该议定书，签署国达到 23 个，这 23 个国家就成为《关税与贸易总协定》的创始缔约方。《关税与贸易总协定》的 23 个创始缔约国为澳大利亚、比利时、巴西、缅甸、加拿大、锡兰（现斯里兰卡）、智利、中国、古巴、捷克斯洛伐克、法国、印度、黎巴嫩、卢森堡、荷兰、新西兰、挪威、巴基斯坦、南罗得西亚（现津巴布韦）、叙利亚、南非、英国、美国。

1948 年 3 月，在古巴哈瓦那召开的联合国贸易与就业会议审议通过了经修改的《国际贸易组织宪章》，即《哈瓦那宪章》（*Havana Charter*）。但后来由于美国国会认为《哈瓦那宪章》中许多规定与美国国内立法相抵触，限制了美国的立法主权，最终未予批准。建立国际贸易组织的计划因此夭折，《关税与贸易总协定》一直以临时适用的多边协定形式存在，从 1948 年 1 月 1 日开始到 1995 年 1 月 1 日世界贸易组织正式运行后与之并行一年，共存续了 48 年。

《关税与贸易总协定》的宗旨是通过彼此削减关税及其他贸易壁垒，消除国际贸易方面的歧视待遇，以充分利用世界资源，扩大商品生产和交换，保证充分就业，增加实际收入和有效需求，提高生活水平。

2.《关税与贸易总协定》的 8 轮多边贸易谈判

《关税与贸易总协定》积极致力于国际贸易政策的协调，成功进行了 8 轮世界范围的多边关税与贸易谈判。谈判的具体时间、地点和主要成果如表 10-1 所示。

表 10-1　《关税与贸易总协定》历次多边贸易谈判情况简表

轮次	谈判时间	参加方数量	谈判主要成果
第一轮	1947 年 4—10 月	23	达成 45 000 项商品的关税减让，使占应税进口值 54% 的商品平均降低关税 35%；《关税与贸易总协定》于 1948 年 1 月 1 日生效
第二轮	1949 年 4—10 月	33	达成近 5 000 项商品的关税减让，使占应税进口值 5.6% 的商品平均降低关税 35%
第三轮	1950 年 9 月—1951 年 4 月	39	达成 8 700 多项商品的关税减让，使占应税进口值 11.7% 的商品平均降低关税 6%
第四轮	1956 年 1—5 月	28	达成近 3 000 项商品的关税减让，使占应税进口值 16% 的商品平均降低关税 15%
第五轮（狄龙回合）	1960 年 9 月—1962 年 7 月	45	达成 4 400 项商品的关税减让，使占应税进口值 20% 的商品平均降低关税 20%
第六轮（肯尼迪回合）	1964 年 5 月—1967 年 6 月	54	以关税统一减让方式就影响世界贸易额约 400 亿美元的商品达成关税减让，平均降低关税 35%；首次涉及非关税壁垒谈判，并通过了第一个反倾销协议
第七轮（东京回合）	1973 年 9 月—1979 年 4 月	102	以一揽子关税减让方式就影响世界贸易额约 3 000 亿美元的商品达成关税减让与约束，关税水平下降 35%；达成多项非关税壁垒协议和守则；通过了给予发展中国家优惠待遇的"授权条款"

续表

轮次	谈判时间	参加方数量	谈判主要成果
第八轮 （乌拉圭回合）	1986年9月—1994年4月	123	达成了28个内容广泛的协议；货物贸易减税幅度近40%，减税商品涉及贸易额高达1.2万亿美元，近20个产品部门实行了零关税；农产品非关税措施实行关税化，纺织品的配额限制在10年内取消；《关税与贸易总协定》扩大到服务贸易、知识产权和与贸易有关的投资措施协议；建立世界贸易组织取代《关税与贸易总协定》

第一轮至第五轮多边贸易谈判致力于关税的削减，使世界平均关税水平大幅度下降。第六轮谈判在关税大幅度减让的同时第一次涉及非关税壁垒措施，主要就美国的海关估价及各国的反倾销制度进行谈判，美国、英国与日本等21个缔约方签署了第一个有关反倾销的协议，该协议于1968年7月1日生效。第七轮谈判在发展和完善《关税与贸易总协定》体制方面进行了进一步的尝试，谈判范围远远超出前几轮，在继续大幅度削减关税的同时，还达成了只对签约方生效的一系列非关税壁垒措施协议，包括反倾销协议、反补贴协议、政府采购协议、海关估价守则、进口许可证程序协议、技术性贸易壁垒协议、牛肉协议、国际奶制品协议和民用航空器贸易协议等。这次谈判还通过了对发展中缔约方的授权条款，要求发达缔约方给予发展中缔约方优惠待遇，发展中缔约方可以在实施非关税壁垒措施协议方面享有差别和优惠待遇。通过前7轮谈判，特别是第六、七回合的谈判，20世纪30年代大萧条时期构筑的关税壁垒大为削减，发达国家的平均关税水平从40%降至5%左右，发展中国家同期也降低至13%左右，关税的保护作用大大下降。这有力地促进了第二次世界大战后国际贸易的自由化和世界经济的增长与繁荣。

然而，20世纪70年代中期以后，世界经济从高速增长转入滞涨，加上两次石油危机的冲击，世界经济开始衰退。在此情况下，国际贸易领域出现了新保护主义浪潮，美国、日本和欧共体三方的贸易摩擦加剧，一些国家绕过《关税与贸易总协定》的规则，利用其某些条文不够具体的缺陷，运用各种隐蔽的行政性保护措施构筑非关税壁垒，同时一些国家还滥用出口补贴之类鼓励出口的措施，以提高本国产品的国际竞争力。新贸易保护主义的泛滥使《关税与贸易总协定》原则受到侵蚀，贸易摩擦愈演愈烈。

在这种背景下，1986年9月在乌拉圭埃斯特角城举行的贸易部长会议发动了第八轮多边贸易谈判，由此拉开了乌拉圭回合多边贸易谈判的帷幕。这是《关税与贸易总协定》的最后一轮谈判，历时8年，到1994年4月签署最终协议，是《关税与贸易总协定》所主持的历次多边关税与贸易谈判中涉及范围和内容最广、参与谈判的国家和地区最多，以及涉及全球贸易金额最大的一次谈判，取得了一系列重大成果。

（1）进一步降低关税，达成内容更广泛的货物贸易市场开放协议。减税产品涉及的货物出口额高达1.2万亿美元，减税幅度近40%。工业品方面发达国家的加权平均税率从6.4%降到4%，并且在农产品及纺织品和服装贸易方面达成了协议。

（2）进一步审查修改了非关税守则。在反倾销、技术贸易壁垒、反补贴、进口许可证、海关估价、政府采购、保障条款等方面做出了更加具体和严格的规定，还达成了两个新的非关税壁垒措施协议：原产地规则协议和装船前检验协议。

对于补贴和反补贴税守则，乌拉圭回合引进了"毕业"的概念，规定凡年人均国民生产总值达到 1 000 美元的发展中国家，不再有权继续对其出口实施补贴。但正在由计划经济向市场经济过渡的国家，可以在过渡期内实施补贴。海关估价协议重申了成交价格是估价的主要基础。

（3）首次将议题从货物贸易扩大到服务贸易、与贸易有关的投资措施，以及与贸易有关的知识产权，并达成了协议。在《服务贸易总协定》中要求各缔约方对其他缔约方的服务和服务提供者给予最惠国待遇与国民待遇，并承诺开放服务业市场。在《与贸易有关的知识产权协议》中要求对版权、商标、专利、工业设计、集成电路的外观设计等知识产权实行充分有效的保护。在《与贸易有关的投资措施协议》中要求各缔约方通报对贸易有限制或扭曲作用的规定，并为取消这些规定制定了时间表。

（4）完善多边贸易体制。根据国际贸易发展需要，达成《建立世界贸易组织协定》，以世界贸易组织取代《关税与贸易总协定》，进一步完善和加强了多边贸易体制。这是乌拉圭回合最重要的一项成果。

3. 《关税与贸易总协定》的成就

纵观《关税与贸易总协定》48 年的存续期，其在推动国际贸易自由化、建立国际贸易新秩序上发挥了巨大的作用。

首先，经过 8 轮谈判，全体缔约方的平均关税水平从 20 世纪 40 年代末的 40%左右下降到 20 世纪 90 年代末发达缔约方的 4%左右和发展中缔约方的 12%左右；缔约方还在非关税壁垒措施上达成了协议，非关税壁垒措施的应用受到了约束。

其次，《关税与贸易总协定》的管辖范围从商品贸易扩展到了服务贸易、知识产权和与贸易有关的投资措施等。

再次，《关税与贸易总协定》建立了一套有关国际贸易的原则和协议，提高了国际贸易管理的透明度，还协商处理了 100 多起缔约方之间的贸易纠纷等。

最后，《关税与贸易总协定》的正式缔约方从最初签署临时议定书的 23 个发展到 1994 年年底的 128 个，缔约方的贸易量占世界贸易总量的 90%以上，充分体现了多边贸易体制的广泛性。

《关税与贸易总协定》虽然取得了巨大成就，但由于其毕竟只是一项临时性的多边协议，缺乏一定的组织框架，法律地位不明确，又缺乏强有力的约束机制，而且对贸易争端的解决主要采用协商形式，因此其规则并没有得到普遍遵守。随着世界贸易额的空前扩大和贸易摩擦的增多，建立一个正式的国际贸易组织又一次被提上了议程。

10.2.2 世界贸易组织的成立

1986 年乌拉圭回合谈判启动时，拟定的 15 项谈判议题中没有涉及建立世界贸易组织的问题，只是设立了一个完善《关税与贸易总协定》体制职能的谈判小组。但是，由于乌拉圭回合谈判除了传统的货物贸易议题外，在服务贸易、与贸易有关的知识产权，以及与贸易有关的投资措施等新议题上也达成了协议，这些谈判成果能否在《关税与贸易总协定》的框架内付诸实施受到关注。在此背景下，1990 年年初，当时任欧共体轮值主席国的意大利首先提出了建立一个多边贸易组织的倡议，同年 7 月欧共体把这一倡议以 12 个成员国的名义向乌拉圭回合体制职能谈判小组提出。随后，加拿大、瑞士和美国也分别向《关税与贸易总协定》体制职能小组提出设立一个体制机构的设想，这些设想从不同的角度提出了未来国际贸易组织机构的职责及性质。联合国贸易发展会议也认为，建立加强多边贸易领域的国际组织是联合国有效实现世界经济持续发展目标的重要组成部分。经过反复磋商，1990年12月，布鲁塞尔贸易部长会议决定责成《关税与贸易总协定》体制职能小组负责"多边贸易组织协议"的谈判。经过历时一年的紧张谈判，该小组于1991年12月形成了"关于建立多边贸易组织协议"草案。时任《关税与贸易总协定》总干事的阿瑟·邓克尔将该草案和其他议题的案文汇总，形成"邓克尔最后案文"。后又经过两年的修改、完善和磋商，最终于1993年11月形成了"多边贸易组织协议"。

1993年12月15日，根据美国的建议，"多边贸易组织"更名为"世界贸易组织"（World Trade Organization，WTO）。1994年4月15日，在摩洛哥马拉喀什部长会议上，104个缔约方政府代表（包括中国政府）通过并签署了《建立世界贸易组织的马拉喀什协定》，其与其他附件协议和部长宣言及决定共同构成了乌拉圭回合多边贸易谈判的一揽子成果。根据该协定，世界贸易组织于1995年1月1日正式成立，在与《关税与贸易总协定》并存一年后，自1996年1月1日起完全担当起全球经济与贸易组织管理者的角色。

10.3　世界贸易组织的基本知识

10.3.1　世界贸易组织的职能

在《建立世界贸易组织的马拉喀什协定》（以下简称《建立世界贸易组织的协定》）中，明确规定了世界贸易组织的主要职能。

（1）促进乌拉圭回合各项法律文件，以及其后可能达成的各项新协议的实施、管理与运作。

（2）为成员就协议范围内的问题和世界贸易组织授权范围内的新议题进行进一步的谈判提供场所。

（3）负责解决成员间存在的分歧与争端。

（4）负责定期审议成员政策。

（5）与世界银行和国际货币基金组织合作，以达到全球经济政策决策的进一步融合。

从中不难看出，世界贸易组织的主要职能之一是负责监督实施乌拉圭回合谈判所达成的多边贸易协议与诸边协议，包括成员方在谈判中所做的关税和非关税减让及承诺，为此世界贸易组织建立了一个颇具规模的组织机构。

世界贸易组织还为成员方在乌拉圭回合谈判结束后继续进行谈判提供场所。谈判包括对乌拉圭回合未能完成议题的谈判，如就服务贸易中金融、电信等具体部门市场准入规则的谈判；对一些已达成的协议或协议中的某些具体条款进行定期审议；对一些已完成的议题，如对农产品和服务贸易问题进行继续谈判，以促进进一步贸易自由化；还包括就各国在贸易关系中遇到的新问题，如贸易与环境问题，以及以前谈判中未曾涉及的新议题的谈判。一旦成员方就上述问题继续谈判并达成协议或新的法律文件，世界贸易组织将对这些新协议与乌拉圭回合的法律文件合并，一视同仁地实施其监督、管理职能。

同时，为保证多边贸易体制的正常运作，避免摩擦，世界贸易组织还建立了多边争端解决机制，如果一成员利益受到其他成员损害或与其他成员就贸易政策发生分歧并引起争端时，可以进行申诉。世界贸易组织的有关机构可以提出解决问题的方案并要求违背义务一方遵守。违背义务方如果既不执行组织决议，又拒绝向受损害方提供一定补偿，受损害方可以要求争端解决机构授权进行贸易报复。这种报复可以是跨部门的，在个别情况下甚至可以是跨协定的，即交叉报复。例如，中国加入世界贸易组织后，如果在烟草制品贸易上违背世界贸易组织的原则或所做的关税减让承诺，受损害成员方可以经世界贸易组织授权采取提高从中国进口机电产品关税的方法，打击中国的对外贸易，实施贸易报复。

此外，世界贸易组织还建立了对成员方贸易政策进行定期审议的制度。通过政策审议，了解成员方在多大程度上遵守和实施了多边协议（在一些情况下包括诸边协议）的纪律和承诺，同时也可以更好地了解成员方的贸易政策和实践，并向其他成员通报，提高成员方之间贸易政策的透明度。

最后，世界贸易组织作为负责多边贸易体系的主要机构，与世界银行和国际货币基金组织具有相同的地位。世界贸易组织具有法人资格并且被赋予同联合国专门机构一样的特权和豁免权。《关于世界贸易组织对实现全球经济决策更大一致性所做贡献的宣言》中要求"世界贸易组织总干事与国际货币基金组织总裁和世界银行行长一起，审议世界贸易组织与布雷顿森林体系机构合作的职责及其含义，以及此种合作可能采取的形式，以期实现全球经济决策的更大一致性"。根据宣言的要求，1996年世界贸易组织分别与国际货币基金组织和世界银行签订了合作协议，规定在合作方面做到相互协商、相互出席对方的各种会议、相互交换文件和信息资料、共同协调。

世界贸易组织的各项职能的有效实施，使成员方经济政策与法规制定的自主权和自由度受到一定限制。世界贸易组织的职能运作方式使成员方政府责任重大，因为只有政府代表才能参加贸易谈判，那些为确保国际规则得到各国实施而建立的各种委员会，只有政府才能参加。当一个出口企业在外国市场推销产品遇到政策障碍时，只能通过政府部门而不能直接向世界贸易组织投诉。

10.3.2　世界贸易组织的宗旨

《建立世界贸易组织的协定》的序言阐明了世界贸易组织的宗旨：全体成员方认识到在处理它们的贸易和经济事业的关系方面，应以提高生活水平、保证充分就业、大幅度和稳定地增加实际收入和有效需求，扩大货物和服务的生产与贸易，以及可持续发展为目标，开发世界资源并加以充分利用，寻求对环境的保护和维护，并根据成员方不同经济发展水平下各自需要的方式，加强采取各种相应措施。

世界贸易组织的宗旨与《关税与贸易总协定》的宗旨基本相似，但根据世界贸易形势的发展做了以下3点补充：①将服务业的生产和贸易纳入世界贸易组织体系；②提出了环境保护和可持续发展问题；③要考虑到各国经济发展水平的需要，要确保发展中成员尤其是最不发达成员在国际贸易增长中获得与其经济发展相适应的份额。《建立世界贸易组织的协定》序言还明确指出，实现这一宗旨的途径是"通过互惠互利的安排，导致关税和其他贸易壁垒的大量减少与国际贸易关系中歧视性待遇的取消"。

10.3.3　世界贸易组织的特点

与《关税与贸易总协定》相比，世界贸易组织具有以下4个方面的特点。

（1）法律性质发生变化。《关税与贸易总协定》以临时适用的多边贸易协议形式存在，而世界贸易组织是一个具有法人地位的机构，对其所有成员都具有严格的法律约束力。

（2）管辖范围扩大。世界贸易组织管辖《关税与贸易总协定》和在《关税与贸易总协定》指导下所缔结的所有协议与安排，以及乌拉圭回合的全部成果，将原来不受《关税与贸易总协定》管辖的农产品贸易、服务贸易、与贸易有关的投资问题、与贸易有关的知识产权问题、纺织品和服装贸易等都纳入其中。

（3）建立了贸易政策评审机制。贸易政策审议的频率取决于一个成员在世界贸易中所占的份额。世界贸易组织协定规定，贸易额占世界前4名的成员每2年审议一次；排名5～20名的成员每4年审议一次，20名以后的成员每6年审议一次，最不发达成员则更长。这套机制促进了各成员贸易政策的透明化，有利于成员之间减少贸易摩擦。

（4）争端解决机制更加完善。《关税与贸易总协定》的争端解决机制遵循协商一致的原则，对争端解决没有规定时间表；而世界贸易组织的争端解决机制采用反向协商一致的原则，裁决具有自动执行的效力，同时明确了争端解决和裁决实施的时间表。因此，世界贸易组织争端裁决的实施更容易得到保证，争端解决机制的效率更高。

10.3.4　世界贸易组织的组织机构

根据《建立世界贸易组织的协定》的规定，世界贸易组织建立了相应的组织机构，如图10-1所示。

1. 部长级会议

部长级会议是世界贸易组织的最高权力机构，由全体成员的代表组成，负责履行世界贸易组织的职能。其主要权力有：①有权对世界贸易组织的各项协定做出修改和权威性解释；②对成员方之间发生的争议或其贸易政策是否与世界贸易组织规定一致做出裁决或提出修改意见；③在特定情况下豁免某个成员的义务；④批准世界贸易组织的新成员或观察员。部长级会议至少每两年举行一次。

2. 总理事会

在部长级会议休会期间，其职能由总理事会代为行使。总理事会由全体成员的代表组成，负责处理世界贸易组织的日常事务，监督和指导各项协定，以及部长级会议所做决定的贯彻执行情况。总理事会作为统一的争端解决机构和贸易政策审议机构发挥作用。总理事会定期召开会议，通常每两个月一次。

3. 理事会

总理事会下设3个理事会，即货物贸易理事会、服务贸易理事会和与贸易有关的知识产权理事会（简称知识产权理事会）。它们在总理事会指导下分别负责管理、监督相关协议的实施，并负责行使相关协议规定的职能，以及总理事会赋予的其他职能。各理事会由所有成员代表组成，每个理事会每年须举行8次会议。

其中，货物贸易理事会负责管理、监督货物贸易多边协议的执行，包括1994年《关税与贸易总协定》及其附属的12个协议或守则。货物贸易理事会下设市场准入委员会等11个

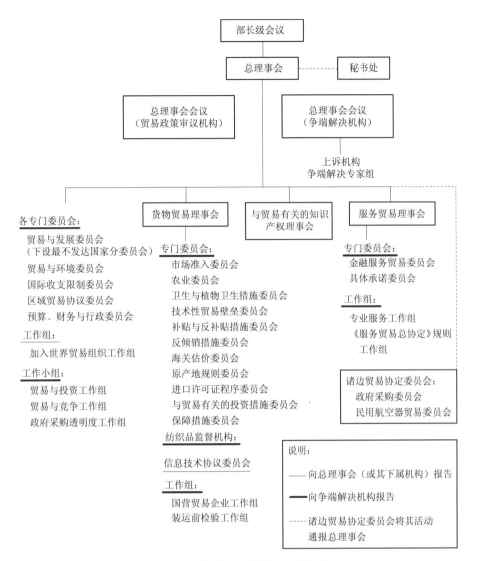

图 10-1 世界贸易组织的组织机构

委员会和纺织品监督机构（见图10-1），具体负责处理各专项协议的有关事项。服务贸易理事会负责管理、监督《服务贸易总协定》的实施，下设金融服务贸易委员会和具体承诺委员会。知识产权理事会则负责管理、监督《与贸易有关的知识产权协定》的执行，尚无下设机构。

4. 专门委员会

总理事会下还设有5个专门委员会，负责处理3个理事会的共性事务及其他事务。专门委员会包括贸易与发展委员会、贸易与环境委员会、国际收支限制委员会、区域贸易协议委员会，以及预算、财务与行政委员会。此外，根据《民用航空器贸易协议》和《政府采购协议》的规定，世界贸易组织还设立了民用航空器贸易委员会和政府采购委员会，负责监督实施相应的诸边贸易协议。这两个委员会不是总理事会的附属机构，但在世界贸易组织框架内运作，并定期向总理事会通报其活动。

5. 秘书处及总干事

秘书处是世界贸易组织的日常办事机构，由总干事负责。部长级会议任命总干事并明确规定其权力、职责、服务条件和任期，总干事任命副总干事和秘书处工作人员，并按部长级会议通过的规则确定他们的职责。总干事、副总干事和秘书处工作人员必须独立地行使各自承担的职责，不得寻求或接受部长级会议之外任何政府或其他权力机构的指示或指挥，以保持世界贸易组织作为一个国际组织的独立性。

6. 其他机构

除上述常设机构外，世界贸易组织还根据需要设立了一些临时机构，即工作组，如加入世界贸易组织工作组及服务贸易理事会下的专业服务工作组、《服务贸易总协定》规则工作组等。工作组的任务是研究和报告有关专门事项并提交给相关理事会做决定。有的工作组则直接向总理事会报告，如加入世界贸易组织工作组。

10.3.5 世界贸易组织的成员和决策

（1）成员。原1947年《关税与贸易总协定》的缔约方，列入1994年《关税与贸易总协定》承诺减让日程表的成员，列入对《服务贸易总协定》明确承担义务的谈判方都是世界贸易组织的创始成员；任何国家或拥有完全自主权的独立关税区，按其与世界贸易组织达成的条件，由部长级会议以2/3多数表决，可以加入世界贸易组织。任何成员都可以退出世界贸易组织。

（2）决策方式。世界贸易组织继续实行1947年《关税与贸易总协定》合意决策的做法，即"在做出决定的会议上，如果任何一个与会的成员对拟通过的决议不正式提出反对"，就算达成合意。如果合意未达成决定，则以投票方式进行。在部长级会议和总理事会上，世界贸易组织成员均有一票投票权。除另有规定外，部长级会议及理事会记录都采用投票形式经半数以上票数通过；部长级会议与理事会对世界贸易组织协定及多边协定的解释和决议，经3/4以上票数通过。

10.3.6 世界贸易组织的基本原则

世界贸易组织的基本原则是各成员公认的、具有普遍意义的适用于世界贸易组织全部规则体系一切效力范围的，并构成该规则体系基础的最高共同准则。它们主要来自1994年《关税与贸易总协定》，以及历次多边贸易谈判特别是乌拉圭回合谈判达成的一系列协定，以及其他协议和决议。它们的实体规则和程序规则构成了世界贸易组织的基本法律框架。世界贸易组织的基本原则是非歧视原则、关税保护原则、取消数量限制原则、透明度原则、公平贸易原则、互惠贸易原则、市场准入原则、公平解决争端原则及鼓励发展和经济改革原则。

1. 非歧视原则（rule of non-discrimination）

非歧视原则，又称不歧视待遇或无差别待遇原则，是世界贸易组织全部规则体系的基础，它充分体现了平等精神，完全符合各国主权平等的国际法原则。非歧视原则规定：成员方在实施某种优惠或限制措施时，不得对其他成员方采取歧视待遇。该原则主要通过最惠国待遇条款和国民待遇条款予以体现。

最惠国待遇和国民待遇都体现了世界贸易组织的非歧视原则。二者的区别是最惠国待遇强调一国不得针对不同进口来源的商品、服务和知识产权实行歧视待遇，而国民待遇则强调一国不得在进口商品、服务和知识产权与本国商品、服务和知识产权之间实行歧视待遇；最惠国待遇的目的是使来自不同国家的进口商品在成员方市场上处于同等竞争地位，不受歧视，而国民待遇的目的是使进口商品在成员方市场上与其自己商品处于同等竞争地位，不受歧视。

2. 关税保护原则（rule of customs duties as means of protection）

世界贸易组织主张各成员方主要通过关税来保护其产业和市场，即关税是唯一合法的保护手段。这是因为关税措施的保护程度是透明的，各成员方之间就关税措施进行谈判也更方便。关税保护原则一方面肯定关税保护是合法手段，限制、取消或禁止使用各种非关税壁垒措施；另一方面要求各成员方在互惠基础上通过多边谈判削减关税，各成员方政府不得征收高于其在关税减让表中所承诺的税率。因此，关税保护的原则不是提倡用关税进行保护，而是只允许采用关税这种透明的保护措施而不是非关税壁垒措施，并且在原则上税率应当不断降低。

关税保护原则也有例外规定，如发展中成员以促进经济发展或国际收支平衡需要等为由修改或撤销已做出的关税减让。

3. 取消数量限制原则（elimination of quantitative restrictions）

数量限制是一种最为普遍的非关税壁垒措施，它通过限制外国产品的进口数量来保护本国市场，从而妨碍了竞争，与世界贸易组织对各成员方只能通过关税来保护其工业的规定直接相违背。1947年《关税与贸易总协定》规定，任何缔约方除征收税捐或其他费用以外，不得设立或维持配额、进口许可证或其他措施，以限制或禁止其他缔约方领土产品的输入，或者向其他缔约方领土输出或销售出口产品。乌拉圭回合谈判要求将既有配额转化为等效关税，然后再逐步降低关税。

然而，缔约方在农产品供应短缺、渔产品过剩，或者为了保持对外金融地位或国际收支时，可以适用数量限制原则的除外。当然，在这些情况下，实施数量限制也有严格的规范。

4. 透明度原则（rule of transparency）

透明度原则要求各成员方政府应迅速公布其与商品进出口贸易和服务贸易有关的法律、规章，以便其他成员方和贸易商能够熟悉。这些法律规章在公布前不能实施，并有义务接受其他成员方对实施状况的检查和监督。

世界贸易组织对有关公布和实施的具体规定为：①成员方在互惠基础上迅速公布现行有效的有关贸易法律、法规、条例，以及条约与协定等；②成员方采取的按既定统一办法提高进口货物关税或其他税费的征收率或者对进口货物及其支付实施新的或更严格的规定、限制或禁止的普遍适用的措施，非经正式公布不得实施；③成员方应以统一、公正和合理的方式实施所有应予公布的法律、法规、条例等。透明度原则的目的是保证各成员方在货物贸易、服务贸易和知识产权保护方面的贸易政策实现最大限度的透明。

透明度原则不要求成员方公布那些可能会影响法令的贯彻执行、会违反公共利益或会损害某一公私企业正常商业利益的机密资料。

5. 公平贸易原则（rule of fair trade）

公平贸易原则也称公平竞争原则，是指各成员方在国际贸易中不应采用不公正的贸易手段进行竞争，尤其是不应以倾销或补贴方式出口商品。进口成员方如果遇到其他成员方出口商以倾销或补贴方式出口商品，就可以采取反倾销或反补贴措施来抵制不公平竞争，维护公平竞争的贸易环境。为防止滥用反倾销和反补贴措施达到贸易保护主义的目的，世界贸易组织对反倾销和反补贴规定了严格的程序与标准。

根据世界贸易组织《补贴和反补贴措施协议》第一条，补贴是指政府或任何公共机构对企业提供的财政资助，以及政府对出口产品的任何形式的收入或价格支持。第三条到第八条根据补贴的性质，将其分为禁止的补贴、可起诉的补贴和不可起诉的补贴3类。

禁止的补贴是指世界贸易组织禁止成员适用的补贴，包括：①在法律或事实上将出口实绩作为唯一或多种条件之一而给予的补贴；②视进口替代为唯一条件或多种条件之一而给予的补贴。

可起诉的补贴是指一成员实施了协议所定义的补贴而对其他成员的利益造成不利影响的补贴。这种不利影响包括损害另一成员的领土内产业；使其他成员在《关税与贸易总协定》项下直接或间接获得的利益丧失或减损，特别是关税减让的利益，严重侵害另一成员的利益。

不可起诉的补贴是指某一成员因实施了世界贸易组织所允许的补贴，受损的成员方不能向世界贸易组织争端解决机制提出起诉，也不能对其实施反补贴的措施。

不可起诉的补贴包括不具有专向性的补贴；对企业研究活动的资助，或者对高等院校、科研机构的研究在合同基础上予以资助，且资助涵盖面不超过工业研究费用的75%或应用研究费用的50%；按政府的地区发展规划，对落后地区的非专向性资助，这种资助以对落后地区的明确界定和公正客观的标准为基础。

对于被禁止的补贴，争端解决机构可以迅速采取措施，要求实施的成员立即取消。如果实施成员在规定的期限内未予取消，起诉成员方可获得授权采取反措施；对于可起诉的补贴，受损成员方可向争端解决机构提出申诉，请求磋商、调解或仲裁，如果被控成员方没有采取适当措施消除不利影响或撤销补贴，则受损成员方可获得授权采取报复措施；对于不可起诉的补贴给其他成员方造成的不利影响，受损成员方可提请磋商，寻求共同解决的办法。

补贴和反补贴也有相应的例外，《补贴和反补贴措施协议》的规定都不包括农产品，且对发展中成员有差别待遇。

倾销是一种国际价格歧视，形成了某种形式的贸易壁垒，对国外生产者造成损害。世界贸易组织的《反倾销协议》详细规定了倾销与损害的确定，以及反倾销的调查与反倾销税的征收等内容。

6. 互惠贸易原则（rule of reciprocal trade）

互惠互利是世界贸易组织成员方之间利益、优惠或特权的相应让与，是成员方之间确定贸易关系的基础，也是多边贸易谈判的行为规范。互惠贸易原则要求成员方在互惠互利基础上通过多边谈判进行关税或非关税壁垒措施的削减，对等地向其他成员方开放本土市场，以获得本土产品或服务进入其他成员方市场的机会。此外，当新成员加入时，要求申请加入方保证通过关税及其他事项的谈判做出一定的互惠承诺，以此作为享受其他成员方给予优惠的先决条件。

互惠原则的例外主要体现在世界贸易组织允许成员方在某些特殊情况下可以援引"免责条款"撤销已做出的关税减让。例如，当发展中成员出现严重的国际收支困难时可暂时免除互惠义务。

7. 市场准入原则（rule of market access）

市场准入是指成员方允许其他成员方的货物、服务与资本进入其市场的程度。市场准入原则要求各成员方根据自身经济发展水平，在一定期限内对其他成员方的货物、服务与资本逐步开放本土市场，并不断加大开放程度。市场准入原则具体体现在乌拉圭回合的一系列协定或协议中。

在货物贸易领域，市场准入原则体现在《关税与贸易总协定》的所有有关协议中。例如，1994年《关税与贸易总协定》要求缔约方降低关税和取消对进口的数量限制，允许外国商品进入本国市场；《农产品协议》要求各缔约方将现行对农产品贸易的数量限制（如配额、许可证等）关税化，并承诺不再使用非关税壁垒措施管理农产品贸易并逐步降低关税水平，从而使农产品贸易更多地由市场的供求关系决定价格；《纺织品与服装协议》要求发达成员分阶段用10年时间取消对纺织品与服装的进口配额限制，以避免对国内的过度保护。

在服务贸易领域，市场准入原则在《服务贸易总协定》中不是一般性义务，而是具体承诺的义务，只适用于缔约方承诺开放的部门。《服务贸易总协定》要求各缔约方在非歧视原则基础上，通过分阶段谈判逐步开放其服务市场，以促进服务及服务提供者间的竞争。

8. 公平解决争端原则（rule of fair settlement of disputes）

世界贸易组织争端解决机制以公正、平等为原则，这些原则体现在调节程序、上诉机构、从《关税与贸易总协定》的全体一致通过到世界贸易组织的全体一致否决机制的转变、对违反上诉和非违反上诉的规定，以及对发展中成员及最不发达成员的特殊规定等。公平解决争端原则要求缔约方之间一旦出现国际贸易争端，应通过公正、客观、平等和友好的方式使有关贸易争端得到妥善解决。

9. 鼓励发展和经济改革原则（rule of encouraging development and economic reform）

世界贸易组织的成员中，发展中成员及正处于向市场经济转型的成员超过3/4，随着乌拉圭回合的结束，发展中成员表明准备承担要求发达成员承担的大部分义务，同时世界贸易组织也给了它们差别待遇和更优惠的待遇，以帮助其适应较不熟悉和较为困难的世界贸易组织条款。对于"最不发达成员"更是如此。这种对发展中成员和经济转型成员的优惠主要体现在以下方面。

（1）非互惠原则。"发达的缔约方对它们在贸易谈判中对发展中缔约各方的贸易所承诺的减少或撤除关税和其他非关税壁垒的义务，不能希望得到互惠。"

（2）发达成员应尽可能多承担义务。

（3）缔约方全体在适当的情况下，采取措施，建立某些必要的机构，以促进发展中成员的贸易和发展。

（4）在义务的承担上给予发展中成员和经济转型成员以更长的过渡期。

10.3.7　世界贸易组织的主要协议

乌拉圭回合谈判达成的一揽子协议构成了世界贸易组织法律框架的重要内容。这一揽子协议即《乌拉圭回合多边贸易谈判结果的最终文本》（*Final Act Embodying the Results of the Uruguay Round of Multilateral Trade Negotiations*）。该文本的中心部分是《建立世界贸易组织的协定》及其4个附件。如图10-2所示，附件一是《货物贸易多边协定》《服务贸易总协定》《与贸易有关的知识产权协定》；附件二是《关于争端解决规则与程序的谅解》；附件三是《贸易政策审议机制》。上述 3 个附件作为多边协定，所有成员方必须接受。附件四是诸边贸易协定，仅对签署方有约束力。以下按照类别介绍其中的主要协议。

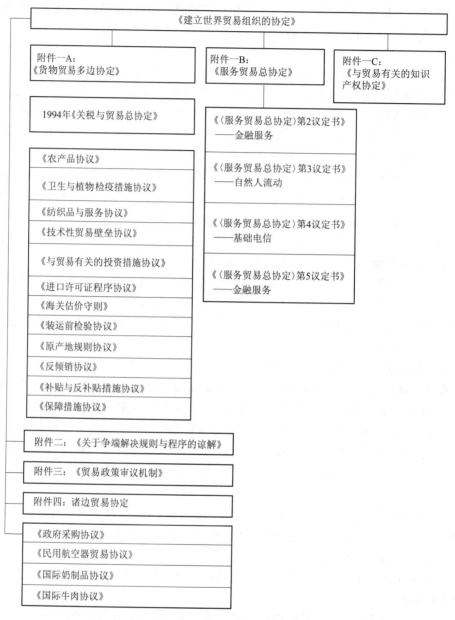

图 10-2　世界贸易组织的法律框架

1. 建立世界贸易组织的协定

《建立世界贸易组织的协定》是世界贸易组织的基本法，其核心是确立了世界贸易组织作为国际经济组织的法律地位。该协定由序言和 16 条基本案文组成。序言明确规定了世界贸易组织的宗旨，16 条案文本身并不涉及规范和管理多边贸易关系的实质性原则，只是对世界贸易组织的职能、组织结构、预算、决策过程、成员资格、接受、加入、生效，以及互不适用等程序性问题做了原则性规定。而涉及协调多边贸易关系、解决贸易争端，以及规范国际竞争规则的实质性规定均体现在 4 个附件中。

2. 货物贸易多边协定

世界贸易组织有关货物贸易的协定体现在附件一 A 中，它包括以下 5 组协议。

第一组是 1994 年《关税与贸易总协定》，包括 1947 年《关税与贸易总协定》的各项实体条款、1995 年 1 月 1 日以前根据 1947 年《关税与贸易总协定》作的有关豁免与加入等决定、乌拉圭回合中就有关条款达成的 6 个谅解，以及《关于建立世界贸易组织的马拉喀什协定》。

1994 年《关税与贸易总协定》还包括一些解释性的说明，如将《关税与贸易总协定》下的"缔约方"改为"成员"，"发达缔约方""欠发达缔约方"分别改为"发达成员"和"发展中成员"，"执行秘书"改为"世界贸易组织总干事"，"缔约方全体"改为"部长级会议"或"世界贸易组织"。

第二组是两项货物贸易的部门协议，即《农产品协议》和《纺织品与服装协议》。《农产品协议》的主要内容包括在市场准入方面，将原有农产品的非关税壁垒先按规定方式全部予以关税化，然后进行削减。发达成员在 6 年内平均削减 36%，发展中成员 10 年内削减 24%。对于农产品出口补贴，以 1986—1990 年为基期，各成员在 6 年内须将实施补贴的农产品出口减少 21%，并保证农产品进口额由占本成员农产品消费总量的 3% 逐步扩大到 5% 以上。该协议对最不发达成员予以减让义务的免除，并对作为粮食净进口成员的发展中成员可能遭受的损失予以资金等方面的支持。协议将各成员为支持农业生产而采取的措施分为绿箱政策和黄箱政策两类。按照绿箱政策各成员在农业科学研究、粮食安全保障、自然灾害救济、农民收入保障和地区发展等方面采取的措施，可以免除削减义务。按照黄箱政策，各成员在农产品价格支持、补贴，以及对农民带有补贴性质的贷款等方面采取的措施，应当做出减让承诺。

《纺织品与服装协议》确定了将纺织品和服装贸易逐步置于世界贸易组织管辖的总体框架，规定自 1995 年 1 月 1 日世界贸易组织运行之日起的 10 年内，分 3 个阶段逐步取消发达成员按原"多种纤维协定"（MFA）对纺织品和服装进口的配额限制，实行贸易自由化。《纺织品与服装协议》的经济条款规定了近 10 年内实行纺织品和服装贸易自由化的日程表。第一阶段，自世界贸易组织正式运行之日起至 1997 年 12 月 31 日，3 年内各成员国按协议附件所列产品以 1990 年的总进口量计算，取消 16% 的配额限制，使这 16% 的纺织品先实行贸易自由化。并且，这些产品应同时包括纤维及纱、布料、纺织品、服装 4 组中的每一组产品。第二阶段，自 1998 年 1 月 1 日—2001 年 12 月 31 日，仍以 1990 年进口总量为基数，4 年内取消 17% 的配额限制。第三阶段，自 2002 年 1 月 1 日—2004 年 12 月 31 日，以上述同样方法计算，取消 18% 的纺织品配额，最后到 2005 年 1 月 1 日 10 年过渡期结束后，包括剩下的 49% 在内的所有纺织品都纳入世界贸易组织的范围内实行自由贸易，MFA 完全取消。按照《纺织品与服装协议》，目前发达成员对纺织品服装进口的限制主要依靠关税和技术性贸易措施，配额限制已经完全取消。这对于发展中成员的纺织品进入发达国家市场有利。

第三组是《与贸易有关的投资措施协议》（TRIMs）。该协议要求各缔约方将其与贸易有关的投资措施中易引起贸易限制或扭曲的规定（如当地成分、出口比例、外汇平衡等方面的要求）通知货物贸易理事会，并要求发达成员在 2 年内、发展中成员在 5 年内、最不发达成员在

7 年内取消这些规定。该协议也有例外规定，如允许发展中成员享受特殊优待，特别是考虑到最不发达成员在贸易、发展和金融方面的特殊要求，允许其为扶持本国（地区）特定工业（即幼稚产业）而修改、撤销已达成的关税减让或采取数量限制措施。货物贸易理事会可以应发展中成员的要求，在申请方充分证明其实施协议的特殊困难后，延长其过渡期。

第四组是关于非关税壁垒的协议，包括《技术性贸易壁垒协议》《海关估价守则》《装运前检验协议》《原产地规则协议》《进口许可证程序协议》《卫生与植物检疫措施协议》。其中，《技术性贸易壁垒协议》除加强了原有纪律外，还要求各成员设立咨询点，回答其他成员提出的询问并提供相关资料，各成员地方政府和非政府机构在实施技术标准时应与中央政府一样遵守该协议要求。《海关估价协议》强调海关估价应以进口商品或类似商品的"实际价格"估价。"实际价格"是在特定时间和地点，在处于充分竞争的正常贸易条件下进口该商品或类似商品的售价。该协议还对海关实施估价的方法做了具体规定。《装运前检验协议》对装运前检验做了原则要求，以约束成员政府利用它限制商品进口。该协议规定，成员政府应在无歧视和国民待遇原则下，根据进出口双方所确定的标准授权或委托有关机构在透明度原则下进行装船前检验。《进口许可证程序协议》要求各成员在实施进口许可证时应"不偏不倚，以公正的方式加以实施"，有关进口许可证的规定应在生效前 21 天通知有关各方，许可证有效期限应"长短适中"，以确保进口许可证实施的公开性和可预见性。该协议将进口许可证分为两种：一种为自动许可证，即任何从事进口业务的个人、企业和机构，按要求一经申请，即可获得批准；另一种为非自动许可证，即政府根据一定理由可拒绝申请。该协议将其管辖范围扩大至与进口许可有关的各个行政程序，以增强其有效管理。《卫生与植物检疫措施协议》将卫生与植物检疫措施定义为一系列健康保护措施，如检疫程序、食物加工和生产措施、牲畜屠宰和肉类检验规定，以及批准食物添加剂的程序和确定残存杀虫剂的法定容许量的程序。协议明确承认各成员制定保护生命与健康所必需的法律、规定和要求的主权，但是详细说明了旨在防止各成员利用卫生及植物检疫措施作为隐蔽的贸易壁垒的规定和惩罚措施。

第五组包括《反倾销协议》《补贴与反补贴措施协议》《保障措施协议》3 项贸易救济措施协议。

3. 服务贸易总协定（GATS）

世界贸易组织有关服务贸易的法律规则体现在附件一 B 中。乌拉圭回合对服务贸易的定义和统计、服务贸易多边框架的范围、制定服务贸易规则的主要概念、现有的多边规则与协议，以及影响服务贸易的措施等问题进行了讨论，最终达成了《服务贸易总协定》。协定分 6 个部分，由 32 个条款组成，主要包括管辖范围、一般义务和纪律、具体承诺、逐步自由化、机构条款和最后条款等内容。协定承认发达成员与发展中成员在服务发展水平上的差距，允许发展中成员在开放服务业方面享有更多的灵活性。

4. 与贸易有关的知识产权协议（TRIPs）

世界贸易组织有关知识产权的法律规则体现在附件一 C 中。乌拉圭回合首次将知识产权问题纳入《关税与贸易总协定》谈判，达成了《与贸易有关的知识产权协定》，构成乌拉圭回合一揽子协议的重要组成部分。TRIPs 协议共有 7 个部分 73 条。这 7 个部分是：总则和基本原则；关于知识产权的效力、范围及使用标准；知识产权的实施；知识产权的获得、维持及有关程序；争端的防止与解决；过渡性安排；机构安排和最后条款。协议的宗旨是加强对知识产权的有效保护，防止与知识产权有关的执法措施或程序变成合法贸易的障碍，减少对国际贸易的扭曲。

5. 争端解决机制

附件二《关于争端解决规则与程序的谅解》是世界贸易组织关于争端解决的基本法律文件。世界贸易组织的争端解决机制适用于多边贸易体制所管辖的各个领域。与《关税与贸易总协定》相比，该争端解决机制建立在一套完整严谨的条款之上，对争端的解决和监督履行都有明确规定，而且世界贸易组织的法人地位也使其对争端的调解更具强制性和法律约束力，从而使多边贸易体制的遵守和执行得到更大保障。世界贸易组织总理事会同时作为负责争端解决的机构，履行成员方之间争端解决的职责。

6. 贸易政策审议机制

世界贸易组织的贸易政策审议机制体现在附件三中。《贸易政策审议机制》赋予总理事会对各成员方的贸易政策进行定期、系统审议的职能。根据规定，该机制对各成员方贸易政策审议的周期取决于成员方在世界贸易中的份额：贸易额占世界前 4 名的成员每 2 年审议一次；对排名在 5 ～ 20 的成员每 4 年审议一次；排名在 20 以后的成员每 6 年审议一次，对其中最不发达成员的审议周期可以更长。该机制的目的是审议、评估各成员方的贸易政策及其对多边贸易体制的影响，并通过公开各成员方的贸易政策促使其提高贸易政策和措施的透明度，履行所做的承诺，更好地遵守世界贸易组织规则。

7. 诸边协议

《政府采购协议》《民用航空器贸易协议》《国际奶制品协议》《国际牛肉协议》构成附件四，是世界贸易组织的诸边协议，成员方可自愿参加，签署协议的成员方受其约束，未签署的成员方不受其约束。其中，《国际奶制品协议》《国际牛肉协议》已于 1997 年 12 月 31 日终止。

另外，从广义上，世界贸易组织的法律框架除了《建立世界贸易组织的协定》和 4 个附件外，还包括部长级会议的若干决议和宣言，它们大多是对上述协定和附件的补充。例如，对某些重要的服务性行业，如基础电信、金融服务、专业服务、自然人迁移等，部长级会议在《服务贸易总协定》外又分别签订了具体的决议。

10.3.8 世界贸易组织成立以来的历次谈判

1. 世界贸易组织历次谈判

世界贸易组织首届部长级会议于 1996 年 12 月 9—13 日在新加坡举行，来自世界贸易组织 128 个成员和相关国际组织的 2 800 多名代表参加了会议。会议主要审议了世界贸易组织成立以来的工作及上一轮多边贸易谈判，即乌拉圭回合各项协议的执行情况，并决定成立"贸易与投资""贸易与竞争政策""政府采购透明度" 3 个工作组，同时将贸易便利化纳入了货物贸易理事会的职责范围。会议最后通过了《新加坡部长级会议宣言》《总理事会报告》《信息技术产品贸易的部长宣言》。

1998 年 5 月 18—20 日在瑞士日内瓦召开了世界贸易组织第二届部长级会议，同时作为建立多边贸易体制的 50 周年庆祝大会。会议主要围绕乌拉圭回合各项协议的执行情况、第三次部长级会议的议程，以及发动新一轮多边贸易谈判的准备工作等内容展开讨论。会议通过的《部长级会议宣言》除了总结多边贸易体制在过去半个世纪中所发挥的作用外，还就新一轮多边贸易谈判的有关事宜做了安排。会议还提出了一项新议题——电子商务，并就此达成了临时协议：在未来18个月内所有世界贸易组织成员对电子商务实行零关税。

1999年11月30日—12月3日，世界贸易组织在美国西雅图召开了第三届部长级会议。会议的主要任务是确定新一轮多边贸易谈判也是世界贸易组织成立以来第一轮多边贸易谈判的框架、议题和时间表。会议召开前50多个世界贸易组织成员和一些地区组织正式提交了150多份提案。与会期间，各成员主要围绕农业、乌拉圭回合各项协议的执行、市场准入和新议题4个主题展开磋商。由于有关各方均提出了代表各自利益的谈判方案，在诸多问题上不愿让步，尤其是在农业、非农产品关税和纺织品等一系列问题上存在严重分歧，最终会议陷入僵局，未能启动新一轮多边贸易谈判。会议决定2000年在日内瓦继续进行新一轮谈判议题的磋商。

2001年11月9—14日，世界贸易组织第四届部长级会议在卡塔尔首都多哈举行，142个成员、37个观察员和50多个国际组织参与了此次会议。会议通过了《多哈部长级会议宣言》，一致同意开始新一轮多边贸易谈判，从而启动了多哈回合谈判。会议的另一个重要成果是批准了中国加入世界贸易组织。会议还通过了《关于乌拉圭回合协议执行问题的决定》和《关于知识产权与公共健康问题的宣言》。多哈回合谈判的核心目标是帮助发展中成员，所以也称为"发展回合"，这个贸易目标是前所未有的，它为全球贸易一体化和全球贸易自由化的进程提供了机会。据世界贸易组织估计，如果多哈回合谈判成功，世界贸易每年将增加6 000亿美元。其中货物贸易增加1 000亿美元，服务贸易增加5 000亿美元；而整个世界增加削减的关税是1 100亿美元左右，给全球增加的福利将达到500亿～1 100亿美元。多哈回合谈判最初计划在2004年年底达成协议，并确定了8个谈判领域，分别是农业、非农产品市场准入、服务、知识产权、规则、争端解决、贸易与环境，以及贸易和发展问题。

2003年9月，在墨西哥坎昆举行的世界贸易组织第五届部长级会议上，由于各成员无法达成共识，多哈回合谈判陷入僵局，其中农业问题成为分歧的核心。

2004年8月，世界贸易组织总理事会议上达成《多哈回合框架协议》，同意将结束时间推迟到2006年年底。协议明确规定，美国及欧盟逐步取消农产品出口补贴及降低进口关税，为全面达成协议迈出了重要一步。

2005年12月，世界贸易组织第六届部长级会议在中国香港举行。与会者围绕多哈回合议题经过六天谈判发表了《部长宣言》，在取消棉花出口补贴和农产品出口补贴及向最不发达成员开放市场问题上取得了进展，但多哈回合谈判仍未全面完成。

2009年11月30日—12月2日，世界贸易组织第七届部长级会议在瑞士日内瓦举行。会议未能在推动多哈回合谈判方面取得明显进展，但继续承诺2010年结束多哈回合谈判。然而2010年仍然没有取得实质性进展。

2011年12月，世界贸易组织第八届部长级会议在日内瓦举行。会议正式批准俄罗斯加入世界贸易组织。由于各成员在一些谈判领域存在较大分歧，多哈回合谈判陷入困境。

2013年12月，世界贸易组织第九届部长级会议在印度尼西亚巴厘岛召开，会议发表了《巴厘部长宣言》，达成"巴厘一揽子协定"，多哈回合谈判12年僵局终获历史性突破。"巴厘一揽子协定"包括10份文件，内容涵盖了简化海关及口岸通关程序、允许发展中成员在粮食安全问题上具有更多选择权、协助最不发达成员发展贸易等内容，包含贸易便利化、农业、棉花、发展和最不发达成员四项议题共10份协定。在贸易便利化方面，协定决定尽快成立筹备委员会，就协定文本进行法律审查，确保相关条款在 2015 年 7 月 31 日前正式生效。各方在声明中同意尽力建立"单一窗口"以简化清关手续。在农业方面，协定同意为发展中成员提供一系列与农业相关的服务，并在一定条件下同意发展中成员为保障粮食安全进行公共储粮。在棉花贸易方面，协定同意为最不发达成员进一步开放市场，并为这些成员提高棉花产量提供协助。在发展议题方面，协定同意为最不发达成员出口到富裕成员的商品实现免税免配额制；进一步简化最不发达成员出口产品的认定程序；允许最不发达成员的服务优先进入富裕成员市场；同意建立监督机制，对最不发达成员享受的优先待遇进行监督。"巴厘一揽子协定"是世界贸易组织成立以来首份多边贸易协定，是首个全球贸易协定。"巴厘一揽子协定"是具有历史意义的成果，各方实现了看似难以达成的目标。"巴厘一揽子协定"并非终结，它是完成多哈发展议程的重要基石。

2015 年 12 月，世界贸易组织第十届部长级会议在肯尼亚内罗毕举行。会议最终通过了《内罗毕部长宣言》，162 个成员首次承诺全面取消农产品出口补贴，达成了《信息技术协定》扩围协议，还正式批准利比里亚和阿富汗加入世界贸易组织。

2017 年 12 月，世界贸易组织第十一届部长级会议在阿根廷首都布宜诺斯艾利斯举行。这是首次在南美国家举行的世界贸易组织部长级会议。在会议开幕式上，阿根廷、巴西、哥伦比亚、智利、巴拉圭、秘鲁等 10 个拉美国家签署了《阿根廷宣言》，明确表明拉美地区维护全球贸易体制的决心，强调应努力建立更加开放和透明的国际贸易体系。这次会议达成了渔业补贴部长决定、电子商务工作计划部长决定、小经济体工作计划部长决定、知识产权非违反之诉和情景之诉部长决定、关于设立南苏丹加入工作组的部长决定等一系列部长决定。除此之外，相当数量的世界贸易组织成员共同发表了关于投资便利化和中小微企业的部长联合声明，以及关于服务贸易国（地区）内规制的联合声明。

➡ **专栏 10-1**

商务部：中国为世界贸易组织第十届部长级会议成功做出积极贡献

2015 年 12 月 15—19 日，世界贸易组织第十届部长级会议在肯尼亚内罗毕举行。本次会议是世界贸易组织首次在非洲举行的部长级会议，恰逢世界贸易组织成立 20 周年，联合国刚刚制定可持续发展议程，全球经济面临诸多挑战，会议意义重大，国际社会高度关注。经过几昼夜的密集磋商和艰苦谈判，会议于 12 月 19 日顺利结束，并取得了丰硕成果，彰显了世界贸易组织在全球贸易治理中的主导作用。中国在会议中促和、促谈、促成，为会议成功做出了积极贡献。

会议通过了《内罗毕部长宣言》和 9 项部长决定，肯定了世界贸易组织成立 20 年来取得的成就，就多哈回合农业出口竞争、最不发达成员议题达成共识，承诺全面取消农产品出口补贴，并就出口融资支持、棉花、国际粮食援助等议题达成了新的多边纪律，有利于创建更加公平的国际贸易环境，同时在优惠原产地规则、服务豁免机制、棉花等方面给予最不发达成员优惠待遇，切实解决最不发达成员面临的实际困难，使最不发达成员更好地从多边贸易体制受益。

中国高举支持多边旗帜，坚持发展目标，发出中国声音，提出中国方案，与各成员密切沟通，积极寻求共识。特别是《信息技术协定》的突破得益于中美共识，中国为谈判成功起到了重要作用。会议前夕，中国资助肯尼亚政府和世界贸易组织秘书处共同举办了最不发达成员加入世界贸易组织圆桌会议，中国加入世界贸易组织及开放经验受到各方一致好评。肯尼亚总统肯雅塔出席圆桌会议高层论坛，对中非合作、中肯友好关系及中国在"促贸援助"方面的工作给予了高度评价，为本届会议取得成果奠定了良好基础。

资料来源：中国新闻网.

2. 多哈回合谈判坎坷的原因和前景

多哈回合谈判是世界贸易组织成立以来目标最宏伟、参与方最多的一轮多边贸易谈判，然而其过程却历经坎坷，迟迟未能达到各方预期，显示出现行国际贸易规则在协调多边利益上的局限和力不从心，多边贸易体制面临巨大挑战。究其原因，主要包括以下方面。

（1）从表面上看，多哈回合一再受挫的主要原因是议题过于宽泛、谈判成员多，而世界贸易组织谈判适用"协商一致"的规则，各成员又坚持本位思维，必然导致严重分歧。《多哈回合部长宣言》列出了 18 个谈判议题，参与谈判的成员有 153 个。世界贸易组织谈判采纳"协商一致"原则，即最终决策由所有成员的代表通过"协商一致"的原则做出。在实际运作中，成员数目众多，利益诉求千差万别，面对内容宽泛的各项议题协调难度极大。特别是与世界贸易组织前（《关税与贸易总协定》）8 个回合的谈判主要集中在包括降低工业产品关税这些相对单一的议题不同，多哈回合涵盖的议题越来越广泛地影响到成员的国（地区）内政策、发展战略，而发展中成员对于很多议题的前景无法把握，大多采取守势。

在表面上，成员分为发达成员和发展中成员两大阵营，实际上各阵营里也矛盾重重，各国产业结构、比较优势的差异使得利益和矛盾相互交叉。所谓的核心成员，实际上缺乏强有力的协调能力和谈判智慧，在博弈的过程中立足本位思维。有观点指出，无论是发达成员还是发展中成员在对待全球化和贸易自由化的立场上都惯性地采取了保护主义的做法，各主要成员在谈判时只顾利益、固执己见、不愿妥协、不做让步，各成员只想在贸易谈判中获利，却不想以任何一点本国利益作为交换，因此谈判必然失败。

（2）从本质上，多哈回合受挫的根本原因在于国际贸易格局已发生重大变动、全球治理面临一系列新问题，现行多边贸易体制未能及时调整以适应变化需求。

① 全球贸易格局已发生重大变化，原有谈判规则难以适应。多哈回合启动以来，发展中成员在全球贸易中的地位相对快速上升，以中国、印度、巴西和俄罗斯为代表的新兴经济体在世界经济中展现出蓬勃的生机和巨大的发展潜力，随着经济实力增强，这些国家开始谋求更多的国际话语权。发达成员的经济地位则相对衰落，像乌拉圭回合之前由发达成员主导谈判的情况已不可能。

由于前 8 轮谈判的最大受益者是发达成员，所以多哈回合谈判启动后，发展中成员主动参与谈判，在更加关注开放收益与促进发展的前提下，发展中成员组成了不同的利益集团，与发达成员展开了强硬的博弈，农业国内补贴、农产品关税减让和非农产品市场准入"三角议题"爆发了激烈争议。

而且区域合作的快速发展在一定程度上形成了对多边贸易体制的替代，减少了成员对多边贸易体制的依赖，分散了谈判资源。从协议签署情况看，区域贸易协定与多边贸易体制呈负相关关系。区域贸易协定每次出现热潮都与多边贸易谈判受挫相关，很多研究指出，区域贸易协定为成员提供了投资机会，削弱了多边谈判的动力。

② 全球治理面临一系列新问题，现行多边贸易体制尚缺乏应对能力，未来多边贸易体制面临挑战。首先，反全球化浪潮逐渐加剧。发展中成员认为，发达成员获得了全球化的主要利益，大多数发展中成员成为全球化的输家。与此同时，发达成员中反对全球化的呼声也很强，其理由是全球化带来更多的失业、环境损害等。反全球化在一定程度上体现了南北矛盾，也部分体现了多边谈判缺乏广泛的民意基础，从而增加了多边贸易谈判的疑虑，给各成员政府带来了政治等多方面压力。多哈回合谈判的坎坷在某种程度上反映了世界贸易组织缺乏化解反全球化影响、协调南北矛盾的能力。其次，与贸易相关的问题在世界贸易组织框架下尚未涵盖，如环境问题、如何与非政府组织（NGO）合作问题等。

10.4　世界贸易组织与中国

10.4.1　中国加入世界贸易组织的历程

中国是 1947 年《关税与贸易总协定》23 个创始缔约方之一，并参加了《关税与贸易总协定》的第一轮与第二轮多边谈判。1949 年中华人民共和国成立后未能取得联合国席位，中国的社会主义计划经济体制与《关税与贸易总协定》的基本原则不符，所以《关税与贸易总协定》的中国席位仍由中国台湾占据。1950 年，中国台湾退出了《关税与贸易总协定》。之后一段时间里，中国一直没有参加《关税与贸易总协定》的活动。1971 年中华人民共和国恢复在联合国的合法席位后，加入了国际货币基金组织。改革开放之后，中国经济发展迅速，对外经济贸易活动不断扩大，迫切需要一个更为开放的国际经济贸易环境。1982 年 11 月，中国政府获得《关税与贸易总协定》观察员身份，并首次派代表团列席《关税与贸易总协定》第 36 届缔约国大会。1982 年 12 月 31 日，国务院批准了中国申请加入《关税与贸易总协定》的报告。1986 年 7 月 11 日，中国政府正式提出申请，要求恢复中国的《关税与贸易总协定》缔约国地位（简称"复关"）。1995 年世界贸易组织成立之后，复关工作相应地变成了加入世界贸易组织工作。2001 年 12 月 11 日，中国成为世界贸易组织第 143 个成员。从中国提出复关申请到加入世界贸易组织大致经历了以下 3 个阶段。

第一阶段：1987—1992 年的资格审查阶段。这个阶段主要是《关税与贸易总协定》审议中国的经济和对外贸易体制。1987 年 2 月，中国向《关税与贸易总协定》递交《中国对外贸易制度备忘录》，全面阐述中国的对外贸易制度；当年 3 月，《关税与贸易总协定》理事会设立了关于恢复中国缔约方地位的中国工作组，邀请所有缔约方就中国对外贸易体制提出质询。当时，中国的经济体制改革正朝着市场经济方向转变，但在理论上还有较大的争议，提法仍是"社会主义有计划的商品经济"体制。1992 年 9 月第十四次全国人民代表大会正式确立了"建立社会主义市场经济体制"的总体目标，当年 10 月召开的《关税与贸易总协定》第十一次中国工作组会议，正式结束了对中国经济贸易体制的审议。

第二阶段：1992—1995 年的复关议定书谈判阶段。这一阶段的谈判遵循以下 3 个原则。

（1）强调中国是恢复在《关税与贸易总协定》中的席位，而不是重新加入《关税与贸易总协定》。中国认为，1950 年中国台湾以中国名义退出《关税与贸易总协定》是非法的，因而中国在《关税与贸易总协定》中的地位应是恢复，不是加入。

（2）以关税减让的方式而非承担进口义务为条件复关。

（3）中国是发展中国家，将按发展中国家的标准履行义务。

1992 年，中国复关谈判出现转机。1994 年，乌拉圭回合谈判结束，中国代表团参会并签署《乌拉圭回合谈判结果最后文件》，鉴于一些西方国家反对中国复关而成为世界贸易组织的创始成员，中国复关始终没有达成协议。

第三阶段：1996—2001 年的入世谈判阶段。世界贸易组织成立后，中国复关谈判工作组改为中国加入世界贸易组织谈判工作组。1995 年 7 月 11 日中国正式申请加入世界贸易组织。按世界贸易组织的规定，中国加入世界贸易组织须做出两个承诺：①遵守国际规则，主要通过中国工作组展开多边谈判解决；②逐步开放市场，主要通过双边谈判解决。按规定，申请加入方要与向其提出谈判要求的成员进行谈判，然后其谈判结果根据最惠国待遇原则适用于所有其他缔约方。

这一阶段中国的谈判实行了 3 项新的原则：①没有中国的加入，世界贸易组织是不完整的；②中国是发展中国家，只能按发展中国家的身份履行有关义务，充其量可以按最大的发展中国家的身份加入世界贸易组织；③权利和义务要对等。

在这个阶段，中国 3 次主动宣布大幅度降低进口关税，取消农产品出口补贴，并承诺进一步开放服务业。1997 年 5 月，中国与匈牙利最先达成双边协议；1999 年 11 月，中国完成了最艰难也是最重要的中美谈判；2001 年 5 月，中欧谈判正式达成协议；2001 年 9 月，中国与最后一个谈判对手墨西哥达成协议，从而完成了加入世界贸易组织的双边谈判。

在双边谈判后期，多边谈判开始，主要议题是中国加入世界贸易组织的法律文件起草问题。2001 年 9 月，世界贸易组织中国工作组通过了中国加入世界贸易组织法律文件。2001 年 11 月 10 日，世界贸易组织第四届部长级会议一致通过中国加入世界贸易组织的决议；2001 年 12 月 11 日，中国正式成为世界贸易组织第 143 个成员。

中国加入世界贸易组织的法律文件包括《建立世界贸易组织的马拉喀什协议》《中华人民共和国加入的决定》《中华人民共和国加入议定书》及其附件、《中国加入工作组报告书》。其中，《建立世界贸易组织的马拉喀什协议》是主体，《中华人民共和国加入议定书》确定了作为申请加入方中国的权利与义务关系，《中国加入工作组报告书》则是对整个加入谈判情况的记录和说明，也包括部分承诺。

10.4.2　中国加入世界贸易组织后的权利与义务

1. 基本权利

中国加入世界贸易组织后，可以享受的权利如下。

（1）能使我国的产品和服务及知识产权在各成员中享受无条件、多边、永久和稳定的最惠国待遇及国民待遇。世界贸易组织各成员将逐步取消对中国的歧视性贸易限制，中国可以在最惠国待遇原则下进行国际贸易，享受其他成员开放市场的好处，开拓国际市场，扩大出口。在国民待遇原则下，中国货物或与贸易有关的知识产权产品进入各成员市场时享受与所在国（地区）货物或产品相同的待遇，服务和与贸易有关的投资进入时，享受各成员在世界贸易组织下承诺的待遇或与所在国（地区）企业和国民相同的待遇，有利于发挥中国的比较优势，更好地实施"走出去"的开放战略，发展同其他各成员的经贸往来与合作。

（2）使我国对大多数发达成员出口的工业品及半成品享受普惠制待遇。

（3）享受发展中成员的大多数优惠或过渡期安排。其中包括中国经过谈判获得了对农业提供占农业生产总值8.5%的"黄箱补贴"的权利，补贴的基期采用相关年份，而不是固定年份，使中国今后的农业国内支持有继续增长的空间；在涉及补贴与反补贴措施、保障措施等问题时，享有协定规定的发展中成员待遇，包括在保障措施方面享受10年保障措施使用期，在补贴方面享受发展中成员的微量允许标准（即在该标准下其他成员不得对我国采取反补贴措施）；在争端解决中，有权要求世界贸易组织秘书处提供法律援助；在技术性贸易壁垒采用国际标准方面，可以根据经济发展水平拥有一定的灵活性等。在放开贸易权的问题上，享有3年的过渡期；关税减让的实施期最长可到2008年；逐步取消400多项产品的数量限制，最迟可在2005年1月1日取消；服务贸易的市场开放在加入世界贸易组织后1～6年内逐步实施。

（4）享受其他世界贸易组织成员开放或扩大货物、服务市场准入的利益。

（5）利用世界贸易组织的争端解决机制，公平、客观、合理地解决与其他成员的经贸摩擦，营造良好的经贸发展环境，扩大中国处理对外经贸关系的回旋余地；在其他世界贸易组织成员对中国采取反倾销、反补贴和保障措施时，可以在多边框架体制下进行双边磋商，增加解决问题的渠道。

（6）参加多边贸易体制的活动，获得国际经贸规则的决策权，直接参与多边贸易新规则的制定，充分发挥中国在国际政治、经济事务中的作用，维护中国的正当权益，分享世界经济贸易发展带来的好处，包括全面参加世界贸易组织各理事会和委员会的所有正式和非正式会议，维护中国的经济利益；全面参与贸易政策审议，对美国、欧盟、日本、加拿大等重要贸易伙伴的贸易政策进行质询和监督，敦促其他世界贸易组织成员履行多边义务；全面参与新一轮多边贸易谈判，参与制定多边贸易规则，维护中国的经济利益；对于现在或将来与中国有重要贸易关系的申请加入方，将要求与其进行双边谈判，并通过多边谈判解决一些双边贸易问题。

（7）享受世界贸易组织成员利用各项规则、例外条款、保障措施等促进本国经贸发展的权利。例如，世界贸易组织允许中国通过谈判保留进口国营贸易；允许对国内产业提供必要的支持，诸如对高科技企业提供优惠所得税待遇，对某些林业企业提供补贴，对贫困地区企业征收优惠所得税，保留经济特区和经济技术开发区的优惠政策等；保留了对重要产品及服务实行政府定价和政府指导价的权利；保留对鳗鱼苗、铅、锌等84个税号的资源性产品征收出口税的权利。

2. 基本义务

中国加入世界贸易组织后，应履行的相应义务如下。

（1）在货物、服务、知识产权等方面，按世界贸易组织规定，给予其他成员最惠国待遇、国民待遇，对于目前仍在实施的与国民待遇原则不符的做法和政策进行必要的修改与调整。

（2）按世界贸易组织相关协议规定，扩大货物、服务的市场准入程度，具体来说包括降低关税和规范非关税壁垒措施，逐步扩大服务贸易市场开放。

（3）增加贸易政策、法规的透明度，废除和停止实施与世界贸易组织规则相抵触的法律、法规和规章。改革外贸管理体制，把外贸经营权审批制改为登记制，实行统一、透明的外贸政策，接受世界贸易组织对中国贸易政策的有关审议。

（4）按争端解决机制与其他成员公正地解决贸易摩擦，不能进行单边报复。

（5）按照《知识产权协定》的规定，进一步规范知识产权保护。

（6）实施《与贸易有关的投资措施协议》，取消贸易和外汇平衡要求、当地含量要求、技术转让要求等与贸易有关的投资措施。根据大多数世界贸易组织成员的通行做法，承诺在法律、法规和部门规章中不强制规定出口实绩要求和技术转让要求，由投资双方通过谈判议定。

（7）不再实行出口补贴。中国承诺遵照世界贸易组织《补贴与反补贴措施协议》的规定，取消协议禁止的出口补贴，通知协议允许的其他补贴项目。

（8）以折中方式处理反倾销、反补贴条款可比价格。在中国加入世界贸易组织后15年内，在采取可比价格时，如中国企业能明确证明该产品是在市场经济条件下生产的，可以把该产品的国内价格作为依据，否则将以替代价格作为可比价格。该规定也适用于反补贴措施。

（9）接受特殊保障条款。中国加入世界贸易组织后12年内，如中国出口产品激增对世界贸易组织成员国（地区）内市场造成紊乱，双方应磋商解决，在磋商中双方一致认为应采取必要行动时，中国应采取补救行动。如磋商未果，该世界贸易组织成员只能在补救冲击所必需的范围内，对中方撤销减让或限制进口。

⇨ 本章关键术语（中英文对照）

中　　文	英　　文
国际商品协定	international commodity agreement
关税与贸易总协定	General Agreement on Tariff and Trade, GATT
最惠国待遇	most favored nation treatment, MFNT
国民待遇	national treatment
非歧视原则	rule of non-discrimination
关税保护原则	rule of customs duties as means of protection
取消数量限制原则	elimination of quantitative restrictions
公平贸易原则	rule of fair trade
互惠贸易原则	rule of reciprocal trade
市场准入原则	rule of market access
透明度原则	rule of transparency
公平解决争端原则	rule of fair settlement of disputes

续表

中 文	英 文
鼓励发展和经济改革原则	rule of encouraging development and economic reform
可起诉的补贴	actionable subsidy
不可起诉的补贴	non-actionable subsidy
反倾销	anti-dumping

➡ 复习思考题

一、单项选择题

1. 下列有关贸易条约与协定的说法，不正确的是（　　）。

A. 贸易条约与协定受国际法规的约束

B. 贸易条约与协定主要是确定缔约方之间的经济和贸易关系

C. 贸易条约与协定不可以在没有建立正式外交关系的国家之间签订

D. 贸易条约与协定可以在双方的民间团体之间签订

2. 下列适用国民待遇条款的是（　　）。

A. 沿海航行权　　　B. 领海捕鱼权　　　C. 购买土地权　　　D. 著作权的保护

3. 下列有关贸易协定和贸易议定书的说法，正确的是（　　）。

A. 贸易协定一般需签字国的国会批准才能生效

B. 贸易协定一般只需签订国的行政首脑或其代表签署即可生效

C. 贸易协定往往作为贸易议定书的补充、解释或修改而签订

D. 贸易议定书是全面规范两国间经济和贸易关系的条约

4. 《关税与贸易总协定》正式生效于（　　）。

A. 1947 年　　　　B. 1948 年　　　　C. 1952 年　　　　D. 1995 年

5. 1994 年完成的多边贸易谈判是（　　）。

A. 狄龙回合　　　B. 肯尼迪回合　　　C. 东京回合　　　D. 乌拉圭回合

6. 《关税与贸易总协定》的最高权力机构是（　　）。

A. 部长级会议　　　B. 缔约国大会　　　C. 理事会　　　D. 秘书处

7. 我国正式提出恢复我国在《关税与贸易总协定》中的正式成员地位是在（　　）。

A. 1986 年　　　　B. 1971 年　　　　C. 1994 年　　　　D. 1999 年

8. 世界贸易组织正式成立于（　　）。

A. 1947 年　　　　B. 1994 年　　　　C. 1995 年　　　　D. 2001 年

9. 我国正式加入世界贸易组织是在（　　）。

A. 1947 年　　　　B. 1995 年　　　　C. 2000 年　　　　D. 2001 年

10. 世界贸易组织负责处理日常事务的机构是（　　）。

A. 秘书处　　　　B. 总理事会　　　C. 部长级会议　　　D. 总干事

二、简述题

1. 各国签订贸易条约与协定所依据的法律条款主要有哪些?

2.《关税与贸易总协定》的作用和缺陷分别是什么？

3. 简述世界贸易组织成立的背景及其与《关税与贸易总协定》的区别。

4. 世界贸易组织的宗旨和原则是什么？

5. 世界贸易组织已经达成的主要协议有哪些？

三、论述题

1. 试述加入世界贸易组织对中国经济的影响。

2. 2009 年 4 月 20 日，依据美国《1974 年贸易法》"第 421 条款"，美国钢铁工人协会向美国国际贸易委员会提出对中国输美商用轮胎的特殊保障措施案申请，此后美国国际贸易委员会对中国乘用车和轻型卡车轮胎发起了特保调查。2009 年 9 月 11 日奥巴马政府决定，对从中国进口的所有小轿车和轻型卡车轮胎实施三年的惩罚性关税，其税率第一年为 35%，第二年为 30%，第三年为 25%。

试根据所学知识，分析此类措施对我国及美国相关产业的影响，并指出在世界贸易组织框架下我国应采取的对策。

⇨ 知识拓展

中国加入世贸组织后对世界做出重要贡献

中国坚定不移地奉行互利共赢的对外开放战略，遵循世界贸易组织自由贸易理念，在对外开放中展现大国担当。从加入世界贸易组织到共建"一带一路"，中国开放胸襟、拥抱世界，为促进世界经济贸易发展、增加全球民众福祉做出了重大贡献，成为世界经济的主要稳定器和动力源。

1. 拉动世界经济复苏和增长

加入世界贸易组织后，中国改革开放和经济发展进入加速期，中国的发展有力促进了世界经济发展。2016 年，按照汇率法计算，中国国内生产总值占世界的比重达到 14.8%，较 2001 年提高 10.7 个百分点。自 2002 年以来，中国对世界经济增长的平均贡献率接近 30%，是拉动世界经济复苏和增长的重要引擎。

根据国际劳工组织发布的首份《中国与拉美和加勒比地区经贸关系报告》，1990—2016 年，中国为拉美和加勒比地区创造了 180 万个就业岗位。

中国的快速发展为全球减贫事业做出了巨大贡献。改革开放 40 年来，中国人民生活从短缺走向充裕、从贫困走向小康，现行联合国标准下的 7 亿多贫困人口成功脱贫，占同期全球减贫人口总数 70% 以上，为世界提供了最高的减贫贡献率。

2. 对外贸易发展惠及全球

世界贸易组织数据显示，2017 年，中国在全球货物贸易进口和出口总额中所占比重分别达到 10.2% 和 12.8%，是 120 多个国家和地区的主要贸易伙伴。中国货物贸易出口为全球企业和民众提供了物美价廉的商品；2001—2017 年，中国货物贸易进口额年均增长 13.5%，高出全球平均水平 6.9 个百分点，已成为全球第二大进口国。自 2009 年以来，中国一直是最不发达国家第一大出口市场，吸收了最不发达国家五分之一的出口。

2001—2017 年，中国服务贸易进口从 393 亿美元增至 4 676 亿美元，年均增长 16.7%，占全球服务贸易进口总额的比重接近 10%。自 2013 年起，中国成为全球第二大服务贸易进口国，为带动出口国当地消费、增加就业、促进经济增长做出了重要贡献。以旅游服务为例，中国连续多年保持世界第一大出境旅游客源国地位。2017 年，中国公民出境旅游突破 1.3 亿人次，境外旅游消费达 1 152.9 亿美元。

中国贸易模式的创新也为世界贸易的增长带来了新的动力。跨境电商等对外贸易新业态新模式快速发展，为贸易伙伴提供了更加广阔的市场。2017 年中国海关验放的跨境电子商务进出口商品总额为 902.4 亿元人民币，同比增长 80.6%，其中进口为 565.9 亿元人民币，同比增长高达 120%。

3. 双向投资造福世界各国

加入世界贸易组织后，外商直接投资规模从 2001 年的 468.8 亿美元增加到 2017 年的 1 363.2 亿美元，年均增长 6.9%。外商投资企业在提升中国经济增长质量和效益的同时，分享中国经济发展红利。中国美国商会《2018 中国商务环境调查报告》显示，约 60% 的受访企业将中国列为全球三大投资目的地之一，74% 的会员企业计划于 2018 年扩大在华投资，这一比例为近年来最高，其中三分之一的受访企业计划增加在华投资 10% 以上。中国欧盟商会《商业信心调查 2018》报告显示，超过一半的会员企业计划扩大在华运营规模。2017 年全国新设立外商投资企业 35 652 家，同比增长 27.8%。

中国对外投资合作持续健康规范发展，对外直接投资年度流量全球排名从加入世界贸易组织之初的第 26 位上升至 2017 年的第 3 位。中国对外投资合作加快了东道国当地技术进步步伐，促进其经济发展和民生改善，创造了大量就业机会。

4. 为全球提供公共产品

中国的发展得益于国际社会，也愿为国际社会提供更多公共产品。中国致力于打造开放型合作平台，维护和发展开放型世界经济，与其他国家共同构建广泛的利益共同体。

提出共建"一带一路"倡议。面对世界经济发展困境，中国提出共建"一带一路"倡议。"一带一路"倡议源于中国，但机会和成果属于世界，对于促进各个国家和地区之间深化合作和共同发展，维护和发展开放型世界经济，推动开放、包容、普惠、平衡、共赢的经济全球化，推动构建人类命运共同体发挥着重要作用。

共建"一带一路"倡议提出以来，已有 80 多个国家和国际组织同中国签署了合作协议。中国与相关国家深化务实合作，取得了丰硕成果。2013—2017 年，中国同沿线国家贸易总额超过 5 万亿美元，中国企业在这些国家累计投资超过 700 亿美元。截至 2017 年年底，中国企业在有关国家建设 75 个境外经贸合作区，上缴东道国税费超过 16 亿美元，为当地创造了 22 万个就业岗位。自 2018 年起，中国将在 3 年内向参与"一带一路"建设的发展中国家和国际组织提供 600 亿元人民币援助，建设更多民生项目。

举办中国国际进口博览会。中国国际进口博览会是中国发起的、多个国际组织和 100 多个国家参与的国际博览会，是推动全球包容互惠发展的国际公共产品。首届中国国际进口博览会将于 2018 年 11 月举行。举办进口博览会是中国推进新一轮高水平对外开放的重大决策，是中国主动向世界开放市场的重大举措，是中国支持经济全球化和贸易自由化的实际行动。未来 15 年，中国预计将进口 24 万亿美元商品。中国国际进口博览会将为各国出口提供新机遇，为各国共享中国发展红利搭建新平台，为世界经济增长注入新动力。

资料来源：国务院新闻办公室.《中国与世界贸易组织》白皮书节选.2018.6.

⇨ 补充阅读材料

[1] 沙拉法诺夫，白树强. WTO 视角下数字产品贸易合作机制研究：基于数字贸易发展现状及壁垒研究 [J]. 国际贸易问题，2018 (2).

[2] 盛斌，WTO《贸易便利化协定》评估及对中国的影响研究 [J]. 国际贸易，2016 (1).

[3] 张雅，中国加入 WTO 过渡期满后的"市场经济地位"问题探讨 [J]. 哈尔滨师范大学社会科学学报，2018 (1).

[4] 薛荣久，张斌涛. WTO 与"一带一路"规则的构建 [J]. 国际贸易，2017 (12).

[5] 吕瑞浩，于治国. WTO 贸易救济制度的发展及应对 [J]. 国际经济合作，2017 (10).

[6] 周跃雪. GATT/WTO 多边贸易制度下的谈判集团：起源、发展及挑战 [J]. 生产力研究，2017 (5).

[7] 樊晓云. 中国紧固件反倾销在 WTO 胜诉欧盟第一案的案例分析 [J]. 对外经贸实务，2017 (11).

[8] 杨挺，郭明英，田云华. TPP 的特点及其对 WTO 的挑战 [J]. 国际经济合作，2016 (6).

[9] 胡海晨，郑学党. 入世十五年中国在全球经济格局中的时空变迁研究 [J]. 新疆社会科学，2017 (3).

第11章

中国对外贸易发展

学习目标

➤ 了解中国对外贸易发展历程；

➤ 了解中国对外贸易战略演进；

➤ 了解当前中国对外开放重大举措。

导入案例

7.6%、2.3%、-7%，-0.9%、14.2%……回顾近五年外贸"成绩单"，2017年中国外贸不仅扭转了连续两年下降的局面，而且创下2012年以来的新高。在传统状态下，外贸靠"外"吃饭，一旦遇到外部市场低迷，外贸增长就困难。从2017年外贸增长来看，外部市场依然重要，但外贸增长体现出更强的"中国韧劲"。一般贸易进出口比重提升至56.4%、贸易伙伴多元化、民营企业进出口比重提升至38.5%、中西部和东北三省进出口增速领跑全国……这些变化印证的是外贸韧劲增强的轨迹。

五年来，全球经济危机影响尚未消除，逆全球化思潮沉渣泛起，贸易保护主义抬头，国内传统竞争优势弱化，中国外贸增长形势严峻。在上述背景下，中国为外贸回稳向好付出了艰苦努力。从中国在全球高扬开放型世界经济大旗，维护多边贸易体制，重振全球贸易和投资两大引擎，到"一带一路"建设深入开展，自贸区战略加速推进，再到供给侧结构性改革成为全国经济工作的主线，中国经济迈入高质量发展阶段，贸易便利化提速、"放管服"改革和减税降费等一系列政策举措为企业转型保驾护航。这也就不难理解为何中国外贸增长强韧，能由高速增长转向高质量发展。

面对外贸回稳向好态势，我们仍需保持清醒的头脑。中国贸易大而不强问题仍然突出，主要是创新能力较弱，出口产品质量、档次和附加值有待提高。此外，全球经济增长尚处于周期性恢复阶段，结构性矛盾并未解决，不稳定和不确定因素较多，各种形式的保护主义仍未遏止，地缘政治更加复杂。

站在新的起点，十九大报告提出，拓展对外贸易，培育贸易新业态新模式，推进贸易强国建设。这不仅明确了我国外贸发展的目标，也指明了具体实现路径。商务部部长钟山近期强调，要加快外贸转动力调结构，培育外贸竞争新优势，推动外贸从量的扩张到质的提升。深入推进"五个优化""三项建设"，做强一般贸易，提升加工贸易，发展其他贸易。培育贸易新业态新模式，促进服务贸易创新发展，打造中国品质、中国品牌、中国服务。

2018 年是中国改革开放 40 周年，贸易强国建设也开启了新征程，需要各方毫不松懈地营造良好外部环境，进一步提升内生性增长动力，让外贸增长"韧劲"更足。

资料来源：吴力. 外贸增长更有"中国韧劲"［J］. 国际商报，2018-01-15.

11.1 中国对外贸易发展历程

11.1.1 中国对外贸易总量发展历程

改革开放 40 年来，我国对外开放取得了巨大成就，对外贸易得到了空前发展，我国对外贸易总量逐年攀升，已经成为世界贸易体系中的重要组成部分。贸易作为拉动经济增长的"三驾马车"之一，对一国经济的发展有着重要的作用。如今对外贸易已经成为我国经济发展的重要推力，对外贸易的繁荣快速拉动了我国的经济增长。

1. 货物贸易

改革开放以来，中国对外贸易经历了快速发展、平稳发展和高速发展三个阶段。

1）快速发展阶段（1978—1986 年）

这一阶段为我国对外贸易体制改革的探索阶段。改革的主要内容包括：增加对外贸易口岸，下放外贸经营权，广开贸易通道，改革高度集中的贸易体制；改革单一的指令性计划，实行指令性计划、指导性计划和市场调节相结合；建立和完善外贸宏观管理机制；探索促进工贸结合的途径；采取鼓励出口的政策措施。

该时期我国出口总值从 1977 年的世界第 37 位上升到 1986 年的第 16 位，进口总值从 1977 年的第 33 位上升到 1986 年的第 11 位。

2）平稳发展阶段（1987—1999 年）

这一阶段我国的改革重心为建立对外贸易承包经营责任制和实行企业自负盈亏。在仍然保持国家垄断外贸的前提下，试图通过将外贸企业的所有权和经营权分离来改善外贸部门的经营状况，包括实行承包经营责任制和转变企业经营机制、实行企业自负盈亏两个阶段。

该时期我国出口总值从 1987 年的第 16 位上升到 1999 年的第 9 位，进口总值从 1987 年的第 14 位上升到 1999 年的第 10 位。这一阶段，出口总值上升名次比较缓慢，进口总值名次基本原地踏步，甚至下降。

3）高速发展阶段（2000年至今）

这一阶段我国进行了以 WTO 规则为基础的对外经济贸易体制的全面改革。2001年12月11日，中国正式成为世界贸易组织的成员国。入世之后，中国在以下三个方面加快了改革。首先，中国在非歧视原则、自由贸易原则和公平竞争原则下，调整、修改了不符合 WTO 规定的政策法规；其次，加快外贸主体多元化步伐，尤其是允许私营外贸企业的迅速发展；最后，转变外经贸主管部门的职能，从以行政领导为主转变为以服务为主，研究世界贸易发展趋势，并向全社会提供相关信息，采用国际上通行的做法来分配外贸资源。

该时期我国出口总值从第9位上升到第1位，进口总值从第10位上升到第2位。图11-1是1991—2017年中国货物进出口金额和进出口增长率。

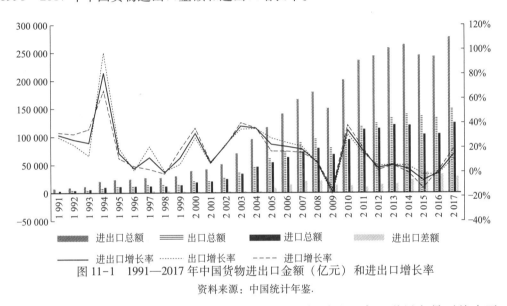

图 11-1　1991—2017 年中国货物进出口金额（亿元）和进出口增长率

资料来源：中国统计年鉴.

近40年间我国对外贸易迅猛发展，我国对外贸易年增速远高于世界贸易平均水平，中国在世界贸易中的比重不断提升。1978年我国的进出口贸易额为335亿元人民币，而2017年上升至27.79万亿元人民币，38年间增长了800多倍。其中，出口额从167.6亿元人民币上升到15.33万亿元人民币，进口额从187.4亿元人民币上升到12.46万亿元人民币，贸易顺差从-19.80亿元人民币上升到2.87万亿元人民币。1978年中国出口额只占世界出口总额的0.9%，1997年中国出口额占世界出口总额的比重已经达到2.8%；2005年中国货物贸易进出口已经分别占据全球份额的6.1%和7.3%；2011年我国外贸出口额和进口额占世界货物出口和进口的比重分别提高到10.40%和9.50%；2016年我国出口额为2.1万亿美元，占全球份额13.2%，进口额1.6万亿美元，占全球进口的9.9%。

2. 服务贸易

改革开放以来，我国服务贸易发展迅速，形成了较为完整的服务贸易体系，近年来随着服务业特别是生产性服务业发展水平的提高，我国专业服务领域国际竞争力不断增强，服务进出口平稳较快发展，行业结构持续优化，高质量发展特征逐步显现。自2014年起，我国已连续四年保持服务进出口全球第二大国地位。

（1）服务进出口总量迅速增长。1982—2017年，我国服务进出口总额从46.9亿美元增长到6 957亿美元，增长147倍，年均增长15.4%。其中，服务出口增长84.4倍，年均增长 13.5%；服务进口增长 230 倍，年均增长 16.8%。2013—2017 年，我国服务贸易累计进出口 3.2 万亿美元，年均增长 7.6%。其中出口 1.1 万亿美元，年均增长 2.5%；进口 2.1 万亿美元，年均增长 10.7%。2017 年，我国服务出口增幅达 8.9%，是党的十八大以来出口的最高增速；出口增速比进口高 5.5 个百分点，7 年来我国服务出口增速首次高于进口。

（2）服务贸易国际地位大幅提升。据世界贸易组织统计，1982—2017 年，我国服务出口世界排名由第 28 位上升至第 5 位；进口由第 40 位上升至党的十八大以后的第 2 位，并连续五年保持这一地位。2005—2017 年，我国服务进出口占世界的比重由 3.2% 上升至 6.6%，其中出口占比由 3.2% 上升至 4.3%，进口占比由 3.2% 上升至 9.1%。图 11-2 是 1983—2016 年中国服务进出口金额和进出口增长率。

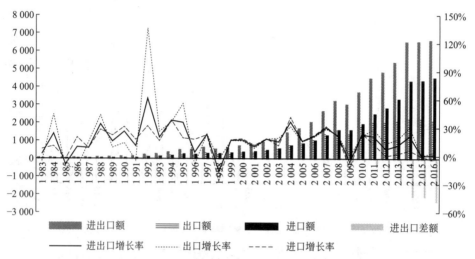

图 11-2　1983—2016 年中国服务进出口金额（亿美元）和进出口增长率

资料来源：中国统计年鉴.

虽然我国服务贸易规模不断扩大，然而从增长率的角度来看，从 1983 年到 2016 年，服务贸易进出口总额的增长率一直不平稳，时升时降，波动频繁。1992 年服务贸易的增长率最高，达到 61.2%，而 1998 年和 2009 年增长率分别为-16.5% 和-6.2%。服务贸易增长率的不平稳，说明我国服务贸易对外界环境的依存度过高，自身竞争力薄弱，抗风险能力差。就贸易差额而言，我国服务进口增长快于出口，贸易逆差继续扩大。我国服务贸易从 1995 年开始出现逆差，2005 年逆差扩大至 296 亿美元，2016 年贸易逆差额高达 2 409 亿美元。服务贸易是一国经济发展上水平的重要体现，往往与附加值较高的第三产业相联系。发达国家的服务贸易在其整体贸易结构中的比重普遍较高，其服务贸易在国际市场上具有较强的竞争力，一般来说其在服务贸易方面都是净出口。我国在服务贸易领域的发展长期不足，贸易收支情况从改革开放初期的微小顺差到后来逐步扩大的逆差说明我国服务业的发展水平较低。

11.1.2　中国对外贸易结构演进历程

1. 货物贸易

我国通过深度参与国际分工、承接数次大的国际产业转移，实现了出口商品结构的大跨越，具体可以分为四个阶段。

（1）由以改革开放前的农产品为主向以改革开放初期的工业品为主转变。改革开放之初，我国进出口产品结构主要呈现初级产品和工业制成品并重的态势。1977 年工矿产品出口仅占出口总额的 38.5%，到 1980 年就超过一半达 51.8%。1980 年初级产品在出口和进口商品中的比重分别为 50.3% 和 34.8%，这表明改革开放之初，我国产品的竞争力较弱。

（2）到 20 世纪 80 年代中期，实现了从以初级产品为主向以工业制成品为主的转变。随着中国经济的发展和竞争力的提高，出口中初级产品的比重不断降低，工业制成品的比重不断上升。到 1990 年，中国出口商品结构中，工业制成品比重已达到 80%，但在工业制成品中，主要是劳动密集型的轻纺工业产品。

从 20 世纪 80 年代中期开始，中国利用外资成效明显，机器设备进口在进口总额中的比重超过 30%。到 1993 年，中国吸收外商投资超过百亿美元，机器设备就一直成为中国进口商品的第一大类商品。

（3）20 世纪 90 年代中后期以来，进一步由以轻纺产品为主向以机电产品为主转变。1995 年，中国机电产品的出口比重上升到 29.5%，开始大幅度超过纺织品和服装的比重，首次成为中国出口的第一大类商品。到 2000 年，中国机电产品出口占出口总额的比重已达到 42.2%。出口的机电产品主要是：收录音机及组合音响、自动数据处理设备及部件、钟表及零件、集装箱、电灯及照明装置等。这表明中国在低端机电产品中的比较优势已经形成并具有国际竞争力。

就进口而言，机器设备也是我国进口的第一大类商品，除 1990 年外，其比重始终超过 40%，只是到 2008 年其比重略微下降。中间投入品的比重也一直占有重要地位，特别是 20 世纪 80 年代初期和中期，比重曾超过 40%，后来也一直保持在 30% 以上，这种状况到 21 世纪初期开始发生明显变化，其比重降到 25% 以下，说明中国工业生产的国内配套条件已有较大提高，对中间投入品的外部需求已经大为下降。

（4）21 世纪以来，进一步向以技术含量和附加值双高及高新技术产品为主方向转变。21 世纪以来，中国出口商品结构进一步优化，正经历从以普通机电产品出口为主向以高新技术产品出口为导向的新变化。2000—2008 年，中国机电产品出口比重从 42.2% 提高到 57.6%；高新技术产品出口比重从 14.8% 提高到 29.1%。2009 年，受国际金融危机影响，前 5 个月中国进出口贸易比上年同期下降 24.7%，出口贸易同比下降 21.8%，但出口商品结构基本没有变化，机电产品出口比重还提高到 58.8%；高新技术产品出口比重仍然达到 29.2%，说明中国出口商品结构改善的总趋势没有改变。

随着中国加入世界贸易组织，对商品进口的关税保护和非关税保护愈来愈弱化，加上国内人民生活水平和收入的提高，对进口消费品需求的增长，消费品进口增长加速，其在进口总额中的比重也有所上升。图 11-3 是 1980—2016 年中国进出口产品比重。

2. 服务贸易

改革开放初期，我国服务进出口以旅行、运输和建筑等传统服务为主。1982 年，三大传统服务占比超过 70%，其中出口占比 78.3%，进口占比 64.9%。

随着我国服务业的较快发展和对外开放的不断深入，以技术、品牌、质量和服务为核心的新兴服务优势不断显现，保险服务、金融服务、电信计算机和信息服务、知识产权使用费、个人文化和娱乐服务等发展迅速。1982 年到 2017 年，我国新兴服务进出口总额增长 213 倍，年均增长 16.6%，高于服务进出口总额年均增速 1.2 个百分点，其中出口年均增长

15.9%，进口年均增长 16.3%。2017 年，新兴服务进出口 2 161 亿美元，同比增长 9.3%，高于整体增速 4.2 个百分点，占比达 31.1%，其中出口占比 47.6%。新兴服务中电信计算机和信息服务、知识产权使用费和个人文化娱乐服务同比分别增长 20.1%、32.6% 和 21.8%。

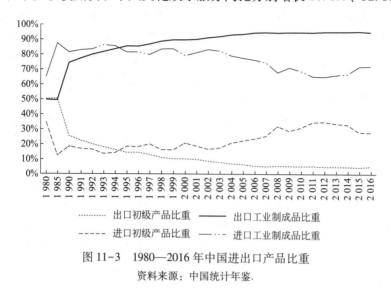

图 11-3　1980—2016 年中国进出口产品比重

资料来源：中国统计年鉴.

11.2　中国对外贸易战略演进

改革开放以来，我国对外贸易取得了辉煌的成就，这和我国采取的对外贸易战略密不可分。在我国从一个经济封闭的贸易小国发展成为如今总量第一的贸易大国的过程中，不同阶段我国实施的对外贸易战略也是不同的。

11.2.1　改革开放前的进口替代战略（1949—1978 年）

1949 年中华人民共和国成立，结束了长达 100 多年的半殖民地半封建社会的历史，在政治上获得了独立，渴望迅速摆脱经济依附及贫困落后的民族情结促使中国政府力图通过"独立自主、自力更生"来实现工业化。朝鲜战争爆发后，以美国为首的西方国家对中国实了行经济封锁，这让刚刚成立的中国被阻隔于世界市场之外，加上 20 世纪 30 年代资本主义大危机引发了人们对市场经济的普遍怀疑，而苏联在 20 世纪 30 年代实行的计划经济体制对国民经济产生了巨大推动作用，这又给广大发展中国家造成了强烈的示范效应。

正是在这些国内外因素的综合作用之下，中国政府做出了具有浓厚的计划经济色彩的全方位内向型进口替代发展战略的选择，逐渐形成了由国家统一集中领导，以国营外贸企业为主体统一经营，国家统负盈亏、高度集中的对外贸易制度。这一时期对外贸易在我国经济中处于从属地位，只作为国内生产的延伸，使对外贸易在贸易范围和贸易规模等方面都受到了较大限制。据统计，1953 年中国对外贸易总额占世界贸易总额的比重仅为 1.5%。

这一阶段是我国国家集中管制的贸易保护阶段，对外贸易采取的是较为极端的进口替代战略，贸易政策以贸易保护为主，国家对外贸进行集中管制，对外贸易只是为了互通有无和调剂余缺。中央政府于1949年9月发布了《中国人民政治协商会议共同纲领》（以下简称《共同纲领》），明确规定在社会主义计划经济框架下，中国将对对外贸易进行管制，并且逐步对贸易进行保护。《共同纲领》确立了外贸政策中的政府行为。一方面效仿苏联的做法，由国家统一领导、集中管理对外贸易；另一方面为了减少对发达国家的经济依赖，强调独立自主，弱化对外贸易对经济发展的促进作用。这一时期外贸体制中以行政管理为主，行政指令成为国家管理对外贸易的重要手段，所有外贸公司的经营活动，都要受到行政管理机构的包揽和干预。在当时的特定历史条件下，这种对外贸易制度确实极大地满足了高度集权的计划经济体系的需求。

这样的对外贸易战略在当时有其合理性和必然性，能够在一定程度上保护国内市场，促进国内经济发展，然而保护和封闭毕竟不是长久之计，高度的保护虽然能够免除来自国际的竞争，但是容易造成国内生产效率的低下，也限制了我国充分利用外国资源和参与国际分工。

 专栏 11-1

中华人民共和国成立初期帝国主义对我国的封锁禁运

早在中华人民共和国成立前夕，中共中央就预见到"要准备帝国主义的长期封锁"。其基本的判断是：在经济上要准备他们不买我国出口的货物，不卖给我们需要的东西，但也要看到他们不可能把我们完全封锁死。我国地方大，南方北方都有出口通路。另外，帝国主义之间有矛盾，我们可以利用。各国商人要赚钱，即使你不做生意，他还要做生意。因此，打破帝国主义的封锁是完全可能的。基于上述估计，中央人民政府坚持独立自主的原则，采取一系列有力措施，针锋相对地展开反对帝国主义封锁、禁运的斗争。

朝鲜战争开始以后，美国加紧对我国实施封锁禁运，宣布冻结我国政府在美的资产、中国人民在美国的银行存款及其他财产。1951年5月，美国又操纵联合国大会通过《实施对中国禁运的决议》，强迫与会各国参照美国对华禁运的货单，向中国禁运武器、弹药、战争用品、原子能材料、石油及具有战略价值的运输器材等，品种多达1 700多种。由此，以美国为首的资本主义国家对中国实行全面封锁和禁运，先后参加禁运的国家共有45个。1951年，西方国家对中国的贸易额陡然下降，新中国在对外贸易上遇到很大困难。

以美国为首的西方国家对新中国的封锁禁运，给我国国民经济的恢复带来了不少困难，但也促使中国人民发扬独立自主、自力更生的精神，主要依靠自己的力量建设国家。在封锁禁运的条件下，党和人民政府更加注重挖掘内部潜力，一方面通过土地改革和兴修水利，促进农业的恢复和发展，使粮食、棉花、烟草等农作物产量迅速提高，相继达到基本上满足国内需要的水平，不再依赖从西方国家进口；另一方面大力开展城乡物资交流，积极扩大内需，为一时难以出口的外销产品找到出路，有效地化解了西方国家对我国出口产品的遏制。

新中国对外贸易的基本问题是如何逐步把半殖民地的贸易改变为独立自主的贸易。积极开展内外交流、反对封锁禁运的斗争，促使我国的对外贸易从机构、管理、进出口经营，包括外贸商品生产及内外商业联系等各个方面进行改组，加快了经济上实现独立自主的步伐。这是中国对外贸易发展的一个重要成果。

资料来源：中国共产党历史网.

11.2.2 改革开放至入世前的混合对外贸易战略（1978—2001年）

1978年12月，十一届三中全会确定了改革开放的总方针，开始实行对内改革、对外开放的政策。我国的经济发展战略开始向外向型转变。从1978年改革开放一直到2001年我国加入世界贸易组织，这一时期既是我国对外贸易正式起步并且快速发展的黄金时期，也是我国对外贸易不断调整和转变的重要时期。这二十余年我国采取的是进口替代与出口导向相结合的混合对外贸易战略：对在国内具有比较优势的劳动密集型产业，通过引进外资等一系列增强竞争力的措施，采取鼓励出口的政策；而对不具有比较优势的资本技术密集产业，则继续实行进口替代。

这一时期以1993年11月十四届三中全会为界还可以细分为两个阶段：初步开放式的贸易保护阶段（1978—1993年）和贸易自由化倾向的贸易保护阶段（1993—2001年）。

1. 初步开放式的贸易保护阶段（1978—1993年）

这个阶段我国对外贸易仍然是以保护为主，从较为极端的进口替代开始向政府干预较强的中性化战略转变，将出口导向战略同进口替代战略相结合，采取"奖出限入"的保护性贸易政策，"出口以创造外汇为首要目标"。一方面改革外贸体制，提高进口限制手段和水平，以及采取多样化的出口鼓励措施；另一方面为了避免国际市场对本国产品的迅速冲击和继续保护国内幼稚产业的成长，国家在削弱计划控制的同时，又运用商业手段加强了对进口的限制。在"奖出限入"方面，具体采取了如下措施：一是开始实施出口退税政策，限制外资企业商品内销；二是鼓励和扶持出口型产业，实施外汇留成制度、鼓励来料加工和进料加工的出口、发展国家出口商品基地、扩大信贷等一系列鼓励出口的政策；三是严格限制进口，通过关税、进口许可证、外汇管制、进口商品分类管理、国营贸易等措施实施进口限制；四是鼓励吸收外国直接投资，鼓励利用两种资源、两个市场和引进先进技术。出口导向战略在一定程度上抵消了传统进口替代战略的反出口倾向作用，因此称这一时期的对外贸易战略更多地开始向中性化转变。

这一时期中国的外贸改革从政府行为也进行了一系列的探索性改革，减少国家对外贸的直接控制，放宽外贸经营权，减少外贸领域中的计划经济成分。调整国家对外贸易的管理机构，外贸渠道多元化，政企分开，加强对外贸易的行政管理。下放商品经营权，外贸企业实行自负盈亏。增加外贸管理透明度，取消国家对外贸出口的财政补贴，使外贸逐步走上统一政策、平等竞争、自负盈亏的轨道。总之，政府逐渐转为以行政手段和经济杠杆等来管理外贸活动。

当时的贸易体制改革呈现初步开放态势，贸易政策也初现自由化的转变，虽然总体上仍以贸易保护为主，但是这一时期的贸易保护形式已经发生了变化，即关税和非关税等商业政策开始逐步取代原来的计划经济手段。

对外贸易的初步开放对发挥我国的比较优势，增加出口，提高就业，带动经济增长，保护民族幼稚工业起到了重要的作用。主要表现为以下几个方面：一是加工贸易在这一阶段逐渐成为我国对外贸易的重要力量，加工贸易进出口额均实现了大幅的增长，加工贸易出口总额几乎为总出口额的一半；二是外商直接投资的大幅增长，取代了对外借款成为我国利用外资的最主要方式；三是劳动密集型产品出口比重大幅上升，反映出我国劳动力资源比较优势的充分发挥。

这一时期我国对外贸易反映出来的主要问题是过于追求粗放型的数量扩张，出口产品数量增长的同时出口产品质量并无提升，造成了出口产品量增价跌，整体呈现出出口效益逐年递减的特征。

2. 贸易自由化倾向的贸易保护阶段（1993—2001 年）

1993 年作为这一时期转折点的主要原因在于我国开始正式建立社会主义市场经济体制。1992 年邓小平南方谈话，提出了在社会主义的条件下也可以搞市场经济。1992 年 9 月，十四大正式提出了中国经济体制的目标是建立社会主义市场经济。1993 年 11 月，十四届三中全会通过了《中共中央关于建立社会主义市场经济体制若干问题的决定》，把党的十四大确定的经济体制改革目标和基本原则系统化、具体化，是中国建立社会主义市场经济体制的总体规划。

这段时期我国对贸易作用的认识不断加深，与国际市场接轨的步伐开始加快，出口不再以创造更多的外汇为首要目的。对外贸易战略总体上仍是出口导向战略和进口替代战略相结合。然而，此时出口导向战略更加强化，而进口替代战略则更加弱化。对外贸易政策整体上仍然存在很多保护色彩，但是自由化改革已经大刀阔斧地展开了。

1）贸易自由化改革的主要措施

当时的自由化改革主要体现在外贸立法和进口壁垒方面。

在外贸立法方面，我国陆续颁布《对外贸易法》《反倾销条例》《保障措施条例》等法律法规；改革了必要的行政手段，实行指导性计划，放宽了外贸经营权的审批标准；通过企业经营机制的改变来建立现代企业制度，进一步使外贸政策和制度趋向统一与透明；政府管制色彩逐步淡化。

在进口壁垒方面，我国的进口关税一直以来都维持在较高的水平上，这既不利于中国经济改革的进一步深化，也不符合国际经济全球化的大趋势。就关税壁垒而言，从 1994 年起进行了三次大的关税削减；就非关税壁垒而言，我国当时也对不少非关税措施进行了削减和规范。

2）贸易战略

这一阶段我国还陆续提出了一些具体战略，如"以质取胜"战略、市场多元化战略、"大经贸"战略、"走出去"战略和"科技兴贸"战略。

（1）"以质取胜"战略。在国际贸易的激烈竞争中，价格竞争已退居次要地位，质量好坏在竞争中是决定性因素。因此，我国于 1991 年提出了"以质取胜"战略。国务院提出将1991 年称为"质量、品种、效益年"，以提高全民的质量意识，并于 1996 年制定了《质量振兴纲要（1996—2010 年）》，指导质量工作。从 1991 年起"以质取胜"战略成为外经贸领域贯彻实施《质量振兴纲要（1996—2010 年）》、优化出口商品结构、转换增长模式的核心战略之一。"以质取胜"战略包括三个方面的内容：提高出口商品的质量和信誉、优化出口商品结构及创名牌出口商品。

（2）市场多元化战略。20 世纪 90 年代初，当时西方发达国家对我国进行贸易和经济制裁，而我国当时的出口确实过分依赖于少数发达国家，于是出于减少市场风险的考虑，市场多元化战略应运而生。该战略从总体上要求中国应以商品结构优化为特点开拓发达国家市场，通过适应不同的消费层次来开拓新兴市场，出口政策的制定应因地制宜，针对不同国家和地区采取不同的出口政策，一方面实现出口市场在发达国家、新兴市场国家和发展中国家之间的多元化，另一方面是出口市场在发达国家之间的平衡，避免过分依赖少数几个发达国家的情形出现。

（3）"大经贸"战略。"大经贸"战略是 1994 年提出的，是以进出口贸易为基础，商品、资金、技术、服务相互渗透、协调发展，外经贸、生产、科技、金融等部门共同参与的外经贸发展战略。这一战略的重要意义在于不再把职能过分割裂，要业务协同、进一步统筹来管理"外贸、外经、外资"。

（4）"走出去"战略。1997 年，我国提出了"引进来"和"走出去"相结合的概念，并于 2000 年首次把"走出去"战略上升到"关系我国发展全局和前途的重大战略之举"的高度。该战略主要是通过鼓励和支持优势企业扩大对外投资，开展跨国经营，大力发展境外加工贸易、境外资源开发、对外工程承包与劳务合作等，在全球范围内优化配置资源，逐步培育我国自己的跨国公司和著名品牌。

（5）"科技兴贸"战略。"科技兴贸"战略是按照党中央、国务院的要求，从 1999 年开始由原外经贸部会同科技部、发展改革委、信息产业部、财政部、海关总署、税务总局、质检总局等八部门共同组织实施的。科技兴贸战略的核心就是大力促进高新技术产品出口和利用高新技术改造传统产业，优化出口商品结构，提高出口商品的质量、档次和附加值，增强国际竞争力。为实施"科技兴贸"战略，国家制定了《科技兴贸行动计划》，出台了《推动高新技术产品出口的指导性意见》等一系列扶持、鼓励高新技术产品出口的政策措施，将财政、金融、税收、市场准入等扶持高新技术产品出口的贸易政策与科技开发、技术改造等产业政策有机地结合起来，发挥政策的集成效应。

总的来看，这时期所采取的进口替代与出口导向相结合的战略是成功的。我国成了经济全球化进程中少有的发展中赢家之一，贸易差额在这段时期逐渐从逆差转为顺差。我国在世界贸易中的排名，从改革开放之初的第 32 位上升到 2001 年的第 6 位。

11.2.3　入世后至今（2002 年至今）

2001 年 12 月 11 日，我国正式加入世界贸易组织，标志着我国对外贸易又进入了一个新的阶段。经过多年的自由化改革，我国开始正式与国际贸易规则全面接轨，外贸体制也进入了深化改革时期。

这一时期我国的对外贸易战略可以称为开放型贸易政策下的出口导向战略。此时，对外贸易政策的基本目标是：适度保护国内主导和支柱产业，维持国内就业，促进对外贸易发展，保持国际收支平衡。总的来看，该时期我国的对外贸易战略在之前的基础上进一步降低了政府干预，贸易体制基本与国际贸易体制接轨，并按照我国加入世界贸易组织议定书的承诺，在对外贸易政策上也进行了重大调整。

加入 WTO 以来，我国按入世承诺对贸易制度和与贸易有关的国内政策进行了全方位的改进。

首先，在政府干预方面转变为政府间接调控，由行政管理转向以经济手段和法律手段为主，在符合国际规则和国际惯例的前提下，通过运用世界贸易组织允许的政策手段来实现政府对外贸的积极干预，从而更加充分地利用国际国内市场达到资源的最佳配置。

其次，在推进贸易自由化方面，我国在货物贸易和服务贸易上都实行了进一步的开放举措。在货物贸易方面，我国的平均关税大幅下降，非关税措施也大幅度削减或废止。在服务贸易方面，我国做出的承诺也超过了发展中国家水平。

再次，在利用外资方面，我国转变为更加注重利用外资的质量，积极引导外资更多地投向高新技术产业、装备制造业、现代服务业、现代农业和环保产业，着力搞好引进、消化、吸收和再创新。

最后，在具体战略的实施方面，该时期延续了之前的"以质取胜"战略、市场多元化战略、"大经贸"战略、"走出去"战略和"科技兴贸"战略。"以质取胜"战略的内涵随着我国外贸的发展不断延伸，从最初的打假扶优到提高出口产品附加值、优化出口商品结构，从营造重质量守信用的氛围到推行国际标准，再到创出口商品名牌战略。"科技兴贸"战略自 1999 年提出后，中国于 2001 年制定了《科技兴贸"十五"计划纲要》，至 2003 年又制定了《关于进一步实施科技兴贸战略若干意见》，标志着中国"科技兴贸"战略体系框架的正式形成。

总之，我国入世以来积极参与了经济全球化进程，抓住了国际产业转移的历史性机遇，成功地应对了各种挑战，在对外贸易上取得了飞速的发展，一跃成为对外出口总量世界第一大国。

11.3　当前中国对外开放重大举措

十八大以来，对外开放从"加快形成更高水平对外开放新格局"已经转变为要"推动形成全面开放新格局"，"一带一路"和自贸区建设都是我国新时期推动形成全面开放新格局的重要内容。开放是两者的共同主题，两者相互促进，相辅相成。把"一带一路"和自贸区建设有机结合，有助于丰富我国对外开放内涵，有助于推动我国与有关国家和地区的战略互信、投资经贸合作和人文交流，有助于推动形成深度融合的互利合作新格局，推动形成全面开放新格局。

11.3.1　自由贸易区战略

加快实施自由贸易区（简称自贸区）战略是我国新一轮对外开放的重要内容，是新时期我国实施更加积极主动开放战略的重要平台和载体。加快实施自由贸易区战略，是我国适应经济全球化新趋势的客观要求，是全面深化改革、构建开放型经济新体制的必然选择，也是我国积极运筹对外关系、实现对外战略目标的重要手段。

在我国，"自贸区"这一称呼实际上涉及了两种"自贸区"的基本概念。一种是世界贸易组织（WTO）界定的自由贸易区（FTA），是指我国与一个以上的主权国家或单独关税区通过签署协定（或协议），在世界贸易组织最惠国待遇的基础上相互进一步开放，从而形成实现贸易和投资自由化的区域；另一种是世界海关组织（WCO）定义的自由贸易试验区（FTZ），是我国根据自身发展战略需要，自主决定划出一定园区进行改革开放创新试验。这两种"自贸区"，前者属于协议开放，后者属于自主开放，两者政策措施的适用范围、发布形式等都不同，但都是我国新一轮扩大开放的重要平台和载体。

1. 自由贸易区

自由贸易区，是指签订自由贸易协定的成员相互彻底取消商品贸易中的关税和数量限制，使商品在各成员之间可以自由流动。但是，各成员仍保持自己对来自非成员进口商品的限制政策。

自由贸易区起源于 WTO 有关"自由贸易区"的规定，最早出现在 1947 年的《关税与贸易总协定》里面。该协定第 24 条第 8 款（b）对关税同盟和自由贸易区的概念作了专门的解释："自由贸易区应理解为在两个或两个以上独立关税主体之间，就贸易自由化取消关税和其他限制性贸易法规。"其特点是由两个或多个经济体组成集团，集团成员相互之间实质上取消关税和其他贸易限制，但又各自独立保留自己的对外贸易政策。

我国于十七大把自由贸易区建设上升为国家战略，十八大提出要加快实施自由贸易区战略，十八届三中全会提出要以周边为基础加快实施自由贸易区战略，形成面向全球的高标准自由贸易区网络。通过自由贸易区战略的实施，加快从贸易大国走向贸易强国，巩固外贸传统优势，培育竞争新优势，拓展外贸发展空间，积极扩大进口。树立战略思维和全球视野，站在国内国际两个大局相互联系的高度，审视中国和世界的发展，把中国对外开放事业不断推向前进。

加快实施自由贸易区战略，是适应经济全球化新趋势的客观要求，是全面深化改革、构建开放型经济新体制的必然选择，也是我国积极运筹对外关系、实现对外战略目标的重要手段。要充分发挥自由贸易区对贸易投资的促进作用，更好地帮助中国企业开拓国际市场，为中国经济发展注入新动力、增添新活力、拓展新空间。加快实施自由贸易区战略，是中国积极参与国际经贸规则制定、争取全球经济治理制度性权利的重要平台。

自由贸易区战略有助于我国积极参与国际经贸规则制定、争取全球经济治理制度性权利。随着我国经济实力的增强，在国际规则方面不能只是当旁观者、跟随者，而是要做参与者、引领者，要通过自由贸易区建设增强我国国际竞争力，在国际规则制定中发出更多中国声音、注入更多中国元素，维护和拓展我国发展利益。

截至 2018 年 10 月，我国已签署了 16 个自贸协定，涉及 24 个国家和地区，自贸伙伴遍及亚洲、拉丁美洲、大洋洲、欧洲等地区。与此同时，我国参与的正在谈判的自贸区有 13 个，正在研究而尚未正式展开谈判的自贸区也有 10 个，具体见表 11-1。

表 11-1　我国自贸区合作现状

已签协议的自贸区	截至 2018 年 10 月正在谈判的自贸区	截至 2018 年 10 月正在研究的自贸区
中国-马尔代夫	《区域全面经济伙伴关系协定》（RCEP）	中国-哥伦比亚
中国-格鲁吉亚	中国-海合会	中国-斐济
中国-澳大利亚	中日韩	中国-尼泊尔
中国-韩国	中国-斯里兰卡	中国-巴新
中国-瑞士	中国-以色列	中国-加拿大

已签协议的自贸区	截至2018年10月正在谈判的自贸区	截至2018年10月正在研究的自贸区
中国-冰岛	中国-挪威	中国-孟加拉国
中国-哥斯达黎加	中国-巴基斯坦自贸协定第二阶段谈判	中国-蒙古国
中国-秘鲁	中国-新加坡自贸协定升级谈判	中国-巴勒斯坦
中国-新加坡	中国-新西兰自贸协定升级谈判	中国-秘鲁自贸协定升级联合研究
中国-新西兰	中国-毛里求斯	中国-瑞士自贸协定升级联合研究
中国-智利	中国-摩尔多瓦	
中国-巴基斯坦	中国-巴拿马	
中国-东盟	中国-韩国自贸协定第二阶段谈判	
内地与港澳更紧密经贸关系安排		
中国-东盟（"10+1"）升级		
中国-智利升级		

资料来源：中国自由贸易区服务网。

2. 自由贸易试验区

自由贸易试验区的概念源于世界海关组织有关"自由区"的规定，世界海关组织制定的《京都公约》中指出："FTZ是缔约方境内的一部分，进入这部分的任何货物，就进口关税而言，通常视为关境之外。"其特点是一个关境内的一小块区域，是单个主权国家（地区）的行为，一般需要进行围网隔离，且对境外入区货物的关税实施免税或保税，而不是降低关税。

自由贸易试验区可以按狭义或广义的概念进行分类，狭义的自由贸易试验区仅指提供区内加工出口所需原料等货物的进口豁免关税的地区，类似出口加工区。广义的自由贸易试验区还包括自由港和转口贸易区。

自由贸易试验区在主权国家或地区的关境以外，划出特定的区域，准许外国商品豁免关税自由进出，自由贸易试验区是单个主权国家（地区）的自主开放，一般在贸易和投资等方面实行比世界贸易组织有关规定更加优惠的安排，实质上是采取自由港政策的关税隔离区。目前在许多国家境内单独建立的自由港、自由贸易区都属于自由贸易试验区，如德国汉堡自由港、巴拿马科隆自由贸易区等。表11-2是FTA与FTZ的对比。

表11-2 FTA与FTZ的对比

异同点		FTA	FTZ
相异	设立主体	多个主权国家（或地区）	单个主权国家（或地区）
	区域范围	两个或多个关税地区	一个关税区内的小范围区域
	国际惯例依据	WTO	WCO
	核心政策	贸易区成员之间贸易开放、取消关税壁垒，同时又保留各自独立的对外贸易政策	以海关保税、免税政策为主，辅以所得税税费的优惠等投资政策
	法律依据	双边或多边协议	国内立法
相同		都是为降低国际贸易成本，促进对外贸易和国际商务的发展而设立的	

我国的自由贸易试验区即在我国境内关外设立的，以优惠税收和海关特殊监管政策为主要手段，以贸易自由化、便利化为主要目的的多功能经济性特区。原则上是指在没有海关"干预"的情况下允许货物进口、制造、再出口。我国通过打造自由贸易试验区，实行进一步的对外开放先行先试，其力度和意义堪比20世纪80年代建立深圳特区和20世纪90年代开发浦东，其核心是营造一个符合国际惯例的、具有国际竞争力的国际商业环境。

2013年9月，中国（上海）自由贸易试验区作为中国第一个自由贸易试验区正式成立，上海自贸试验区实施范围28.78平方千米，涵盖四个片区：外高桥保税区、外高桥保税物流园区、洋山保税港区和上海浦东机场综合保税区。2015年4月，上海自贸试验区的开放范围得到了进一步扩展，实施范围扩大至120.72平方千米，除了之前的四个片区外，还新增了金桥出口加工区、张江高科技园区、陆家嘴金融贸易区三个片区。表11-3是中国自由贸易试验区的设立情况。

表11-3　中国自由贸易试验区的设立情况

设立时间	成立批次	自由贸易试验区名称
2013年9月	第一批	中国（上海）自由贸易试验区
2015年4月	第二批	中国（广东）自由贸易试验区 中国（天津）自由贸易试验区 中国（福建）自由贸易试验区
2017年4月	第三批	中国（辽宁）自由贸易试验区 中国（浙江）自由贸易试验区 中国（河南）自由贸易试验区 中国（湖北）自由贸易试验区 中国（重庆）自由贸易试验区 中国（四川）自由贸易试验区 中国（陕西）自由贸易试验区

通过探索，上海自由贸易试验区在投资、贸易、金融和事中事后监管领域已形成一批基础性和核心制度创新，并在实践中不断成熟、定型。

以上海率先探索的国际贸易"单一窗口"改革为例，企业申报数据项在船舶申报环节缩减65%，在货物申报环节缩减24%。先入区、后申报，批次进出、集中申报，"十检十放"等监管制度创新落地实施，关检联合查验作业在主要口岸现场全面实行，物流类企业货物状态分类监管实现常态运作，以信息化和智能化为核心的风险分析防控和无纸化通关服务系统不断完善。国际贸易"单一窗口"的开创，确立符合高标准贸易便利化规则的贸易监管制度，形成具有国际竞争力的口岸监管服务模式。不仅如此，上海自由贸易试验区还在全国率先开展了外商投资负面清单、"先照后证"、货物状态分类监管、自由贸易账户、宏观审慎的金融综合监管制度、"证照分离"、分类综合执法等一系列重大基础性改革。

上海自由贸易试验区的成功试点，产生了一系列成功的可复制可推广经验，带动了后来的第二批和第三批自由贸易试验区的成立。如表11-3所示，至今我国已经建立了上述11个自由贸易试验区，形成了"1+3+7"的自由贸易试验区格局。随着试点经验的成熟推广，自主开放领域不断扩大，"负面清单"也不断缩减。

➡️ **专栏 11-2**

自由贸易试验区的"负面清单" 外资管理体制改革

2013 年 9 月，上海自由贸易试验区成立，率先出台了上海自由贸易试验区 2013 年版外商投资"负面清单"。这引起了国内外的广泛关注和点赞。2014 年，上海自由贸易试验区将 2013 年"负面清单"的 190 项特别管理措施缩减为 139 项。随着 2015 年 4 月广东、天津、福建 3 个新设自由贸易试验区挂牌运行，国务院决定统一制定"负面清单"，国务院办公厅印发了《自由贸易试验区外商投资准入特别管理措施(负面清单)》。2015 年版"负面清单"进一步将特别管理措施减为 122 项。2017 年 4 月，辽宁、浙江、河南、湖北、重庆、四川和陕西 7 个新设自由贸易试验区挂牌运行，我国自由贸易试验区总数达到 11 个。2017 年 6 月，国务院办公厅在 2015 年"负面清单"基础上进一步修改调整，印发了 2017 年版的"负面清单"，进一步将特别管理措施减少至 95 项。

从 2013 版到 2017 版，外商投资"负面清单"的主要变化有：其一，持续扩大开放，2013 版的外资特别管理措施共 190 条，2017 版 95 条，减少了 50%，金融、教育、文化、医疗等服务业领域有序开放，进一步放开一般制造业。其中，特别管理措施数量减少最多的是制造业，由 2013 版"负面清单"的 63 条，到 2017 版的 11 条。其二，与国际通行规则相衔接，提高透明度，如明确对外资控股、股比、高管要求、业绩要求等限制条件。

实践证明，外商投资"负面清单"管理模式简明清晰、透明度高，流程简化，降低了外资企业运行成本，提高了工作效率，与原先"逐案审批制"相比较，凡"负面清单"以外领域的外商投资企业设立和变更采用备案制，占比超过 96%，大幅度减少了行政审批成本和时间，得到外资企业和市场的一致好评。

自 2013 年 9 月试行至今，外商投资"负面清单"管理的"良种"已经获得预期的好收成。据统计，自由贸易试验区营商环境整体优化，进一步激发了市场创新活力和经济发展动力。2017 年 1—11 月，自由贸易试验区新设外商投资企业 6 366 家，占全国的 20.7%；实际使用外资 915.1 亿元人民币，占全国的 11.4%。

资料来源：商务部自由贸易试验区专栏。

11.3.2 "一带一路"倡议

"一带一路"建设是新时期我国对外开放和经济外交的顶层设计，它依托陆上和海上两大国际通道，秉持和平合作、开放包容、互学互鉴、互利共赢的四大理念，打造政治互信、经济融合、文化包容的利益共同体、责任共同体和命运共同体的三大共同体。

"一带一路"是"丝绸之路经济带"和"21 世纪海上丝绸之路"的简称。2013 年 9 月和 10 月习近平主席分别提出了建设"新丝绸之路经济带"和"21 世纪海上丝绸之路"的合作倡议。它将充分依靠中国与有关国家既有的双多边机制，借助既有的、行之有效的区域合作平台。"一带一路"旨在借用古代丝绸之路的历史符号，高举和平发展的旗帜，积极发展与沿线国家的经济合作伙伴关系，共同打造政治互信、经济融合、文化包容的利益共同体、命运共同体和责任共同体。

1. 共建原则

（1）恪守联合国宪章的宗旨和原则。遵守和平共处五项原则，即尊重各国主权和领土完整、互不侵犯、互不干涉内政、和平共处、平等互利。

（2）坚持开放合作。"一带一路"相关的国家基于但不限于古代丝绸之路的范围，各国和国际、地区组织均可参与，让共建成果惠及更广泛的区域。

（3）坚持和谐包容。倡导文明宽容，尊重各国发展道路和模式的选择，加强不同文明之间的对话，求同存异、兼容并蓄、和平共处、共生共荣。

（4）坚持市场运作。遵循市场规律和国际通行规则，充分发挥市场在资源配置中的决定性作用和各类企业的主体作用，同时发挥好政府的作用。

（5）坚持互利共赢。兼顾各方利益和关切，寻求利益契合点和合作"最大公约数"，体现各方智慧和创意，各施所长，各尽所能，把各方优势和潜力充分发挥出来。

2. 框架思路

"一带一路"是促进共同发展、实现共同繁荣的合作共赢之路，是增进理解信任、加强全方位交流的和平友谊之路。中国政府倡议，秉持和平合作、开放包容、互学互鉴、互利共赢的理念，全方位推进、务实合作，打造政治互信、经济融合、文化包容的利益共同体、命运共同体和责任共同体。

根据"一带一路"走向，陆上依托国际大通道，以沿线中心城市为支撑，以重点经贸产业园区为合作平台，共同打造新亚欧大陆桥、中蒙俄、中国—中亚—西亚、中国—中南半岛等国际经济合作走廊；海上以重点港口为节点，共同建设通畅安全高效的运输大通道。中巴、孟中印缅两个经济走廊与推进"一带一路"建设关联紧密，要进一步推动合作，取得更大进展。

3. 合作重点

沿线各国资源禀赋各异，经济互补性较强，彼此合作潜力和空间很大。以政策沟通、设施联通、贸易畅通、资金融通、民心相通为主要内容，重点在以下方面加强合作。

1）政策沟通

加强政策沟通是"一带一路"建设的重要保障。加强政府间合作，积极构建多层次政府间宏观政策沟通交流机制，深化利益融合，促进政治互信，达成合作新共识。沿线各国可以就经济发展战略和对策进行充分交流对接，共同制定推进区域合作的规划和措施，协商解决合作中的问题，共同为务实合作及大型项目实施提供政策支持。

2）设施联通

基础设施互联互通是"一带一路"建设的优先领域。在尊重相关国家主权的基础上，沿线国家宜加强基础设施建设规划、技术标准体系的对接，共同推进国际骨干通道建设，逐步形成连接亚洲各次区域及亚欧非之间的基础设施网络。强化基础设施绿色低碳化建设和运营管理，在建设中充分考虑气候变化影响。主要内容如下。

（1）抓住交通基础设施的关键通道、关键节点和重点工程，优先打通缺失路段，畅通瓶颈路段，配套完善道路安全防护设施和交通管理设施设备，提升道路通达水平。推进建立统一的全程运输协调机制，促进国际通关、换装、多式联运有机衔接，逐步形成兼容规范的运输规则，实现国际运输便利化。推动口岸基础设施建设，畅通陆水联运通道，推进港口合作建设，增加海上航线和班次，加强海上物流信息化合作。拓展建立民航全面合作的平台和机制，加快提升航空基础设施水平。

（2）加强能源基础设施互联互通合作，共同维护输油、输气管道等运输通道安全，推进跨境电力与输电通道建设，积极开展区域电网升级改造合作。

（3）共同推进跨境光缆等通信干线网络建设，提高国际通信互联互通水平，畅通信息丝绸之路。加快推进双边跨境光缆等建设，规划建设洲际海底光缆项目，完善空中（卫星）信息通道，扩大信息交流与合作。

3）贸易畅通

投资贸易合作是"一带一路"建设的重点内容。宜着力研究解决投资贸易便利化问题，消除投资和贸易壁垒，构建区域内和各国良好的营商环境，积极同沿线国家和地区共同商建自由贸易区，激发释放合作潜力。主要内容如下。

（1）沿线国家宜加强信息互换、监管互认、执法互助的海关合作，以及检验检疫、认证认可、标准计量、统计信息等方面的双多边合作，推动世界贸易组织《贸易便利化协定》生效和实施。改善边境口岸通关设施条件，加快边境口岸"单一窗口"建设，降低通关成本，提升通关能力。加强供应链安全与便利化合作，推进跨境监管程序协调，推动检验检疫证书国际互联网核查，开展"经认证的经营者"（AEO）互认。降低非关税壁垒，共同提高技术性贸易措施透明度，提高贸易自由化、便利化水平。

（2）拓宽贸易领域，优化贸易结构，挖掘贸易新增长点，促进贸易平衡。创新贸易方式，发展跨境电子商务等新的商业业态。建立健全服务贸易促进体系，巩固和扩大传统贸易，大力发展现代服务贸易。把投资和贸易有机结合起来，以投资带动贸易发展。

（3）加快投资便利化进程，消除投资壁垒。加强双边投资保护协定、避免双重征税协定磋商，保护投资者的合法权益。

（4）拓展相互投资领域，开展农林牧渔业、农机及农产品生产加工等领域深度合作，积极推进海水养殖、远洋渔业、水产品加工、海水淡化、海洋生物制药、海洋工程技术、环保产业和海上旅游等领域合作。加大煤炭、油气、金属矿产等传统能源资源勘探开发合作，积极推动水电、核电、风电、太阳能等清洁、可再生能源合作，推进能源资源就地就近加工转化合作，形成能源资源合作上下游一体化产业链。加强能源资源深加工技术、装备与工程服务合作。

（5）推动新兴产业合作，按照优势互补、互利共赢的原则，促进沿线国家加强在新一代信息技术、生物、新能源、新材料等新兴产业领域的深入合作，推动建立创业投资合作机制。

（6）优化产业链分工布局，推动上下游产业链和关联产业协同发展，鼓励建立研发、生产和营销体系，提升区域产业配套能力和综合竞争力。扩大服务业相互开放，推动区域服务业加快发展。探索投资合作新模式，鼓励合作建设境外经贸合作区、跨境经济合作区等各类产业园区，促进产业集群发展。在投资贸易中突出生态文明理念，加强生态环境、生物多样性和应对气候变化合作，共建绿色丝绸之路。

4）资金融通

资金融通是"一带一路"建设的重要支撑。主要内容如下。

（1）深化金融合作，推进亚洲货币稳定体系、投融资体系和信用体系建设。扩大沿线国家双边本币互换、结算的范围和规模。推动亚洲债券市场的开放和发展。共同推进亚洲基础设施投资银行、金砖国家开发银行筹建，有关各方就建立上海合作组织融资机构开展磋商。加快丝路基金组建运营。深化中国-东盟银行联合体、上合组织银行联合体务实合作，以银团贷款、银行授信等方式开展多边金融合作。支持沿线国家政府和信用等级较高的企业及金融机构在中国境内发行人民币债券。符合条件的中国境内金融机构和企业可以在境外发行人民币债券和外币债券，鼓励在沿线国家使用所筹资金。

（2）加强金融监管合作，推动签署双边监管合作谅解备忘录，逐步在区域内建立高效监管协调机制。完善风险应对和危机处置制度安排，构建区域性金融风险预警系统，形成应对跨境风险和危机处置的交流合作机制。加强征信管理部门、征信机构和评级机构之间的跨境交流与合作。充分发挥丝路基金及各国主权基金作用，引导商业性股权投资基金和社会资金共同参与"一带一路"重点项目建设。

5）民心相通

民心相通是"一带一路"建设的社会根基。传承和弘扬丝绸之路友好合作精神，广泛开展文化交流、学术往来、人才交流合作、媒体合作、青年和妇女交往、志愿者服务等，为深化双多边合作奠定坚实的民意基础。主要内容如下。

（1）扩大相互间留学生规模，开展合作办学，中国每年向沿线国家提供1万个政府奖学金名额。沿线国家间互办文化年、艺术节、电影节、电视周和图书展等活动，合作开展广播影视剧精品创作及翻译，联合申请世界文化遗产，共同开展世界遗产的联合保护工作。深化沿线国家间人才交流合作。

（2）加强旅游合作，扩大旅游规模，互办旅游推广周、宣传月等活动，联合打造具有丝绸之路特色的国际精品旅游线路和旅游产品，提高沿线各国游客签证便利化水平。推动21世纪海上丝绸之路邮轮旅游合作。积极开展体育交流活动，支持沿线国家申办重大国际体育赛事。

（3）强化与周边国家在传染病疫情信息沟通、防治技术交流、专业人才培养等方面的合作，提高合作处理突发公共卫生事件的能力。为有关国家提供医疗援助和应急医疗救助，在妇幼健康、残疾人康复以及艾滋病、结核、疟疾等主要传染病领域开展务实合作，扩大在传统医药领域的合作。

（4）加强科技合作，共建联合实验室（研究中心）、国际技术转移中心、海上合作中心，促进科技人员交流，合作开展重大科技攻关，共同提升科技创新能力。

（5）整合现有资源，积极开拓和推进与沿线国家在青年就业、创业培训、职业技能开发、社会保障管理服务、公共行政管理等共同关心领域的务实合作。

（6）充分发挥政党、议会交往的桥梁作用，加强沿线国家之间立法机构、主要党派和政治组织的友好往来。开展城市交流合作，欢迎沿线国家重要城市之间互结友好城市，以人文交流为重点，突出务实合作，形成更多鲜活的合作范例。欢迎沿线国家智库之间开展联合研究、合作举办论坛等。

（7）加强沿线国家民间组织的交流合作，重点面向基层民众，广泛开展教育、医疗、减贫开发、生物多样性和生态环保等各类公益慈善活动，促进沿线贫困地区生产生活条件改善。加强文化传媒的国际交流合作，积极利用网络平台，运用新媒体工具，塑造和谐友好的文化生态和舆论环境。

 专栏 11-3

"一带一路"倡议的官方英译

央广网北京（2015 年）9 月 23 日消息，据国家发改委消息，近日，国家发展改革委会同外交部、商务部等部门对"一带一路"英文译法进行了规范。

（1）在对外公文中，统一将"丝绸之路经济带和 21 世纪海上丝绸之路"的英文全称译为"the silk road economic belt and the 21st-century maritime silk road"，"一带一路"简称译为"the belt and road"，英文缩写用"B&R"。

（2）"倡议"一词译为"initiative"，且使用单数。不使用"strategy""project""program""agenda"等措辞。

（3）考虑到"一带一路"倡议一词出现频率较高，在非正式场合，除首次出现时使用英文全称译文外，其简称译法可视情况灵活处理，除可使用"the belt and road initiative"外，也可视情况使用"the land and maritime silk road initiative"。其他译法不建议使用。

资料来源：央广网。

本章关键术语（中英文对照）

中 文	英 文
改革开放	reform and opening
世界贸易组织	World Trade Organization，WTO
世界海关组织	World Customs Organization，WCO
自由贸易区	free trade area，FTA
自由贸易试验区	free trade zone，FTZ
"一带一路"倡议	the belt and road initiative，B&R
丝绸之路经济带	the silk road economic belt
21 世纪海上丝绸之路	the 21st-Century maritime silk road
经济走廊	economic corridor
亚洲基础设施投资银行	Asian Infrastructure Investment Bank，AIIB
丝路基金	the silk road fund
政策沟通	policy coordination
设施联通	facilities connectivity

续表

中　文	英　文
贸易畅通	unimpeded trade
资金融通	financial integration
民心相通	people-to-people bond

复习思考题

一、单项选择题

1. 下列对外贸易战略中保护程度最高的是（　　）。

A. 出口导向战略　　　　　　　　B. 进口替代战略

C. 出口导向和进口替代相结合　　D. 自由贸易区战略

2. 下列省份未建立自由贸易试验区的是（　　）。

A. 湖北　　　　　B. 河南　　　　　C. 陕西　　　　　D. 江苏

3. 下列自由贸易区还未成立的是（　　）。

A. 中国-韩国 FTA　B. 中国-东盟 FTA　C. 中国-智利 FTA　D. 中国-挪威 FTA

二、简答题

1. 什么是进口替代战略？采取该战略的国家一般有什么经济特征？

2. 什么是出口导向战略？采取该战略的国家一般有什么经济特征？

3. 简述一个国家建立自由贸易试验区对该国经济发展的好处。

4. 什么叫做外商投资"负面清单"？

5. 简述"一带一路"倡议的合作内容。

三、论述题

1. 试述"一带一路"倡议提出的必要性。

2. 试述"一带一路"倡议与自由贸易区的不同之处。

知识拓展

亚洲基础设施投资银行

亚投行全称是亚洲基础设施投资银行（Asian Infrastructure Investment Bank，AIIB），是政府间性质的亚洲区域多边开发机构，也是全球首个由中国倡议设立的多边金融机构。亚投行重点支持基础设施建设，成立宗旨是促进亚洲区域的建设互联互通化和经济一体化的进程，并且加强中国及其他亚洲国家和地区的合作。2015 年 12 月 25 日正式成立，总部设在北京。

亚投行意向创始成员国确定为 57 个，其中域内国家 37 个、域外国家 20 个。法定资本 1 000 亿美元，中国出资 50%，为最大股东。治理结构分理事会、董事会、管理层三层。理事会是最高决策机构，每个成员在亚投行有正副理事各一名。董事会有 12 名董事，其中域内 9 名，域外 3 名。管理层由 1 位行长和 5 位副行长组成。中国财政部部长楼继伟被选举为亚投行首届理事会主席，金立群当选亚投行首任行长。

（1）四次成员扩容历程。

亚投行 2016 年开业运营时共有 57 名创始成员。随后，在 2017 年 3 月、5 月、7 月和 12 月，先后进行了四次扩容，批准了 27 个成员的加入申请，包括比利时、加拿大、匈牙利、爱尔兰、阿富汗、希腊、智利、阿根廷等多个国家。"随着亚投行成员从 57 个增加至 84 个，我们的触角也从亚洲延伸至了全球。"亚投行副行长丹尼·亚历山大表示。

（2）投资项目陆续展开。

截至 2017 年 12 月，亚投行已展开 24 个投资项目，项目贷款总额为 42 亿美元，主要涉及能源、交通、城市基础设施等领域。这些项目都位于亚洲，包括菲律宾、印度、巴基斯坦、孟加拉国、缅甸、印度尼西亚等国，内容涉及贫民窟改造、防洪、天然气基础设施建设、高速公路/乡村道路、宽带网络、电力系统等方面。

2017 年 12 月 11 日，亚投行公布首个对中国项目，批准 2.5 亿美元贷款用于"北京空气质量改善和煤改气"项目。亚投行表示，该项目覆盖大约 510 个村，连接大约 21.7 万户家庭的天然气输送管网等工程，能有效降低北京地区空气中的可悬浮细颗粒物浓度、减少碳排放、减少煤炭消耗，从而改善北京地区空气质量和环境质量。

（3）连获最高信用评级。

2017 年 6 月 29 日，三大国际评级机构之一的穆迪发布公告，给予亚投行 Aaa 的信用评级，评级展望为"稳定"。这是穆迪评级标准里的最高级别。穆迪表示，该评级是对亚投行当前和未来信用状况进行整体评估后得出的。给予亚投行最高信用评级主要是考虑到其稳固的治理架构，包括风险管理政策、资本充足水平和流动性等因素。

在随后的一个月时间里，亚投行又接连收到了其他两大机构——惠誉和标普的评级，水平同样是 AAA 的最高评级。亚投行司库瑟伦·埃尔贝克在接受采访时对此评论说："这一评级对我们在国际资本市场的地位至关重要。它把我们同世界银行和国际货币基金组织放在同一水平上。"

（4）亚投行意义重大。

首先，有利于加快推进亚洲基础设施建设和互联互通建设。亚洲国家特别是新兴市场和发展中国家的基础设施建设融资需求巨大，特别是近来面临经济下行风险增大和金融市场动荡等严峻挑战，要动员更多资金进行基础设施建设，以保持经济持续稳定增长，促进区域互联互通和经济一体化。据亚洲开发银行估算，2010—2020 年，亚洲需要新投入 8 万亿美元用于基础设施建设，每年需要 7 500 亿美元用于国家和地区间的基础设施建设才能支撑目前经济增长的水平。

其次，有利于共同应对国际金融危机、经济转型升级和经济稳定增长。成立亚洲基础设施投资银行可以增强中国与亚洲各国之间区域经济发展的内生动力，维护区域金融的稳定，维护亚洲地区金融和经济稳定。

最后，有利于加速亚洲经济一体化进程。有利于推动以亚欧大陆桥、泛亚铁路和公路等重点基础设施项目为龙头的区域互联互通建设，推进南新经济走廊、孟中印缅经济走廊、中巴经济走廊建设，加快 GMS 合作、东北亚合作、东盟一体化建设、上海合作组织等区域合作发展，加快亚洲经济一体化进程。

资料来源：中国一带一路网。

⇨ 补充阅读材料

［1］崔日明，张志明．中国对外贸易新型竞争力发展战略研究［J］．经济学家，2014（2）.

［2］杨艳红，卢现祥．中国对外开放与对外贸易制度的变迁［J］．中南财经政法大学学报，2018（5）：12-20+162.

［3］徐苑琳，孟繁芸．全球化变局中构建中国对外贸易新优势研究［J］．改革与战略，2018，34（8）：52-56.

［4］李计广，王红梅，张娟．改革开放四十年对外贸易在我国经济中的角色变迁和展望［J］．国际贸易，2018（7）：4-10.

［5］李衡，任引．中国迈向贸易强国：现实差距与实现路径［J］．对外经贸实务，2018（6）：93-96.

参 考 文 献

[1] 海闻，林德特，王新奎．国际贸易 ［M］．上海：上海世纪格致，2012.

[2] 吴建伟．国际贸易比较优势的定量分析 ［M］．上海：上海人民出版社，1997.

[3] 萨尔瓦多．国际经济学 ［M］．11 版．杨冰，译．北京：清华大学出版社，2015.

[4] 克鲁格曼，奥伯斯法尔德．国际经济学：理论与政策 ［M］．10 版．丁凯，等译．北京：中国人民大学出版社，2016.

[5] 芬斯特拉，泰勒．国际贸易 ［M］．3 版．张友仁，等译．北京：中国人民大学出版社，2017.

[6] 李嘉图．政治经济学及赋税原理 ［M］．郭大力，王亚南，译．北京：商务印书馆，2011.

[7] 格伯．国际经济学 ［M］．北京：中国人民大学出版社，2015.

[8] 杨培雷．国际经济学 ［M］．上海：上海财经大学出版社，2017.

[9] 赵春明，魏浩，蔡宏波．国际贸易 ［M］．北京：高等教育出版社，2016.

[10] 黄静波．国际贸易理论与政策 ［M］．北京：清华大学出版社，2007.

[11] 闫国庆，孙琪，毛筠．国际贸易理论与政策 ［M］．北京：中国商务出版社，2008.

[12] 李琮．世界经济学新编 ［M］．北京：经济科学出版社，2000.

[13] 湛柏明．国际经济学 ［M］．上海：复旦大学出版社，2010.

[14] 孟．英国得自对外贸易的财富 ［M］．北京：华夏出版社，2006.

[15] 阿普尔亚德，菲尔德，柯布.国际经济学：国际贸易分册 ［M］.8 版．赵英军，译.北京：机械工业出版社，2009.

[16] 王珏．国际贸易理论与政策 ［M］．北京：电子工业出版社，2010.

[17] 王秋红．国际贸易学 ［M］．北京：清华大学出版社，2010.

[18] 伊特韦尔．新帕尔格雷夫经济学大辞典：第 2 卷 ［M］．北京：经济科学出版社，1996.

[19] 周成名，吴汉嵩．国际贸易学 ［M］．北京：国防科技大学出版社，2008.

[20] 程大中．国际贸易：理论与经验分析 ［M］．上海：格致出版社，2009.

[21] 胡涵钧．新编国际贸易 ［M］．上海：复旦大学出版社，2004.

[22] 卜伟，刘似臣．国际贸易 ［M］．北京：北京交通大学出版社，2006.

[23] 余洪滨．WTO 与中国对外贸易 ［M］．北京：北京大学出版社，2006.

[24] 赫斯特德，梅尔文．国际经济学 ［M］.8 版．黄春媛，译．北京：机械工业出版社，2011.

[25] 佟家栋，周申．国际贸易学：理论与政策 ［M］．北京：高等教育出版社，2003.

[26] 卓骏．国际贸易理论与实务 ［M］．北京：机械工业出版社，2006.

[27] 薛荣久．国际贸易：新编本 ［M］．北京：对外经济贸易大学出版社，2003.

[28] 郭羽诞，兰宜生．国际贸易学 ［M］．上海：上海财经大学出版社，2008.

[29] 朱钟棣，郭羽诞，兰宜生．国际贸易学习题与案例集 ［M］．上海：上海财经大学出版

社，2005.

[30] 赵伟. 国际贸易：理论、政策与现实问题 ［M］. 2 版. 大连：东北财经大学出版
社，2008.

[31] 战勇. 国际贸易 ［M］. 大连：东北财经大学出版社，2009.

[32] 战勇. 世界贸易组织（WTO）规则 ［M］. 大连：东北财经大学出版社，2009.

[33] 尹翔硕. 国际贸易教程 ［M］. 上海：复旦大学出版社，2001.

[34] 甘道尔夫. 国际贸易理论与政策 ［M］. 王根蓓，译. 上海：上海财经大学出版
社，2005.

[35] 方齐云，方臻旻. 国际经济学 ［M］. 大连：东北财经大学出版社，2009.

[36] 张二震，马野青. 国际贸易学 ［M］. 北京：人民出版社，2007.

[37] 冯德连，徐松. 国际贸易教程 ［M］. 北京：高等教育出版社，2009.

[38] 华晓红. 国际区域经济合作：理论与实践 ［M］. 北京：对外经济贸易大学出版
社，2007.

[39] 姜文学. 国际经济一体化的新特征与大国战略 ［M］. 大连：东北财经大学出版
社，2009.

[40] 李坤望. 国际经济学 ［M］. 北京：高等教育出版社，2010.

[41] 海闻，施建淮. 国际经济学 ［M］. 北京：高等教育出版社，2011.

[42] 华民. 国际经济学 ［M］. 上海：复旦大学出版社，2010.

[43] 王志明，乔桂明. 国际经济学 ［M］. 上海：复旦大学出版社，2009.

[44] 黄敏. 国际经济学 ［M］. 上海：复旦大学出版社，2009.

[45] 孙定东，杨逢珉，张永安. 国际经济学 ［M］. 上海：上海人民出版社，2010.

[46] 高敬峰. 国际经济学 ［M］. 北京：对外经济贸易大学出版社，2010.

[47] 刘春生. 国际经济学 ［M］. 北京：中国人民大学出版社，2012.

[48] 李平. 国际经济学 ［M］. 济南：山东人民出版社，2011.

[49] 朱庆华. 国际经济学 ［M］. 济南：山东人民出版社，2011.

[50] 张国林，王勇. 国际经济学 ［M］. 北京：法律出版社，2010.

[51] 王巾英，崔新健. 国际经济学 ［M］. 北京：清华大学出版社，2010.

[52] 阚澄宇，姜文学，邓立立. 国际经济学 ［M］. 北京：科学出版社，2010.

[53] 张金萍. 国际经济学 ［M］. 北京：科学出版社，2009.

[54] 王培志. 国际经济学 ［M］. 北京：科学出版社，2013.

[55] 凯伯. 国际经济学 ［M］. 刘兴坤，等译. 北京：中国人民大学出版社，2017.

[56] 佟家栋. 国际经济学 ［M］. 北京：高等教育出版社，2011.

[57] 方齐云，方臻旻. 国际经济学 ［M］. 大连：东北财经大学出版社，2009.

[58] 陶涛. 国际经济学 ［M］. 北京：北京大学出版社，2014.

[59] 魏浩. 国际贸易 ［M］. 北京：高等教育出版社，2017.

[60] 赵大平. 国际经济学 ［M］. 上海：立信会计出版社，2011.